미디어 인공지능

영상 분야의 딥러닝 활용을 중심으로

방송문화진흥총서 238

미디어 인공지능

영상 분야의 딥러닝 활용을 중심으로

● 박대민 지음

율곡출판사

| 감사의 글 |

이 책이 출간되기까지 학계와 업계에서의 여러 경험과 많은 이들의 가르침이 큰 도움이 되었다. 우선 저자가 2020년 매경미디어그룹 산하 KDX한국데이터거래소에 재직 당시 한국지능정보사회진흥원National Information Society Agency ; NIA의 '인공지능 학습용 데이터 구축 사업 : 대용량 동영상 콘텐츠'를 수행한 경험이 이 책의 바탕이 됐다. 저자는 해당 사업의 총괄 책임자로, 특히 실제 방영된 방송 동영상을 활용한 설계, 수집, 가공, 검수, 시범 서비스 기획, AI 모델 개발 등의 전 과정을 경험할 수 있었다. 당시 사업에 참여할 수 있도록 기회를 주신 박재현 전 KDX한국데이터거래소 대표님께 감사의 말씀을 올린다.

2장부터 9장까지의 내용은 2021년부터 선문대학교에 개설된 '영상 미디어와 인공지능' 강의를 통해 많은 보완을 했다. 세 번의 강의에서 수강생들은 쉽지 않은 딥러닝 이론을 함께 공부하고 수많은 시행착오를 감내하며, 스테이블 디퓨전 실습을 따라왔다. 무엇보다 학생들의 참여로 책의 내용을 인문사회계 학부생의 눈높이에 조금이나마 맞도록 수정할 수 있었다. 고생한 학생들에게 고마움을 표한다.

AI 전문 기업 테스트웍스는 '영상 미디어와 인공지능' 수업을 처음부터 공동 진행해 주었을 뿐만 아니라 이 책의 감수까지 맡아주었다. 특히 영상 관련 AI 학습데이터 저작도구 블랙올리브를 수업에서 무상으로 사용할 수 있게 지원하고 교육을 진행해 주었다. 뿐만 아니라 이 책의 독자들이 누구나 블랙올리브에 가입해 라벨링을 연습해 볼 수 있도록 블랙올리브를 고도화해 주었다. AI 학습데이터 관련 영상 및 저작도구 매뉴얼을 공유해 주기도 했다. 강의와 감수에 큰 도움을 주신 테스트웍스의 윤석원 대표님께 깊은 감사를 드린다.

스테이블 디퓨전 활용이나 생성 AI에 대한 정보 습득에는 페이스북 커뮤니티와 전문가들이 큰 도움을 주었다. 특히 스테이블 디퓨전의 활용에 대해서는 웹툰 작가로도 활동하시는 서승택 경일대학교 교수님의 도움이 컸다. 서 교수님이 운영하시는 페이스북 커뮤니티 '컴피유아이 크리에이터스 코리아ComfyUI Creators Korea'에는 정제된 최신 교육 자료와 실무 예제가 가득하다.

미디어 인공지능media artificial intelligence ; media AI의 학습데이터와 과업, 모델을 다룬 10장과 11장의 내용은 한국언론학회 컴퓨테이셔널 방법론 연구회와 미디어 블록체인 & 스타트업 연구회의 정기학술대회와 세미나에서 다양하게 소개되었다. 연구회에서 함께 활동하며 조언과 격려를 아끼지 않았던 이종혁 경희대학교 교수님, 윤호영 이화여자대학교 교수님, 박노일 차의과대학교 교수님, 이성민 방송통신대학교 교수님, 유용민 전남대학교 교수님, 박찬경 경북대학교 교수님께 감사의 말을 올린다.

설명 가능한 인공지능eXplainable Artificial Intelligence ; XAI과 신뢰할 수 있는 인공지능Trustworthy AI ; TAI의 논의를 미디어 AI에 접목한 12장과 13장은 2023년 인공지능을 주제로 진행된 두 차례의 "언론과사회" 기획세미나를 통해 발표되었고, 동명 저널에 게재된 논문을 바탕으로 하고 있다. 미디어 커뮤니케이션 분야에서는 무척 생소한 연구임에도 발표 기회를 주셨을 뿐만 아니라 좋은 평가를 해 주신 덕분에 저술에 큰 힘이 되었다. 당시 〈언론과사회〉 편집장을 맡으셨던 박진우 건국대학교 교수님, 두 번의 발표에서 모두 좌장을 맡아주신 박홍원 부산대학교 교수님, 그리고 토론과 심사를 맡아주신 여러 선생님들께 감사드린다.

14장에서 작성한 생성 AI가 대중문화에 미치는 영향에 대한 생각의 단초는 2023년 한국언론학회 가을철 정기학술대회 특별세션 'AI가 가져오는 창작의 민주화'에서 얻었다. 당시 좌장을 맡아주신 이중식 서울대학교 교수님, 발표를 맡아주신 김재인 경희대학교 교수님, 오영진 서울과학기술대학교 교수님, 세션을 구성하는 데 도움을 주신 고문정 네이버 연구원님께 감사의 말씀을 드린다. 그 결과는 같은 해 한국방송학회 가을철 정기학술대회 대주제 세션에서 '생성 인공지능은 대중예술 작품을 창작할 수 있는가'라는 제목으로 발표됐으며, 이 책에 수정·보완해 추가

했다.

끝으로 이 책은 2023년 방송문화진흥회 저술 지원을 받아 집필되었다. 이 책을 저술하는 데 지원해 주신 방송문화진흥회와 저자의 첫 단행본 출간에 많은 공을 들여 주신 율곡출판사에게도 감사를 드린다.

2024년 5월

박대민

| 차 례 |

CHAPTER 01

들어가며

2022년 11월 오픈AIOpen AI의 챗GPTChatGPT 출시 이후 인공지능 전환artificial intelligence transformation ; AIX이 화두가 되고 있다. 디지털 전환, 모바일 전환에 이어 인공지능artificial intelligence ; AI이 사회 전반을 변화시킨다는 것이다.

언론을 비롯한 미디어 분야의 AIX도 진행 중이다. 언론의 AIX는 AI 저널리즘이나 저널리즘 AIJournalism AI, 또는 Journalistic AI ; JAI라는 용어로 종합할 수 있다(Beckett, 2019 ; Helberger et al., 2022). 영상 분야에서는 달리DALLE, 미드저니Midjourney, 스테이블 디퓨전Stable Diffusion 등 다양한 멀티모달 AImultimodal AI가 등장하면서 대중문화계의 AIX를 가속화하고 있다.

방송 분야에서 AI의 활용 가능성도 낮지 않다. 방송 분야는 국내 시장 규모만 2020년 기준 56.3조 원에 달할 정도로 큰 부가가치를 창출하고 있다. 특히 요약, 자막 달기, 영상 생성, 자동 태깅auto tagging, 분류, 검색 등 방송 제작, 편집, 유통 전 과정의 과업task이 딥러닝deep learning의 과업과 일치해 향후 방송 분야에서 AI의 활용도가 매우 높을 것으로 전망된다.

그러나 높은 관심에도 미디어 분야의 AIX는 여전히 거대한 장벽에 가로막혀 있는 듯하다. 무엇보다 딥러닝 기반으로 방송 동영상을 내용 분석하거나 미디어 사업자가 서비스에 적용하기 위해서는 학습데이터 구축에서부터 모델model 개발, 동영상 분석, 서비스화 등 전 과정에서 적지 않은 과제가 산적해 있기 때문이다(박대민, 2023).

게다가 AI 개발자는 대부분 신문, 방송 등의 AIX에 관심이 없다. 언론사나 방송사는 AIX에 대한 관심은 높지만, AIX를 어떻게 해야 할지도 모르고 적극적으로 투자하지도 않는다. 이러한 간극은 기술이나 투자 측면은 말할 것도 없고 정책이나 윤리 측면에서도 마찬가지로 일어나고 있다(Porlezza, 2023). 가짜뉴스fake news, 딥페이크deepfake 등이 초래하는 탈진실 사회post truth society에 대한 우려에도 놀랍게 AI 정책에는 미디어 분야에 대한 언급이 거의 없다. 언론 역시 자사의 윤리 강령에 AI와 관련된 내용을 반영하지 않고 있다. 무엇보다 미디어 분야의 AIX에서 가장 큰 문제는 AI를 미디어의 핵심 문제 해결에 사용하지 않는다는 데에 있다.

이 책은 언론과 방송 등 미디어 분야의 연구, 교육, 실무 차원에서 AI 전환을 촉진하기 위해 작성됐다. 이를 위해 다음과 같은 세 가지 측면을 염두에 두었다.

첫째, 기존의 AI 기술 서적은 대부분 미디어 분야와 무관하게 작성되어 있다. 사실 AI 연구자들이나 규제 당국은 미디어에 대해 관심이 없었다. 반대로 언론사는 AIX에 관심을 갖고는 있지만, 몇몇 해외 언론사를 제외하고 이를 전면적으로 실행하는 경우는 많지 않았다. 이 책은 미디어 분야의 AI 활용을 하나의 응용 분야로 제시하기 위해 미디어 AI라는 용어를 제시하고, 미디어 AI로 포괄할 수 있는 핵심 기술을 설명했다. 기술적 부분 외에도 AI 연구에서 다소 추상적인 수준 또는 기술 일반 수준에서만 논의되고 있는 설명 가능한 AI나 신뢰할 수 있는 인공지능, 멀티모달 AI에 대한 논의를 저널리즘 AI나 대중문화 등 미디어 영역에서 집중적으로 살펴보았다.

둘째, 그동안 미디어 커뮤니케이션 학계나 업계에서는 딥러닝이 주로 텍스트를 대상으로, 기술적으로는 자연어처리natural language processing 및 자연어생성natural language generation 측면에서 다뤄져 왔다. 그 결과 분석 대상이 기사나 커뮤니티, 댓글 중심으로 이루어져 왔다. 이 책은 텍스트보다는 영상 분야, 즉 컴퓨터 비전computer vision의 딥러닝에 무게를 두고자 했다. 이를 통해 기존의 텍스트 중심의 딥러닝 활용 연구를 영상, 특히 동영상 분야로 확대하는 데 도움이 되길 기대한다.

미디어 분야에서의 컴퓨터 비전 관련 딥러닝 기술은 다음과 같은 측면에서 다루어졌다. 우선 미디어 AI의 주요 과업task을 정의하고, 기술적 측면에서 판별 모델discriminative model은 합성곱 신경망convolutional neural network ; CNN을, 생성 모델generative model은 멀티모달 AI, 특히 스테이블 디퓨전Stable Diffusion을 중점적으로 다루었다. 이밖에도 기존 기술 서적이 소홀히 하고 있는 AI 학습데이터 구축에 대한 내용을 특히 방송 동영상과 관련해 상술했다. 미디어 생산물은 특히 컴퓨터 비전 분야 학습데이터의 원천 데이터로서 가치가 높기 때문이다.

셋째, 이 책은 교양서와 기술서 간의 간극을 메우고자 했다. 이를 통해 AI에 대한 지식이 전혀 없는 독자가 인공지능의 개념에서 시작해 컴퓨터 비전 분야 딥러닝의 전반적인 내용까지 이해하는 데 도움을 주고자 했다. 미디어 커뮤니케이션학 분야에서 양적 접근을 해 왔지만 컴퓨터 비전 분야 딥러닝이 아직 낯선 양적 연구자는 물론, 학부생이나 대학원생을 비롯한 인문사회계 학생이나 기술적 이해를 바탕으로 AI에 대해 비판적 연구를 수행하는 문화연구자, 그리고 컴퓨터공학을 전공하지 않은 언론사 기자나 방송사 프로듀서, 미디어 스타트업에 종사하는 비전공자 등 미디어 업계의 다양한 종사자와 미디어 관련 정책 담당자가 이해할 수 있도록 서술하고자 했다.

개발자들은 유튜브나 기술 블로그의 글, 오픈 액세스open access 논문 데이터베이스인 아카이브arXiv 등에 공개된 논문, 깃허브GitHub 등에 오픈소스open source로 올라온 내용, 쉽게 쓰인 다양한 개론서들을 통해 누구나 AI를 쉽게 공부할 수 있다고 말한다. 문제는 이러한 문서조차 AI에 입문하는 인문사회계 연구자에게는 그 양이 너무나 많다는 것이다. 인문사회과학 전공자들이 AI 기술을 조금이라도 깊이 있게 공부하려고 해도 어디서 시작하고 어느 방향으로 나아가야 할지 막막하기만 하다. 쉽게 쓰인 개론서라고 해도 인문사회계 전공자들은 수식과 코드에 지레 겁을 먹게 되어 핵심 원리 파악에 어려움을 겪는다. 게다가 개론서조차 그 양이 방대하다. 반대로 교양서는 포괄적이기는 하나 기술에 대한 깊이 있는 이해를 얻기에는 어려움이 있다. 뿐만 아니라 교양서의 수많은 사례들도 금세 시의성을 잃고 만다. 인문사회과학 전공자가 보기에는 교양서와 기술서 간의 간격이 큰 셈이다.

이 책은 AI에 관련된 교양서와 달리 좀 더 학술적인 관점에서 방향타를 제시할 수 있도록 작성됐다. 딥러닝 분야의 방대한 성과를 최대한 간결하게 서술하도록 노력했으며, 원리 중심으로 서술하고 사례는 독자의 이해를 돕는 수준에서 대표적인 것 위주로 절제해 기술했다. 소스코드는 완전히 배제했으며 수식 사용도 최소화했다. 대신 이 분야에서 널리 인용되는 주요 논문이나 단행본은 참고문헌에 충분히 담고자 했다.

이 책을 출발점으로 추가 연구를 통해 양적 연구자는 딥러닝 기반 방법론을 정교화할 수 있을 것이다. 비판적 연구자는 기술 이해를 바탕으로 AI에 대한 적확한 진단을 내릴 수 있을 것이다. 미디어의 AIX가 어려운 이유는 미디어 종사자들과 미디어 정책 담당자들의 AI에 대한 이해도가 낮기 때문일 수 있다. 언론인이나 방송인이 기술적 이해를 바탕으로 기획자로서 개발자와 협업하여 인간 중심 AIhuman-centered AI를 설계하고 비판적으로 운영, 고도화하는 데 도움이 되기를 기대한다. 학생들은 미디어 AI 관련 연구자나 실무자로 성장하는 기반 지식을 얻을 수 있을 것이다.

이 책의 구성은 서론인 1장과 요약 및 제언에 해당하는 15장을 제외하면 크게 네 부분으로 나눌 수 있다. 첫 번째 부분은 2장부터 7장까지이다. 세부적으로는 2장부터 4장까지는 인공지능에 대한 기본적인 이해를 다루고 인문사회계 학부 교양 수업에 적합한 내용이다. 5장부터 7장까지는 컴퓨터 비전 분야의 딥러닝에 대한 이론을 전반적으로 다룬다. 미디어 커뮤니케이션 학부 전공 수업에서 공부할 만하다. 두 번째 부분은 실제 AI 학습데이터를 구축하고 모델을 개발하여 이를 평가하는 방법을 서술하는 부분으로 8장과 9장에 해당한다. 미디어 커뮤니케이션 학부 전공 고학년 수준에서 소화할 것으로 기대한다. 세 번째 부분은 10장과 11장이다. 미디어 AI에 초점을 두고 AI 학습데이터와 모델 개발을 설명한다. 실제 모델을 개발하는 대학원생, 연구자, 실무자가 참고할 수 있는 내용이다. 네 번째 부분은 12장부터 14장까지로 미디어 AI의 가치를 다룬다. AIX 전환을 추진하는 미디어 조직의 의사결정권자나 관련 정책 담당자, 비판적 접근을 하는 연구자에게 참고가 될 수 있다.

각 장별로 내용을 좀 더 소개하면 아래와 같다. 2장에서는 컴퓨터 비전과 딥러닝의 기본 개념을 살펴본다. 1절에서는 AI, 기계학습machine learning, 딥러닝의 개념과 유형을 다룬다. AI 개념에서는 튜링 테스트turing test와 중국어 방Chinese room 논증을 설명한다. 2절에서는 디지털 영상의 개념, 디지털 영상의 함수 표현, 그리고 디지털 영상 처리digital image processing의 과업인 영상 변환image transformation, 영상 분석image analysis, 영상 인식image recognition 등을 살펴본다.

3장에서는 AI 학습데이터의 개념과 영상 분야 AI 학습데이터의 유형을 기술한다. 가장 기본적이고 중요한 AI 학습데이터 유형은 직사각형 형태의 바운딩박스bounding box이다. 이미지넷ImageNet, COCOCommon Objects in Context 등 컴퓨터 비전 분야의 주요 벤치마크 데이터세트benchmark dataset도 소개한다.

4장에서는 딥러닝 이전의 인공신경망을 다룬다. 구체적으로는 단순선형회귀simple linear regression, 다중선형회귀multiple linear regression, 로지스틱 회귀logistic regression를 인공신경망으로 표현한 단층퍼셉트론single layer perceptron, 다층퍼셉트론multi layer perceptron ; MLP으로 이어지는 발전을 살펴본다. 최적화optimization, 손실함수loss function, 활성함수activation function, 경사 하강법grandient descent, XOR 문제와 해결, 오차역전파error backpropagation, 기울기 소실gradient vanishing 문제 등 딥러닝을 이해하는 데 필수적인 기본 개념을 소개한다.

5장에서는 판별 모델인 CNN의 개념과 구조, 발전을 살펴본다. 또한 알렉스넷AlexNet에서 시작하여 미디어 AI에 유용한 실시간 객체 탐지 모델인 YOLOYou Only Look Once와 다중객체추적multi object tracking ; MOT까지 합성곱 신경망의 발전을 간략히 훑어본다.

6장에서는 생성 모델인 순환신경망recurrent neural network ; RNN, 적대적 생성신경망generative adversarial network ; GAN, 오토인코더autoencoder ; AE의 개념과 구조, 발전을 간략히 살펴본다.

7장에서는 최근 각광받는 전이학습transfer learning과 멀티모달 AI를 살펴본다. 특히 오토인코더와 결합한 잠재 확산 모델latent diffusion model인 스테이블 디퓨전을 중심으로 소개할 것이다.

8장에서는 AI 학습데이터의 설계, 수집, 전처리, 가공, 검수 등의 과정을 설명한다. 또한 AI 학습데이터 구축에 필요한 저작 도구로서 블랙올리브BlackOlive 사례를 소개한다. 이어 AI 모델의 기획, 준비, 개발, 활용을 단계별로 살펴본다.

9장에서는 AI 학습데이터의 데이터 품질 평가data quality assessment와 AI 모델의 성능 평가performance evaluation 문제를 다룬다. 또한 데이터 품질과 밀접한 관계가 있는 AI 학습데이터의 표준화 문제도 다룬다. AI 학습데이터는 비정형 데이터를 포함하고 있어서 기존의 데이터 표준화[1]와는 다른 접근이 필요하다. 또한 데이터 품질 평가와 모델 성능 평가에 활용되는 평가 지표들을 소개한다. 특히 F1 점수F1 score, mAPmean average precision와 같은 판별 모델의 성능 평가 지표와 함께 재현율recall과 정밀도precision를 활용한 생성 모델의 성능 평가 지표도 소개한다.

10장에서는 한국지능정보사회진흥원의 AI 플랫폼인 AI허브AI-Hub[2]에 공개된 방송 동영상 활용 AI 학습데이터를 소개한다. 특히 방송 동영상과 유튜브 동영상을 원천 데이터로 활용해 학습데이터를 구축해 공개한 8종의 데이터세트 중 7종에 대해 데이터 표준화를 수행하고 정리한 수량을 제시한다.

11장에서는 방송 분야의 미디어 AI에서 중요한 과업들과 활용 가능한 모델을 소개한다. 또한 실무와 연구 차원에서 미디어 AI의 활용 사례와 활용 절차를 살펴본다.

12장, 13장에서는 미디어 AI가 저널리즘의 핵심 문제를 어떻게 해결할 수 있을지를 탐색한다. 12장에서는 XAI에서 강조하는 투명성transparency 개념이 사실성factuality 제도로서 언론의 위기 해결에 기여할 수 있는 바를 모색한다. 13장에서는 TAI를 미디어 신뢰media trust 개선에 활용할 수 있는 방안을 고민한다. TAI는 특히 다양성 측면에서 공정성

1. https://t.ly/A70jC
2. https://www.aihub.or.kr/

을 보완할 수 있을 것으로 기대된다.

14장은 대중문화 측면에서 AI가 어떤 사회적 가치를 가져다 줄 수 있는지를 살펴본다. 특히 생성 AI는 사용자의 창작성을 증대시킨다. 더 나아가 대중문화의 가치론적 무게 중심을 창작성에서 사용자 커뮤니티의 심미적 경험으로 이행하는 과정을 가속화할 것이다.

CHAPTER 02

인공지능과 컴퓨터 비전

1. 인공지능, 기계학습, 딥러닝

1) 인공지능의 개념과 유형

(1) 인공지능의 개념

인공지능은 인간을 닮은 자동장치automaton인가 아니면 괴물인가? 중국 주나라 목왕의 노래하는 목각 인형 창우倡優와 그리스 신화에서 크레타 섬을 지키던 청동 거인 괴물 탈로스Talos는 AI의 한 뿌리인 자동장치의 상상 속 원형이다. 자동장치는 자동 연주 피아노player piano처럼 단지 인간이나 동물의 일을 부분적으로 대신하는 기계형일 수도, 뻐꾸기 시계cuckoo clock처럼 동물형일 수도, 〈오즈(Oz)〉 시리즈에 나오는 태엽 인간 틱톡tiktok처럼 인간형일 수도 있다. 프랑켄슈타인frankenstein은 기계도 동물도 인간도 아닌, 자동장치가 된 골렘golem, 즉 괴물형이라고 할 수 있다.

AI의 또 다른 뿌리는 자동 계산기, 즉 컴퓨터이다. BC 1세기 초 헬레니즘 시대에 만들어진 것으로 알려진 천문 기계 안티키티라 메커니즘antikythera mechanism은 세계 최초의 아날로그 컴퓨터로 간주된다. 프랑스의 수학자 파스칼Blaise Pascal은 1642년 최초의 기계식 디지털 계산기를 만들었다. 1936년 독일의 공학자 콘라트 추제Konrad Zuse는 1936년 Z시리즈 개발을 시작해 1941년 프로그래밍이 가능한 최초의 범용 디지털 컴퓨터 Z3를 개발했다. 1998년 Z3는 원칙적으로 튜링 완전한turing complete 기계로 밝혀졌다.

종합하면 AI는 컴퓨터 기반 자동장치이다(이재현, 2021 ; Copeland, 1993/2020). AI는 인공적으로 구현된 지능이다. 따라서 AI는 인간 또는 동물의 자연 지능과 대비된다.

(2) 튜링 테스트와 중국어방 논증

어떤 인공물이 지능을 갖고 있는지를 판정하는 가장 유명한 방법이 튜링 테스트이다. 튜링 테스트는 1950년 앨런 튜링Alan Turing이 제안한 AI 판별법이다. 튜링은 원래 이미테이션 게임imitation game으로 명명되었다. 후대에 제안자의 이름을 따 튜링 테스트로 불리고 있다. 튜링 테스트의 핵심 내용은 대화를 통해 컴퓨터의 반응을 인간의 반응과 구별할 수 없다면 컴퓨터가 스스로 사고한다고 간주한다는 것이다.

테스트 방식을 간단히 소개하면 다음과 같다. 질의자이자 판별자인 인간 심판이 있다. 응답자는 컴퓨터이거나 인간이다. 심판은 컴퓨터인지 인간인지 알지 못하는 응답자와 텍스트로 5분간 5회 대화를 진행한다. 응답자는 일종의 챗봇처럼 응답한다. 전체 심판 중 3분의 1 이상이 컴퓨터를 인간으로 착각한다면 해당 컴퓨터는 튜링 테스트를 통과한 것으로 본다. 엄밀한 튜링 테스트는 인간이 자신의 전문 영역에 대해 심문을 하듯 압박 질문을 한다. 2023년 출시된 GPT-4를 포함한 현재에도 엄밀한 의미의 튜링 테스트를 통과한 AI는 없다(Jones & Bergen, 2023).

튜링 테스트를 통한 지능 판별에 대한 여러 반론도 존재한다. 첫 번째 반론은 컴퓨터가 튜링 테스트를 통과했다고 해도 지능을 갖고 있다고 말할 수 없다는 주장이다. 대표적인 예가 중국어 방 논증이다.

중국어 방 논증은 1980년 분석철학자 존 설John Searle이 고안한 사고 실험이다(Searle, 1982). 사고 실험 절차는 다음과 같다. 심판은 질문을 통해 밀폐된 방 안에 있는 사람이 중국어를 할 줄 아는지를 판정해야 한다. 밀폐된 방에는 중국어를 모르는 사람이 들어가 있다. 그러나 그에

게는 모든 종류의 중국어 질의-응답 리스트가 제공되어 있다. 심판이 중국어 질문을 써서 방 안의 사람에게 건네면 방 안의 사람은 질문에 맞는 대답을 리스트에 따라 즉시 제공한다. 이 경우 심판은 방 안의 사람이 중국어를 안다고 판정할 수 있다. 그러나 실제로 방 안의 사람은 중국어를 모르고 단지 중국어 질의와 똑같은 질의가 적힌 질의-응답 리스트를 빠르게 찾아서 응답을 제공했을 뿐이다. 설은 중국어를 몰라도 중국어를 아는 척 할 수 있는 사람처럼 컴퓨터도 질의-응답 리스트만 갖고 있다면 질문에 응답할 지능을 갖고 있지 않아도 지능이 있는 척 할 수 있다고 주장한다. 즉, 튜링 테스트를 통과하더라도 지능을 갖고 있다고 할 수 없다는 것이다.

다만 중국어 방 논증을 다음과 같이 재반론할 수 있다. 중국어 방 논증은 완전한 인간형 AI 여부를 판단한다. 반면 튜링 테스트는 인간 지능이 있는지의 여부, 인간형 AI의 판정을 목표로 하지 않는다. 튜링 테스트는 비인간형 AI를 인간형 AI와 구분하지 않는다. 인간의 지능, 또는 인간과 유사한 방식으로 작동하는 지능이 없다고 하더라도 튜링 테스트를 통과한다면 실용적으로나 결과적으로 AI와 인간의 지능을 구분할 방법이 없다. 비인간형 AI라고 해도 튜링 테스트를 통과한 AI는 사실상 지능을 가진 것으로 간주할 수 있다.

튜링 테스트에 대한 또 다른 반론은 컴퓨터가 튜링 테스트를 통과하지 못했다고 해도 해당 컴퓨터가 지능이 없다고 단언할 수 없다는 것이다(Block, 1981 ; Copeland, 1993/2020). 비유하자면 튜링 테스트는 산성 여부를 판정하는 리트머스 검사라기보다는 살인자의 증거를 찾는 지문 검사에 가깝다는 것이다. 리트머스 종이가 붉게 변하지 않으면 산성이 아니지만, 지문 채취가 되지 않았다고 살인자가 아닌 것은 아니다. 생각하는 아기가 튜링 테스트를 통과하지 못했다고 하더라도 아기는 생각한다. 엄격한 튜링 테스트를 통과한 컴퓨터는 생각하는 컴퓨터라고 할 수 있지만, 튜링 테스트를 통과하지 못했다고 해서 생각하는 컴퓨터가 아니라고 확정할 수 없다. 어느 정도 타당한 주장이지만 엄밀한 의미의 튜링 테스트를 AGIartificial general intelligence 여부를 판단하는 하나의 유력한 방법으로 생각한다면 튜링 테스트의 유효성은 인정된다. 즉, 튜링 테스트를 통과하지 못했다고 해서 AGI가 아니라고 단언할 수는 없지만, 튜링 테스트를 통과했다면 AGI일 가능성이 높다고 볼 수 있다.

(3) 인공지능의 유형

AI를 유형화하려는 다양한 시도들은 AI에 대한 이해를 돕는다. 러셀과 노빅은 AI를 사고-행동 축과 인간-이성 축 등 2개 축으로 나눠 분류한다. 이에 따라 AI는 인간처럼 행동하는 시스템, 인간처럼 사고하는 시스템, 이성적으로 행동하는 시스템, 이성적으로 사고하는 시스템 등으로 나눌 수 있다(Russel & Norvig, 2009/2021).

표 2-1 인공지능의 네 범주와 이해 방식

	인간	이성
행동	인간적 행동 : 튜링 테스트 접근	이성적 행동 : 이성적 행위자 접근
사고	인간적 사고 : 인지 과학 접근	이성적 사고 : 사고 법칙 접근

AI를 인간형 AI와 비인간형 AI 등 두 유형으로 나누기도 한다(Copeland, 1993/2020, pp. 73~74). 인간형 AI는 인간 행동 및 인간 사고의 과정을 모사simulation하는 AI이다. 반면 비인간형 AI는 AI가 인간의 인

지 과정과는 전혀 다른 방식으로 작동하더라도 이성적 결과를 내놓기만 한다면 AI로 간주할 수 있다는 것을 의미한다. 지능을 인공적으로 구현하는 것은 인간을 모방하는 인간형 AI 방식으로도, 인간을 모방하지 않는 비인간형 AI 방식으로도 가능하다.

이러한 관점은 기호주의symbolism와 연결주의connectionism로 구체화된다. 이를 살펴보기에 앞서 AI와 컴퓨터를 구분할 필요가 있다. 흔히 AI는 컴퓨터로 구현된다고 생각된다. 그러나 모든 컴퓨터가 AI인 것도 아니고 모든 AI가 컴퓨터인 것도 아니다. 정확히 컴퓨터는 무엇인가? 바로 계산하는 기계이다(Copeland, 1993/2020, p. 426 ; Von Neumann, 1958). 컴퓨터는 0과 1로 이루어진 기본적인 기호 조작으로 비교, 이동, 삭제 등 기본 연산을 만들고 이를 통해 다양한 계산 가능한 과업을 수행하는 기호 조작 장치이다.

기호주의에서는 이런 식으로 계산하는 기계인 컴퓨터가 충분한 연산력만 갖추면 생각하는 기계인 AI가 될 수 있다고 주장한다(Copeland, 1993/2020, pp. 137~175). 이러한 AI는 비인간형 AI다. 인간은 컴퓨터처럼 0과 1로 기호 조작을 하지는 않기 때문이다. 이런 AI는 보통 규칙 기반rule based 알고리듬 또는 휴리스틱heuristics을 사용한다. 대표적인 사례가 온톨로지ontology 기반의 전문가 시스템expert system이다. 그러나 전문가 시스템은 방대한 지식을 조직하는 문제, 지식 저장소를 항상 최신 상태로 업데이트하는 프레임 문제, 관련된 주제를 적절하게 추출하는 연관성 문제 등 지식 문제를 해결하지 못하고 있다. 계산하는 기계가 생각하는 기계가 되는 것은 논리적으로는 가능하지만, 미래의 가능한 지식까지 모두 습득해야 하므로 현실적으로는 불가능해 보인다(Copeland, 1993/2020, pp. 196~259).

딥러닝의 발전 이후 AI 기술 동향은 기호주의가 아닌 인공신경망artificial neural network ; ANN을 사용하는 연결주의 기반의 인간형 AI로 넘어간 것으로 보인다. 기호주의 AI는 대체로 순차적인 직렬 처리를, 연결주의 AI는 뇌와 마찬가지로 병렬 처리parallel processing를 선호한다(Copeland, 1993/2020, pp. 389 ~ 391). 엄밀한 의미에서 연결주의 AI는 컴퓨터가 아니며 컴퓨터보다 넓은 의미의 표상을 다루는 정보처리장치information processor이다(Copeland, 1993/2020, pp. 426 ~ 428). 또한 엄밀한 의미에서 연결주의 AI 역시 인간과 구조적으로 동일하지는 않다. 단적인 예로 인간의 뇌는 딥러닝 기반 AI보다 훨씬 적은 학습데이터로 학습하고, 훨씬 적은 에너지로 작동한다.

또 다른 AI 분류로는 약한 AIweak AI와 강한 AIstrong AI의 구분이 있다. 약한 AI는 AI의 문제 해결 성능을 특정 영역에서만 발휘하는 AI다. 바둑 AI인 알파고가 대표적이다. 강한 AI는 AI의 문제 해결 성능을 다양한 영역에서 발휘하는 AI다. 한 마디로 다양한 일을 할 수 있는 AI를 뜻한다. 강한 AI는 AGI, 즉 일반 인공지능이라고도 불린다. 텍스트 생성은 물론 이미지 인식과 텍스트를 이미지로 생성하는 등 다양한 역할을 할 수 있는 챗GPT는 AGI는 아니지만 그 서막을 연 것으로 평가받는다.

표 2-2 약한 인공지능과 강한 인공지능

약한 인공지능	- 문제를 스스로 설정 못 함 - 문제, 정답, 상황이 분명하게 주어져야 함 - 특정 분야에서만 성능 발휘 - IBM 왓슨, 구글 알파고, 챗GPT를 포함한 2024년 현재의 인공지능
강한 인공지능	- 문제 설정상황에 따라 스스로 정답을 도출 - 일반적인 분야에서만 성능 발휘 - 인간과 같은 휴머노이드, 구현이 굉장히 어려움

출처 : Russell & Norvig (2009/2021), pp. 2~6

다루는 데이터 출처에 따라서도 AI를 나눌 수 있다. 데이터 출처는 물리적인 현상, 생물의 유기적 현상, 인간 행위에 기초한 사회적 현상, 인간의 기호 사용에 의한 현상으로 나눌 수 있다. 물리적 현상과 유기적 현상에 대한 데이터는 센서 데이터sensor data, 행위와 사회 현상에 따른 데이터는 행동 데이터behavioral data, 기호 현상에 따른 데이터는 의미 데이터semantic data로 볼 수 있다.

센서 데이터는 천체의 파장, 질량, 부피, 거리, 길이, 고도, 온도 등 물리적 현상에 기인한 데이터이다. 생물의 키, 몸무게, 체온 등은 유기적 현상에 의한 센서 데이터이다. 센서 데이터를 다루는 AI는 지능형 센서 네트워크인 사물 인터넷interne of things ; IoT에서 다룬다. 최근에는 IoT에 사용되는 AI를 AIoTartificial intelligence of things라고도 부른다.

행동 데이터에는 인구나 경제 규모, 선거 결과, 여론 등 사회학, 경제학, 정치학, 심리학 등에서 수집되는 데이터가 해당된다. 홈페이지의 클릭, 시청 시간, 구매 행위 등 사용자의 로그 데이터 역시 행동 데이터로 볼 수 있다. 행동 데이터를 다루는 AI로는 판매량을 예측하는 기계학습 모델이나 추천 시스템에 사용되는 협업 필터링collaborative filtering 등이 대표적이다.

의미 데이터로는 텍스트, 음성, 영상 등 콘텐츠를 구성하는 데이터가 대표적이다. 기호학을 포함한 미디어 커뮤니케이션학에서 중점적으로 다루는 데이터다. 방법론적으로는 내용 분석content analysis이나 담론 분석discourse analysis으로 다루는 데이터를 의미한다. 의미 데이터 중에서도 특히 영상의 판별이나 콘텐츠 생성은 딥러닝을 통해 본격적으로 다뤄진다.

(4) 인공지능의 역사

현재는 AI하면 딥러닝을 떠올리지만, 규칙 기반 AI와 인공신경망 외의 기계학습 방식이 딥러닝 이전의 역사를 채우고 있다. AI의 역사를 좀 더 살펴보면, 1940~1950년대는 AI 태동기였다. 이 시기에는 여러 AI 관련 개념이 등장했다. 1943년 뉴런neuron의 작용을 0과 1의 2진 회로로 설명한 연구가 나왔다(McCulloch & Pitts, 1943). 1948년 클로드 섀넌Claude Shannon은 정보량을 최소 비트bit 수로 표현되는 엔트로피entropy로 설명한 정보이론information theory을 발표했다(Shannon, 1948). 1950년에는 컴퓨터공학의 아버지 앨런 튜링이 튜링머신을 제안했다(Turing, 1950).

1956년에는 드디어 AI의 선구자 존 매카시John McCarthy가 조직한 컨퍼런스인 다트머스 회의dartmouth workshop, the dartmouth summer research project on artificial intelligence에서 AI라는 용어가 처음 공식화됐다. 1959년에는 가장 단순한 인공신경망이자 현재 딥러닝 기반 AI의 단초가 된 단층퍼셉트론이 소개됐다(Rosenblatt, 1958). 1960년대에는 정보탐색information retrieval과 추론inference, 기계번역machine translation 등의 연구가 활성화되면서 AI의 첫 번째 황금기를 맞이했다. 그러나 기계번역 성능 개선이 한계에 봉착하고 단층퍼셉트론 역시 XOR 문제와 같은 단순한 문제도 해결하지 못한다는 것이 밝혀지면서 1970년대에 들어 AI에 대한 투자가 대폭 줄어들게 됐다. 이렇게 첫 번째 AI 겨울AI winter이 시작됐다.

1980년대에는 전문가 시스템expert system이 주목을 받았다. 또한 다층퍼셉트론과 역전파backpropagation로 XOR 문제를 해결하고, 합성곱신경망 등 딥러닝의 핵심 기술도 공개됐다. 그러나 데이터 부족과 컴퓨

그림 2-1 AI의 역사

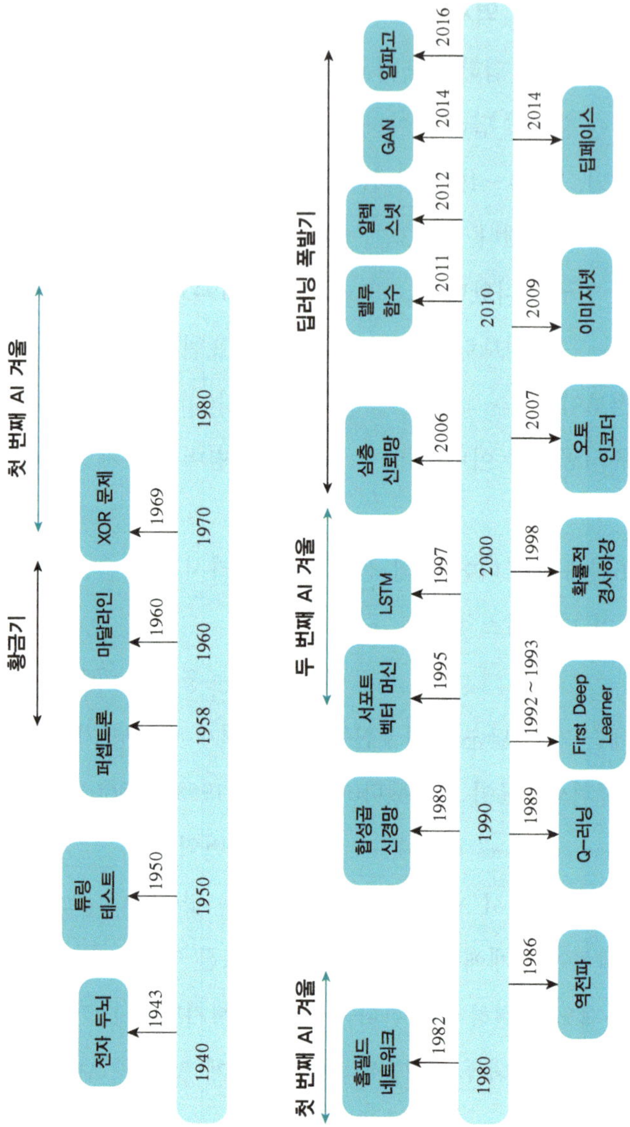

출처 : Kamath, Liu, & Whitaker (2019), 그림 일부 간소화함

터 성능의 한계 등으로 본격적으로 활용되지는 못했다. 1980년대 후반부터는 개인용 컴퓨터가 보급되면서 값비싼 전문가 시스템에 대한 관심도 줄어들었다. 두 번째 AI 겨울의 시작이었다.

1990년부터는 의사결정트리decision tree, 랜덤 포레스트random forest, 서포트 벡터 머신support vector machine 등 기계학습이 등장했다. 기계학습은 2000년대에 각광을 받았다. 2010년대 이후에는 기계학습 기법 중에서도 여러 층의 깊이 있는 인공신경망을 이용한 딥러닝이 지금의 AI 르네상스 시대를 열었다(Copeland, 1993/2020 ; Russel & Norvig, 2009/2021). 정리하면 AI는 규칙 기반 방식, 딥러닝 이전의 기계학습 방식, 기계학습 방식 중 딥러닝 방식으로 발전해 왔다. 딥러닝 기반 AI는 의미 데이터, 특히 텍스트를 넘어 영상 분야에서까지 성과를 내고 있다.

2) 기계학습

(1) 기계학습의 개념

계산 기계로서의 전통적인 컴퓨터 프로그램의 경우 사전에 인간이 함수를 만들어 준다. 해당 프로그램은 입력값을 함수에 넣어 계산한 뒤 출력값을 내놓는 형태로 작동한다. 그러나 기계학습 기반 프로그램은 입력값과 출력값을 제공하면 컴퓨터가 스스로 입력값과 출력값 간의 함수 관계(모델)를 찾은 뒤 이를 활용하는 형태로 작동한다. 즉, 기계학습은 1차적으로 회귀 함수regression function를 찾는 문제이다. 가장 간단한 함수는 아래와 같은 1원 1차 회귀함수의 형태일 것이다.

$$y = wx + b \text{(}w\text{ : 가중치(weight), }b\text{ : 바이어스)}$$

기계학습은 입력값 x와 출력값 y가 다양하게 주어진 학습데이터가 있을 때 매개변수parameter, 즉 기울기에 해당하는 가중치weight와 절편에 해당하는 바이어스bias를 찾는 것이다. 즉, 학습이란 매개변수를 확정하는 것이다.

학습 과정에서는 학습데이터를 통해 찾은 함수를 다른 데이터의 입력값에 적용해 출력값을 예측하고 정답과 비교한 뒤 함수를 수정하는 과정을 거친다. 예컨대 (1, 3), (2, 5), (3, 5)로 구성된 데이터세트가 주어진다면 컴퓨터는 "$y = x + 2$"라는 함수를 제안할 수 있다. 여기서 x는 입력값 내지 독립변인, y는 출력값 내지 종속변인에 해당한다. 기울기에 해당하는 가중치는 1, 절편에 해당하는 바이어스는 2이다. 그러나 이 함수, 즉 찾아낸 모델이 다른 데이터세트에 맞지 않는다면 해당 함수의 가중치와 바이어스를 수정해야 한다.

학습 결과 얻은 회귀식이 모든 데이터를 만족시킬 수는 없다. 최대한 많은 학습데이터를 만족시키면서 예측치와 실측치 간의 오차error를 최소화하는 회귀식을 찾는 것이 최선이다. 이러한 오차의 최소화를 최적화optimization라고 한다. 따라서 기계학습은 최적화 문제를 푸는 것이다.

학습 완료된 모델은 매개변수가 확정된 회귀 함수 형태로 제시된다. 이 모델에 입력값을 x에 넣으면 가중치와 바이어스에 따라 예측치인 y가 출력된다. 이 y값을 가중합weighted sum이라고도 한다. 완벽한 모델이라면 가중 합이 실제 정답과 일치할 것이다.

앞에 제시한 함수에서 구해야 할 매개변수 수는 가중치 1개와 바이어스 1개 등 총 2개이다. 일반적인 미디어 커뮤니케이션 연구에서 구해야 하는 매개변수는 많아야 10개 남짓이다. 반면 딥러닝은 구해야 하는 매개변수가 훨씬 많다. 예컨대 GPT-3.5의 경우 매개변수 수가 1,750

억 개에 달하는 것으로 알려져 있다. 향후 출시 예정인 GPT-5의 매개변수는 125조 개에 달한다는 이야기도 나온다.[1]

기계학습은 기본적으로 예측prediction에 활용된다. 학습을 통해 회귀식, 즉 모델을 만든다. 모델에 입력값(x)을 넣어 나온 출력값(y)이 예측 값이다. 이 예측 값을 실제 값과 비교한다. 성능 좋은 모델은 대부분의 예측 값이 실제 값과 일치할 것이다. 예측 값은 판매량과 같은 수치일 수도 있고 객체object의 클래스class와 같은 이산 값일 수도 있다.

(2) 기계학습의 유형

기계학습은 크게 지도학습supervised learning과 비지도학습unsupervised learning으로 나뉘진다.

지도학습은 분류 항목, 즉 클래스가 사전에 주어진, 즉 라벨링labeling된 학습데이터를 바탕으로 학습하는 것이다. 지도학습은 실수형 변수, 즉 비율변인 간의 관계에 대한 예측인 선형 회귀나 이산형 변수, 즉 명목변인에 대한 예측인 분류classification에 사용된다. 선형 회귀는 예컨대 공부 시간이 주어졌을 때 예상 시험 점수를 예측하는 것과 같다. 기사를 정치, 경제, 사회, 문화, 국제 등 정해진 지면으로 할당하는 것은 분류이다. 일종의 객관식 문제를 푸는 것과 같다.

비지도학습은 라벨링되지 않은 데이터로 학습하는 것이며, 클래스도 사전에 주어지지 않는다. 그러나 학습데이터가 아예 필요 없는 것은 아니다. AI가 스스로 원천 데이터raw data에서 학습데이터를 만드는 형태가 많다. 따라서 최근에는 자기지도학습self-supervised learning이라는

1. https://biz.chosun.com/it-science/ict/2023/11/22/7ZLGVE7I7VCOLLNSWUSHIPB2RI/

용어를 쓰기도 한다. 비지도학습은 이산형 변수의 군집화clustering에 활용된다. 군집화는 기사를 관련 있는 것끼리 묶어보라고 하는 것과 같다. 이 경우 '코로나19 기사'와 같은 묶음이 나올 수 있다. 코로나19 기사에는 사회면 기사만이 아닌 정치면 기사나 경제면 기사가 포함돼 있다. 군집화는 일종의 주관식 문제를 푸는 것과 같다.

강화학습reinforcement learning은 게임의 규칙 등 주어진 환경에서 보상을 극대화하는 모델을 찾는 것이다. 사전에 주어진 클래스가 없으므로 일종의 비지도학습이다. 강화학습에서는 보상reward에 따라 데이터를 만들어 수집하는 과정이 포함된다.

그림 2-2 기계학습의 유형

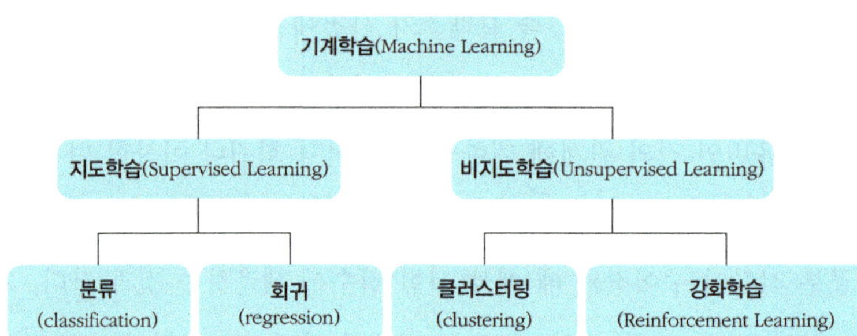

출처 : https://ittrue.tistory.com/35

3) 딥러닝

딥러닝은 다수의 은닉층hidden layer이 있는 깊은 인공신경망을 활용하는 기계학습의 하나이다(LeCun, Bengio, & Hinton, 2015). 딥러닝은 폭width과 깊이depth에 따라 구해야 할 매개변수 수가 달라진다. 은닉층의 폭은 하나의 은닉층에 몇 개의 노드가 있는지를 의미한다. 깊이는 은닉층이 몇 개인지를 의미한다. 딥러닝 문제는 폭에 비례하게 n이 많은 n원 일차 연립방정식을 깊이에 비례해 연달아 푸는 과정을 학습 횟수만큼 반복해 푸는 것으로 볼 수 있다. 여러 개의 층을 둠으로써 딥러닝은 영상 데이터와 같은 복잡한 비선형 데이터를 다룰 수 있게 된다.

딥러닝을 포함한 기계학습은 판별 모델과 생성 모델로 유형화된다(Foster, 2022/2023). 쉽게 말해 판별 모델은 사진 속에서 개나 고양이 등 객체가 있는지를 판단한다. 반면 생성 모델은 개나 고양이 사진을 그려준다.

(1) 판별 모델

판별 모델은 기본적으로 분류기에 활용된다. 입력 데이터(X)가 클래스(Y)에 속할 확률을 모델링한다. 즉, $P(Y|X)$를 구한다. 판별 모델은 주로 지도학습 방식으로 학습한다. 즉, 클래스가 사전에 주어져 있고 클래스별로 라벨링labeling된 학습데이터가 필요하다. 판별 모델을 활용하는 컴퓨터 비전의 주요 과업으로는 객체 탐지object detection, 행동 인식

그림 2-3 판별 모델의 구조

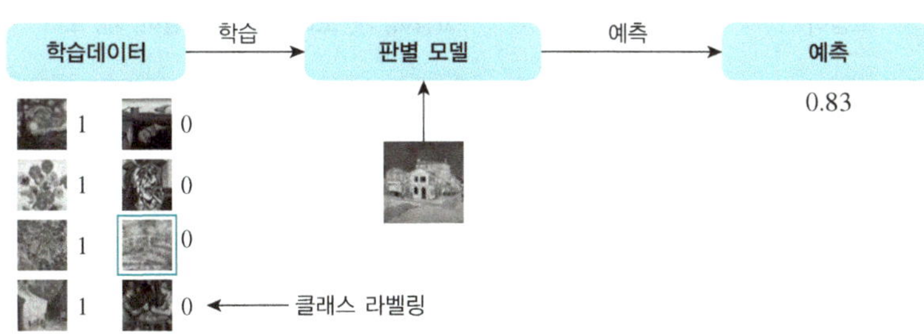

출처 : Foster (2022/2023)

action recognition, 상황 이해 등이 있다(박대민, 2022). 합성곱 신경망은 딥러닝을 활용한 대표적인 판별 모델이다. 순환신경망RNN도 시계열 성격이 있는 데이터의 판별 모델로 활용될 수 있다.

판별 모델의 예로 객체 탐지의 과정을 간단히 소개해 보자. 객체 탐지는 영상 속에 각각의 객체가 어디에(x, y) 어느 크기로(w, h) 존재하는지를 찾는 과업이다. 가장 기본적인 것은 분류classification이다. 예컨대 영상에 고양이라는 객체가 있다고 분류하는 것이다. 두 번째는 로컬라이제이션localization이다. 영역 제안region proposal을 통해 고양이라는 객체가 영상의 어디에 위치하는지를 찾아내는 작업이다. 세 번째는 탐지detection이다. 여러 객체가 있을 때 각 개체의 클래스와 위치를 구분해 판별한다. 넷째는 분할segmentation이다. 여러 객체가 겹쳐 있을 때 배경과 객체들, 또는 객체들을 구분해 주는 것이다.

그림 2-4 객체 탐지의 사례

출처 : https://techblog-history-younghunjo1.tistory.com/193

(2) 생성 모델

생성 모델은 주어진 데이터(X)의 확률 분포 $P(X)$를 학습하여 생성한 데이터(Y)가 주어진 데이터(X)에서 관측될 확률을 모델링한다. 생성 모델은 생성한 데이터가 $P(X)$에 포함될 수 있도록 데이터의 생성 과정을 학습한다. 주로 비지도학습 방식으로 학습하기 때문에 라벨링된 학습데이터가 필요 없다.

그림 2-5 생성 모델의 구조

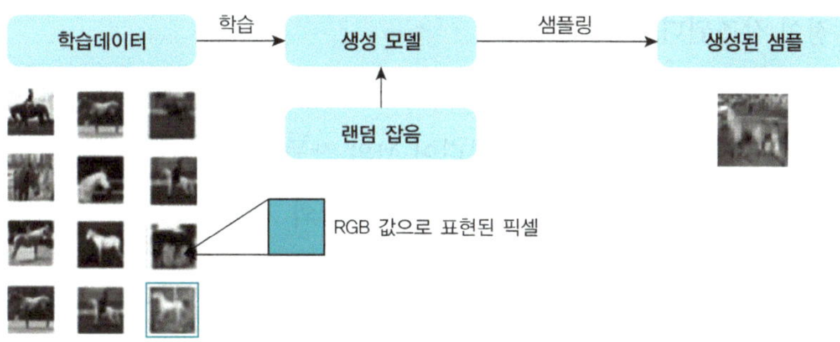

출처 : Foster (2022/2023)

일반적으로 생성 AI는 명시적 밀도 모델explicit density model과 암묵적 밀도 모델implicit density model로 나뉜다. 명시적 밀도 모델은 다시 근사 밀도 모델approximate density model과 다루기 쉬운 모델tractable model로 나눠진다. 근사 밀도 모델로는 변이형 오토인코더variational autoencoder ; VAE, 확산 모델diffusion model, 에너지 기반 모델energy based model 등이 있다. 다루기 쉬운 모델로는 자기 회귀 모델autoregressive model, 노멀라이징 플로 모델normalizing flow model이 있다. 암묵적 밀도 모델로는 GAN이 있다(Foster, 2022/2023).

2. 컴퓨터 비전과 디지털 영상의 함수 표현

디지털 영상은 아날로그 영상analogue image을 디지털화한 것이다. 디지털 영상은 디지털 영상 처리digital image processing를 통해 다양한 방식으로 분석된다. 최근에는 특히 영상 인식 분야에서 딥러닝 기술이 활용되면서 컴퓨터 비전computer vision ; CV이라는 용어가 널리 사용되고 있다. 컴퓨터 비전은 흔히 디지털 영상 처리와 유사한 의미로 쓰인다. 컴퓨터 비전이라는 용어는 특히 사람이나 동물의 시각 체계를 모방한다는 점이 강조된다.

영상을 디지털화하고 함수로 처리하는 컴퓨터 비전에 대한 기본적인 이해가 있다면 딥러닝 기반 미디어 AI의 작동 방식과 가능성을 더 쉽게 이해할 수 있다. 이 절에서는 디지털 영상의 개념과 디지털 영상 처리 내지 컴퓨터 비전의 주요 과업과 방식에 대해 살펴보도록 한다.

1) 디지털 영상의 개념과 그 함수 표현

디지털 영상에 대해 알아보기 전에 아날로그와 디지털의 차이를 간략히 짚고 넘어가자. 아날로그는 연속적으로 변화하는 물리량을 표현하는 데 사용된다. 반면 디지털은 데이터나 물리적인 양을 0과 1이라는 불연속적인 2진 부호 숫자로 표현한다. 아날로그 값은 소수점으로 표현될 수 있는 연속된 실수로 표기되는 반면, 디지털 값은 불연속적인 정수로 표기된다. 보통 아날로그는 10진법을, 디지털은 근본적으로 2진법을 따른다. 아날로그는 많고 적음, 즉 양quality을 완벽하게 나타낼 수 있다. 반면 디지털은 근본적으로 있고 없음, 즉 질quantity을 표시한다. 디지털에서 0은 없음, 1은 있음을 의미한다. 디지털은 켜졌다가 꺼졌다가 하는 스위치switch, 예컨대 전기를 통하게 하거나 통하지 않게 하는 반도체를 이용해 컴퓨터로 처리할 수 있다. 1은 스위치가 켜진 것 내지 전기가 통하는 것, 0은 스위치가 꺼진 것 내지 전기가 통하지 않는 것이다.

영상은 시간에 따라 진폭이 변화하는 파장 형태의 가시광선으로 이뤄진다. 영상 신호는 기본적으로 연속적인 파동 형태의 아날로그 신호 형태다. 아날로그 영상은 가시광선의 파장 변화를 시간에 따라 연속적으로 변화하는 실수 값으로 기록한 것이다. 이 아날로그 영상을 디지털로 변환한 것이 디지털 영상이다.

아날로그 신호를 디지털 신호로 변환하기 위해서는 표본화sampling, 양자화quantization, 부호화coding의 과정을 거친다(김종현, 2022). 먼저 표본화는 일정한 시간 간격(예컨대 30분의 1초)에서 영상의 파동 크기를 측정하는 과정이다. 이때 측정된 값은 아직 실수 형태이다. 양자화는 이

그림 2-6 표본화, 양자화, 부호화를 통한 아날로그 신호의 디지털 신호 변환

(a) 표본화

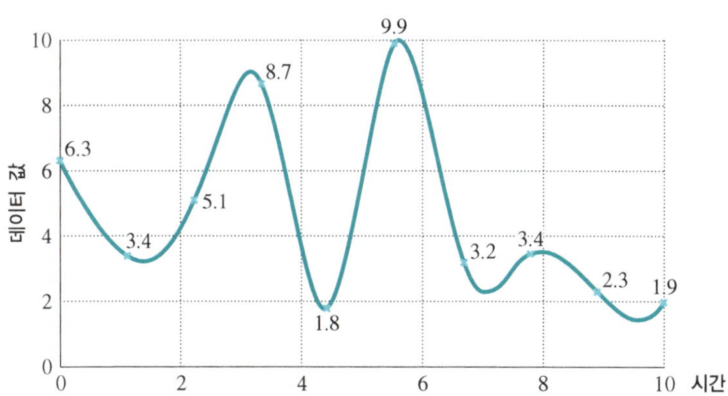

표본화한 y값 : [6.3, 3.4, 5.1, 8.7, 1.8, 9.9, 3.2, 3.4, 2.3, 1.9]

(b) 양자화

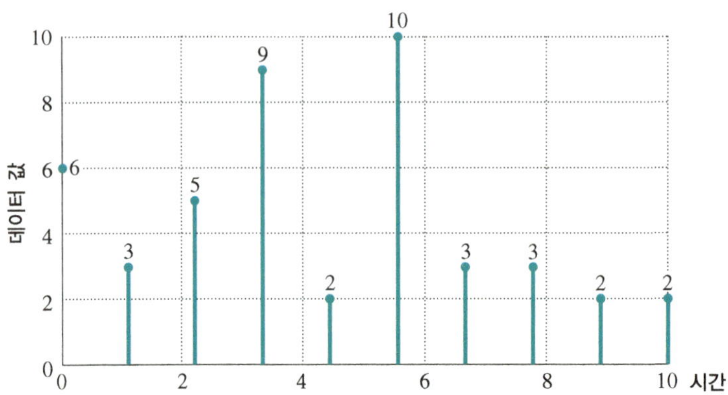

양자화한 y값 : [6, 3, 5, 9, 2, 10, 3, 3, 2, 2]

(c) 부호화

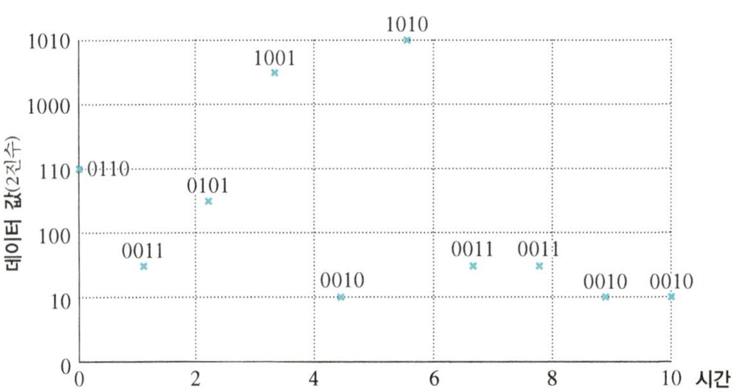

양자화한 y값 : ['0110', '0011', '0101', '1001', '0010', '1010', '0011', '0011', '0010', '0010']

값을 정수로 바꾸는 과정이다. 예를 들어 특정 시점에서 표본화한 파동 세기가 1.7이라면 이를 반올림해 2로 표기할 수 있다. 끝으로 부호화는 양자화한 정수 값을 2진법의 수로 바꿔주는 것이다. 예를 들어 정수 2를 2진법으로 표기하면 '0010'과 같이 나타낼 수 있다.

디지털 영상은 보통 RGB 색 모형을 사용해 표현한다. RGB는 빨강red, 녹색green, 파랑blue을 의미한다. 적녹청의 색상 채널 외에 투명도를 나타내는 알파 채널alpha channel이 추가되는 경우도 있다. 이 경우 RGBA로 부른다. 트루 컬러true color의 경우 RGB 값이 색상 채널별로 각각 0부터 255 사이의 정수 값으로 표현된다. 투명도 역시 0~255로 나타낸다. 0부터 255까지의 정수 개수는 256개, 즉 2의 8승이다. 2의 8승은 8비트, 또는 1바이트byte로 나타낼 수 있다. RGB의 각 채널에는 8비트, 또는 1바이트가 부여되는 셈이며, 총 24비트 또는 3바이트면 트루 컬러를, 4바이트면 투명도까지 표현할 수 있다. 3바이트로 표현 가능한 색상은 256의 3승, 총 16,777,216개이다. 흰색의 RGB 값은 (255, 255, 255), 검정색은 (0, 0, 0)이다(이희석, 2016). 흑백 영상은 1개 채널에 0과 255 사이의 정수로 명암만 표현된다.

표 2-3 RGB 색상표

색상	R(빨강)	G(녹색)	B(파랑)
검정	0	0	0
빨강	255	0	0
녹색	0	255	0
파랑	0	0	255
흰색	255	255	255

한 장의 아날로그 영상 전체를 디지털 영상으로 바꾸는 절차는 다음과 같다. 먼저 아날로그 영상을 동일한 크기의 작은 정사각형으로 나눈다. 이 하나의 작은 정사각형이 디지털 영상의 기본 단위인 화소pixel이

다. 디지털 영상은 결국 영상을 화소 단위로 쪼갠 뒤 각 화소에 색상 채널별로 정수 값을 할당한 데이터이다. 이 정수 값은 2진화되어 컴퓨터가 다룰 수 있는 값이 된다. [그림 2-7]은 이 과정을 설명한 것이다.

그림 2-7 디지털 영상의 함수 표현 : 화소 값

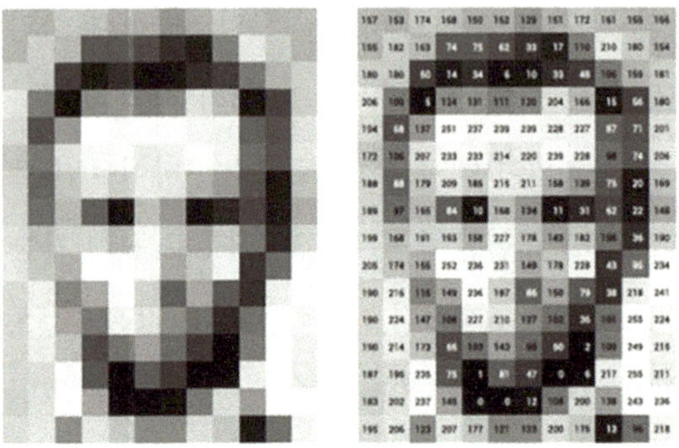

157	153	174	168	150	152	129	151	172	161	155	156
155	182	163	74	75	62	33	17	110	210	180	154
180	180	50	14	34	6	10	33	48	106	159	181
206	109	5	124	131	111	120	204	166	15	56	180
194	68	137	251	237	239	239	228	227	87	71	201
172	105	207	233	233	214	220	239	228	98	74	206
188	88	179	209	185	215	211	158	139	75	20	169
189	97	165	84	10	168	134	11	31	62	22	148
199	168	191	193	158	227	178	143	182	106	36	190
205	174	155	252	236	231	149	178	228	43	95	234
190	216	116	149	236	187	86	150	79	38	218	241
190	224	147	108	227	210	127	102	36	101	255	224
190	214	173	66	103	143	96	50	2	109	249	215
187	196	235	75	1	81	47	0	6	217	255	211
183	202	237	145	0	0	12	108	200	138	243	236
195	206	123	207	177	121	123	200	175	13	96	218

출처 : https://ai.stanford.edu/~syyeung/cvweb/tutorial1.html

디지털 영상은 하나의 점을 나타내는 화소가 모여서 통상 직사각형의 평면으로 표현된다. 해상도resolution는 디지털 영상을 표현하는 평면의 섬세함 정도를 나타낸다. 해상도는 가로×세로 화소 수로 나타낸다. 자주 쓰이는 해상도는 약어로 표현된다. 예컨대 VGA는 640×480의 해상도를 나타낸다. VGA의 화소 수는 640×480인 307,200개, 대략 30만 화소를 갖고 있다. VGA의 해상도를 가진 디지털 영상을 RGBA로 표현할 경우 각 화소에 4바이트가 할당되므로 그 용량은 640×480×4, 즉 1,228,800바이트, 대략 1메가바이트MB에 해당한다. 다만 디지털 영상에서 인접한 화소는 비슷한 값을 갖는 경우가 많기 때문에 압축을 통해 데이터 용량을 줄일 수 있다. [그림 2-8]은 자주 사용되는 해상도를 나타낸다.

그림 2-8 주요 해상도

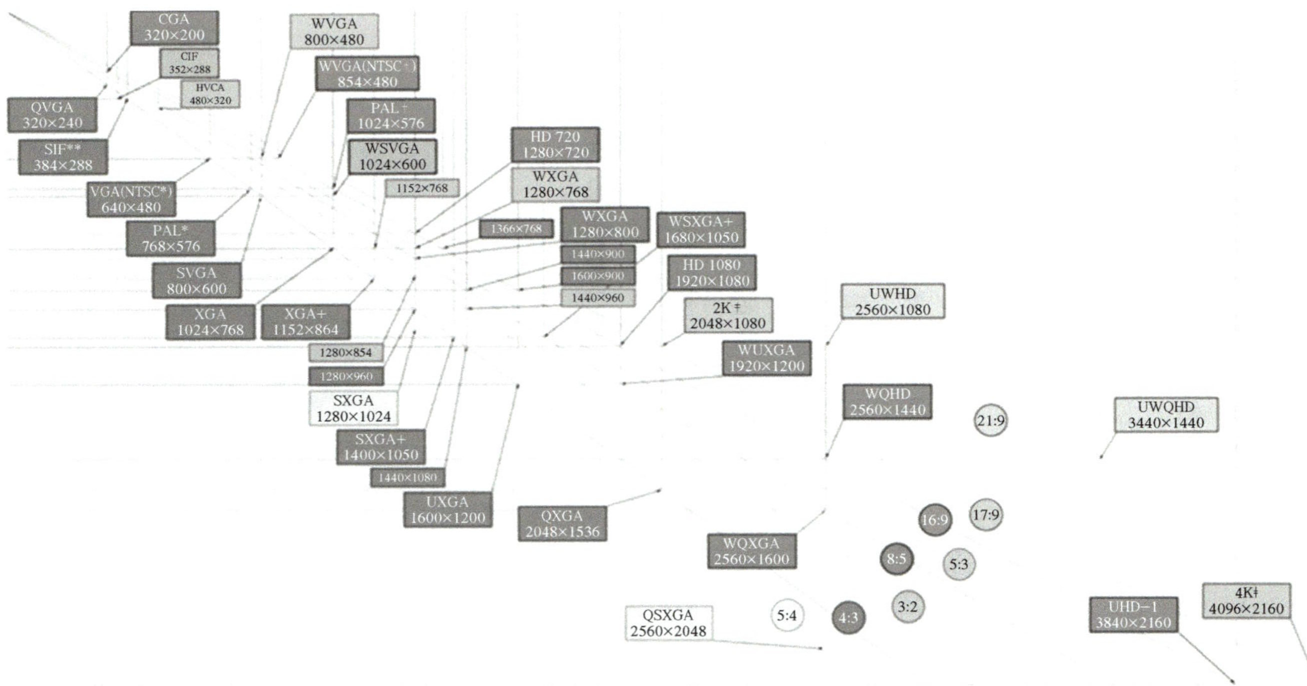

출처 : https://upload.wikimedia.org/wikipedia/commons/0/0c/Vector_Video_Standards8.svg

하나의 아날로그 영상이 디지털 영상으로 변환되고, 디지털 영상은 해상도에 따라 정수 개의 화소로 분할되며, 하나의 화소는 RGB 값과 투명도로 표현된다. 보통 디지털 영상은 직사각형으로 표현되므로 디지털 영상을 좌표평면으로 만들면 각 화소의 위치를 정확하게 나타낼 수 있다. 이는 디지털 영상을 함수로 표현하여 컴퓨터로 각종 연산을 할 수 있다는 것을 의미한다.

디지털 영상의 함수 표현은 화소의 위치 값과 RGB 값을 이용할 수 있다. 먼저 디지털 영상의 화면을 가로축과 세로축으로 이루어진 2차원 좌표 평면으로 보고 (x, y) 값으로 위치를 표현한다. 예컨대 최상단 좌측의 화소 위치를 (0, 0)으로 놓는다면 VGA에서 최하단 우측의 화소의 위치는 (640, 480)이 된다. 컴퓨터가 각 화소의 위치에 맞는 RGB 값에 따라 색상을 표현해주면 디지털 영상 전체를 표현할 수 있다. 즉, 입력값

그림 2-9 디지털 영상의 함수 표현 : 위치 표현

을 위치 (x, y)로 주면 해당 위치에 있는 화소의 RGB 값이 출력값으로 나온다. 디지털 영상에서 특정 위치에 있는 화소의 색상은 (x, y, r, g, b)와 같은 형태로 표현할 수 있다(이희석, 2016 ; 황선규, 2019). [그림 2-9]로 예를 들면, 사진의 해상도가 512×512이라고 하면 사진의 맨 왼쪽 상단 화소의 위치를 (0, 0)이라고 할 때 오른쪽 하단의 화소는 (512, 512)의 함수 값으로 표현할 수 있다.

디지털 영상의 함수 표현이 가능하다는 것은 디지털 영상에서 화소 단위의 연산이 가능하다는 것을 의미한다. 덧셈, 뺄셈, 곱셈, 나눗셈과 같은 사칙연산은 물론, 행렬 연산이나 미적분 등이 가능한 셈이다.

디지털 영상 처리의 연산은 기본적으로 두 가지 방식으로 이루어진다(이희석, 2016). 첫째, 각 화소의 위치를 바꿔주는 방식이다. 이를 기하학적 변환이라고 한다. 둘째, 각 화소의 RGB 값을 바꿔주는 방식이다. 이를 광학적 변환optical transformation이라고 한다. 예컨대 모든 화소의 위치 값에 같은 수를 더해주면 디지털 영상은 전체적으로 오른쪽으로 이동하게 될 것이다. 또는 각 화소의 RGB 값에 같은 자연수를 더해주면 화면 밝기가 밝아질 것이다.

디지털 영상 처리는 흔히 마스킹 기반 처리mask-based processing로 이루어진다. 마스크mask는 마스킹masking에 쓰는 작은 행렬을 뜻한다. 보통 열column의 개수와 행row의 개수가 같은 정방행렬 형태다. 커널kernel, 윈도우window, 필터filter로도 불린다. 마스크는 원하는 필터링filtering 방식에 따라 다양한 행렬 크기와 가중치(행렬의 각 셀에 있는 값)를 가질 수 있다. 마스킹은 원천 영상의 일부를 마스크에 따라 규칙적으로 추출해 처리하는 것을 뜻한다. 디지털 영상은 하나의 행렬로도 볼 수 있다. 따라서 마스킹은 디지털 영상과 마스크 간 행렬 연산을 하는 것이다.

[그림 2-10]은 딥러닝에서 널리 사용되는 합성곱 연산convolution이라는 행렬 연산의 예이다. 그림은 7×7의 행렬로 표현된 디지털 영상을 3×3의 마스크(커널)로 합성곱 연산을 수행하는 것을 보여준다. 합성곱의 수학적 개념은 ① 하나의 함수를 반전reverse 전이shift해 ② 또 다른 함수에 구간별로 곱하여 합산한 값을 구하는 것이다. 개념으로 보면 어렵게 느껴지지만 실제 연산은 비교적 간단하다. 원래 디지털 영상을 마스크와 같은 크기로 분할한 뒤 분할된 부분 행렬과 마스크에서 행과 열의 위치가 같은 셀의 값을 곱하고, 모든 셀에서 곱한 값의 총합을 내고, 이를 전체 부분 행렬에 대해 수행하면 된다.

그림 2-10 마스킹을 활용한 합성곱 연산의 예

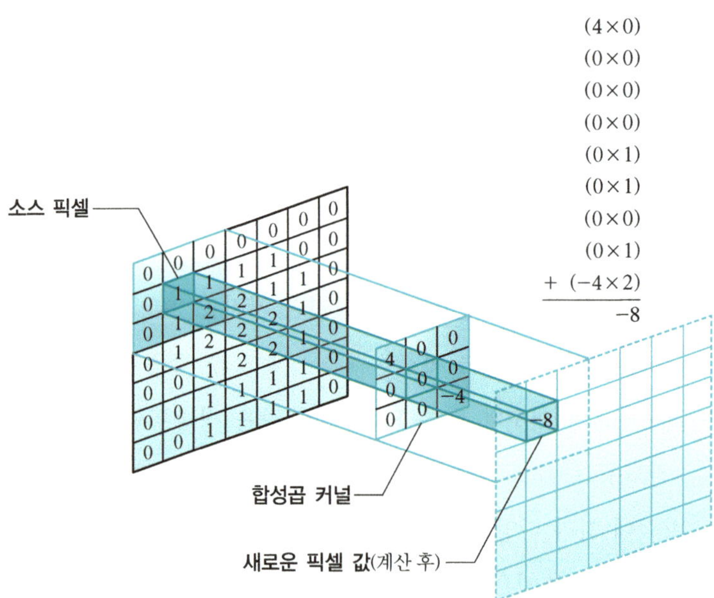

출처 : Grewe, & Overell, (2017, 5)

[그림 2-10](보폭stride 1, 제로 패딩[2]으로 가정)에서 첫 번째 합성곱 연산의 값은 (0×4+0×0+0×0)+(0×0+1×0+1×0)+(0×0+1×0+2×(−4)), 즉 −8이다. 이러한 계산을 오른쪽으로 한 칸씩 해주고, 아래쪽으로도 한 칸씩 이동해 수행하면 합성곱 연산에 따라 필터링한 새로운 영상 이미지의 행렬이 만들어진다. 새로운 영상은 연산 결과 원래 디지털 영상의 둘레에 있는 상하좌우의 한 행과 열이 없어지기 때문에 2행과 2열만큼 작아지게 된다. 이 새로운 디지털 영상에는 원래 디지털 영상의 어떤 특성이 추출된다. 합성곱 연산에서는 이동하는 보폭을 정해 줄 수도 있다.

마스크는 필터로 기능한다. 필터는 필터링을 수행한다. 필터링은 원래 영상을 분할해 마스킹하고 연산을 수행함으로써 이미지의 특성을 강화 또는 약화시키는 것을 의미한다. 경계를 날카롭게 하거나sharpening, 희미하게 하거나blurring, 양각효과를 만들거나embossing, 잡음을 제거하는denoising 등의 영상 변환은 필터링을 활용한 것이다.

2) 디지털 영상 처리의 과업

디지털 영상 처리는 컴퓨터를 이용해 디지털화된 영상이나 사진을 함수적으로 표현하고 연산을 통해 처리(입력, 전처리, 분석, 출력 등)하는 것이다. 디지털 영상 처리의 기본적인 절차는 입력, 전처리, 분석, 출력으로 이루어지는 데이터 처리의 절차와 대동소이하다. 컴퓨터 비전의 경우 내용 분석을 위한 영상 인식에 초점을 두어 분석 과정에서 특징 추

2. 보폭과 제로패딩에 대해서는 5장을 참조하라.

출과 인식이 강조된다.

디지털 영상 처리의 기본 과업으로는 영상 변환image transformation, 영상 분석image analysis, 영상 인식image recognition이 있다(이희석, 2016). 최근에는 컴퓨터 비전에서 딥러닝을 활용한 멀티모달 기반 영상 생성image generation이 주목받고 있다. 생성에 대해서는 6장에서 다루도록 한다. 여기서는 기본적인 디지털 영상 처리의 과업을 살펴본다.

(1) 영상 변환

영상 변환은 화소의 RGB 값이나 화소의 위치를 변경하여 입력 영상의 특성을 변형하는 것을 뜻한다. 영상 변환은 광학적 변환과 기하학적 변환으로 나눌 수 있다.

광학적 변환은 화소의 RGB 값을 변경하는 방식이다. 밝기brightness나 명암비 조절, 영상의 잡음 제거, 영상의 보정이나 강조 등에 활용된다. 먼저 간단히 사칙연산의 예를 살펴보자. 어떤 영상의 화소 값 전체에 양의 정수를 더하면 영상이 전체적으로 흰색에 가까워지는 효과, 즉 밝아지는 효과를 줄 수 있다. 뺄셈의 경우 영상이 검정, 즉 RGB 값이 (0, 0, 0)에 가까워지므로 어두워진다. 곱셈을 하게 되면 화소 간 밝기 차이가 더욱 벌어지면서 영상이 뚜렷해진다. 나눗셈을 하게 되면 영상이 희미해지는 효과가 나타난다. 밝기와 대비contrast 조절 외에 잡음 제거도 광학적 변환을 통해 가능하다.

기하학적 변환은 화소의 위치를 변경하는 방식으로 영상을 변경하는 것이다. 기하학적 변환은 크게 위치를 일정하게 변화시키는 선형 변환linear transformation과 불규칙하게 변화시키는 비선형 변환nonlinear transformation으로 나눠진다. 결과 예측이 어려운 비선형 변환보다는 선형 변환이 더 일반적이다.

선형 변환은 다시 원근 변환perspective transformation과 어파인 변환affine transformation으로 나눌 수 있다. 원근 변환은 직선이 직선으로 변환되는 속성만 유지하는 변환이다. 문서를 비스듬이 촬영한 경우 문서

표 2-4 **사칙연산을 통한 디지털 영상의 광학적 변환**

	증가	감소
밝기		
	덧셈	뺄셈
	(화소 값) + a	(화소 값) − a
	밝아짐	어두워짐
대조		
	곱셈	나눗셈
	(화소 값) × a	(화소 값) ÷ a
	뚜렷해짐	희미해짐

의 모서리를 찾아 정면으로 봤을 때의 직사각형 문서 모양으로 바꿔주는 것이 원근 변환의 예이다.

어파인 변환은 물체를 비틀고 축소하는 변환이다. 어파인 변환은 세부적으로 다음과 같은 여러 변환을 활용한다. 이동 변환translation transformation은 물체의 위치를 바꾸는 변환이다. 회전 변환rotation transformation은 물체를 회전하는 변환이다. 크기 조절 변환scaling transformation은 물체의 크기를 바꾸는 변환이다. 반사 변환reflection transformation은 물체를 반전시키는 변환이다. 전단 변환sheer transformation은 물체를 비스듬하게 바꾸는 변환이다. 강체 변환rigid body transformation은 물체의 정점vertex point 간 거리는 유지한 채 이동 변환이나 회전 변환을 하는 변환이다. 유사 변환similarity transformation은 각과 길이 비를 유지한 채 이동 변환, 회전 변환, 크기 조절 변환, 강체 변환 등을 진행하는 것이다.

그림 2-11 디지털 영상의 기하학적 변환

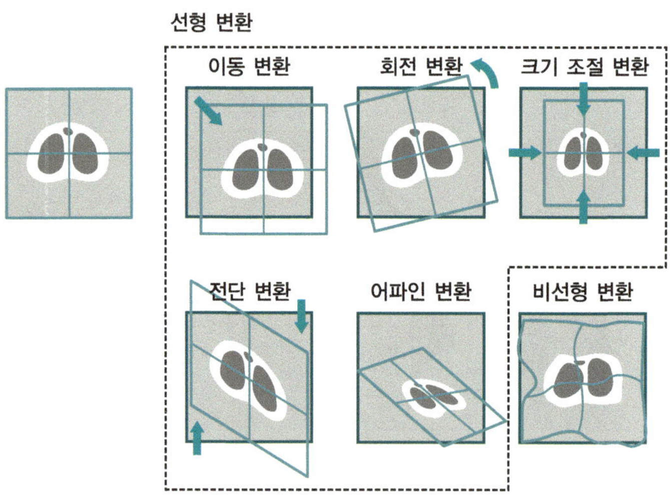

출처 : Uchida, S. (2013)

(2) 영상 분석

영상 분석은 입력 영상의 물리적 정보를 추출하는 과정이다. 경계선 검출edge detection, 외곽선 검출counter detection, 직선 및 원 검출, 특징 추출feature extraction, 방향 등 공간 정보 파악, 정합registration 등이 영상 분석의 주요 과업이다(이희석, 2016 ; 황선규, 2019).

경계선 검출은 명암비 등이 급변하는 부분을 포착해 경계선을 찾는 것이다. 외곽선 검출은 배경은 검정색으로, 검출 대상 물체는 하얀색으로 만들어준다. 직선 검출, 원 검출, 사각형 검출은 각각 직선, 원, 사각형 등 기본 도형을 찾는 방식이다. 특징 추출은 코너 검출, 크기 불변 특징점 등을 검출하는 방식이다. 정합은 서로 다른 두 영상의 같은 지점 등을 찾는 것이다.

(3) 영상 인식

영상 인식은 입력 영상의 의미론적 정보를 추출하는 과업이다. 영상 인식은 영상이 담고 있는 객체가 어떤 유형, 즉 어떤 클래스인지 파악하는 분류, 위치를 파악하는 로컬라이제이션, 여러 객체의 종류와 위치를 구별해 파악하는 탐지, 객체를 배경과 구분해 파악하는 분할로 나눠진다. 분할은 다시 서로 다른 객체라도 배경만 아니면 하나로 묶어주는 의미론적 분할semantic segmentation과 서로 다른 객체를 구분하는 인스턴스 분할instance segmentation로 세분된다(Khan & Al-Habsi, 2020).

영상 인식의 주요 객체로는 인간, 동물, 인공물artifact, 랜드마크landmark 등이 있다. 영상 인식의 대상으로는 객체 외에도 행동action이 있다. 수화sign language와 같은 몸짓gesture의 인식은 행동 인식의 특수한 사례이다. 교통사고나 화재, 범죄 등 사건 탐지event detection는 객체와 행동의 인식을 통해 수행한다. 상황 이해는 행동 외에도 계절이나 밤낮 등의 시간이나 랜드마크 등의 장소에 대한 정보와 발화 내용 등의 의미 정보를 활용해 파악한다.

CHAPTER 03

인공지능 학습데이터

※ 이 장은 다음 논문을 발췌하고 수정·보완한 것이다. 박대민(2023). 방송 동영상 활용 AI 학습데이터의 표준화 : AI 허브의 데이터세트 관련 문서를 통한 객체, 행동, 상황 클래스 설계 분석을 중심으로. 〈방송과커뮤니케이션〉. 24권 1호. 32-101.

1. 인공지능 학습데이터의 개념과 유형

AI 학습데이터란 AI의 학습, 검증validation, 평가에 사용되는 데이터를 뜻한다. AI 학습데이터는 사람이 원천 데이터에 정답 값을 입력하는 과정, 즉 라벨링labeling 또는 어노테이션 작업을 통해 구축된다. 학습데이터는 크게 학습세트training set, 검증세트validation set, 평가세트test set로 나눠진다(Chollet, 2017/2018). 학습세트는 AI 모델을 학습시킬 때 사용하는 데이터이다. 학습세트를 활용해 신경망을 학습시키면 매개변수가 결정된다. 매개변수는 신경망의 가중치로 AI가 학습을 통해 얻는 지식이다. 검증세트는 AI 모델의 예측값과 비교하는 데이터로 인간이 설정하는 모델의 다양한 초매개변수hyperparameter를 조정할 때 사용한다. 참고로 초매개변수는 AI 모델을 개발할 때 사람이 직접 설정하는 변수로 8장에서 AI 모델 개발을 설명할 때 좀 더 살펴본다.[1] 평가세트는 AI 모델의 성능을 평가할 때 사용하는 데이터이다. 학습세트가 교과서라면 검증세트는 문제집, 평가세트는 시험지의 역할을 한다고 볼 수 있다.

AI 학습 데이터세트는 크게 원천 데이터, 어노테이션 데이터, 메타데이터로 구성된다. 동영상 기준으로 각각을 설명하면 원천 데이터는 수집한 동영상 콘텐츠 자체를 의미한다. 원천 데이터는 화소의 위치 정보를 입력하면 해당 화소의 RGB 값을 출력하는 식의 함수 표현이 가능한 형태로 디지털화되어 있다(이희석, 2016).

어노테이션 데이터는 원천 데이터에 위치와 클래스를 입력한 데이터이다. 가장 널리 쓰이는 COCO 데이터 포맷에 따라 바운딩박스로 구

1. 은닉층의 개수, 은닉층의 크기, 손실함수 유형, 활성함수 유형, 학습률 등 다양하다.

축된 어노테이션 데이터로 예를 들면, 위치 정보는 [그림 3-1]처럼 바운딩박스의 시작점을 *xy* 좌표상의 (*x*, *y*) 값으로, 시작점에서 폭과 높이를 (*w*, *h*) 값으로 하여 (*x*, *y*, *w*, *h*) 형태로 표기될 수 있다. 클래스 정보는 '개'나 '음식 먹기'와 같이 사전에 정의된 객체나 행동 등의 분류 값을 나타낸다.

메타데이터에는 방송 동영상의 제목이나 방송사 이름과 같이 원천 데이터에 대한 메타데이터와 라벨링한 작업자worker의 이름과 같은 어노테이션 작업과 관련된 메타데이터가 있다.

그림 3-1 바운딩박스의 위치 정보 표기 예시

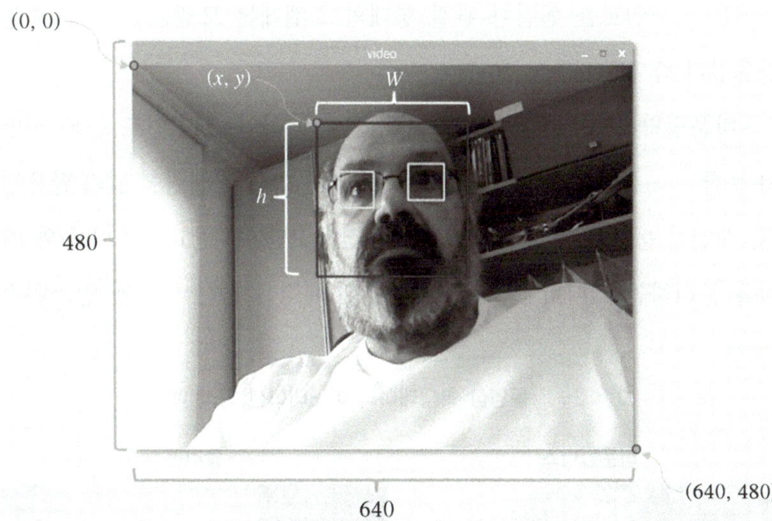

출처 : Rovai (2018)

영상의 AI 학습데이터에서는 어노테이션을 통해 분류하고자 하는 객체나 프레임을 다른 객체 및 배경 또는 프레임과 분리해 제시해야 한다. 분류 대상을 시각적으로 구분할 때 점, 선, 면, 입체, 프레임, 샷 등 다양한 시각적 요소들을 사용할 수 있다.

가장 많이 사용되는 어노테이션 형태는 직사각형 형태의 바운딩박스이다. 이밖에 직선 형태의 폴리라인polyline, 점들로 구성된 키포인트key point, 직육면체 형태의 큐보이드cuboid, 다각형 형태의 폴리곤polygon도 활용된다. 동영상 요약video summarization 모델을 위한 학습데이터는 키프레임key frame 또는 키샷key shot으로 어노테이션하기도 한다. AI허브 동영상 학습 데이터세트의 어노테이션 유형으로는 바운딩박스, 폴리곤, 폴리라인, 키포인트, 키샷 등이 제시돼 있다(한국지능정보사회진흥원, 2022. 2a). 인간이나 동물의 동작, 손의 제스처 등에 관한 학습데이터에는 키포인트를 연결한 관절 형태의 스켈레톤 모델skeleton model을 활용한다(박서희, 전준철, 2017).

바운딩박스는 객체 탐지에, 폴리곤, 폴리라인, 키포인트 등은 시맨틱 분할semantic segmentation이나 인스턴스 분할의 라벨링에 널리 활용된다. 시맨틱 분할은 중첩된 인스턴스(예컨대 고양이를 안고 있는 아이)와 배경을 분리하는 식이다. 인스턴스 분할은 배경은 물론 중첩된 인스턴스

그림 3-2 동영상 학습데이터 어노테이션 방식 예시

바운딩박스 | 폴리곤

출처 : 테스트웍스(https://www.testworks.co.kr/contents/blackolive.html)

그림 3-3 분류, 탐지(분류+위치 식별)**, 시맨틱 분할, 인스턴스 분할 예시**

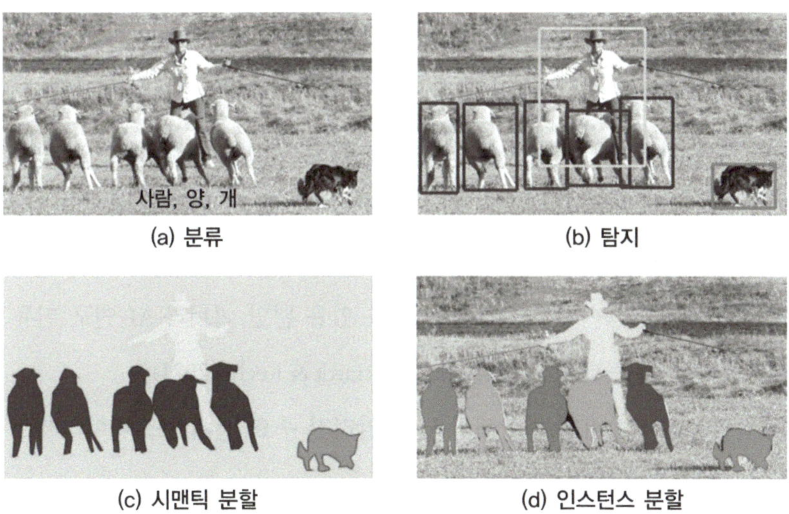

출처 : Lin, et al. (2014)

를 각각 구분한다. 예컨대 개를 안고 있는 아이에서 개와 아이를 구분하는 식이다.

2. 컴퓨터 비전 분야 주요 벤치마크 데이터세트

NIA의 AI 학습데이터 품질 관리 가이드라인에 따르면 클래스의 분류 체계 정의 시 향후 다양한 데이터세트와 통합하고 공동 활용할 수 있도록 연관성 있는 표준을 활용하도록 권고하고 있다(한국지능정보사회진흥원, 2022. 2a). 이러한 표준으로 대표적인 것이 과업별 벤치마크 데이터세트다. 벤치마크세트는 AI 모델을 평가하기 위해 널리 통용되는 표준적인 데이터세트를 뜻한다. 벤치마크세트는 여러 연구를 통해 검증된 고품질의 학습 데이터세트인만큼 분류 체계나 구축량 등 표준화에서 고려 사항의 기준이 될 수 있다. AI허브에 공개된 방송 데이터세트도 벤치마크세트를 참조하여 수정하는 방식으로 설계되어 있으며, 구축한 데이터세트의 유효성 평가도 벤치마크세트와 비교하는 경우가 많다.

벤치마크세트는 데이터 품질이 뛰어날 뿐만 아니라 과업별 모델이 해결해야 할 문제 정의와 문제 해결을 위한 데이터의 정의, 그에 따른 데이터의 설계가 공개적으로 명확히 제시되어 있다. 때문에 벤치마크세트와 같은 양질의 AI 학습 데이터세트는 서로 다른 모델의 성능을 정확히 비교할 수 있는 기준으로 활용될 수 있을 뿐만 아니라 AI 연구 커뮤니티를 형성하는 데도 기여할 수 있다(Hardt & Recht, 2021).

이 절에서는 비전 분야에서 널리 알려진 주요 벤치마크 데이터세트를 간략히 소개한다. 우선 MNISTModified National Institute of Standards and Technology[2]는 컴퓨터 비전 분야 딥러닝을 시작하는 대부분의 연구자들이 처음 접하는 벤치마크 데이터세트로 딥러닝 분야의 "Hello, world"로도 불린다. MNIST는 1998년 얀 르쿤Yann LeCun 연구팀이 공개한 흑백의 손글씨 이미지 데이터세트다. 0부터 9까지의 숫자를 쓴 6만 개의 훈련세트와 1만 개의 테스트세트로 구성되어 있다.

이미지넷은 비전 분야에서 가장 널리 사용되는 데이터세트다(Deng, et al., 2009). 텍스트의 분류 체계에 활용되는 워드넷WordNet의 명사 분류를 활용해 사진의 객체 클래스를 여러 다수준으로 분류했다. 총 14,197,122개의 사진을 21,841개의 클래스로 나눠 놓았으며, 클래스별로 평균 500개 이상의 사진을 제공한다. 이 중 ImageNet1000[3]은 일상 생활에 널리 쓰이면서도 이미지가 충분히 많은 1,000종의 객체로 구성된 핵심적인 학습 데이터세트다. 1,231,167개의 학습세트와 5만 개의 검증세트, 5만 개의 평가세트로 구성돼 있다. AI허브 방송 동영상 데이터세트 중에서는 특히 멀티모달 데이터세트와 대용량 동영상 콘텐츠 데이터세트의 객체 클래스 등이 이미지넷를 참고해 설계됐다.

이미지넷의 사진은 한 사진에 객체 수가 많지 않고 객체가 크고 중앙에 위치하는 등 실제 상황을 촬영한 동영상 프레임과는 다소 거리가 있다. 반면 MS COCO[4]의 학습 데이터세트는 한 사진에 여러 개의 객체가 있으며 객체의 크기나 형태가 다양하고 객체 간 중첩이 있어 훨씬 동적인 실연 영상에 가깝다. 때문에 사진만이 아니라 YOLO와 같은 동영상 분야의 객체 탐지용 모델의 학습이나 성능 평가에도 적합하다.

---

2. http://yann.lecun.com/exdb/mnist/
3. https://deeplearning.cms.waikato.ac.nz/user-guide/class-maps/IMAGENET/
4. https://cocodataset.org/#home

COCO는 91개 객체 클래스가 포함된 328,000장의 사진으로 구성된다. 사진당 평균 5개씩 총 250만 개의 객체 인스턴스가 인스턴트 분할 형태로 라벨링되어 있다. 이 중 82개 객체 클래스는 최소 5,000개의 인스턴스가 제공된다(Lin et al., 2014). AI허브 방송 동영상 데이터세트 중에서는 영상 이해(맥락) 기술을 위한 방송 영상 데이터세트와 장면 인식·인물 인식을 위한 방송 영상 데이터세트가 COCO를 참조했다. 특히 COCO의 입력 정보 데이터 포맷은 NIA가 동영상 데이터세트의 입력 정보 포맷으로 권고하고 있다.

Kinetics는 행동 인식 모델 학습을 위해 딥마인드DeepMind가 공개한 사람 행동 관련 유튜브 기반 데이터세트다(Carreira et al. 2019 ; Carreira et al. 2018 ; Kay et al. 2017). Kinetics 400의 경우 400개의 행동 클래스에 대해 클래스당 최소 400개 이상의 데이터세트를 제공한다. 각 동영상 클립은 10초 안팎의 길이로 하나의 행동을 담고 있으며 전체 클립 수는 306,245개이다. 대용량 동영상 콘텐츠 데이터세트 등에서 행동 클래스 설계에 활용했다. 행동 클래스가 600개나 700개로 더 많은 Kinetics 600, Kinetics 700도 발표됐다.

MOT 챌린지MOT Challenge 데이터세트는 다중 객체 추적의 학습에 활용된다. MOT를 위해서는 객체 탐지를 넘어서 서로 다른 프레임 간 동일 객체의 바운딩박스에 동일한 ID를 재할당Re-Identification ; Re-ID하기 위한 학습이 필요하다(Zhang, et al, 2020). 이를 위해 MOT 챌린지 데이터세트는 이동하는 객체가 포함된 실내외 이동 장면이 담긴 동영상을 제공한다(Leal-Taixé, et al., 2015). MOT16의 경우 클립당 22~60초의 길이로 이루어진 총 215초 분량의 동영상 7개에서 110,407개의 바운딩박스를 이용해 517개의 객체를 추적하는 학습세트 동영상과 클립당 22~85초의 길이로 이루어진 총 248초 분량의 동영상 7개에서 182,326개의 바운딩박스를 이용해 759개의 객체를 추적하는 평가세트 동영상으로 구성된다. 대용량 동영상 콘텐츠 데이터세트의 주요 활용 방안으로 MOT가 제안됐다. MOT16 외에도 MOT15, MOT17, MOT20 등 여러 버전이 있다. 버전 뒷부분의 숫자는 데이터세트의 공개 연도를 뜻한다.

AI허브의 방송 동영상 기반 학습 데이터세트 활용 과업으로는 안면 인식face recognition, 감성 인식sentiment analysis, 동영상 요약 등도 제시되어 있다. 관련 벤치마크 데이터세트로는 LFWLabeled Faces in the Wild, AffectNetfacial Affect from the interNet, TvSumTitle-based Video Summarization dataset, YouTube-8M 등이 있다. 이들 데이터세트는 멀티모달(감정/의도), 장면 인식·인물 인식을 위한 방송 영상, 영유아 교육 영상콘텐츠 방송, 비디오 요약 영상, 동영상 콘텐츠 하이라이트 편집 및 설명(요약) 등의 설계에 활용됐다.

LFW는 안면 인식 관련 벤치마크 데이터세트다(Huang, et al., 2008). 웹에서 수집된 5,749명의 13,233개 얼굴 컬러 사진으로 구성된

그림 3-4 컴퓨터 비전 분야 주요 학습데이터 예시

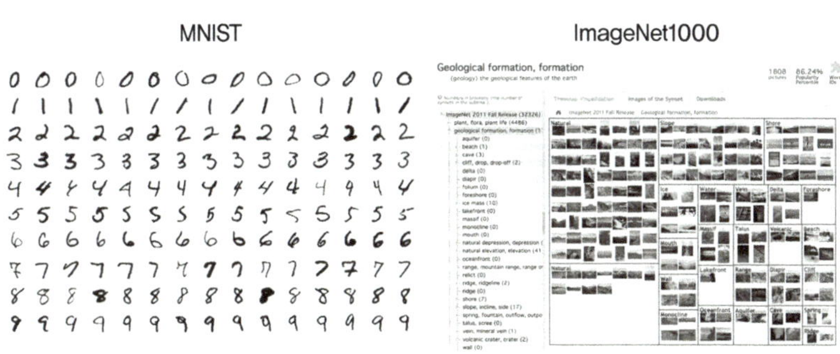

AffectNet

MOT16

LFW

Kinetics 400

(a) headbanging

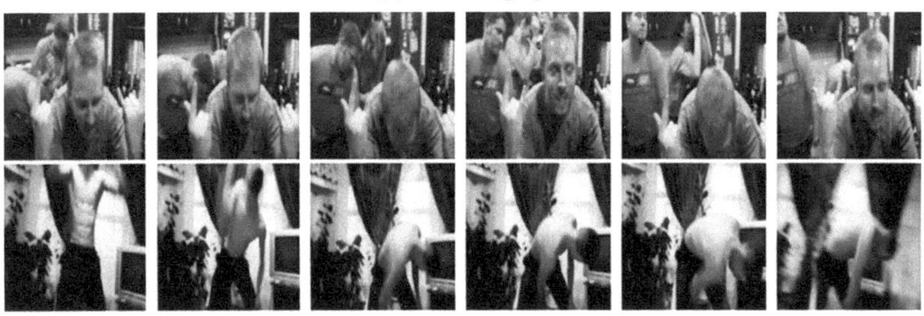

(b) shaking hands

TVSum

(a) St. Maarten KLM Boeing 747 landing(from the SumMe dataset)

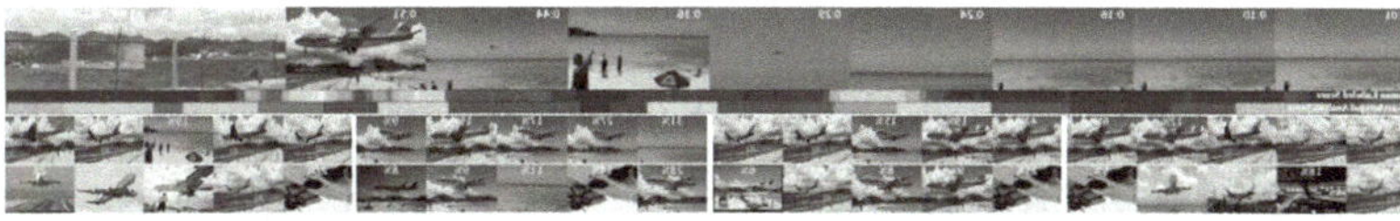

(b) Dog grooming in Buenos Aires(from our TVSum dataset)

COCO

YouTube-8M

다. 한 사람이 여러 형태로 사진을 찍은 경우가 전체 사진의 70%에 달한다. 덕분에 현실 속에서 다양한 각도의 사람 얼굴을 탐지하는 AI 모델을 학습시키고 검증하는 데 유용하다.

AffectNet은 표정 인식facial expression recognition 벤치마크 데이터세트다. 6개 국어로 된 1,250개의 감정 관련 검색어로 3대 검색 엔진Google, Bing, Yahoo에서 찾은 100만 개 이상의 현실in the wild 속 컬러 얼굴 사진을 제공한다. 이 중 456,349개는 감정 유형에 해당하는 원자가valence와 감정의 강도에 해당하는 각성arousal 정도를 수작업으로 라벨링했다. 감정 유형은 기쁨happy, 슬픔sad, 놀람surprise, 두려움fear, 혐오disgust, 분노anger, 경멸contempt, 중립neutral 등 8개의 표정으로 분류되었다. 라벨링한 45만여 개의 사진에는 8개 감정 범주에 속하지 않은 경우none가 35,322장, 불확실한 경우uncertain가 13,163장, 워터마크 등이 포함된 경우non-face가 88,895장 포함되어 있다(Mollahosseini, Hasani, & Mahoor, 2017).

YouTube-8M[5]은 동영상 분류에 활용되는 데이터세트다. 스포츠, 게임, 예술 등 24개 대분류, 3,862개 세분류에 대해 총 35만 시간 분량 610만 개 이상의 동영상 클립을 제공한다. 클립의 길이는 120~500초이며 유튜브 조회수는 1,000 이상이다. 클래스별 최소 100개 이상의 학습세트 영상 클립을 제공한다. 분류를 위해 총 13억 개의 영상 특성feature과 13억 개의 음성 특성을 라벨링했다(Abu-El-Haija et al., 2016).

TvSum는 동영상을 요약하는 AI 모델을 제작하기 위한 학습 데이터세트다. TvSum는 유튜브 등 웹상에서 수집한 뉴스, 다큐멘터리, 브이로그vlog 등 여러 장르의 동영상 10종 각 5개씩 총 50개를 원천 동영상으로 활용했다. 총 길이는 3시간 29분 42초다. 요약을 위해 각 영상을 2초 단위의 샷으로 나눈 뒤 20명의 사용자가 제목title에 맞춰 샷마다 중요도 점수shot-level importance scores를 부여하고 샷별로 중요도 점수의 평균 값을 내어 순위화한 뒤 영상별로 가장 중요한 20개의 샷을 선정했다. 이에 따라 제공하는 인스턴스 수는 총 1,000개이다(Song, et al., 2015).

5. https://research.google.com/youtube8m/

CHAPTER 04

인공신경망의 대두와 발전

이 장에서는 본격적인 딥러닝 모델 등장 이전의 회귀 모델과 얕은 인공신경망을 살펴본다. 그러한 모델로는 단순선형회귀, 다중선형회귀, 그리고 가장 기본적인 인공신경망인 퍼셉트론perceptron이 있다.

단순선형회귀부터 딥러닝 모델까지 모든 모델은 예측을 목표로 한다. 예측이란 입력값에 따라 출력값을 예상하는 것이다. 뛰어난 모델은 예측한 출력값과 실제 출력값이 90% 이상 일치할 것이다. 예측치와 실측치의 차이는 오차이다. 성능 좋은 모델이란 다양한 입력값에 대해 예측한 출력값이 실제 관측된 출력값과 차이가 적은 모델, 즉 오차가 적은 모델이다. 결국 딥러닝의 문제는 예측의 오차를 최소화하는 매개변수를 찾는 최적화optimization 문제다. 최적화 방법은 손실함수loss function를 계산함으로써 알 수 있다. 손실함수는 간단히 말해 오차를 합산해주는 함수이다. 좋은 모델은 손실함수를 통해 계산한 오차가 가장 적은 모델이다.

1. 단순선형회귀와 다중선형회귀

1) 단순선형회귀의 최적화

앞서 기계학습을 설명할 때 잠깐 소개한 것처럼 단순선형회귀는 아래와 같이 입력값의 종류가 1개인 1차 함수 형태로 제시된다. 예컨대 미디어 시청 시간 x에 따른 시험 성적 y를 예측하는 것이 그러한 예이다.

$$y = wx + b(w : \text{가중치}, b : \text{바이어스})$$

단순선형회귀의 손실함수로는 평균제곱오차mean square error ; MSE가 널리 사용된다. *MSE*는 학습데이터의 *x*값을 입력값으로 넣었을 때 회귀식으로 구한 예측값인 *y*값과 학습데이터의 실측값인 *y*값의 차이를 제곱해 합한 값의 평균이다. *MSE*의 공식은 아래와 같다.

$$MSE = \frac{1}{n}\sum_{i=1}^{n}(y_i - \hat{y}_i)^2$$

예측값과 실측값의 차이를 단순 합한 평균오차mean error ; ME를 쓰면 양의 오차(실측값이 더 큰 경우)와 음의 오차(예측값이 더 큰 경우)가 서로 상쇄되는 문제가 발생하므로 *MSE*를 사용하는 것이 더 정확하다.

단순선형회귀의 최적화에는 최소제곱법least squared method을 사용한다. 최소제곱법은 *MSE*가 최소가 되는 가중치와 바이어스를 찾는 것이다. 이때의 회귀식이 가장 예측력이 좋은 최적화된 회귀식이다. 최소제곱법은 가장 기본적인 최적화 방법으로 계산이 쉽다는 장점이 있다.

그림 4-1 단순선형회귀의 오차

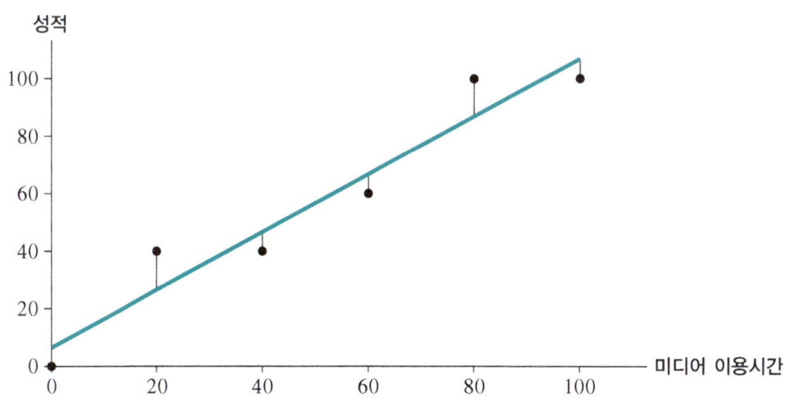

그러나 최소제곱법은 x가 한 종류인 단순선형회귀의 최적화에만 사용할 수 있다는 한계가 있다.

2) 다중선형회귀의 최적화

다중선형회귀는 x의 종류가 2개 이상인 분석기법이다. 예컨대 예습 시간 x_1과 복습 시간 x_2에 따른 성적 y를 예측할 때는 다중선형회귀를 사용한다. 그 수식은 아래와 같다.

$$y = w_1x_1 + w_2x_2 + \cdots + w_nx_n + b \,(w_1, w_2, \cdots, w_n : \text{가중치}, b : \text{바이어스})$$

단순선형회귀의 회귀식이 2차원 평면의 선으로 시각화된다면 다중선형회귀는 3차원 공간 이상에서 표현된다. 예컨대 예습 시간과 복습 시간을 입력값으로 하고 성적을 출력값으로 하는 다중선형회귀식은 3차원 공간의 평면으로 시각화할 수 있다. 다중선형회귀의 *MSE*는 출력값을 나타내는 점과 다중선형회귀식의 평면 간의 거리를 제곱한 값들의 합이다.

다중선형회귀의 최적화에서는 경사 하강법grandient descent을 사용한다. 경사 하강법은 우선 임의의 초기 가중치들을 대입하고, 학습데이터에서 주어지는 x_n값들을 입력해 구한 예측값 y와 학습데이터의 실측값을 비교해 *MSE*를 구한다. 이어 다음 가중치를 대입하고 다시 학습데이터의 x값들을 대입해 예측값들과 실측값을 비교해 *MSE*를 다시 구한다. 이어 앞서 계산한 *MSE*와 뒤에 계산한 *MSE* 중 작은 쪽의 w와 b를 선택한다. 즉, 오차가 작은 쪽으로 회귀식을 이동시키는 것이다. 이를

그림 4-2 **3차원 공간에서 다중선형회귀의 시각화**

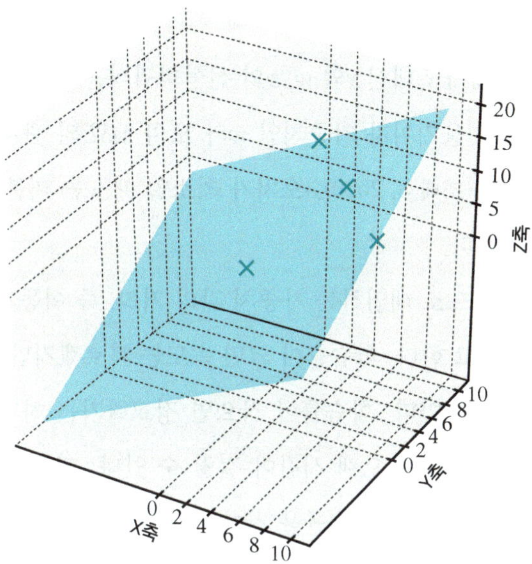

그림 4-3 **오차가 최소인 가중치**(기울기) **찾기**

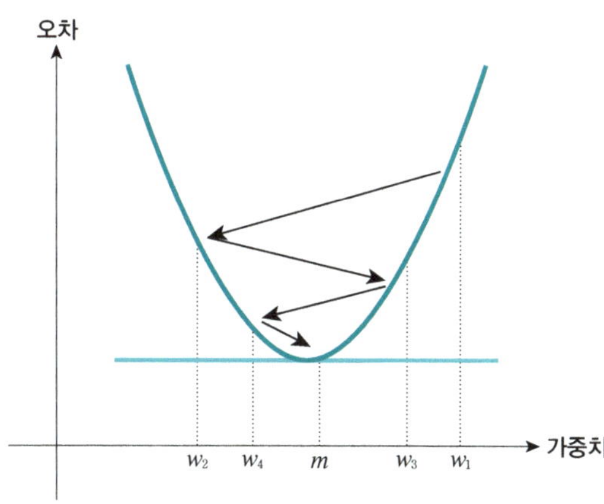

반복해 *MSE*(또는 이에 상응하는 손실함수)가 최솟값으로 수렴할 때의 가중치와 바이어스를 구한다.

MSE 공식에서 *y* 대신 *x*와 *w*, *b*의 선형회귀식을 대입해 정리해 보면 선형회귀식의 기울기이자 가중치인 *w*와 오차 *MSE*의 관계는 2차 함수임을 알 수 있다(조태호, 2020). 오차가 최소일 때 *w*는 미분 값이 0인 지점임을 알 수 있다.

한편 순차적으로 대입하는 가중치 간의 거리, 즉 이동거리를 학습률learning rate이라고 한다. 학습률이 크면 속도는 빠르겠지만, 최적화된 가중치를 건너뛸 수 있다. 학습률이 작으면 정교하기는 하지만 최적화된 가중치를 찾는 데 너무 오랜 시간이 걸릴 수 있다. 다행히 여러 최적화 알고리듬은 가장 알맞은 학습률을 찾아준다(조태호, 2020).

경사 하강법을 이용한 학습은 반복 학습이다. 학습을 어떻게 할지는 배치batch, 배치 사이즈batch size, 반복iteration, 에폭epoch 등에 따라 정해진다. 보통 학습 데이터세트가 크므로 학습을 1회 진행할 때 메모리 성능을 고려해 학습 데이터세트를 적당한 크기로 균등하게 나눠서 진행한다. 이때 나눠진 하나의 학습데이터가 배치이며, 그 크기가 배치 사이즈이다. 반복은 배치를 돌리는 횟수를 말한다. 에폭은 학습 데이터세트 전체를 1회 학습하는 것을 의미한다. 예컨대 학습데이터가 10,000개이고, 배치 사이즈가 1,000이라면 반복은 10회이다. 1회 반복할 때마다 매개변수의 값이 업데이트된다. 만일 에폭을 5로 한다면 에폭 1회당 10번씩 총 50번 매개변수를 업데이트하게 된다.

2. 단층퍼셉트론

1) 단층퍼셉트론의 개념

단층퍼셉트론은 인간 신경망 1개를 모방한 가장 작은 단위의 인공 신경망이다. 1957년 코넬 항공 연구소의 프랑크 로젠블라트Frank Rosenblatt가 고안했다. 입력층input layer 1개와 출력층output layer 1개로만 이루어져 있다. 퍼셉트론은 인간 신경망의 작동을 가중합과 활성함수activation function를 활용한 출력층 노드node의 활성 여부로 나타냈다 (Rosenblatt, 1958).

[그림 4-4]는 단층퍼셉트론의 구조를 보여준다. x_1, x_2는 입력값이다. y는 출력값이다. w_1과 w_2는 가중치이다. b는 바이어스이다. 가중합은 입력값과 가중치의 곱에 바이어스를 합한 것이다. 단층퍼셉트론의 학습 과정은 앞의 다중선형회귀와 마찬가지로 다원 1차 연립방정식을 푸는 과정과 같다. 여러 입력값 x와 출력값 y가 주어질 때 가장 많은 문제를 근사적으로 풀 수 있는 1차 함수의 기울기와 절편을 구하는 것이다.

그림 4-4 단층퍼셉트론의 구조

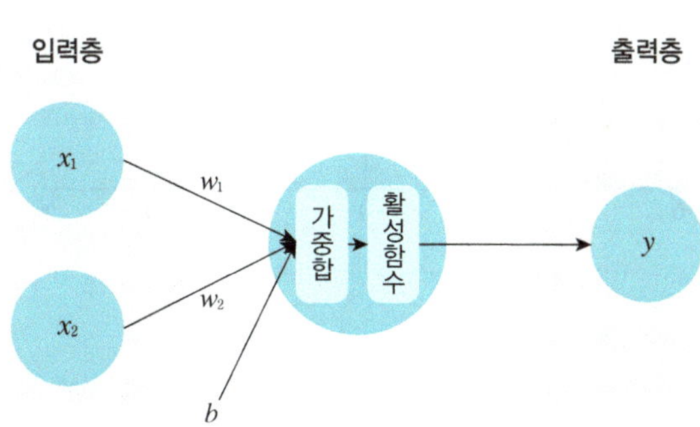

활성함수는 로지스틱 회귀 형태로 작동한다. 가중합이 임계치보다 크면 활성화되고 임계치보다 작으면 비활성화된다. 단층퍼셉트론의 정보 전달 방식은 인간 신경망이 역치를 넘는 자극만 다음 신경세포에 전달하는 것과 비슷하다. 활성화 여부를 결정하는 함수가 활성함수다. 활성함수는 보통 활성화되면 1의 값을, 비활성화되면 0의 값을 출력한다. 즉, 활성함수로 출력값을 0과 1로 이산화한다.

단층퍼셉트론의 활성함수로는 시그모이드sigmoid 함수가 널리 사용됐다. 시그모이드 함수는 일반적으로 함수 값이 (0, 1) 사이에 있으며, 활성 여부를 구분하는 부분은 경사가 급하고 나머지 부분은 경사가 완만한 형태다. 시그모이드 함수의 수식과 그래프는 아래와 같다.

$$p(x) = \frac{1}{1 + e^{-(wx+b)}}$$

그림 4-5 시그모이드 함수의 그래프

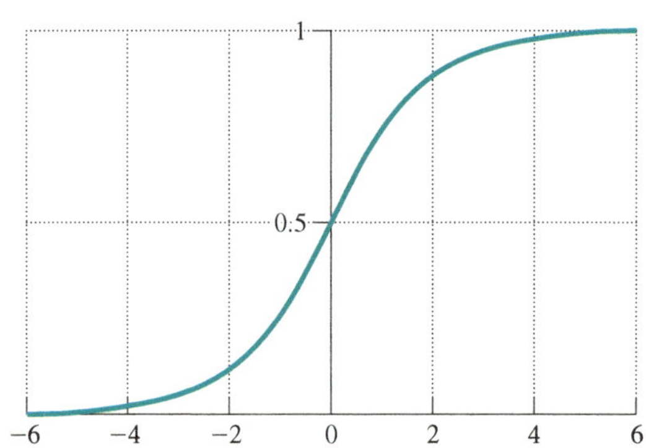

출처 : https://t.ly/uDfAy(위키피디아 시그모이드 함수)

2) 단층퍼셉트론의 한계

단층퍼셉트론은 하나의 게이트gate로 작동할 수 있어야 한다. 여기서 게이트란 0과 1을 입력해 하나의 값을 출력하는 회로를 뜻한다. 컴퓨터는 수많은 게이트를 처리한다.

문제는 단층퍼셉트론이 XOR 문제와 같은 간단한 문제도 풀지 못하는 한계를 갖고 있다는 것이다(Minsky & Papert, 1972). XOR 연산이란 2개의 입력값 중 하나만 참일 때 참의 값을 출력하는 연산을 뜻한다. 즉, XOR 게이트는 둘 중 하나만 1일 때 1을 출력한다.

〈표 4-1〉의 진리표는 AND 연산, OR 연산, XOR 연산의 입력값과 출력값을 보여준다. AND 게이트는 x_1과 x_2 둘 다 1일 때 출력값 1을 결과로 내놓는다. OR 게이트는 둘 중 하나라도 1이면 결과값을 1로 출력한다. 단층퍼셉트론은 AND 게이트와 OR 게이트로는 작동할 수 있지만, XOR 게이트로는 활용할 수 없다.

표 4-1 AND 연산, OR 연산, XOR 연산의 진리표

AND 연산			OR 연산			XOR 연산		
x_1	x_2	출력값	x_1	x_2	출력값	x_1	x_2	출력값
0	0	0	0	0	0	0	0	0
0	1	0	0	1	1	0	1	1
1	0	0	1	0	1	1	0	1
1	1	1	1	1	1	1	1	0

그림 4-6 AND 연산, OR 연산, XOR 연산의 그래프 표현

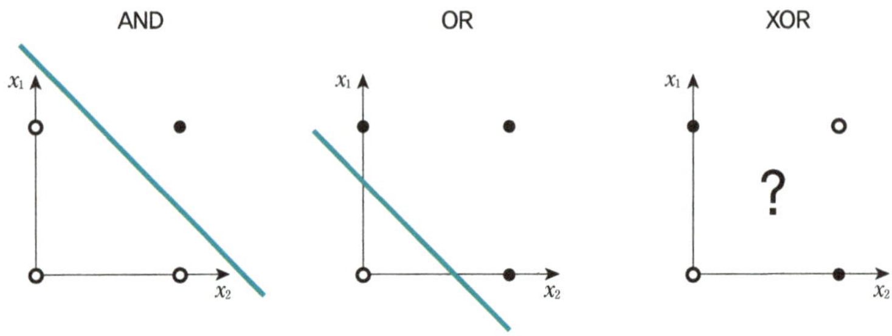

3. 다층퍼셉트론

1) 다층퍼셉트론을 통한 XOR 문제의 해결

XOR 문제는 다층퍼셉트론으로 해결됐다. 입력층과 출력층으로만 이루어진 단층퍼셉트론과 달리 다층퍼셉트론은 입력층과 출력층 사이에 2개의 노드로 구성된 은닉층hidden layer을 추가한 것이다. 이는 *x*축과 *y*축만으로 이루어진 2차원 평면을 *z*축이 추가된 3차원 공간으로 만들어 휘게 한 다음, 선이 아닌 면을 이용해 입력값에 따른 출력값을 분류하는 것과 같다.

그림 4-7 다층퍼셉트론을 통한 XOR 연산의 해결 예시

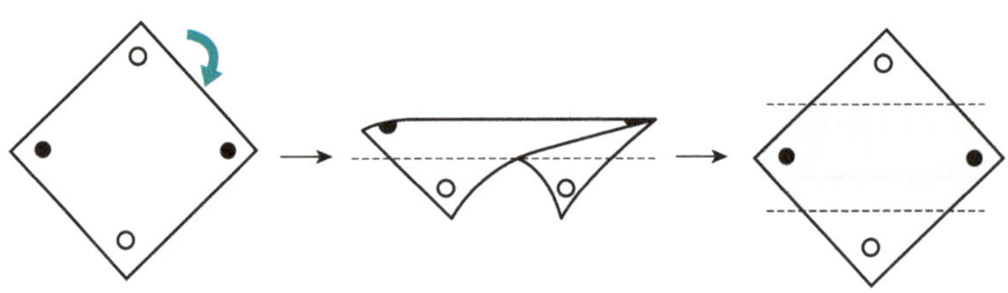

출처 : 조태호(2020)

단층퍼셉트론이 1개의 2원 1차 방정식을 푸는 것이라면, 다층퍼셉트론은 4개의 2원 1차 연립방정식을 푸는 것이다. σ는 임의의 상수이다.

그림 4-8 다층퍼셉트론의 수식

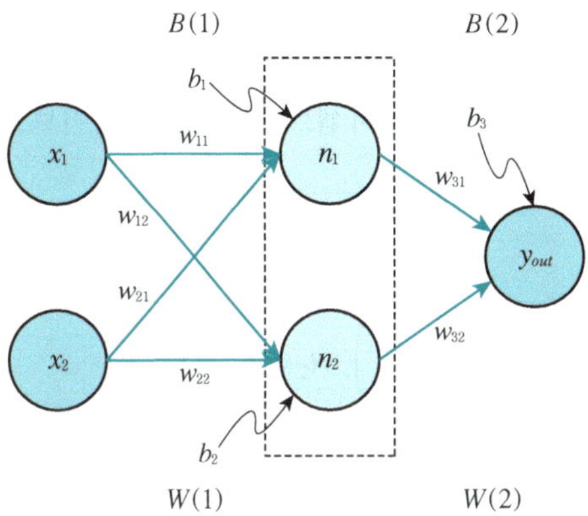

입력층-은닉층 간의 연산

$n_1 = \sigma_1(x_1 \times w_{11} + x_2 \times w_{21} + b_1)$

$n_2 = \sigma_2(x_1 \times w_{12} + x_2 \times w_{22} + b_2)$

은닉층-출력층 간의 연산

$y_{out} = \sigma_{out}(n_1 \times w_{31} + n_2 \times w_{32} + b_3)$

출처 : 조태호(2020)

다층퍼셉트론의 연산은 행렬 연산으로 나타낼 수 있다. 입력층의 행렬을 X, 입력층과 은닉층 간의 가중치 행렬을 W_1, 은닉층 노드 값의 행렬을 N, 은닉층과 출력층 간의 가중치 행렬을 W_2, 출력층의 행렬을 Y라 하면 각 행렬은 다음과 같이 표시된다.

$$X = \begin{pmatrix} x_1 \\ x_2 \end{pmatrix}, W_1 = \begin{pmatrix} w_{11}\, w_{12} \\ w_{21}\, w_{22} \end{pmatrix}, B_1 = \begin{pmatrix} b_1 \\ b_2 \end{pmatrix}, N = \begin{pmatrix} n_1 \\ n_2 \end{pmatrix}$$

$$W_2 = \begin{pmatrix} w_{31} \\ w_{32} \end{pmatrix}, B_2 = (b_3), Y = (y_{out})$$

다층퍼셉트론의 연산을 행렬 연산으로 표현하면 다음과 같다.

입력층–은닉층 간의 연산 : $N = X \times W_1 + B_1$

은닉층–출력층 간의 연산 : $Y = N \times W_2 + B_2$

$$= (X \times W_1 + B_1) \times W_2 + B_2$$

XOR 문제는 W_1과 W_2를 다음과 같이 구성하면 풀 수 있다(조태호, 2020). 예시와 다른 적절한 값을 넣어도 다층퍼셉트론이 XOR 게이트로 작동할 수는 있다.

$$W_1 = \begin{pmatrix} -22 \\ -22 \end{pmatrix}, B_1 = \begin{pmatrix} 3 \\ -1 \end{pmatrix}, W_2 = \begin{pmatrix} 1 \\ 1 \end{pmatrix}, B_2 = \begin{pmatrix} -1 \end{pmatrix}$$

표 4–2 **다층퍼셉트론을 이용한 XOR 연산 예시**

x_1	x_2	n_1	n_2	y_{out}	우리가 원하는 값
0	0	$\sigma(0 \times (-2) + 0 \times (-2) + 3) \approx 1$	$\sigma(0 \times 2 + 0 \times 2 - 1) \approx 0$	$\sigma(1 \times 1 + 0 \times 1 - 1) \approx 0$	0
0	1	$\sigma(0 \times (-2) + 1 \times (-2) + 3) \approx 1$	$\sigma(0 \times 2 + 1 \times 2 - 1) \approx 1$	$\sigma(1 \times 1 + 1 \times 1 - 1) \approx 1$	1
1	0	$\sigma(1 \times (-2) + 0 \times (-2) + 3) \approx 1$	$\sigma(1 \times 2 + 0 \times 2 - 1) \approx 1$	$\sigma(1 \times 1 + 1 \times 1 - 1) \approx 1$	1
1	1	$\sigma(1 \times (-2) + 1 \times (-2) + 3) \approx 0$	$\sigma(1 \times 2 + 1 \times 2 - 1) \approx 1$	$\sigma(0 \times 1 + 1 \times 1 - 1) \approx 0$	0

출처 : 조태호(2020)

다층퍼셉트론의 은닉층은 입력층의 노드, 출력층의 노드와 모두 연결된 완전연결층fully connected layer ; FCL이다. 다층퍼셉트론의 은닉층을 2개 이상 쌓으면 FCL 형태의 딥러닝 기반 신경망이 만들어진다.

2) 오차 역전파를 통한 다층퍼셉트론 학습의 개선

초기 다층퍼셉트론은 순전파forward propagation만 사용해 은닉층의 매개변수를 찾기 어렵다는 문제를 갖고 있었다. 이 문제는 오차 역전파error backpropagation, 또는 줄여서 역전파로 해결되었다(Rumelhart, Hinton, & Williams, 1986). 역전파를 사용한 학습 과정은 다음과 같다.

먼저 순전파 과정이다. 입력층 → 은닉층 → 출력층의 순서로 계산한다. 입력값 x를 임의의 초기 가중치 w에 따라 계산해 출력값 y_{out}을 계산한다. 이를 실제값, 즉 정답과 비교해 오차를 산출한다. 다음은 역전파 과정이다. 출력층 → 은닉층 → 입력층의 순서로 계산한다. 출력값의 증분에 따라 입력값의 증분이 미치는 영향을 노드별로 파악해 업데이트한다. 학습데이터의 다양한 입출력 값을 넣어보면서 순전파와 역전파 과정을 반복하여 은닉층의 가중치들을 오차를 줄이는 방향으로 업데이트한다. 오차가 최소화되면 학습이 완료된다.

다음은 순전파와 역전파를 사용한 가중치 업데이트의 예이다(斎藤康毅, 2016/2017). 입력층의 변수는 사과 값(x_1), 사과 개수(x_2), 세율(x_3)이다. 출력층에서는 최종 지불액(y)이 출력값으로 산출된다. 최종 지불액의 식은 아래와 같다. a_1, a_2, a_3, b_1은 학습을 통해 확정해야 할 가중치와 바이어스이다.

$$Y = \delta \times (a_1 \times \text{사과 값} + a_2 \times \text{사과 개수} + a_3 \times \text{세율} + b_1)$$

먼저 순전파 과정을 살펴보자. 예컨대 사과 값이 100원, 사과 개수 2개, 소비세율 10%라고 하면 최종 지불액은 100원 × 2개 × 110% = 220

원이다. 이는 아래와 같은 순전파 과정으로 도식화할 수 있다.

그림 4-9 순전파 과정

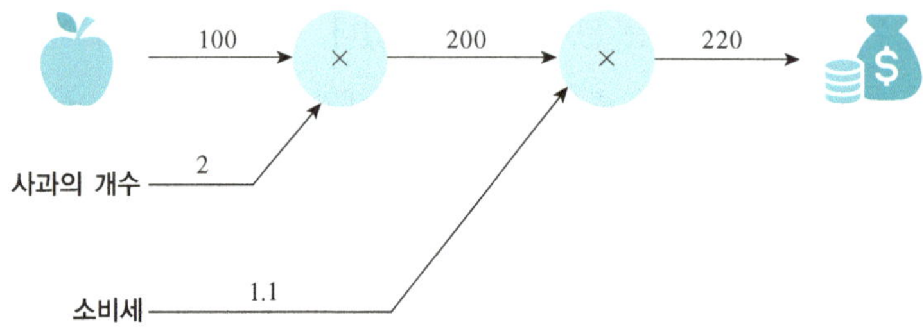

출처 : 斎藤康毅 (2016/2017)

다음은 역전파를 통한 가중치 업데이트 과정이다. 가중치는 사과 가격, 개수, 소비세 등 세 변수에 대해 각 노드 증분이 최종지불액 증분에 미치는 영향을 나타낸다. 모두 곱셈 노드이므로 여기서는 곱셈 역전파가 적용된다. 먼저 출력값 직전에 있는 노드의 최종 지불액에 대한 가중치는 1이다. 다음으로 사과 값의 가중치는 2.2이다. 사과 값이 1원(증분) 늘어나면 최종지불액은 2.2원 증가하기 때문이다. 사과 개수의 가중치는 110이다. 사과 1개가 늘어나면 최종 지불액은 110원 증가한다. 소비세율의 가중치는 200이다. 소비세가 1, 즉 100% 늘어나면 지불액은 200원 증가한다. 역전파 이후 가중치를 업데이트한 회귀식은 아래와 같다. 이후 다양한 학습데이터를 이용해 순전파와 역전파를 반복해 최적화된 가중치를 확정하면 학습이 완료된다.

$$Y = \frac{1}{3} \times (2.2 \times \text{사과 값} + 110 \times \text{사과 개수} + 200 \times \text{소비세})$$

그림 4-10 역전파 과정

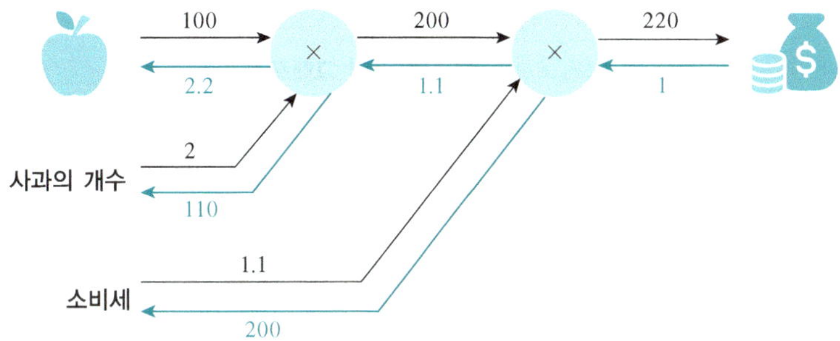

출처 : 斎藤康毅 (2016/2017)

3) 기울기 소실 문제의 해결 : 렐루 함수, 고급 경사 하강법

역전파 역시 기울기 소실 또는 기울기 폭주gradient exploding 문제가 있었다(Hochreiter, 1998). 기울기 소실이란 활성함수로 시그모이드 함수를 쓴 채로 역전파를 반복하면 입력층에 가까울수록 가중치의 기울기가 0에 수렴하는 현상이다. 이렇게 되면 입력층에 가까운 노드들의 가중치가 업데이트되지 않는다. 즉, 학습이 중단된다. 기울기 폭주는 기울기 소실과 반대로 기울기가 폭증해 발산하는 문제다.

기울기 소실 문제의 원인은 시그모이드 함수의 미분값이 0~0.25 사이라 3회 이상 미분하면 미분값이 0에 가깝게 되기 때문이다. 이러한 문제를 해결하기 위해 초기에는 활성함수로 시그모이드 함수 대신 미분값 범위가 -1과 1 사이인 하이퍼볼릭 탄젠트hyperbolic tangent 함수를 사용했다. 그러나 하이퍼볼릭 함수는 너무 복잡하다는 문제가 있었다. 현재는 이보다 간단한 렐루rectified linear unit ; ReLU 함수가 널리 사용된다(Nair & Hinton, 2010). 렐루 함수는 x가 (0, 0)보다 작을 때는 y가, (0, 0)

보다 클 때는 x의 값을 갖는다(Agarap, 2018).

그림 4-11 **렐루 함수의 그래프**

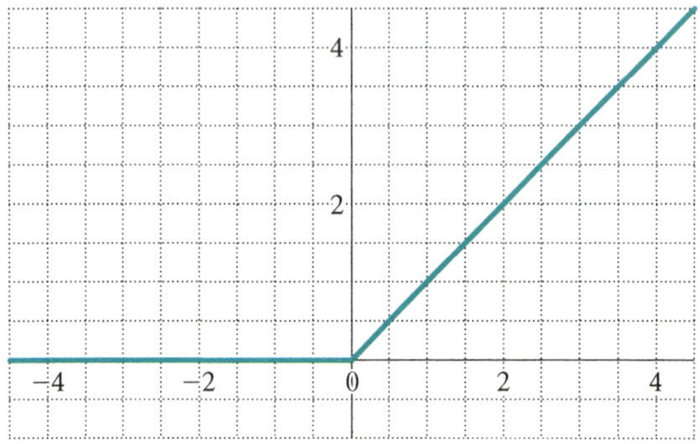

출처 : Agarap (2018).

오차역전파의 또 다른 문제는 경사 하강법의 속도 및 정확도 문제였다. 경사 하강법은 한 번 가중치를 업데이트할 때마다 전체 데이터를 미분한다. 때문에 시간이 너무 많이 소모되는 문제가 생긴다. 그렇다고 속도를 높이면 최적해optimal solution를 찾기 전에 학습이 중단되어 정확도accuracy가 떨어지게 된다(조대호, 2020). 이러한 문제를 해결하기 위해 확률적 경사 하강법stochastic gradient descent ; SGD, 모멘텀SGD with momentum, AdaGradadaptive gradient algorithm, Adam 등의 고급 경사 하강법이 등장했다. 이 가운데 가장 널리 쓰이는 것이 Adam이다. 이러한 역전파 문제가 해결되면서 인공신경망은 본격적으로 발전하게 되었다.

CHAPTER 05

판별 모델 : 합성곱 신경망

1. 합성곱 신경망

1) CNN의 개념과 구조

(1) CNN의 개념

합성곱 신경망CNN은 영상 처리에 합성곱 연산을 활용하는 인공신경망을 뜻한다. CNN은 대표적인 판별 모델로 컴퓨터 비전 분야에서 널리 사용된다. 또한 CNN은 딥러닝의 시대를 본격적으로 열었을 뿐만 아니라 GAN 등 다른 신경망에도 자주 사용된다. 특히 다른 신경망 개발의 근간이 되는 아이디어가 많아 자세히 알아볼 필요가 있다.

CNN은 전통적인 다층퍼셉트론의 한계를 극복했다. 다층퍼셉트론은 완전연결층들로 구성된다. 즉, 한 계층의 모든 노드가 다음 계층의 모든 노드와 1대 1로 완전히 연결된 형태를 띤다. 이렇게 되면 망의 크기network size가 너무 커지고, 구해야 할 매개변수 수가 너무 많아지며, 그 결과 학습 시간이 너무 길어진다. 주어진 학습데이터에서만 고성능을 발휘하고 조금만 다른 상황이 되면 성능이 저하되는 과적합overfitting도 쉽게 발생한다. 이러한 이유로 다층퍼셉트론을 컴퓨터 비전에서 사용하기가 매우 어려웠다.

사실 인간이나 고양이 같은 동물은 훨씬 효율적으로 시각 정보를 처리한다. 기본적인 동물의 시각 정보 처리 방식은 1959년 논문으로 소개된 허벨과 위젤의 고양이 실험을 통해 밝혀졌다(Hubel & Wiesel, 1959). 고양이 눈과 연결된 고양이 뇌의 시각 피질visual cortex에는 많은 뉴런이 있다. 이 시각 피질 내 각 뉴런들은 시야 내 모든 시각 정보에 반응하지 않는다. 이 뉴런들은 각각 한정된 시야 안에서만 반응하는 국부 수용 영역local receptive field을 갖고 각자 고유한 특정 시각 자극에서만 반응한다. 예컨대 어떤 뉴런은 수직에만 반응하고, 다른 뉴런은 다른 각도에 반응한다. 뉴런의 수용 영역들은 겹칠 수 있다. 더 나아가 각도 같은 저수준low level의 시각 자극에만 반응하는 뉴런이 있는가 하면, 어떤 뉴런은 더 큰 수용 영역을 갖고 저수준의 패턴을 조합해 무늬나 객체 판정 등 고수준high level의 복잡한 패턴에 반응한다. 고수준의 반응은 저수준의 반응에 기반한다. 수용 영역들이 겹쳐져 모이면서 전체 시야를 이룬다.

일반적으로 영상은 근접한 화소 간의 영향력이 크지만, 멀리 있는 화소 간의 영향력은 작다. 이는 컴퓨터 비전에서 영상을 전역global으로 처리하는 것보다 처음에는 국소적local인 곳에 한정해 처리하고 이것들을 종합하는 것이 더 효율적임을 시사한다. 예를 들어 새를 탐지하기 위해선 배경은 덜 중요하지만, 부리는 가장 중요한 정보일 수 있다. 또한

그림 5-1 부리 탐지를 통한 새 탐지

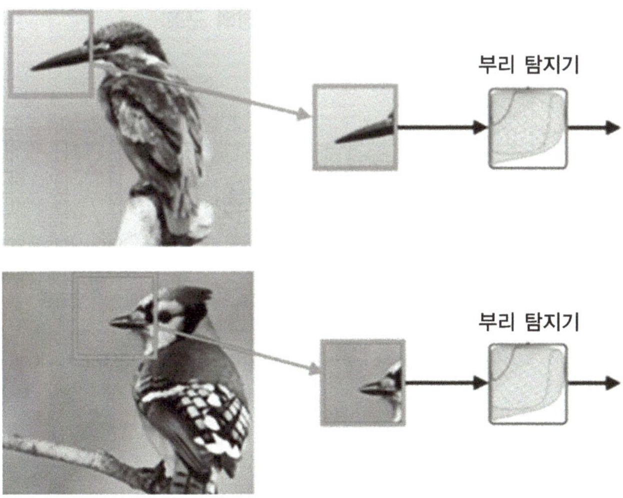

출처 : https://t.ly/tCTUw

부리의 위치가 달라질 수 있기 때문에 핵심적인 특징의 위치를 파악하는 것도 중요하다.

CNN은 이러한 방식을 구현했다. CNN은 영상을 여러 개로 분할해 처리한다. 부분의 특성에 따라 영상을 분류하므로 영상의 일부가 달라지더라도 같은 클래스로 분류할 수 있다. 이러한 장점 덕분에 CNN은 다양한 사진이나 동영상의 객체 탐지에 널리 활용된다. 객체 탐지 외에도 행동 인식, 상황 이해 등 다양한 판별 과업에 기본적으로 사용된다.

(2) CNN의 구조

CNN은 크게 특징 학습feature learning 단계와 분류 단계 등 두 단계로 구성된다. 간단히 설명하면 ① 화면을 잘게 쪼갠 뒤 필터링해서 특징 추출해 학습하고 ② 학습 결과를 합쳐서 분류한다. CNN의 기본적인 과정은 다음과 같다. 구조도는 [그림 5-2]와 같다.

그림 5-2 합성곱 신경망의 구조

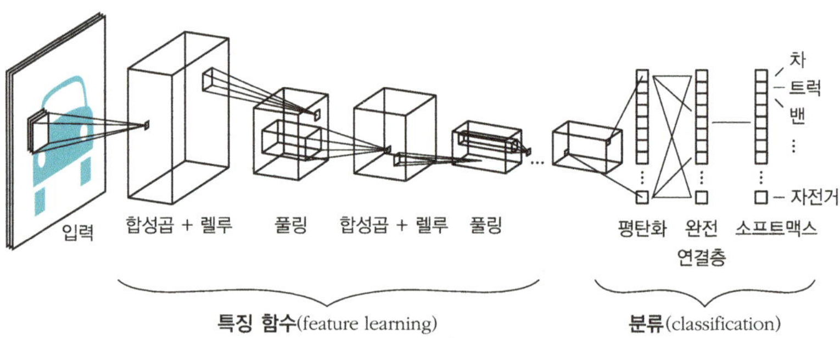

출처 : Hussain, Bird, & Faria (2019).

입력층 → 합성곱 층(합성곱 연산 + 활성함수 + 풀링) → 합성곱 층(합성곱 연산 + 활성함수 + 풀링) → … → 평탄화 → 완전 연결층 → 출력층

특징 학습 단계는 여러 개의 합성곱 층으로 구성된다. 합성곱 층이 많을수록 더 깊은 신경망이 된다. 하나의 합성곱 층에서는 합성곱 연산과 활성함수로 구성된 필터링 과정과 연산량을 줄이기 위한 풀링pooling 과정이 일어난다.

필터링 과정에서는 입력 영상input image을 작은 정방행렬 형태의 필터를 사용해 보폭에 맞춰 이동하면서 내적inner product을 구한다. 이 과정을 영상의 모든 영역에 대해 수행해 하나의 특징 지도feature map를 완성한다. [그림 5-3]은 필터링 과정을 설명한 그림이다.

그림 5-3 CNN의 필터링 과정

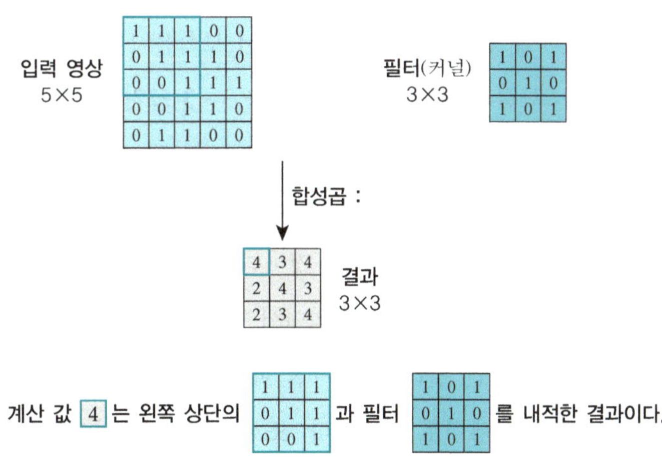

출처 : https://t.ly/u8s0p

입력 영상은 2차원 흑백 영상이다. [그림 5-3]에서의 입력 영상은 5×5 크기의 행렬로 표현된다. 필터는 3×3 크기의 행렬이다. 우선 입력 영상의 왼쪽 맨 위를 기준으로 필터와 같은 크기의 3×3 행렬과 필터 간의 내적을 구한다. 내적은 단순히 두 행렬에서 같은 위치, 즉 같은 행과 같은 열에 있는 칸의 값을 곱해서 모두 더해주면 된다. 그 결과는 아래와 같다. [그림 5-3]에서는 결과의 왼쪽 맨 위 칸의 값에 해당한다. 이는 하나의 특징을 나타낸다. 이를 영상의 모든 영역에, 즉 이를 순차적으로 오른쪽 아래까지 반복 수행하면 특징 지도가 출력된다.

$$(1\times1)+(1\times0)+(1\times1)+(0\times0)+(1\times1)+(1\times0)+(0\times1)+(0\times0)+(1\times1)=4$$

합성곱 연산에서는 보폭도 고려해야 한다. 보폭은 필터를 한 번에 몇 칸씩 움직일지를 말한다. [그림 5-3]에서 보폭은 1이다. 필터를 한 칸씩 움직였다. 그 결과 출력된 특징 지도는 3×3 크기를 갖는다. 보폭이 2였다면 출력되는 행렬은 2×2의 크기였을 것이다.

필터링 과정에서는 데이터 손실 문제가 발생한다. 특징 지도의 크기가 필터링을 할 때마다 점점 작아지는 것이다. 예컨대 앞서 5×5 크기의 입력 영상은 3×3 크기의 필터를 거치면서 3×3의 크기로 줄어들었다. 필터 크기가 2×2라면 필터링을 거칠 때마다 $n\times n$ 크기의 행렬이 $(n-1)\times(n-1)$ 크기 행렬로 작아진다. 또한 입력 영상의 네 모서리에 있는 화소는 한 번만 필터링되는 반면 중앙에 있는 화소는 여러 번 필터링된다. 즉, 필터링된 결과가 테두리에 위치한 화소의 특징을 너무 적게 반영하고 있다는 문제가 있다.

이 문제를 해결하기 위해 필터링에 앞서 입력 영상의 둘레에 일정 폭의 값을 미리 추가하는 패딩padding 과정을 거친다. 패딩은 보통 간단하게 '0'의 값을 갖는 1폭짜리 제로 패딩zero padding이 사용된다. [그림 5-4]는 패딩 없이 연산한 결과와 제로 패딩 후 필터링한 결과를 비교한 것이다.

그림 5-4 패딩 유무에 따른 필터링 결과 비교

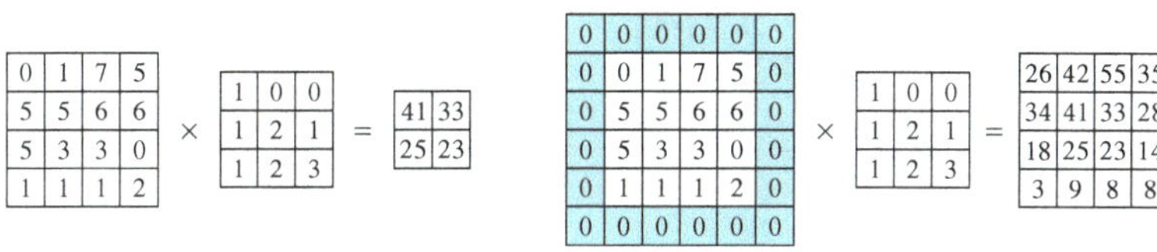

출처 : https://bong-sik.tistory.com/21

풀링은 차원 축소Dimensionality reduction를 위해 활용된다. CNN은 보통 합성곱 층이 여러 개인 두터운 신경망이다. 문제는 필터링을 한 번 거칠 때마다 하나의 특징 지도가 산출되기 때문에 하나의 입력 영상에 필터링 횟수만큼의 특징 지도가 생겨난다는 점이다. 이렇게 되면 CNN이 조금만 두터워도 학습해야 할 매개변수의 수가 너무 많아진다. 너무 많은 매개변수를 학습할 경우 과적합 문제도 발생할 수 있다.

풀링은 정방행렬 모양의 필터를 사용해 특징 지도의 크기를 줄임으로써 차원축소를 한다.[1] 풀링에 사용하는 필터 크기가 2×2일 경우 출력되는 특징 지도의 크기는 절반으로 줄어든다. 풀링 방법으로는 맥스 풀링max pooling, 평균 풀링average pooling, 랜덤 풀링random pooling 등이

1. 2×2 크기의 필터를 사용하면 특징 지도의 크기는 반으로 줄어든다.

있다. 보통 필터링하는 영역에서 간단히 가장 큰 값 1개를 선택하는 맥스 풀링이 널리 사용된다. 풀링 층은 단순히 특징 지도의 크기만 줄여주기 때문에 추가로 학습하는 매개변수는 없다. 풀링 층은 차원 축소가 필요 없을 경우 생략할 수 있다.

그림 5-5 맥스풀링과 평균풀링 예시

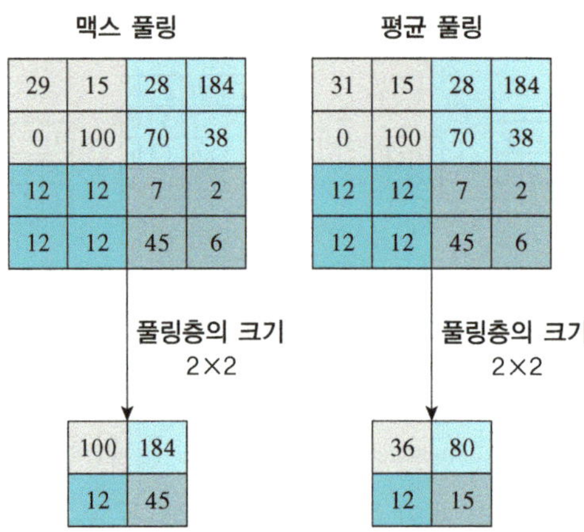

출처 : https://t.ly/u8s0p

필터를 여러 개 사용하여 다양한 수준의 특징들을 추출한다. 단계별 필터링 과정에서 영상의 특징을 저수준의 특징 지도부터 순차적으로 겹쳐가면서 고수준의 특징 지도를 산출한다.

최종적으로 분류 단계에서는 특징 학습의 결과값을 1차원 벡터로 평탄화flatten한 뒤 완전연결층을 거쳐 종합한다. 학습이 완료된 모델에서 입력 영상을 넣으면 완전연결층을 통해 하나의 클래스 분류 결과가 출력될 것이다. 예컨대 [그림 5-2]에서는 입력 영상은 '차'로 분류될 것이다.

그림 5-6 수준별 특징 지도의 시각화

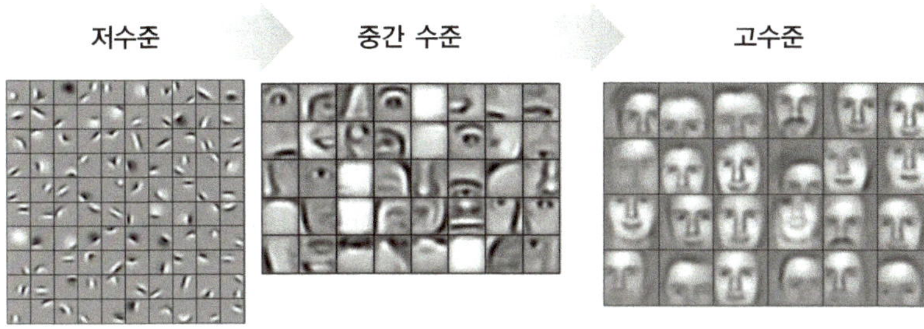

출처 : Lee, Grosse, Ranganath, & Ng (2011).

2) CNN의 발전

(1) LeNet

CNN은 1989년 제프리 힌튼Geoffrey Hinton 교수 연구실에서 박사 후 과정에 있던 얀 르쿤Yann LeCun이 요슈아 벤지오Yoshua Bengio와 함께 처음 고안한 것이다(LeCun et al., 1989).[2] 르넷LeNet으로 명명된 이 CNN 아키텍처는 우편번호에 사용되는 흑백 숫자 필기체 인식에 활용됐다. 그러나 르넷은 기울기 소실 문제로 고해상도 영상의 분류에 적합할 정도로 충분히 깊은 신경망을 만들지 못한다는 한계가 있었다.

(2) AlexNet

CNN은 2012년 알렉스넷이 이미지넷 활용 객체 분류 경진대회인 ILSVRCImageNet Large Scale Visual Recognition Challenge에서 압도적인 성능으로 우승하며 각광받기 시작했다(Krizhevsky et al., 2012). 알렉스넷은 렐루 함수를 사용하여 기울기 소실 문제를 해결했다. 이를 통해 알렉

---

2. 이 세 사람은 앤드류 응(Andrew Ng)과 함께 인공지능 4대 천왕으로 불린다.

스넷은 8개의 은닉층(합성곱 층 5개, FCL 3개)을 구현할 수 있었다. 또한 CNN 연산에 처음으로 GPU를 사용해 병렬 처리함으로써 속도를 개선했다. 알렉스넷은 상위 5개 클래스 기준 오류율top-5 error을 전년도 25.8%에서 16.4%로 크게 낮췄다. 기존의 성능 개선 수준이 연 3% 이내였고, 1% 차이로 대회 우승이 갈렸다는 것을 감안할 때 16%가 넘는 성능 개선은 놀라운 것이었다.

그림 5-7 연도별 ILSVRC 우승 모델의 성능

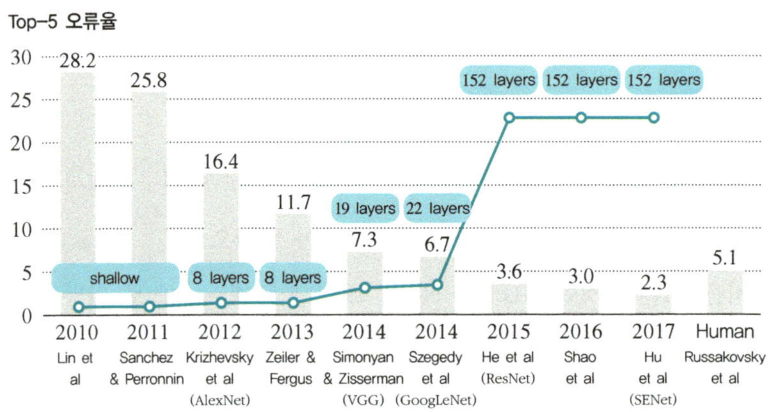

주 : layer는 은닉층의 개수

출처 : https://neptune.ai/blog/git-for-ml-model-version-control

(3) GoogLeNet, VGG

2014년 ILSVRC에서는 22개의 은닉층을 사용한 구글넷GoogLeNet과 19개의 은닉층을 사용한 VGGvery deep convolutional networks[3]가 근소한 차이로 1위와 2위를 차지했다(Simonyan & Zisserman, 2014 ; Szegedy

3. VGG 뒤의 숫자는 은닉층의 개수를 나타낸다. VGG19 외에 VGG16이 널리 사용된다.

et al., 2015). 알렉스넷에 이어 구글넷과 VGG는 더 깊은 층을 사용한 딥러닝 모델을 사용하면 객체 분류 성능이 높아질 수 있다는 점을 보여줬다. 그러나 실제로는 층을 너무 많이 쌓게 되면 오히려 과적합에 따라 정확도가 떨어지는 성능 저하 문제degradation problem를 야기한다.

(4) 레즈넷

2015년 ILSVRC에서 우승한 레즈넷ResNet은 무려 152개 층을 쌓은 모델이다. 층을 많이 쌓을 때 나타나는 성능 저하 및 학습 시간 증가 문제는 잔차 블록residual block을 추가하는 잔차 학습residual learning으로 해결했다(He, et al., 2016).

[그림 5-8]은 19개 층을 사용한 VGG와 이를 응용해 은닉층을 34개까지 늘린 모델, 그리고 여기에 잔차 블록을 추가해 잔차 학습을 하는 모델을 비교할 수 있도록 그린 구조도이다. 잔차 학습은 이전 은닉층에서 학습한 결과 x를 다음 은닉층으로 그대로 보내어 출력값 $H(x)$로 내놓는 대신 x를 다음 은닉층의 잔차 학습 결과 $f(x)$와 합쳐주는 방식이다. 일종의 지름길 역할을 하는 건너뛰기 연결skip connection을 이용한다. [그림 5-8]의 휘어진 화살표에 해당한다. 이렇게 하면 모델은 함수 전체를 업데이트할 필요 없이 잔차만 추가 학습하면 된다. 결국 학습이 빨리 완료될 수 있게 된다. 또한 레즈넷은 층을 무작정 쌓는 것보다 적절한 깊이로 유지할 때 성능이 극대화된다는 것을 보여주었다.

레즈넷은 ILSVRC에서 상위 5개 클래스 오류율 기준으로 오류율 3.6%를 기록하면서 SOTAState-of-the-art를 갱신했다. 이는 인간의 객체 분류 오류율(5.1%)보다도 낮은 것이다. 이후에는 하나의 영상에서 여러 종류의 객체가 여러 개 있을 때 얼마나 정확하게, 그리고 얼마나

그림 5-8 VGG, 잔차 블록 없는 34개층 모델, 잔차 블록 사용한 모델의 비교

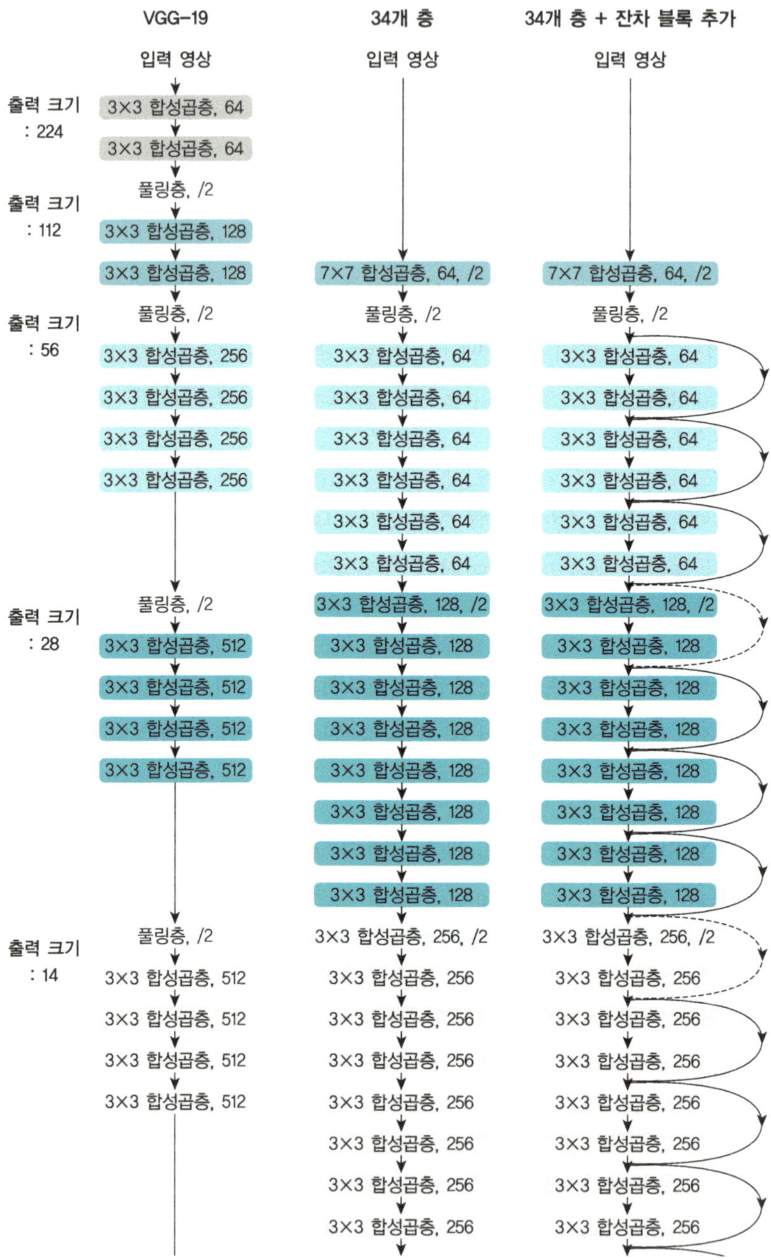

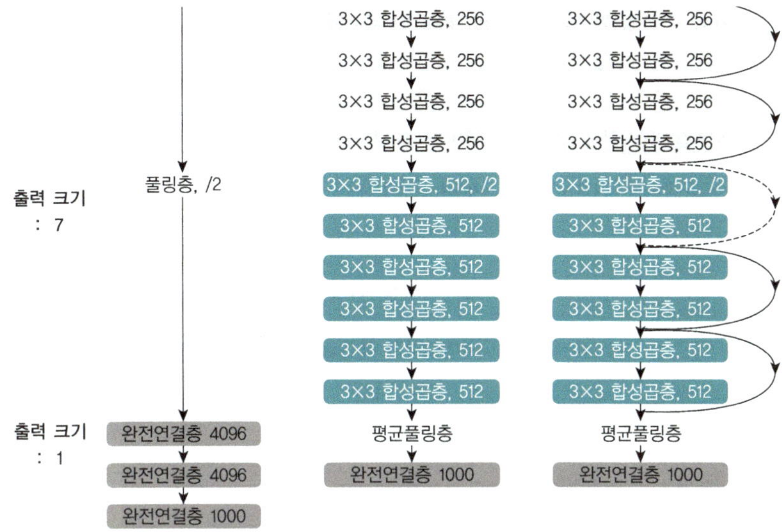

출처 : He, et al. (2016)

빠르게 탐지될 수 있는가의 문제가 대두되었다.

(5) R-CNN

R-CNNregions with CNN features은 분류를 위한 CNN과 위치 파악을 위한 RPNregion proposal network을 결합한 모델이다. 이를 통해 한 영상에서 여러 종류의 객체를 동시에 인식하는 객체 탐지가 수월해졌다(Girshick, Donahue, Darrell & Malik, 2014).

R-CNN은 ① 입력 영상 전체에 대해 ② 컴퓨터 비전에서 사용해 온 영역 제안region proposal을 하여 여러 개의 바운딩박스를 제안한 뒤 ③ CNN 등을 적용한다. 비슷한 화소를 묶어서 검색하는 등의 셀렉티브 서치selective search라는 방식으로 영역 제안을 진행하면 CPU를 이용해

2초 안에 2,000개의 영역 제안을 할 수 있다(Uijlings et al., 2012).[4]

R-CNN은 속도를 개선한 Fast R-CNN, Faster R-CNN, 그리고 R-CNN을 분할에 적용한 Mask R-CNN 등으로 발전했다(He, et al., 2017 ; Girchick, 2015 ; Ren, et al., 2015).

그림 5-9 R-CNN의 개념도

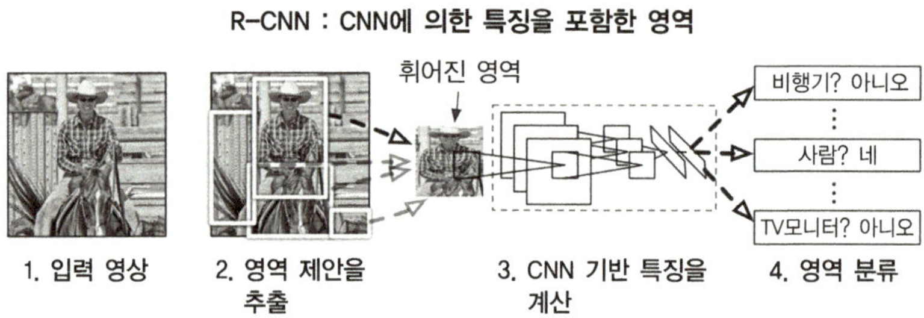

출처 : Girshick, et al. (2014)

(6) YOLO

R-CNN과 같은 2단계 방식two-stage methods은 정확도는 높지만, 복잡해서 속도를 높이는 데에는 한계가 있다. 이 때문에 미디어에서 널리 사용되는 30fpsframe per second 이상 동영상의 실시간 객체 탐지real-time object detection에는 적합하지 않다.

YOLO[5]는 워싱턴대학교 석사 과정생이던 조셉 레드몬Joseph Redmon이 2016년 논문을 통해 처음 공개한 방식이다. R-CNN 계열과 비교해 YOLO는 두 가지 특징을 갖고 있다. 첫째, YOLO에서는 전체 영상을

---

4. Uijlings, J. R., Van De Sande, K. E., Gevers, T., & Smeulders, A. W.(2013), Selective search for object recognition, *International journal of computer vision*, 104, 154-171.

5. YOLO는 원래 "You Only Live Once", 즉 "인생은 오직 한 번뿐"이라는 뜻으로 알려져 있다.

분할해 각각 CNN을 통과시키는 것이 아닌, 전체 영상을 한 번에 입력해 한 번만 CNN을 통과시킨다. 둘째, 바운딩박스의 위치 예측과 객체 탐지를 동시에 진행하는 1단계 방식one-stage methods이다. 즉, 단일 신경망single neural network을 사용해 전체 영상을 한 번만 보고, 영역 제안과 객체 탐지를 한 번에 동시에 수행함으로써 속도를 대폭 개선했다. Fast R-CNN과 비교하면 Fast R-CNN이 초당 0.5개의 영상을 처리하는 반면, YOLO는 45FPS, 즉 초당 45장의 영상을 처리한다(Redmon, et al., 2016). 스트리밍 영상에서 객체 탐지를 할 수 있는 수준이다.

YOLO 모델은 최초 개발자가 레즈넷을 응용해 더 깊은 층을 쌓은 YOLOv3까지 업데이트됐다(Redmon & Farhadi, 2018). 그러나 2020년 레드몬은 YOLO의 군사적 사용 우려로 연구 중단을 선언했다. 이후 다른 연구진에 의해 고도화되어 2024년 2월 현재 YOLOv9이 공개된 상태다(Hussain, 2023 ; Wang, Yeh, & Liao, 2024).

그림 5-10 YOLO 개념도

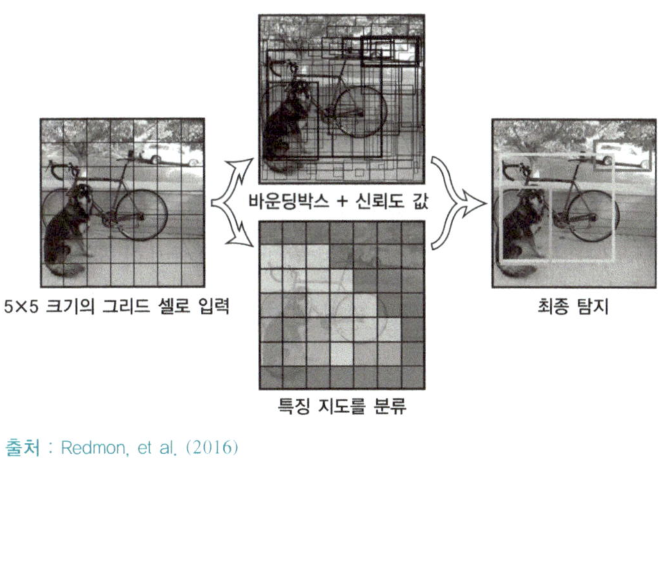

출처 : Redmon, et al. (2016)

YOLO는 다양한 객체를 빠르면서도 충분히 정확하게 분류해낸다. 다만 IoUIntersection over Union 기준이 엄격한 경우나 너무 작은 객체의 탐지에는 적합하지 않다. YOLO는 영상을 화소 7×7 크기의 그리드 셀grid cell로 나누어 바운딩박스의 위치를 예측해 신뢰도credibility 값과 함께 제시한다. 따라서 7×7 크기 이하의 작은 객체의 탐지는 어려울 수 있다. 또한 고도로 추상화된 최종 단계의 특징 지도에서만 객체 탐지를 수행하기 때문에 객체 탐지 정확도가 다소 낮다.

이를 개선하기 위해 중간 단계의 특징 지도에서도 객체 탐지를 진행하는 SSDsingle shot multibox detector가 제안됐다(Liu et al., 2016). 이어 상위층의 특징들도 함께 이용하는 FPNfeature pyramid network, FPN을 개선한 BiFPNweighted bi-directional FPN을 적용한 EfficientDet 등이 공개됐다(Lin et al., 2017 ; Tan, Pang, & Le, 2020).

(7) MOT

동영상의 경우 1개 프레임에서 객체 탐지하는 것 외에도 프레임 간에 동일한 객체끼리 정합시킬 수도 있어야 한다. 이러한 과업을 객체 추적object tracking이라고 한다. 한 개의 객체를 추적할 경우 VOTvisual object tracking, 복수의 객체를 추적할 경우는 다중객체추적이라고도 한다. YOLO만으로 MOT를 시도할 경우 한 객체가 어떤 물체에 의해 가려졌다가 다시 나타났을 때 프레임 간 동일 객체로 인식하지 못할 수 있다. 이를 방지하기 위해서는 동일 객체끼리 연결하는 할당 모델이 필요하다.

MOT는 기본적으로 객체 탐지와 연관association을 수행한다. 전자는 YOLO와 같이 일반적인 객체 탐지를 하는 과정이다. 후자는 객체 탐지에서 얻은 바운딩박스에 ID를 부여하고 이를 다른 바운딩박스에 재할당

[6]을 시켜주는 과정이다(Zhang, et al., 2020).

처음에는 MOT에 탐지와 연관을 2단계로 처리하는 모델이 사용됐다(Bewley, et al., 2016). 이는 속도 저하를 초래한다. 이를 해결하기 위해 하나의 신경망에서 탐지와 연관을 한꺼번에 수행하는 JDEjointly learns the detector and embedding가 제시됐다(Wang et al., 2020).

여러 객체가 겹쳐 있어 하나의 객체에 여러 개의 바운딩박스가 겹쳐진 경우 Re-ID가 어려울 수 있다. 이를 개선한 것이 FairMOT이다. FairMOT에서는 JDE와 달리 탐지와 재할당에 저수준 특징low level feature을 이용함으로써 탐지 시 과적합이 줄어들었고 Re-ID의 정확도가 높아졌으며 학습도 쉬워졌다(Zhang, et al., 2021).

그림 5-11 하나의 객체에 여러 개의 바운딩박스가 겹쳐진 경우(왼쪽)와 FairMOT 방식(오른쪽)의 비교

여러 개의 바운딩박스가 하나의 ID로 할당됨　　한 개의 점이 하나의 ID로 할당됨

출처 : Zhang, Wang, Wang, Zeng, & Liu (2021)

6. 재식별이라고도 한다.

CHAPTER 06

생성 모델 : 순환신경망, 적대적 생성신경망, 오토인코더

1. 순환신경망

1) 순환신경망의 기본 개념과 구조

순환신경망RNN은 이전 은닉층의 출력을 다음 은닉층에서 입력으로 사용하는 신경망이다. 시차가 나는 은닉층 간의 입출력이 존재하므로 시계열 데이터의 학습에 활용할 수 있다(Rumelhart, Hinton, & Williams, 1986). 즉, RNN은 시간에 따라 일련의 데이터가 주어졌을 때 기존 데이터를 바탕으로 다음 데이터 값을 예측하는 데 적합하다. RNN는 판별 모델과 생성 모델 양쪽에 모두 활용된다.

RNN을 활용해 처리할 수 있는 데이터로는 문장이나 음성, 상하좌우로 화소가 배열된 사진, 프레임별 순서가 있는 동영상 등이 있다. 동영상 분류video classification에도 활용된다(Ng et al., 2015).

RNN의 과정을 간단히 설명하면 [그림 6-1]과 같이 나타낼 수 있다. 첫 단계($t = 0$)와 다음 단계($t = 1$)의 순전파와 역전파의 흐름을 보여준다.

첫 시점($t = 0$)에서는 일반적인 순전파 '입력층 → 은닉층 → 출력층'과 역전파 '출력층 → 은닉층 → 입력층'의 단계를 거친다. 그러나 다음 단계 시점($t = 1$)에서 순전파의 은닉층에 전 단계 은닉층의 출력과 현 단계 입력층의 입력이 함께 입력된다. 역전파에서는 현 단계의 출력층이 은닉층에 입력되면 해당 은닉층의 출력값이 현 단계의 입력층에 입력될 뿐만 아니라 이전 단계의 은닉층에 입력되어 이전 단계의 가중치를 업데이트한다.

하나의 사진도 시계열 데이터로 간주할 수 있다. 우선 각 행을 한 단계의 시점으로 간주한다. 맨 위의 행을 $t = 0$인 기준선으로 삼았다면,

그림 6-1 **RNN의 순전파와 역전파**

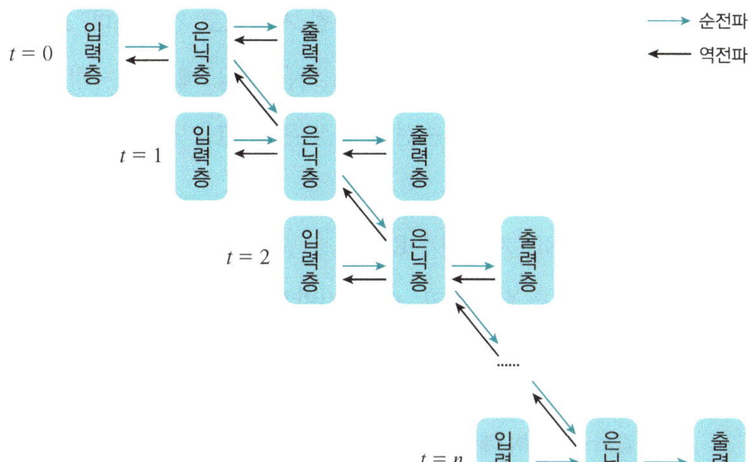

$t = 0$: **일반적인 순전파와 역전파**

– 순전파 : 입력층($t = 0$) → 은닉층($t = 0$) → 출력층($t = 0$)

– 역전파 : 출력층($t = 0$) → 은닉층($t = 0$) → 입력층($t = 0$)

$t = 1$: **이전 단계의 은닉층이 포함된 순전파와 역전파**

– 순전파 : 입력층($t = 1$) + 은닉층($t = 0$) → 은닉층($t = 1$) → 출력층($t = 1$)

– 역전파 : 출력층($t = 1$) → 은닉층($t = 1$) → 입력층($t = 1$) + 은닉층($t = 0$)

출처 : 我妻幸長(2020)를 수정

그림 6-2 **RNN을 이용한 사진 생성 원리**

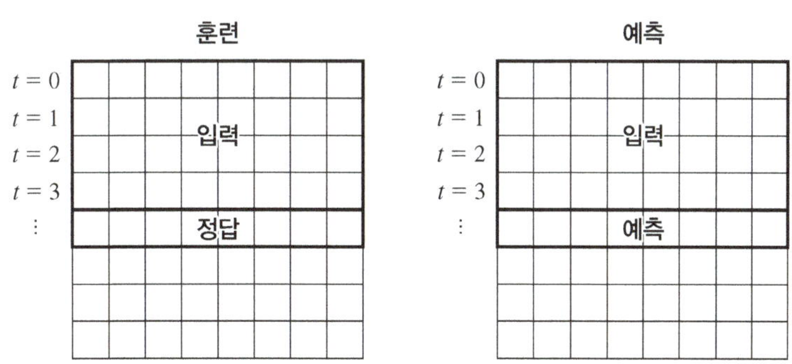

출처 : 我妻幸長(2020)를 수정

첫 번째 행이 $t = 0$에, 두 번째 행이 $t = 1$에 해당한다. 위의 행이 먼저 발생한 시점이고 아래 행이 나중에 발생한 시점으로 간주한다. RNN은 앞에 제시된 행들의 데이터를 바탕으로 다음 행을 예측하는 방식으로 작동한다. 모델에 따라서는 기준선을 가장 왼쪽 열을 잡고 시간축을 좌우로 이동하는 식도 가능하다.

[그림 6-3]은 RNN 계열인 DRAWdeep recurrent attentive writer를 이용해 MNIST 데이터를 학습하고, 이를 기반으로 필기체 숫자를 생성한 사례이다.

그림 6-3 RNN 계열의 DRAW를 활용한 필기체 숫자 생성

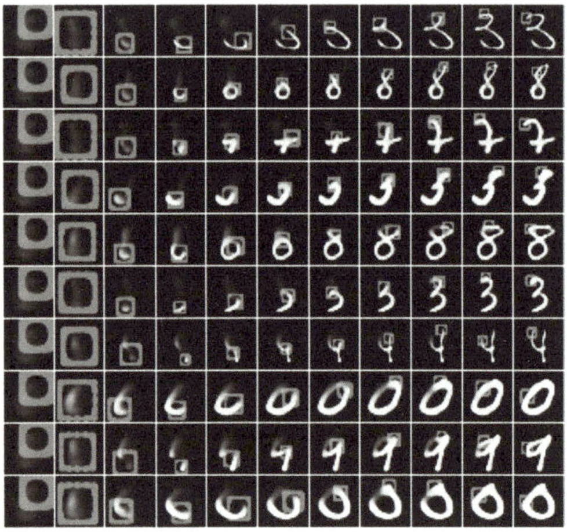

출처 : Gregor et al. (2015)

2) RNN의 발전

(1) LSTM

RNN은 기울기 소실 문제로 은닉층 초기의 장기 기억은 사라지고 단기 기억만 남는 장기의존성long-term dependency 문제를 갖고 있다. 이를 해결한 것이 LSTMlong short-term memory이다(Hochreiter & Schmidhuber, 1997).

LSTM의 원리는 기본적으로 인간의 기억 과정과 비슷하다. 인간은 과거의 기억과 현재의 경험 중 일부만 기억하고 나머지는 망각한다. LSTM에도 이러한 과정이 있다. LSTM은 은닉층에 기억 셀memory cell과 게이트를 두고 있다. 우선 기억 셀은 뇌와 같은 기억 저장소이다. 이전 기억에 새로운 기억을 더해 저장한다. 여기서 기억 대상은 누적된 매개변수의 집합이다. 각 게이트는 이 기억 셀에 어떤 기억을 얼마나 남길지를 결정한다. LSTM에는 3종의 게이트가 있다. 망각 게이트forget gate는 과거 기억을 얼마나 남길지를 정한다. 입력 게이트input gate는 새 기억을 얼마나 추가할지를 정한다. 출력 게이트output gate는 기억 셀의 데이터를 출력층에 반영하는 비율을 조정한다. 데이터는 망각 게이트와 입력 게이트를 거쳐 기억 셀에 입력된다. 출력 게이트는 기억 셀의 데이터를 출력층에 반영하는 비율을 조정한다. LSTM에서는 게이트 3개와 기억 셀 1개 등 총 4개의 가중치 집합을 학습한다.[1]

[그림 6-4]는 LSTM의 구조도이다. c는 기억 셀의 값이다. x는 입력값, h는 은닉층의 출력값이다. LSTM의 활성함수는 시그모이드 함수(그

1. http://colah.github.io/posts/2015-08-Understanding-LSTMs/

림의 σ)와 하이퍼볼릭 탄젠트 함수(그림의 tanh)를 사용한다. 하이퍼볼릭 탄젠트는 RNN에서 널리 사용되는 활성함수이다. '×'는 원소 간의 곱을, '+'는 원소 간의 합을 의미한다.

그림 6-4 LSTM의 구조도

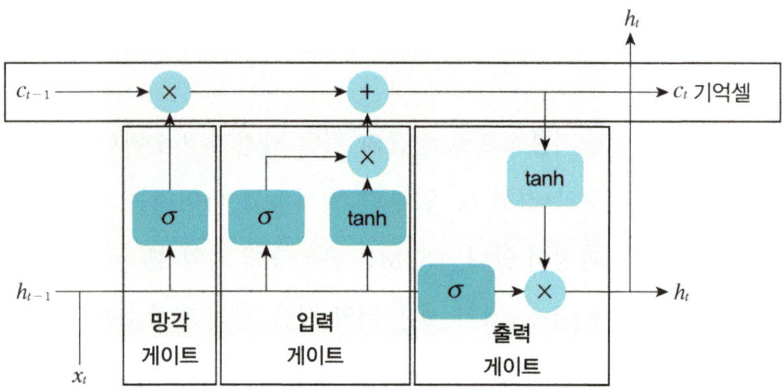

출처 : https://en.wikipedia.org/wiki/Long_short-term_memory를 변형함

(2) GRU

LSTM은 게이트 종류가 많고 하이퍼볼릭 탄젠트 함수를 활성함수로 써서 다소 복잡하고 학습 시간이 길다는 문제가 있다. 이를 해결한 것이 GRUgated recurrent unit이다(Cho et al., 2014). GRU는 여러 게이트를 업데이트 게이트update gate와 리셋 게이트reset gate의 두 종류로 줄인 것이다. 업데이트 게이트는 입력 게이트와 망각 게이트를 합친 형태로, 이전 출력층의 데이터가 현재의 은닉층과 출력층에 영향을 미치는 비율을 조정한다. 리셋 게이트는 기억 셀과 출력 게이트를 합한 구조로, 새로 입력된 데이터가 이전 출력층과 현재 은닉층에 영향을 미치는 비율을 결정한다.

(3) Bi-RNN

LSTM이나 GRU는 단방향으로 정보를 처리한다. 때문에 문맥을 고려하기 힘들었다. 예컨대 동음이의어인 "빅뱅"이 우주의 현상인지 아이돌 그룹 이름인지를 알기 위해서는 '빅뱅'이라는 단어 앞뒤의 단어를 모두 알아야 한다.

Bi-RNNBidirectioanal RNN은 2개의 RNN으로 구성된다(Schuster & Paliwal, 1997). 하나의 RNN은 정방향으로 입력을 받는다. 다른 RNN은 역방향으로 입력을 받는다. 특정 시점의 은닉층에는 두 방향에서 얻은 입력을 바탕으로 출력을 결정한다. 이렇게 하면 양방향의 맥락을 고려할 수 있다. 이는 장기의존성 문제를 더 잘 해결해주기 때문에 더 긴 문장을 학습하고 생성하는 데 유리하다.

2. 적대적 생성신경망

1) 적대적 생성신경망의 개념과 구조

적대적 생성신경망GAN은 2014년 이안 굿펠로우Ian Goodfellow 등이 NIPS에서 발표하면서 처음 등장했다(Goodfellow, et al., 2014). GAN은 생성자generator와 판별자discriminator로 구성된다. 생성자는 위조지폐범, 판별자는 위조지폐를 찾는 경찰로 비유할 수 있다(Goodfellow et al., 2014). 생성자는 판별자를 속이는 가짜 영상을 만든다. 판별자는 생성자가 만든 영상의 진위를 판별한다. 생성자가 판별자와 경쟁하면서 점점 더 진짜 같은 가짜 영상을 생성한다.

GAN에서 이미지를 생성하는 것은 생성자이며, 판별자는 기본적으로 CNN과 작동 방식이 같다. 다만 GAN은 비지도학습 방식으로 학습하므로 라벨링된 학습데이터가 필요하지는 않다. 라벨링이 없어도 판별자는 진짜 영상과 가짜 영상을 비교하면 된다.

GAN의 학습은 판별자와 생성자에서 각각 이뤄진다. 판별자의 식별 결과는 0과 1 사이의 확률 값으로 제시된다. 진짜 영상에 가까울수록 1에, 가짜 영상에 가까울수록 0에 가깝다. 판별자는 식별 결과와 정답(진짜 영상은 1, 가짜 영상은 0으로 판정) 간의 오차를 최소화하는 방향으로 매개변수를 업데이트한다. 생성자는 판별자가 가짜 영상을 진짜 영상, 즉 1로 판정하도록 매개변수를 업데이트한다. 즉, 생성자는 가짜 영상이 1로 판별되면 보상을, 0으로 판정되면 벌을 받는 셈이다.

GAN의 생성자 성능이 좋으려면 판별자도 성능이 좋아야 한다. 경찰이 아무 지폐나 진짜 지폐라고 판정한다면 위조범이 진짜 같은 위조지폐를 만들 필요가 없는 것과 같다. 또한 GAN은 생성자와 판별자를 왕복하면서 학습을 진행한다. 즉, 생성자와 판별자 모두가 최적화되어야 한다. 어느 한 쪽이 최적화되지 않는 경우 다른 한 쪽도 최적화되지 않는다. 생성자와 판별자가 성능 향상을 상쇄해 성능이 제자리 걸음을 걷는 수도 있다. 이러한 문제를 진동oscilliation이라고 한다. 대표적인 문

그림 6-5 GAN의 구조

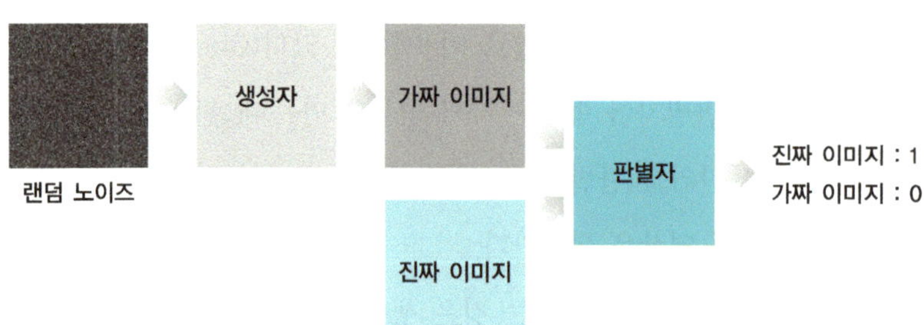

제가 모드 붕괴mode collapse이다. 생성자가 다양한 영상을 생성하지 못하고 비슷한 이미지만 생성하는 현상이다(Thanh-Tung & Tran, 2020).

2) 적대적 생성신경망의 발전

초창기 GAN은 다소 불안정했지만, 2015년 생성자와 판별자에 CNN을 적용한 DCGANdeep convolutional generative adversarial networks이 공개되면서 널리 사용됐다(Radford, Metz, & Chintala, 2015). GAN의 주요 과업은 기본적으로 생성이지만, 합성synthesis, 모방imitation, 변환translation, 각색adaptation, 증강augmentation 등으로 세분화할 수 있다.

합성은 여러 종류의 이미지를 합치는 것이다. DCGAN은 합성의 대표적인 사례이다. [그림 6-6]은 미소 짓는 여성의 얼굴에서 무표정한 여성을 빼고 무표정한 남성을 더하면 미소 짓는 남성의 얼굴을 합성할 수

그림 6-6 DCGAN 사례

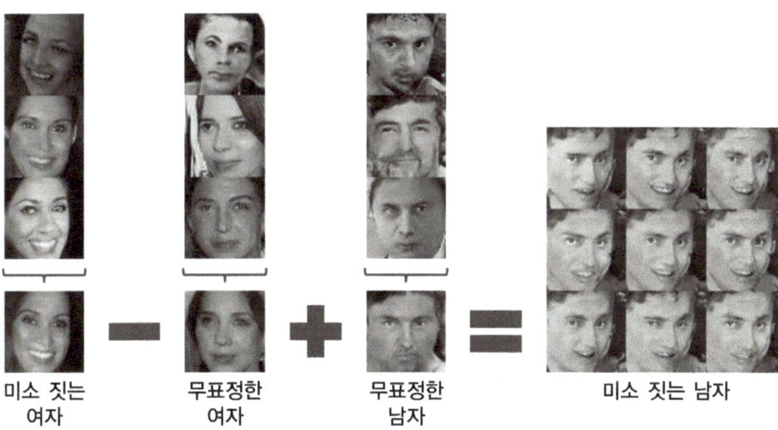

출처 : Radford, Metz, & Chintala. (2015)

있다는 것을 보여주는 예이다.

모방, 변환, 각색 등은 기본적으로 한 영상의 스타일을 다른 영상에 이식하는 것을 의미한다. 모방의 예로는 사진을 모네의 화풍을 모방해 바꿔주는 것을 들 수 있다. 무늬가 없는 갈색 말에 얼룩말의 무늬를 넣어주는 것은 변환의 예이다. 각색의 예로는 여름을 겨울로 바꿔주는 것을 들 수 있다. [그림 6-7]은 CycleGAN을 활용한 모방, 변환, 각색의 예이다(Zhu et al., 2017).

그림 6-7 CycleGAN을 활용한 모방, 변환, 각색의 예

출처 : Zhu et al. (2017)

GAN은 증강에도 널리 사용된다(Shorten & Khoshgoftaar, 2019). 증강은 이미지 생성을 통해 부족한 데이터를 늘리는 것이다. 적은 데이터로 학습해 가상의 데이터를 만드는 것이다. 희귀병 사진과 같이 데이터 자체가 적은 경우, 환자 사진처럼 개인정보privacy 문제로 데이터 수집이 어려운 경우, 신무기와 같이 기밀이어서 다양한 상황의 영상을 확보하기 어려운 경우 활용할 수 있다. 스케치를 그림으로 완성하는 것도 증강 기법을 활용한다(Chen & Hays, 2018).

그림 6-8 SketchyGAN을 활용한 증강 사례

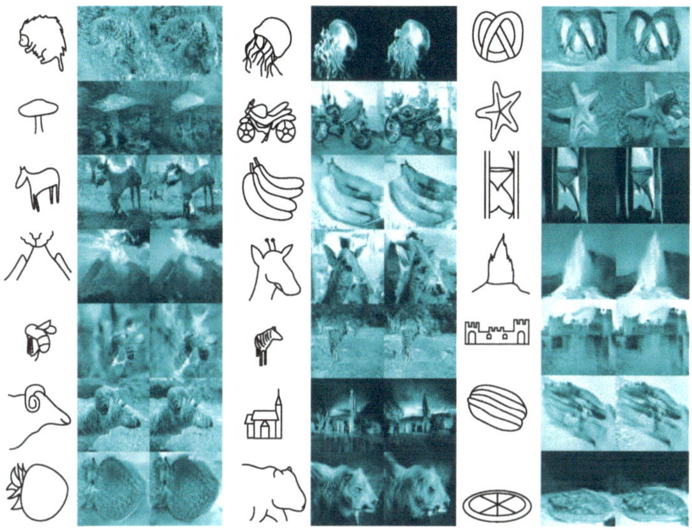

출처 : Chen & Hays. (2018)

3. 변이형 오토인코더

1) 오토인코더

오토인코더는 주성분 분석principal component analysis ; PCA을 비선형으로 일반화한 형태이다. 2006년 힌튼과 살라후트디노프의 연구 이후 본격적으로 주목받기 시작했다(Hinton & Salakhutdinov, 2006). AE는 인코더-디코더encoder-decoder 기법에 기반을 둔다(Foster, 2022/2023). 인코더-디코더 구조는 후술할 DALL-E2, 스테이블 디퓨전 등 멀티모달 AI에도 영향을 주었다.

AE는 기본적으로 입력 영상의 특징을 더 낮은 차원으로 압축하는 차원 축소 과정과 차원 축소된 특징에서 영상을 재생해 출력으로 내보내는 정보 추출information retrieval 과정으로 이뤄진다. 영상 생성에서는 입력 영상을 인코더encoder로 차원 축소하고, 디코더decoder로 복원하는 식으로 작동한다. 일반적인 신경망과 달리 AE에서는 은닉층이 입력층보다 작은 압축이 일어나고, 입력층과 출력층의 크기는 같다(Goodfellow, Bengio, & Courville, 2016).

AE는 인코더와 디코더로 구성된다. 인코더는 고차원 픽셀 공간pixel space의 영상 데이터 특성feature을 인코딩encoding해 벡터화vectorization

그림 6-9 AE의 개념도

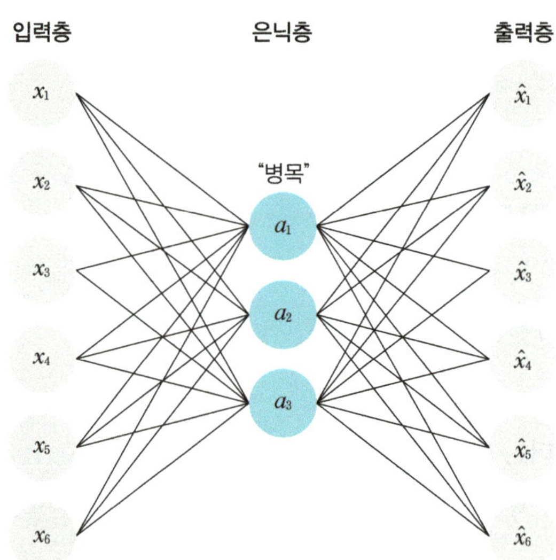

출처 : https://www.v7labs.com/blog/autoencoders-guide

하고, 이를 저차원 잠재공간latent space의 한 포인트point로 표현representation한다. 잠재공간은 이러한 포인트들이 모인 표본 공간sample space이다. 포인트는 표본 공간을 구성하는 표본이다. CNN이나 GAN과 같은 다른 딥러닝 모델과 달리 AE는 입력층과 출력층의 크기(노드 수)가 같고 은닉층의 크기는 작다. 즉, 학습 과정에서 압축이 일어난다. 인코더는 차원 감소를 실행한다. 디코더는 잠재공간에서 저차원 포인트를 샘플링sampling한 뒤 이를 출력층의 고차원 영상으로 복원한다(Foster, 2022/2023).

AE에서 학습 대상은 확률 분포이다. AE의 잠재공간은 1차원 정규분포normal distribution로 표현된다. 포인트(z)는 평균(μ)과 표준편차(σ)에 잠재 변수latent variable(ε)를 곱한 값을 더해 얻은 표본이다. 학습 과정에서는 이 평균과 표준편차를 학습한다. 인코더는 표본 공간의 저차원 분포가 입력 영상(학습데이터)의 고차원 분포에 상응하도록 학습한다. 디코더는 출력 영상(생성 영상)의 고차원 분포가 표본 공간의 저차원 분포에 상응하고, 결국 입력 영상의 고차원 분포와 상응하도록 학습한다(Foster, 2022/2023). 이러한 표현 학습representation learning이 끝나면 생성 AI는 실제로 학습데이터에 포함돼 있지 않은 입력 영상을 포함해 입력 영상의 가능한 집합에 포함될 확률이 높은 영상을 생성할 수 있다.

AE에서는 잠재공간에서 포인트가 유사한 것끼리 어느 정도 군집화되기는 하지만 불연속적으로 배치된다. 이는 두 가지 문제를 야기한다. 첫째, 잠재공간에서 인접한 포인트가 정작 유사한 특성을 표현하지 않을 수 있다. 둘째, 잠재공간에서 유사한 특성을 표현한 포인트 간의 거리가 멀 수 있다. 한 마디로 포인트 군집 간 경계가 불분명하다. 이는 샘플링을 조금 달리했다고 해서, 즉 벡터 값이 조금 변했다고 해서 전혀 다른 영상을 생성하는 문제를 일으킬 수 있다. 예컨대 벡터 값이 (1, 1)인 샘플로부터 신발 사진을 생성했다고 해서 (1.1, 1.1)도 신발을 생성할 것이라고 보장할 수 없다(Foster, 2022/2023).

2) VAE

AE의 문제를 해결한 것이 VAE이다. VAE도 기본적으로는 인코더-디코더 구조로 이루어져 있다. 즉, AE와 마찬가지로 인코더로 입력 데이터의 평균과 분산을 기준으로 잠재공간에 임베딩embedding하고 디코더로 다시 복원해 입력과 비슷한 출력 만드는 방식으로 영상을 생성한다. 다만 AE가 1차원 정규 분포를 쓰는 것과 달리, VAE는 k차원의 다변량 정규 분포multivariate normal distribution를 사용한다는 점에서 차이가 난다. 즉, 1차원 정규분포의 평균과 분산 대신 평균 벡터(μ)와 각 차원별 로그 분산 벡터(δ)로 표현되는 다변량 정규 분포를 활용해 잠재 변수 제

그림 6-10 VAE의 구조

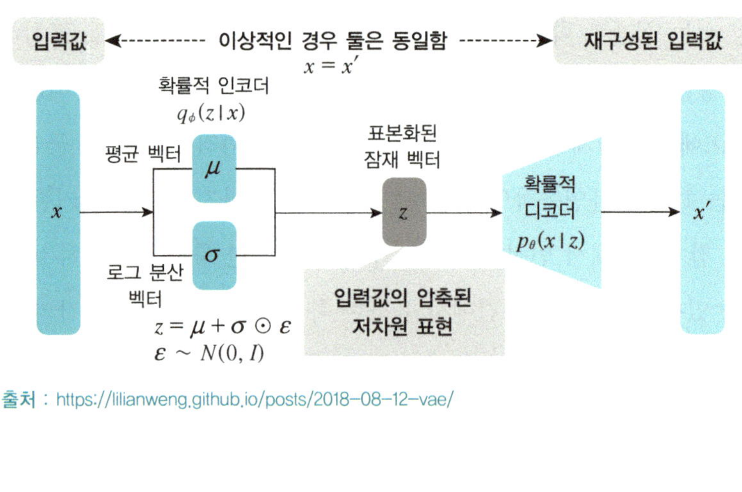

출처 : https://lilianweng.github.io/posts/2018-08-12-vae/

타(ζ)를 학습한다. 단계별로 살펴보면 인코더에서는 평균 벡터 뮤와 분산 벡터 시그마를 계산해 입력값의 특징을 잠재공간에 임베딩한다. 디코더에서는 잠재공간에서 잠재 변수 제타를 확률 샘플링해 표본을 생성한 뒤 이를 원래 데이터로 재현한다(Foster, 2022/2023 ; Kingma & Welling, 2013).

VAE는 포인트를 연속적으로 정렬해 줌으로써 AE의 문제를 해결한다. [그림 6-11]은 흑백 손글씨 숫자 데이터세트인 MNIST의 잠재공간을 표현한 것이다. 왼쪽이 AE의 것이고 오른쪽이 VAE의 것이다. [그림 6-11]의 왼쪽 그림에서는 점들이 떨어져 넓게 배치되어 있고 포인트 군집 간 공백이 보인다. 오른쪽 그림에서는 같은 색 점들이 서로 뭉쳐져 있다.

그림 6-11 MNIST 대상 AE(왼쪽)와 VAE(오른쪽)의 잠재공간 시각화

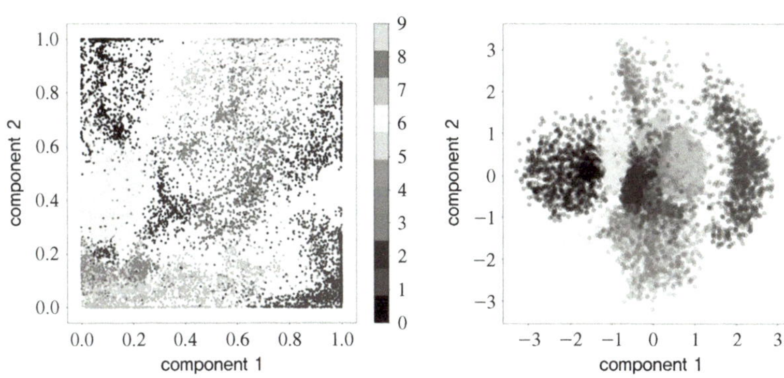

출처 : https://pureai.com/articles/2020/05/07/variational-autoencoders.aspx

CHAPTER 07

전이학습, 멀티모달 인공지능

이 장에서는 영상과 관련된 멀티모달 AI, 그중에서도 널리 사용되는 확산 모델인 스테이블 디퓨전에 주목할 것이다. 다만 스테이블 디퓨전에 대한 이해를 돕기 위해 전이학습을 먼저 간략히 소개한다.

스테이블 디퓨전에는 오픈소스는 물론 학습된 모델의 가중치도 공개되어 있다. 덕분에 스테이블 디퓨전에서는 전이학습을 통해 다양한 확장 모델과 임베딩이 만들어지고 있다.

또한 스테이블 디퓨전은 기본적으로 텍스트 프롬프트를 이용해 영상을 생성한다. 여기에는 텍스트와 영상을 임베딩하는 과정이 필요하다. 대표적인 모델이 달리DALLE이다. 2023년 12월 현재 달리3DALLE-3가 개발되어 있지만, 논문에 공개된 것은 달리2DALLE-2이다. 따라서 이 장에서는 스테이블 디퓨전과 함께 대표적인 멀티모달 모델인 달리2를 소개한다.

스테이블 디퓨전은 기본적으로 확산 모델이다. 따라서 스테이블 디퓨전 설명에 앞서 확산 모델에 대해 설명한다. 스테이블 디퓨전은 확산 모델 중에서도 잠재 확산 모델이다. 이는 확산이 오토인코더처럼 잠재 공간에서 일어나기 때문이다. 오토인코더에 대한 설명은 앞장에서 설명했으므로 이 장에서는 생략한다.

1. 전이학습

1) 전이학습의 개념과 필요성

전이학습은 소스 과제를 통해 얻은 소스 모델의 영역 지식domain knowledge을 유사한 타겟 과제의 타겟 모델 학습에 적용하는 방법이다

(Caruana et al., 1995 ; Pan & Yang, 2009). 소스 모델에서 타겟 모델로 지식 전이knowledge transfer가 일어난다. 마치 인간이 기존에 습득한 지식을 다른 영역에 응용하는 것과 유사한 방식이다. 예를 들어 개 분류기를 이용해 늑대 분류기를 만드는 식이다.

그림 7-1 전이학습의 개념도

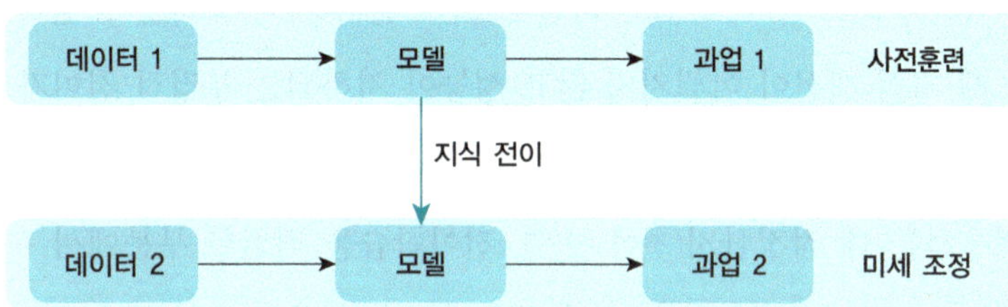

기존 학습 방식은 특정 영역에 특화된 학습데이터를 활용해 특정 영역에 특화된 학습을 하여 특정 영역에 특화된 모델을 만드는 것이다. 이때 학습된 가중치는 학습한 영역에만 최적화되어 있다. 반면 전이학습은 다른 영역의 학습데이터로 학습한 사전 학습 모델pre-trained model에서 최종층과 일부 은닉층만 추가로 학습하여 목표하는 영역의 모델을 만드는 방식이다. 전이학습은 판별 모델이나 생성 모델에서, 지도학습이나 비지도학습에서 다양하게 활용될 수 있다.

전이학습이 필요한 이유를 크게 두 가지로 정리할 수 있다. 첫째, 학습데이터가 부족한 경우 전이학습이 유용하다. 어떤 클래스의 학습데이터가 저작권 문제로 수집 비용이 너무 많이 들거나, 의료 사진과 같이 개인정보 문제로 확보하기 힘들거나, 천연기념물처럼 그 자체가 희소한 경우 대규모 학습데이터 구축이 어렵다. 둘째, 전이학습은 "바퀴를 두 번 발명하지 않게Don't reinvent the wheel" 해준다. 즉, 이미 누군가가 충분히 많은 학습데이터를 쌓아 놓고 막대한 컴퓨팅 자원을 활용해 잘 만들어진 사전 학습 모델을 만들어 놓았다면 이를 활용하는 것이 효과적이다.

전이학습은 성공적일 경우 더 나은 초기 성능higher start, 더 빠른 학습higher slop, 더 나은 최종 성능higher asymptote이 가능하다는 장점을 갖는다(Torrey & Shavlik, 2010). 다만 소스 모델의 지식이 타겟 모델에 전이될 때 지식 개선이 이뤄지지 않고 성능이 저하되는 부정적 전이가 나타날 수도 있다(Rosenstein et al., 2005). 이 경우 목표 과업이 전이학습을 적용하는 데 적정한지(전이 시기), 전이학습을 적절한 부분에서 수행했는지(전이 항목), 전이학습의 방법이 적절한지(전이 방법) 등을 재검토해야 한다(Sarkar et al., 2018).

그림 7-2 전이학습의 장점

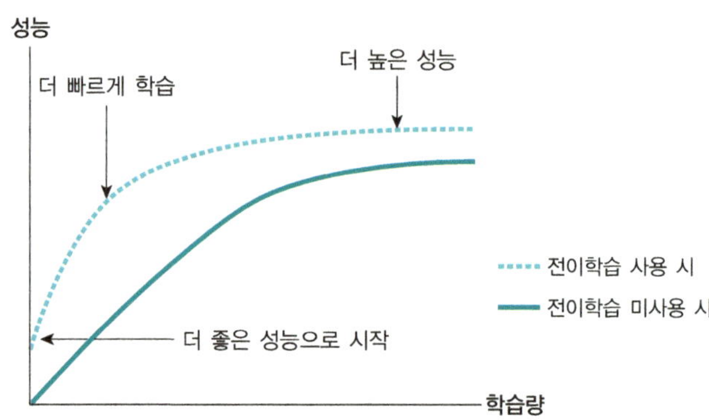

출처 : Torrey & Shavlik. (2010).

2) 전이학습의 방식

전이학습은 사전 학습 모델을 이용한다. 사전 학습 모델은 규모가 큰 학습 데이터세트를 활용해 깊은 신경망을 사용해 만들어 진다(Huh, Agrawal, & Efros, 2016). 사전 학습 모델은 보통 학습하는 매개변수가 매우 크다. 하지만 사전 학습 모델 역시 상대적으로 적은 매개변수를 학습하더라도 좋은 성능을 낼 수 있도록 효율화하는 방향으로 개발이 추진되고 있다. 알파벳, 메타 등 빅테크 기업이나 스테이블 AI 등 AI 스타트업이 사전 학습 모델을 개방하고 있다.

전이학습은 통상 두 가지 방식이 있다(Sarkar et al., 2018). 첫째, 특성 추출feature extraction이다. 사전 학습 모델의 출력층 쪽에 학습할 은닉층을 추가하는 방식이다. 특성 추출은 표적 모델의 은닉층에 대한 지식, 즉 매개변수 값을 사전 학습 모델에서 대거 가져와 새로 만들고자 하는 모델에 이전하는 방식으로 이뤄진다. 사전 학습 모형의 가중치는 그대로이며 추가된 층에서만 학습을 진행하면 된다.

둘째, 미세 조정fine tuning 방식이다. 미세 조정은 타겟 과제에 특화된 소수의 학습데이터로 약간의 추가 학습을 진행해 사전 학습 모델의 일부 매개변수를 업데이트하는 방식으로 이루어진다.

전이학습 방식은 사전 학습 모델의 가중치가 공개되어 있는지, 사전 학습 모델과 전이학습 모델의 유사성이 얼마나 큰지, 추가 학습할 데이터세트가 얼마나 많은지에 따라 달라질 수 있다.

사전 학습 모델의 가중치가 공개되어 있지 않거나, 모델 간의 유사성이 크다면 적은 데이터로 특성 추출 방식의 전이학습을 할 수 있다. 이러한 방식의 전이학습을 사용하는 사전 학습 모델로는 자연어처리에 활용되는 BERTbidirectional encoder representations from transformers가 대표적이다.

사전 학습 모델의 가중치가 공개되어 업데이트할 수 있고, 모델 간 유사성이 적고, 추가 학습할 수 있는 데이터세트가 충분하면 미세 조정을 해볼 수 있다. 이러한 사전 학습 모델로는 멀티모달 AI인 스테이블 디퓨전이 대표적이다.

사전 학습 모델의 성능이 높아짐에 따라 적은 학습데이터로도 미세 조정이 가능해지는 추세다. 추가로 학습할 때 필요한 데이터의 양에 따라 퓨샷 러닝few-shot learning, 원샷 러닝one-shot learning, 제로 샷 러닝zero-shot learning 등으로도 나눌 수 있다. 퓨샷 러닝은 수십 건 이내의 학습데이터만 활용한다. 원샷 러닝은 1건의 학습데이터만 사용한다. 제로 샷 러닝은 추가적인 학습데이터가 필요 없다. 대신 하위 속성, 텍스트 설명, 클래스 간 유사성 등을 활용한다.

2. 멀티모달 인공지능의 개념과 사례

1) 멀티모달 인공지능의 개념

모달리티modality는 양태로도 불린다. 기호학에서 모달리티는 어떤 정보를 달하기 위해 인간의 감각에 맞춰 인코딩하는 특정 방식을 의미한다. 모달리티는 다양하게 유형화될 수 있다. 기본적으로는 인간의 오감인 시각, 청각, 후각, 미각, 촉각에 상응하는 모달리티를 생각할 수 있다. 시각과 청각에 대응하는 모달리티로는 텍스트text, 음sound, 영상image을 들 수 있다. 세분화하면 음에는 음성 외에도 음악, 동물이나 무생물에서 비롯된 음향이 포함된다. 영상은 크게 정적인 영상still image과 동적인 영상video으로 나눠질 수 있다. 정적인 영상에는 회화, 사진, 지도, 도안, 인포그래픽, 데이터 시각화 등이 포함될 수 있다. 3D 요소도 영상과 관련된다. 촉각에 해당하는 모달리티로는 터치touch를 들 수 있다. 후각과 미각 관련 모달리티는 냄새smell, 맛taste이다(Lee et al., 2020 ; Song et al., 2023). 로봇의 경우 움직임motion이 중요한 모달리티가 될 수 있다(Dong et al., 2021). 촬영된 움직임이 아닌 물리적 시공간에 구현되는 움직임은 저차원적인 행동behavior에서부터 의미를 갖는 행위action, 행위 간의 상호작용interaction, 그리고 가장 고차원적인 상호작용이 연계된 사회society로 구성되어 있다(박대민, 2014). 감각에 직결되어 있지는 않지만 하이퍼링크hyperlink와 같은 메타데이터도 하나의 모달리티를 형성할 수 있다. 하이퍼링크는 데이터 간의 관계를 나타낸다.

이 중에서 딥러닝을 활용한 연구가 활발한 모달리티는 텍스트, 음, 영상이다. 텍스트를 다루는 AI는 자연어처리natural language processing나 자연어생성natural language generation 분야의 AI를 들 수 있다. 음 중에서 인간 음성을 다루는 AI로는 음성 처리speech processing, 텍스트 음성 변환text to speech, 자동 음성 인식speech to text ; STT에 활용되는 AI가 있다. 영상을 다루는 AI로는 컴퓨터 비전 분야의 AI를 꼽을 수 있다.

2020년대부터는 텍스트와 같은 하나의 모달리티를 영상과 같은 다른 모달리티의 콘텐츠로 생성하는 멀티모달 AI가 주목을 받고 있다. 텍스트와 영상 관련 멀티모달 AI를 유형화하면 텍스트를 사진으로 바꾸는 T2Itext to image, 사진을 사진으로 바꾸는 I2Iimage to image, 텍스트를 동영상으로 바꾸는 T2Vtext to video, 사진을 동영상으로 바꾸는 I2Vimage to video, 스케치를 그림으로 그려주는 S2Isketch-to-image, 2D 이미지를

3D 이미지로 바꾸는 2D to 3D 등 다양하게 존재한다. AGI의 경우 X2X, 즉 어떤 모달리티를 다른 모달리티로 자유롭게 바꾸는 형태가 될 것이다. 예를 들어 휴머노이드humanoid는 어떤 영상 입력이 들어오면 어떤 움직임, 심지어 어떤 고차원적인 사회적 상호작용을 하도록 설계될 수 있다.

멀티모달 AI의 기본적인 작동 원리는 각 모달리티를 임베딩하고, 모달리티가 다른 임베딩끼리 묶고binding, 이를 학습하는 방식으로 이루어진다. 예를 들어 T2I는 텍스트와 이미지의 쌍을 각각 임베딩해 묶은 텍스트 임베딩text embedding과 이미지 임베딩image embedding의 쌍을 학습한다(Ramesh et al., 2022). 텍스트와 이미지 쌍은 이미지넷 등 기존 라벨링된 학습데이터를 사용할 수 있다(Radford et al., 2021). 가능한 텍스트-이미지의 쌍의 수는 엄청나게 많을 수 있다. 따라서 각 모달리티의 특징추출 결과를 적절히 통합한 텍스트 임베딩-이미지 임베딩 쌍으로 만드는 것이 필요할 수 있다. 장기적으로 AGI의 X2X는 텍스트 임베딩-이미지 임베딩-모션 임베딩 등의 쌍을 학습해야 할 수 있다.

텍스트-영상 멀티모달 AI는 뒤에서 살펴볼 확산 모델을 주로 사용한다. 기본적인 확산 모델 학습 과정에는 원천 영상에 잡음을 추가하여 평균적인 표준 가우스 잡음normal gaussian noise으로 만드는 노이징noising 과정과 표준 가우스 잡음에서 잡음을 제거하여 원천 영상일 법한 영상으로 복원하는 디노이징denoising 과정이 포함된다. 전자는 인코딩 과정, 후자는 디코딩 과정으로 볼 수 있다. 멀티모달 AI는 디노이징 방법을 학습하는 것이다.

2) 멀티모달 인공지능의 사례

〈표 7-1〉은 2023년 12월 현재의 주요 텍스트와 이미지 관련 멀티모달 AI 서비스를 정리한 표이다. 현재 가장 널리 사용되는 멀티모달 AI는 텍스트 형태의 프롬프트prompt를 사진 영상으로 바꾸어주는 멀티모달 AI이다. 미드저니Midjourney, 스테이블 디퓨전, 달리3 기반 이미지 크리에이터Image Creator가 대표적이다.

미드저니는 2022년 8월 출시되어 멀티모달 AI의 초기 붐을 이끌었다. 미드저니 이전에는 멀티모달 AI를 사용하려면 코딩 역량이 필요했으나, 미드저니는 디스코드라는 메신저를 사용해 코딩 없이 프롬프트를

표 7-1 영상 분야 주요 멀티모달 AI 서비스

서비스 이름	주요 멀티모달	출시 회사	서비스 출시일
Midjourney	T2I	미드저니	2022. 7. 12
Stable Diffusion	T2I, I2I	스테이블AI	2022. 8. 22
Image Creator	T2I	MS	2023. 3. 21
DALLE-3(+GPT-4)	T2I	오픈AI	2023. 9. 21
GPT-4V	I2T	오픈AI	2023. 9. 25
Sora	T2V	오픈AI	2024. 2. 15
FireFly	T2I	어도비	2023. 9. 13
Imagen2	T2I	구글	2023. 12. 13
Runway	T2V, I2V, V2V	런웨이	2023. 2. 6
Pika	T2V, I2V	피카랩스	2023. 11. 28
Gemini	텍스트, 사진, 동영상, 오디오, 소스코드	구글	2023. 12. 6
ImageBind(데모)	텍스트, 사진, 동영상, 오디오 등	메타	2023. 5. 9

입력해 이미지를 생성하는 식으로 사용성을 대폭 개선했다. 또한 2023년 3월까지 무료 체험판을 제공해 널리 보급되었다. 이후 사실상 전면 유료화로 전환했다. 2023년 이후 웹이나 앱에서 멀티모달 AI를 활용하는 서비스가 많아지면서 디스코드에서 독립된 웹 사이트 기반 미드저니 출시가 예정되어 있다.

스테이블 디퓨전은 2022년 뮌헨대학교 연구팀이 CVPRComputer Vision and Pattern Recognition conference에서 발표한 논문을 바탕으로 스타트업인 스테이블 AIStable AI가 만든 서비스다. 스테이블 디퓨전은 게임용 컴퓨터 성능의 개인용 컴퓨터에 설치해 사용할 수 있다는 점이 다른 서비스와 가장 다른 점이다. 때문에 제약이 덜하다. 다른 서비스는 대부분 프롬프트를 통해서만 설정을 제어할 수 있어 개발사의 규정에 부합하는 영상만 생성이 가능하다. 또한 스테이블 디퓨전은 소스코드는 물론 모델 가중치까지 공개되어 있다. 덕분에 다양한 전이학습이 용이하다. 오토매틱1111Automatic1111이나 컴피유아이ComfyUI와 같은 무료 웹 UI를 활용해 다양한 설정을 세부적으로 조정할 수도 있다. 이러한 장점 덕분에 커뮤니티 활동이 매우 활발하다. 다만 소위 nswfnot safe for work로 불리는 선정적인 콘텐츠가 많다는 점을 주의해야 한다. 스테이블 디퓨전은 출시 후 한동안 완전 무료로 사용할 수 있었으나 2023년 12월 부분 유료화를 단행했다. 개인용, 연구용 등 비상업적 목적으로는 그대로 무료로 사용할 수 있다.

마이크로소프트Microsoft ; MS의 이미지 크리에이터는 웹 사이트 기반으로 생성 AI를 사용할 수 있어서 사용성 면에서 뛰어나다. 이미지 크리에이터는 코파일럿Copilot 제품군인 디자이너Designer를 통해 서비스되며 2024년 4월 현재 무료로 사용할 수 있다. 다만 프롬프트 입력 외에 세부 설정을 지정하기 어렵다. 또한 검열 수준이 높다. 덕분에 선정적 콘텐츠는 걸러지지만, 정치적인 표현 등을 담아내기는 어렵다. 오픈AI가 개발한 달리 계열의 생성 AI를 사용한다. 2023년 9월 달리 최신 버전인 달리3로 업그레이드한 이후 이미지 품질이 대폭 향상됐다.

달리3의 개발사인 오픈AI의 챗GPT도 GPT-4를 사용한 유료 버전에서 이미지 생성 기능을 제공한다. 더 나아가 이미지를 이해하여 텍스트로 제공하는 GPT-4V도 서비스하고 있다.

포토샵Photoshop으로 널리 알려진 어도비사의 파이어플라이FireFly는 어도비 제품 사용자에게 친화적이다. 유료 버전이지만 어도비 제품군을 한번에 사용할 수 있는 어도비의 크리에이티브 클라우드Creative Cloud에 포함돼 있다. 자신의 이미지 작업에 생성 AI를 적용하거나 생성 AI 작업을 포토샵 등으로 편집할 때 다소 편리하다. 생성 AI의 저작물을 자유롭게 사용할 수 있게 지적 재산권intellectural properties 면책을 제공하는 유료 플랜도 있다.

이밖에 구글은 2022년 5월 이마젠Imagen을 개발하고 이를 업데이트한 이마젠2를 2023년 12월 정식 공개했다.

멀티모달의 영역은 T2I에서 I2I를 넘어서 T2V와 I2V, V2V, 3D 구현 등으로 확장되고 있다. 런웨이Runway는 2023년 2월 동영상을 다른 스타일의 동영상으로 만들어주는 젠1Gen-1을 출시했다. 이어 3월에는 텍스트를 동영상으로 생성하거나, 이미지를 동영상으로 만들어주는 젠2Gen-2를 출시했다.

2023년 4월 설립된 피카랩스Pika Labs는 2023년 11월 좀 더 길고 자연스러운 동영상을 텍스트나 이미지로 생성할 수 있는 피카 1.0 버전을 내놓았다. 피카는 미드저니처럼 디스코드를 이용하되 프롬프트 입력

만으로 동영상을 생성하는 무료 베타 서비스를 운영해 큰 인기를 끌었다.

스테이블 디퓨전은 초기부터 I2I 기능을 제공했다. 2023년 11월에는 I2V 기능을 갖춘 스테이블 비디오 디퓨전Stable Video Diffusion을 출시했다. 2023년 12월에는 텍스트나 이미지를 3D로 변환해주는 스테이블 제로 123Stable Zero123를 공개했다.

멀티모달의 영역은 텍스트와 이미지를 넘어서 다른 영역으로 확장되고 있다. 구글은 2023년 12월 텍스트, 오디오, 이미지, 동영상, 코드를 각각 또는 조합해 입출력할 수 있는 멀티모달 AI인 제머나이Gemini를 출시했다. 메타는 텍스트, 오디오, 동작과 위치를 계산하는 관성 측정 장치 센서 데이터IMU, 적외선 열화상heatmap, 심도depth 등 6개 모달리티를 이미지 중심으로 묶어 생성하는 이미지바인드ImageBind를 오픈소스로 공개했다. 현재 데모 버전만 나온 상황이다.

2024년 2월에는 오픈AI가 T2V 모델인 소라Sora를 공개했다. 일반적인 동영상 숏의 길이를 소화할 수 있는 1분 가량의 길이, 물리 현상을 이해하는 듯한 피사체와 배경의 움직임에 바탕을 둔 다양한 카메라워킹, 영화 못지않은 사실적인 영상이 특징이다. 소라는 뒤에서 살펴볼 잠재 확산 모델에 달리3의 트랜스포머Transformer 구조를 영상 인코딩 과정에도 적용했다(Open AI, 2024. 2).[1]

이밖에 아직 초기 단계이지만 후각이나 미각, 촉각, 움직임 등과 연계된 딥러닝 활용 멀티모달 연구도 진행 중이다.

1. https://openai.com/research/video-generation-models-as-world-simulators

3. 주요 멀티모달 인공지능

1) DALL-E2

달리2나 스테이블 디퓨전은 멀티모달 방식의 생성 AI다. 텍스트 프롬프트를 입력으로 받아서 사진을 출력한다. 따라서 텍스트와 영상을 이어주는 과정이 필요하다.

먼저 달리2의 멀티모달 구현 방식을 살펴보자(Ramesh et al., 2022). 달리2는 텍스트 인코더text encoder, 프라이어prior, 디코더 등 크게 세 부분으로 이뤄진다.

텍스트 인코더는 입력 프롬프트를 텍스트 임베딩으로 만든다. 텍스트 임베딩에는 오픈AI가 개발한 CLIPcontrastive language-image pre-training이라는 모델을 사용한다(Radford et al., 2021). CLIP은 ImageNet의 텍스트-이미지 쌍을 학습데이터로 하여 사전 학습한 모델이다. 텍스트 임베딩과 이미지 임베딩에는 트랜스포머가 사용된다. CLIP은 제로 샷 예측zero-shot prediction에 뛰어나다. 즉, 한 번도 본적이 없는 텍스트 프롬프트에 대해 유사한 이미지를 찾을 수 있다. CLIP 자체는 생성 모델이 아니며 판별 모델에 가깝다(Foster, 2022/2023).

프라이어는 텍스트 임베딩을 이미지 임베딩으로 생성한다. 학습 단계에서는 텍스트 임베딩-이미지 임베딩의 쌍을 활용해 확산 과정을 반복한다. 학습 후 생성 단계에서는 텍스트 임베딩이 들어왔을 때 이미지 임베딩을 예측할 수 있다.

디코더는 입력 프롬프트의 텍스트 임베딩과 예측된 이미지 임베딩에 맞춰 출력 이미지를 생성한다. 디코더는 GLIDE라는 모델을 응용한 형태다(Nichol et al., 2021). GLIDE는 텍스트 임베딩에 트랜스포머를 사용하고 잡음 추가 및 제거에 U-Net을 사용한다. U-Net은 VAE와 유사한 형태지만 학습 효율성을 더하기 위해 레즈넷에서 활용된 건너뛰기 연결을 활용한 잔차 블록이 추가된 구조다(Ronneberger, Fischer, & Brox, 2015). U-Net은 입력 영상과 출력 영상의 크기가 동일해 확산 모형에서 널리 사용된다(Ho, Jain, & Abbeel, 2020).

그림 7-3 DALL-E2의 구조

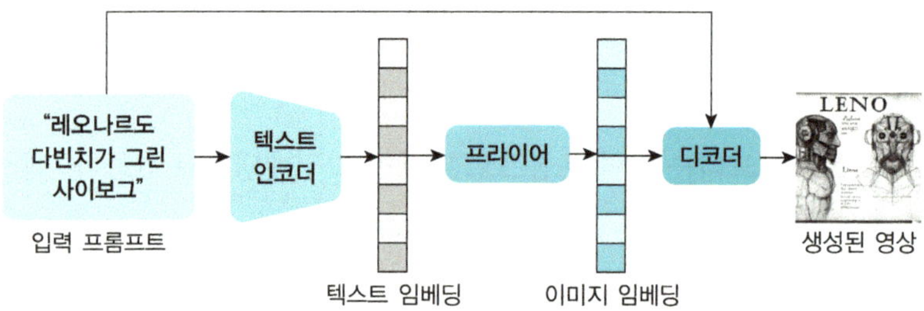

출처 : Foster, 2022/2023

2) 스테이블 디퓨전

이 항에서는 최신 멀티모달 생성 AI인 스테이블 디퓨전의 구조를 살펴본다. 스테이블 디퓨전은 생성 AI 잠재 확산 모델으로 VAE, 달리2, 확산 모델 등의 발전을 흡수했다. VAE와 달리2에 대해서는 앞서 설명했다. 여기서는 스테이블 디퓨전의 구조를 알아보기에 앞서 확산 모델을 간략하게 살펴본다.

(1) 확산 모델

확산 모형은 비평형 상태에서의 열역학적 확산을 딥러닝에 접목하는 아이디어에서 시작됐다(Sohl-Dickstein et al., 2015). 이후 확산 모델과 점수 기반 생성 모델core-based generative model을 결합한 잡음 제거 확산 확률 모델denoising diffusion probabilistic model ; DDPM이 등장하면서 널리 활용되기 시작했다(Ho et al., 2020). 이후 확률미분방정식stochastic differential equations ; SDE을 활용함으로써 DDPM과 같은 점수 기반 생성 모델의 확장이 이루어졌다(Song et al. 2020).

DDPM 역시 기본적으로 인코더-디코더 기법으로 이해할 수 있다. 인코더에서는 순방향 확산forward diffusion이 일어난다. 순방향 확산에서는 잡음을 조금씩 추가하는 노이징이 진행된다. 이때 잡음은 무작위적으로 추가되는 것은 아니다. 잡음이 과도하게 편향되지 않도록 시간(t)에 따라 표준화standarization된 분산(β_t)을 갖는 가우스 잡음을 조금씩 추가한다. 표준화란 데이터를 평균이 0이고 분산이 1이 되도록 만드는 것이다. 순방향 확산이 끝나면 완전히 표준화된 영상, 즉 무작위적인 표준 가우스 잡음과 구분되지 않는 영상이 남게 된다.

디코더에서는 역방향 확산reverse diffusion이 일어난다. 이 과정에서는 잡음을 제거하는 디노이징이 진행된다. 디노이징은 표준 가우스 잡음에서 시작해 단계별로 추가된 잡음을 예측해 제거하는 방식으로 이뤄진다. 학습은 단계별로 추가된 잡음을 예측하는 한편, 전체 단계의 잡음 총량을 예측하는 식으로 이루어진다. 단계별로 추가된 잡음의 확률은 "$p_\theta(x_{t-1} | x_t)$"로 나타낼 수 있다. 잡음 총량의 예측은 역방향 확산을 통해 추가된 잡음을 제거할 때 사용되는 분포를 근사화하는 것이다. 학습이 완료된 AI는 표준 가우스 잡음에서 새로운 영상을 생성할 수 있게 된

다. 순방향과 역방향에서 학습이 이뤄지는 VAE와 달리 확산 모델에서는 역방향에서만 학습이 이뤄진다(Foster, 2022/2023). [그림 7-4]는 정방향 확산과 순방향 확산 과정을 보여준다.

그림 7-4 SDE를 활용한 확산 모델

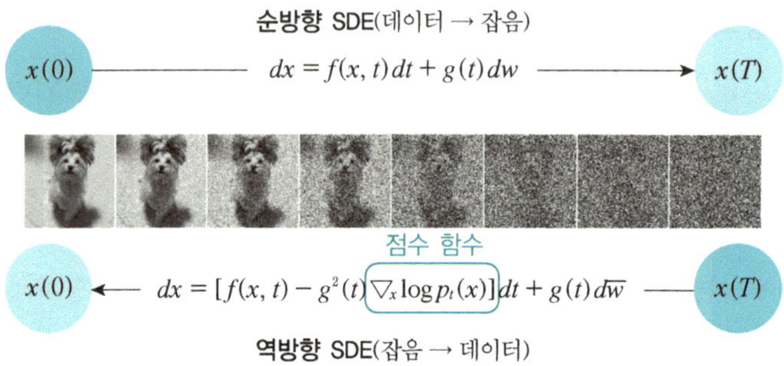

확산 모델은 보통 여러 단계steps를 거친 역방향 확산을 통해 영상을 생성한다. 이 때문에 영상 생성 시간이 길어진다. 그렇다고 확산 단계를 줄이게 되면 생성 영상의 품질이 낮아지는 경우가 많다. 일관성 모델contingency model ; CM은 큰 교사 모델teacher model의 지식을 작은 학생 모델student model로 이전하는 지식 농축knowledge distillation을 함으로써 이러한 문제를 해결한다. 일관성 모델을 활용해 확산 단계를 1단계로 줄여 생성 속도를 대폭 개선하면서도 생성 영상의 품질을 상당 수준 끌어올릴 수 있다(Song et al., 2023).

(2) 스테이블 디퓨전의 구조

스테이블 디퓨전은 달리2와 마찬가지로 CLIP, U-Net 등을 활용한 확산 모델을 사용한다. 즉, 사용자의 텍스트 프롬프트를 CLIP을 이용해 토큰화하여 U-Net에 넘겨주면 U-Net은 토큰을 기준으로 무작위적인 잡음을 디노이징을 한다.

그러나 스테이블 디퓨전은 고차원 공간이 아닌 잠재공간에서 확산 모델을 적용한다는 점에서 달리2와 다르다. 스테이블 디퓨전은 노이징 과정을 고차원 픽셀 공간의 입력 영상 자체가 아니라 VAE의 인코더를 통해 잠재공간에 인코딩된 저차원 특징에 대해 수행한다. 확산 모델은 노이징된 특징에 대해 디노이징 과정을 진행한다. VAE의 디코더는 최종 출력 과정에서 디노이징된 영상을 디코딩해 고차원 영상으로 생성한다. 스테이블 디퓨전과 같이 확산 과정을 잠재공간에 수행하는 모델을 잠재 확산 모델이라고 한다(Rombach et al., 2022). 잠재 확산 모델은 오픈AI의 Sora와 같은 T2V 모델에도 사용된다.

스테이블 디퓨전은 확산 모델에 VAE를 결합해 확산을 잠재공간에서 진행하여 학습할 노드 수를 줄이고 효율을 높였다. 덕분에 스테이블

그림 7-5 스테이블 디퓨전의 구조

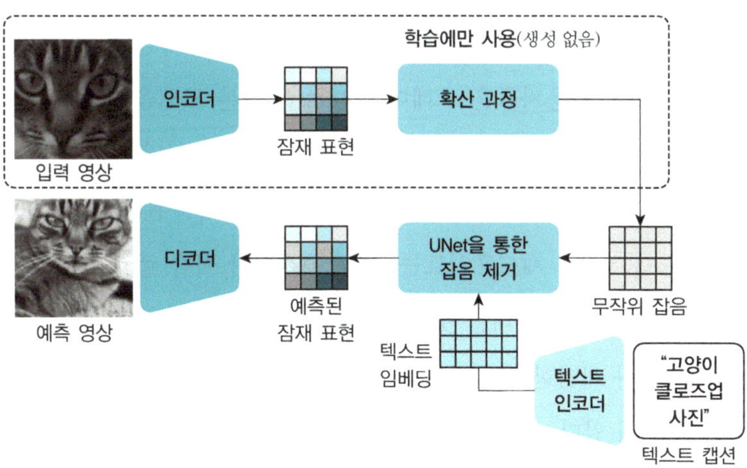

출처 : Foster, 2022/2023

디퓨전은 게임용 PC 정도의 사양에서도 구동 가능하다. 즉, 가장 중요한 GPU의 비디오램video RAM의 크기가 6GB면 스테이블 디퓨전을 구동시킬 수 있다. 최소 사양 기준은 2GB 이상이며, CPU만으로 구동 가능한 경우도 있다. 코랩에서는 T4 GPU 기준 시간당 2 컴퓨팅 단위 정도를 소비해 구동 가능하다.

다른 일반적인 확산 모델과 마찬가지로 스테이블 디퓨전 역시 여러 단계에 걸쳐 영상을 생성한다. 이를 단일 단계로 줄이기 위해 일관성 모형을 적용할 수 있다. 단 이는 픽셀 공간이 아닌 잠재공간에서 적용해야 한다. 이를 잠재 일관성 모델latency contingency model ; LCM이라고 한다. 이를 스테이블 디퓨전에 적용한 것이 LCM-LoRA이다(Luo et al., 2023).

(3) 스테이블 디퓨전의 응용 : 체크포인트, 로라, 임베딩, 익스텐션

스테이블 디퓨전은 AI 커뮤니티 플랫폼인 허깅페이스Hugging Face에 소스코드는 물론 모델 가중치까지 공개됐다. 이는 DALL-E2나 미드저니 등과 달리 사용자들이 학습 완료된 스테이블 디퓨전 기본 모형을 다운로드 받아 자신의 컴퓨터에서 무료로 자유롭게 사용할 수 있다는 것을 의미한다. 사용자들은 스테이블 디퓨전 기본 모델을 바탕으로 전이학습을 수행하여 각자 목적에 맞는 모델을 만들 수 있다.

스테이블 디퓨전은 흔히 세 가지 방식을 통해 사용된다. 첫째, 체크포인트checkpoint다. 체크포인트는 학습 중간이나 학습 종료 후 얻어진 가중치 등을 저장한 상태를 뜻한다(Bengio, 2012). 체크포인트는 크게 스테이블 AI가 개발한 기본 모델과 사용자들이 전이학습으로 개발한 전이학습 모델이 있다.

기본 모델은 2022년 8월 대중적으로 공개된 스테이블 디퓨전 v1.4

를 시작으로 2023년 10월 1.5 버전, 11월 1.6 버전까지 릴리즈release됐다.[2] 2.0 버전과 2.1버전도 개발됐으나 제약이 많고 품질도 낮아 널리 사용되지는 않고 있다. 매개변수 수가 9.8억 개인 1.5 버전에 비해 그 수가 66억 개로 더 큰 모델인 SDXLStable diffusion XL도 있다. 2023년 7월에는 SDXL 버전 1.0이 나왔다. 스테이블 디퓨전 1.5 버전이 가장 널리 사용되지만, 고성능인 SDXL도 많은 관심을 받고 있다. 2023년 11월에는 생성 속도를 개선한 스테이블 디퓨전 XL 터보SDXL Turbo도 공개됐다.

기본 모델 외에도 사용자들이 전이학습을 통해 추가로 개발한 다양한 체크포인트도 있다. 이들 체크포인트는 기본 모델에 비해 좀 더 구체적인 스타일을 구현하도록 만들어졌다. 대표적인 것으로 공각기동대를 기반으로 애니메이션 구현이 좋은 고스트믹스GhostMix, 판타지와 애니메이션 분위기를 내는 레브애니메이티드Rev Animated, 실사와 애니메이션 스타일을 모두 잘 구현하는 네버엔딩드림NeverEnding Dream, 인물의 실사 구현이 뛰어난 매직믹스리얼리스틱majicMIX realistic과 칠아웃믹스ChilloutMix 등이 있다. 여러 체크포인트를 함께 사용하거나, 체크포인트를 병합해 새로운 체크포인트를 만들 수도 있다.

둘째, 체크포인트 모델에 좀 더 가벼운 전이학습 모델을 추가로 사용하는 형태다. 가장 널리 쓰이는 모델로는 로라Low-Rank Adaptation ; LoRA가 있다(Hu et al., 2021). 로라는 기존 모델의 가중치를 변경하는 방식이다. 로라는 좀 더 구체적인 스타일을 만드는 데 사용된다. 예컨대 스튜디오 지브리 스타일 로라Studio Ghibli Style LoRA는 지브리 애니메이션 스타일의 영상을 생성해준다. 또 다른 로라 모델인 아이유IU는 가수

---

2. https://platform.stability.ai/docs/release-notes

아이유와 유사한 인물을 생성한다. 모신MoXin은 동양화 풍의 그림을 생성한다. 로라와 유사한 모델로는 하이퍼네트워크hypernetwork와 리코리스LoRA beYond conventional methods, other rank adaptation implementations for stable diffusion ; LyCORIS가 있다. 로라와 달리 하이퍼네트워크는 기존 모델에 은닉층을 추가하는 방식이다(Ha et al., 2017). 리코리스는 LoConLoRA for convolution network, LoHALoRA with Hadamard Product representation, LoKRLoRA with Kronecker Product representation, DyLoRADynamic LoRA 등 로라를 다양하게 확장한 방법론들을 총칭한다.

셋째, 임베딩을 추가하는 방식이다. 가장 간단한 것이 텍스트 인버전textual inversion이다(Gal et al., 2022). 스테이블 디퓨전 생태계에서는 흔히 임베딩이라고도 하는데, 정확히 말하면 텍스트 임베딩을 말하는 것이다. 기존 모델을 둔 채로 스타일을 추가하기 위해 새로운 키워드를 정의하는 방식이다. 드림부스Dreambooth는 이미지 임베딩으로 사용자가 추가한 객체 이미지 데이터를 기존 모델에 삽입하는 기술이다. 예컨대 선글라스 사진으로 미세 조정하면 후지산 배경의 선글라스나 선글라스를 낀 곰 인형 사진을 만들 수 있다. 미세 조정에 사용되는 사진은 보통 사진 3 ~ 5개다(Ruiz et al., 2023). 이미지 임베딩을 추가하는 것으로 볼 수 있다.

기본 모델을 포함하는 체크포인트는 단독으로 사용 가능하다. 체크포인트 모델의 크기는 2 ~ 7GB로 크다. 대신 폭넓은 스타일을 담을 수 있다. 로라와 하이퍼네트워크는 단독으로 사용 불가능하다. 체크포인트 모형과 함께 사용해야 한다. 용량은 2 ~ 200MB 정도로 상대적으로 작다. 인물이나 그림체 등 좀 더 구체적인 스타일을 추가하는 데 사용된다. 드림부스와 텍스트 인버전은 모델이 아니다. 용량은 10 ~ 100KB

정도로 가장 작다. 일종의 개인화personalization 기술이다.

스테이블 디퓨전에서 활용할 수 있는 다양한 익스텐션extension도 개발되고 있다. 컨트롤넷ControlNet은 가장 중요한 익스텐션이다. 컨트롤넷은 스테이블 디퓨전이 생성하는 영상에 사용자가 조건 부여conditioning를 함으로써 사용자가 지시한 조건에 맞는 영상이 생성되도록 한다(Zhang et al., 2023). 그 결과 좀 더 사용자 의도에 맞으면서 일관성이 유지된 영상이 생성될 수 있다.

그림 7-6 스테이블 디퓨전과 연결된 컨트롤넷의 구조

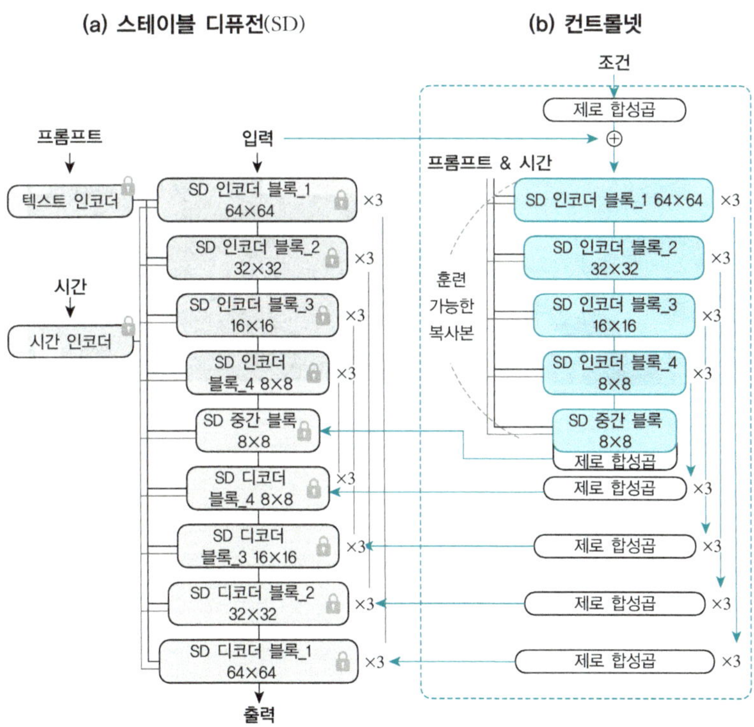

출처 : Zhang et al. (2023).

스테이블 디퓨전에서는 웹UI를 활용해서 참조 영상의 특징을 지정해 생성 영상에 반영하는 식으로 컨트롤넷을 쉽고 다양하게 사용할 수 있다. 예컨대 오토매틱1111에서는 컨트롤넷을 오픈포즈open pose에 사용하면 참조 영상의 몸짓이나 얼굴 표정, 손 모양 등이 유사한 영상을 생성할 수 있다. 몸 관절의 위치 등 특징을 수정할 수도 있다. 이밖에 윤곽선을 따는 캐니canny나 스크리블/스케치scribble/sketch, 객체들의 분할segmentation, 선택 영역을 생성 영상으로 바꿔주는 인페인트inpaint, 이미지 프롬프트image prompt ; IP를 사용하는 IP어댑터IP-Adapter 등 다양한

그림 7-7 오토매틱1111의 컨트롤넷 오픈포즈 적용 예시

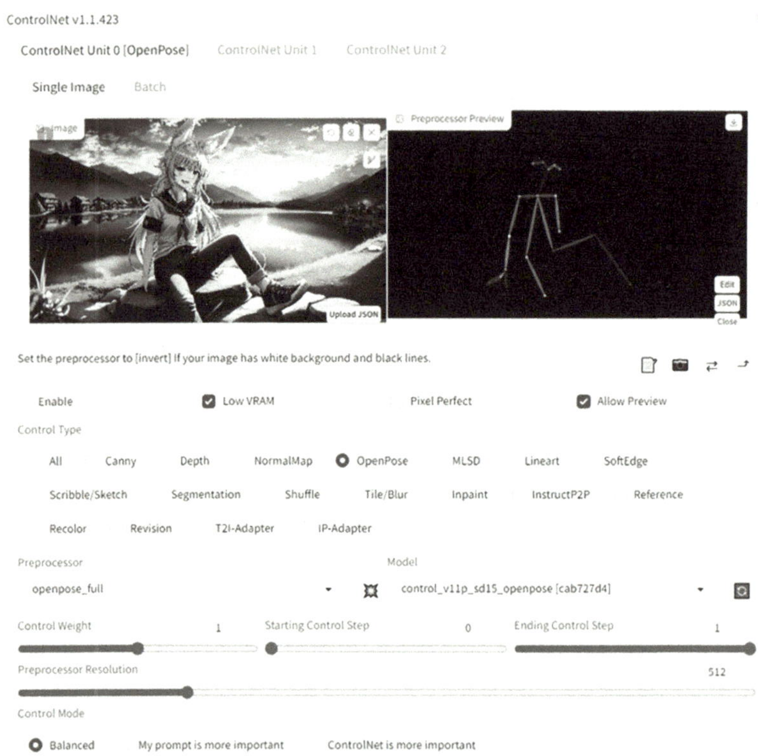

기능을 접목시킬 수 있다(Ye et al., 2023).

컨트롤넷 외에도 다양한 익스텐션이 존재한다. 오토매틱1111에서는 270개가 넘는 익스텐션을 검색하고 다운로드 받을 수 있도록 해놓았다. 주요 익스텐션에 대한 설명은 영상 생성 AI 페이스북 커뮤니티인 AI 크리에이터AIcreator의 아카이브(https://t.ly/OsYvH)를 참조하길 바란다.

(4) 스테이블 디퓨전의 활용

일반 사용자들은 스테이블 디퓨전을 웹UI를 활용해 사용한다. 가장 널리 사용되는 웹UI로는 오토매틱1111과 컴피유아이가 있다. 이 중 오토매틱1111은 좀 더 기본적인 웹UI이다. 오토매틱1111의 사용 방법을 간략히 소개하면 다음과 같다.

우선 오토매틱1111 깃허브 홈페이지[3]에서 오토매틱1111을 다운로드 받아 개인 컴퓨터에 설치한 뒤 최신 버전으로 업데이트한다. 2023년 12월 현재 1.7 버전이 공개되어 있다. 컴퓨터에는 GPU와 4GB 이상의 비디오램이 포함된 그래픽카드가 장착되어 있어야 한다. 일반적으로 엔비디아의 지포스GeForce RTX 3060 이상이면 적합하다. 대용량의 체크포인트와 여러 로라 및 생성 영상을 저장할 수 있는 충분한 저장 공간도 필요하다.

설치 후 배치파일webui.bat을 실행하면 [그림 7-8]과 같은 웹UI 화면이 나온다. 최초 설치 상태에서는 스테이블 디퓨전 기본 모델만 깔려 있을 것이다. 체크포인트, 로라, 임베딩 등은 스테이블 디퓨전 관련 플랫폼인 시빗AICivitAI 등에서 쉽게 추가로 다운로드 받을 수 있다. 시빗

3. https://github.com/AUTOMATIC1111/stable-diffusion-webui

AI에서는 키워드 검색, 카테고리 검색, 태그 검색 등 다양한 검색 기능과 체크포인트, 로라, 임베딩, 컨트롤넷, VAE, 하이퍼네트워크, 미적 그라디언트Aesthetic Gradient, 리코리스, 모션Motion, 포즈Poses, 와일드카드Wildcards, 워크플로우Workflows 등의 필터 기능, 그리고 시간순, 다운로드 순, 총점순 등 다양한 방식의 정렬 기능을 제공한다. 각 모델과 임베딩에 대한 설명, 사용자들이 생성한 예제 영상도 함께 볼 수 있다. 예제 영상에는 해당 영상을 만들 때 사용한 프롬프트와 설정도 공개되어 있다. 오토매틱1111에 체크포인트를 추가한 뒤 새로고침을 하면 추가된 체크포인트 리스트를 확인할 수 있다.

그림 7-8 오토매틱1111의 실행화면

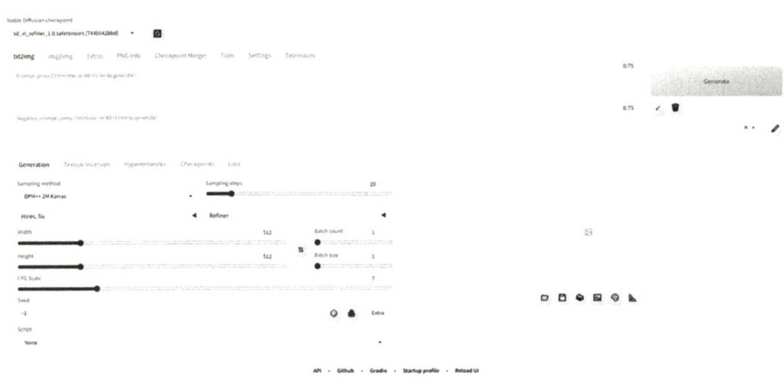

오토매틱1111 화면에서 텍스트를 입력해 영상을 생성하기 위해서는 "txt2img" 탭을 선택한다. 기본적인 설정에 대한 설명은 아래와 같다.

- 체크포인트Stable Diffusion checkpoint : 체크포인트를 선택한다.
- 프롬프트prompt : 영상을 생성하기 위한 프롬프트를 입력한다.

- 네거티브 프롬프트negative prompt : 영상 생성 시 제외될 내용을 입력한다.
- 샘플링 방법sampling method : 생성 영상을 샘플링하는 방법이다. DPM++ 2M 캐라스Karras를 널리 사용한다..
- 샘플링 스텝sampling steps : 디노이징을 몇 단계로 할지 정한다. 대체로 숫자가 클수록 생성 영상의 품질이 높지만 그래픽카드 사양이 뒷받침되어야 한다. 보통 20에서 30 사이로 입력한다.
- 폭Width, 높이Height : 생성 영상의 크기를 정한다.
- 배치 숫자Batch count : 이미지 생성을 몇 번 반복할지를 정한다.
- 배치 사이즈 : 한 번에 생성할 이미지의 개수를 정한다.
- CFG 스케일CFG Scale, classifier-free guidance scale : 사용자가 입력한 프롬프트가 영상 생성에 얼마나 영향을 미칠지를 정한다. 클수록 프롬프트에 충실하게 만들어지지만 이미지가 왜곡될 가능성이 크다. 통상 7.0에서 13.0 사이를 사용한다.
- 시드seed : 고유 번호다. 해당 시드를 갖고 있는 생성 영상을 참조해 영상을 생성한다.

'Extension' 탭에서는 컨트롤넷 등 다양한 익스텐션을 검색하고 추가할 수 있다. 익스텐션을 추가할 경우 'txt2img' 탭 등에서 추가적인 설정이 가능하다. 'img2img' 탭에서는 이미지와 프롬프트를 조합해 영상을 생성할 수 있다. 'Checkpoint Merger'에서는 체크포인트를 조합할 수 있다.

컴피유아이는 노드 기반 그래픽 유저 인터페스를 갖고 있다. 입력, 체크포인트, 로라, 임베딩, 출력 등을 노드로 연결해 워크플로우를 만들어 작동시킬 수 있다. 디폴트 워크플로우는 오토매틱1111과 비슷하게 작동한다. 사용자는 노드를 추가하고 연결함으로써 자신만의 워크플로우를 만들 수 있다. 워크플로우를 이용하면 오토매틱1111에서 여러 번에 걸쳐 수행할 작업을 한 번에 실행할 수 있다는 장점이 있다.

그림 7-9 **컴피유아이 초기 실행 화면**

고품질의 영상을 생성하려면 여러 요소를 고려해야 한다. 첫째, 컴퓨터 성능이 뒷받침되어야 한다. 고품질 영상 생성을 위해서는 우수한 GPU와 비디오램의 크기가 충분한 그래픽카드가 필요하다. 둘째, 적절한 체크포인트와 로라 모델을 선택해야 한다. 이는 큰 틀에서 성능 개선을 가져온다. 셋째, 프롬프트와 네거티브 프롬프트를 잘 입력해야 한다. 성능 개선을 해주는 임베딩을 프롬프트에 입력하거나, 나쁜 결과를 피하는 키워드나 임베딩을 네거티브 프롬프트에 입력해 줄 필요도 있다. 괄호 등을 써서 우선 순위를 표시해 줄 수 있다. 키워드나 로라, 임베딩 뒤에 숫자를 적어 가중치를 부여할 수 있다. 예컨대 0.5는 50%, 1.5은 150%를 적용하라는 뜻이 된다. AND 연산자를 사용해 키워드를 결합할 수도 있다. 넷째, 적절한 설정을 찾아야 한다. 즉, 샘플링 방법, 샘플링 스텝, CFG 스케일을 조정하면서 영상 품질을 제고할 수 있다. 참조 영상을 쓸 경우 생성 영상 크기가 참조 영상 크기와 비슷한 것이 좋을 수 있다.

보통 멀티모달 AI를 이용해 생성한 영상은 현업에 그대로 사용하기 어려운 경우가 적지 않다. 가장 큰 문제는 영상이 의도와 조금씩 다르게 나오는 것, 그리고 영상의 일관성이 부족하다는 것이다. 영상의 일관성을 위해서는 우선 체크포인트와 로라 모델을 고정하는 것이 좋다. 또한 컨트롤넷을 활용해 반드시 구현될 특징을 고정하고 일관성을 부여할 수도 있다. IP어댑터 등을 활용해 개인화를 하거나 시드 값을 활용해 이미 생성된 영상을 참조할 수도 있다. 아직까지 현업에서는 포토샵이나 블랜더 등 다른 이미지 편집도구를 활용해 추가 작업을 진행하는 것이 일반적이다.

CHAPTER 08

인공지능 학습데이터 구축과 모델 개발

1. 인공지능 학습데이터의 구축

AI 학습데이터 구축 및 활용 절차는 계획planning, 수집collection, 전처리preprocessing, 라벨링 등의 가공, 검수review 및 검증, AI 모델 및 서비스 개발development 단계 등 6단계로 이뤄진다(한국지능정보사회진흥원, 2022.2a ; 2022.2b). 이 절에서는 AI 모델 및 서비스 개발 이전 단계를 설명한다. AI 모델 개발은 다음 절에서 살펴본다.

그림 8-1 AI 학습데이터 구축 절차

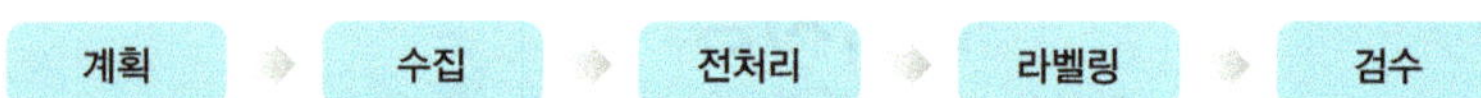

1) 설계

AI 학습데이터의 계획 과정은 설계 외에도 팀 구성, 예산 편성, 절차 정의 등의 과정을 포함한다. 하지만 계획의 핵심은 AI 학습데이터의 설계이다. 여기에서는 특히 계획 단계의 설계design에 초점을 두고 설명하고자 한다.

AI 학습데이터의 설계는 구축 목표 설정, 원천 데이터의 정의, 어노테이션 데이터의 정의, 학습 데이터세트의 포맷 정의 등으로 이뤄진다. 데이터 구축 목적의 설정은 구축할 학습 데이터세트를 어떤 과업의 어떤 모델 개발에 적용할지 정하는 것이다. 예를 들어 "방송 동영상의 객체 탐지를 위한 학습데이터를 구축한다"와 같은 것이다. AI허브에서는 과업별 적용 가능 모델 예시도 제시한다. AI 학습 데이터세트 구축은 기존 벤치마크 데이터세트와 비교해 과업의 확장, 모델 성능 개선, 데이터세트 품질 개선 등을 목표로 한다.

원천 데이터는 원천 데이터의 품질 요건 등을 고려해 정의한다. 원천 데이터의 품질 특성과 요건으로 다양성, 충분성, 균일성, 사실성, 공정성, 신뢰성trustworthiness 등이 있다(NIA, 2022. 2a). 다양성은 원천 데이터가 목표 과업 내의 다양한 객체와 상황을 담아야 한다는 것을 뜻한다. 충분성은 원천 데이터가 구축 목표량을 달성할 수 있을 정도로 충분한 양을 확보할 수 있어야 한다는 것으로 획득 가능성과 연관된다. 균일성은 구축량이 클래스별 인스턴스 수 등에서도 충분해야 한다는 것을 의미한다. 사실성은 원천 데이터가 실제 상황에도 유효하도록 그와 유사한 상황을 담아야 한다는 것을 뜻한다. 공정성은 데이터에 사회적 편견 등이 담기지 않는 것을, 신뢰성은 원천 데이터의 품질이 보장되고 사용할 때 법적 또는 윤리적 문제가 없도록 획득할 수 있어야 함을 뜻한다. 신뢰성의 법적 요건에는 개인정보, 보안, 저작권 등이 포함된다.

방송 동영상 기반 원천 데이터의 경우 이러한 요건을 고려해 원천 데이터의 총 시간, 장르, 장르 및 프로그램별 시간, 해상도, 초당 프레임 수FPS, 파일 포맷 등을 정한다. 한편 학습데이터 구축 시에는 긴 길이의 원천 데이터를 그대로 사용하지 않고 짧게 잘라 사용한다. 따라서 원천 데이터를 자른 클립clip당 동영상 길이를 정해야 한다. 이는 학습데이터 구축 목표 시간, 목표 클립 수, 목표 인스턴스instance 수 등에 영향을 준다. 여기서 학습데이터의 인스턴스란 라벨링된 객체 하나하나를 의미한다.

어노테이션 데이터 정의에서는 클래스 정의가 핵심이다. 클래스 정의는 과업별 벤치마크 데이터세트를 참조해 목표 과업에 맞도록 보완하는 형태로 계획될 수 있다. 예를 들어 객체 클래스는 이미지넷1000ImageNet1000, 행동 클래스는 키네틱 400Kinetics 400, 동영상 분류는 You-

Tube-8M 등을 기준으로 삼을 수 있다. 여기에 과업별, 지역별, 장르별 차이 등을 고려해 클래스를 수정·보완할 수 있다. 영역 지식을 활용할 경우 사회적으로 널리 통용되는 범용 사전의 분류를 따르는 것이 범용성 확보 측면이나 사후 관리 측면에서 좋다.

표 8-1 AI허브 대용량 동영상 콘텐츠 데이터세트의 설계 예시 요약

항목	설계 내용
원천 동영상 분량	– 1,630시간 – 보도, 교양, 예능, 유튜브 등 4종(대분류), 30종(중분류)
학습데이터 동영상 분량	– 총 500시간 이상 – 18만 개 클립 이상 – 클립당 평균 10초(컷 단위 분할 후 10초 이내 병합, 최대 1분 30초)
학습 데이터세트의 유형	– 동영상 클립(mp4), 어노테이션 데이터(json), 메타데이터(json)
학습데이터 동영상 포맷	– 파일 형식 : mp4 – FPS : 30fps – 해상도 : VGA(640×480)
클립당 클래스 수	– 5개 클래스 이상
라벨링 방식	– 바운딩박스
바운딩박스 수	– 총 700만 개 이상
바운딩박스 크기	– 40 X 40 이상
객체 클래스(대/중/소)	– 19/184/1763개 – 벤치마크 : ImageNet1000, 네이버 사전 기반
행동 클래스(대/중/소)	– 18/58/358개 – 벤치마크 : Kinetic400 기반
상황 클래스	– 객체, 행동, 시간, 장소, 내용(지면, 태그)의 조합 – 시간, 장소는 21개 클래스

출처 : KDX한국데이터거래소, (2021. 3)

이 밖에도 어노테이션 데이터 정의 시 학습데이터의 다양성을 확보할 수 있도록 동영상 클립당 클래스 수와 인스턴스 수, 클립 길이, 클래스당 클립 수와 인스턴스 수 등의 구체적인 목표치를 정해야 한다. 예를 들어 AI허브의 객체 탐지와 행동 인식을 위한 데이터세트인 대용량 동영상 콘텐츠 데이터세트 구축 사업의 경우 재생 시간 500시간 이상, 영상 장르 10개 이상, 객체 클래스 1,000개 이상, 상황 클래스 500개 이상, 클립 길이 평균 10초, 동영상 클립당 5개 이상의 클래스 포함, 인스

그림 8-2 COCO 포맷의 기본 정보와 객체 탐지 입력 정보 형식

기본 정보 입력 형식

```
{
   "info"              : info,
   "images"            : [image],
   "annotations"       : [annotation],
   "licenses"          : [license],
}

info{
   "year"              : int,
   "version"           : str,
   "description"       : str,
   "contributor"       : str,
   "url"               : str,
   "date_created"      : datetime,
}

image{
   "id"                : int,
   "width"             : int,
   "height"            : int,
   "file_name"         : str,
   "license"           : int,
   "flickr_url"        : str,
   "coco_url"          : str,
   "date_captured"     : datetime,
}

license{
   "id"                : int,
   "name"              : str,
   "url"               : str,
}
```

객체 탐지 입력 정보 형식

```
annotation{
   "id"                : int,
   "image_id"          : int,
   "category_id"       : int,
   "segmentation"      : RLE or [polygon],
   "area"              : float,
   "bbox"              : [x,y,width,height],
   "iscrowd"           : 0 or 1,
}

categories[{
   "id"                : int,
   "name"              : str,
   "supercategory"     : str,
}]
```

턴스 수 총 700만 개 이상을 요구사항으로 제시한다(KDX한국데이터거래소, 2021. 3). 이러한 조건에 따르면 대략 10초짜리 18만 개 동영상 클립에 대해 라벨링하게 된다.

어노테이션 데이터와 메타데이터의 파일 포맷과 입력 정보의 형식도 정해야 한다. NIA는 파일 포맷으로는 범용 문서 형식을 비교적 손쉽게 입력할 수 있는 JSONJavaScript Object Notation이나 XMLExtensible Markup Language을, 어노테이션 데이터와 메타데이터의 입력 정보 형식으로는 COCO 포맷COCO format 등을 참조하도록 권고한다(NIA, 2022. 2a).

2) 수집 및 전처리

계획 단계에서 정의된 바에 따라 원천 데이터의 수집과 전처리가 이뤄진다. 전처리 과정에서 결손이 발생할 수 있으므로 원천 데이터 수집량은 학습데이터 구축량보다 더 많다. 원천 데이터의 수집은 크게 크롤링, 직접 구축, 데이터 거래 등 세 가지 방식으로 이루어진다.

첫째, 크롤링crawling이다. 방송사 홈페이지나 포털 사이트, 유튜브 등 소셜 미디어에서 데이터를 자동으로 수집하는 방식이다. 크롤링은 수집 대상 사이트에서 어떤 원천 데이터를 보유하고 있고, 관련 메타데이터는 무엇이며, 해당 데이터를 크롤링할 수 있는지, 할 수 있다면 어느 정도의 시간과 컴퓨팅 자원이 필요한지 분석하는 과정이 필요하다. 크롤링을 연구 목적이 아닌 실제 서비스를 구축하는 데 사용할 경우 여러 난관이 있다. 우선 법적 문제가 있을 수 있다. 크롤링은 연구 목적으로 선호되는 방식이다. 연구 목적의 데이터 이용은 저작권법상 공정 이용이기 때문이다. 그러나 상업적으로 사용할 경우 사후에라도 저작권 관련 분쟁이 발생할 소지가 크다. 수집 자체도 어려울 수 있다. 통상 간단한 집계성 메타데이터는 크롤링할 수 있지만, 원천 데이터는 제대로 크롤링할 수 없는 경우가 꽤 많다. 최근에는 개인정보보호나 보안이 강화되면서 메타데이터조차 수집 가능 범위가 축소되는 추세다. 데이터 가치에 대한 인식도 높아지면서 경쟁력 차원에서 데이터 보유 기관이 데이터를 제공하지 않는 경우도 늘고 있다. 특히 동영상 수집의 경우 수집에 많은 시간과 자원이 소모될 수 있다. 수집 대상 사이트에 대한 분석이 제대로 되지 않았을 경우 수집 데이터의 결측이나 오측을 제대로 파악하지 못할 수도 있다. 또한 수집 데이터를 완전히 이해하기 어려워 전처리에 어려움이 있을 수 있다. 원천 데이터를 제공하는 업체에서 크롤링 방지 기술을 적용해놓은 경우 크롤링이 어려운 것은 물론 크롤링 자체가 불법적일 수 있다. 즉, 크롤링은 데이터 무결성data integrity 측면에서 약점이 있을 수 있으며, 상업적 목적으로 활용할 경우 불법적 요인을 갖고 있다.

두 번째 방법은 직접 구축이다. 예컨대 행동 인식을 위한 동영상을 수집하기 위해 사람들을 섭외하여 직접 촬영하는 방식이 해당된다. 구축 기관이 자사 서비스에서 만들어지는 데이터를 활용하거나, 별도로 직접 제작할 수 있다. 또는 AI 학습데이터를 전문적으로 구축하는 업체에 위탁하거나 크라우드소싱crowdsourcing 기반의 구축 플랫폼을 활용할 수도 있다. 직접 구축 방식은 AI 학습데이터 구축 기관이 직접 설계에 따라 원천 데이터를 수집하므로 목적에 맞는 원천 데이터를 구할 수 있다는 장점이 있다. 직접 구축하기 때문에 저작권 문제도 없다. 초상권도 직접 보상을 하기 때문에 문제 소지가 적다. 그러나 대규모 구축에는 시간과 비용이 많이 든다. 또한 재연 환경에서 구축한 데이터이기 때문에 실제 현실in the wild을 제대로 반영하지 못할 수 있다. 이 경우 해당 원천 데이터로 구축한 학습데이터를 활용해 개발한 AI 모델은 과적합 위험이 크며 실제 현실에서 제대로 된 성능을 내지 못할 수도 있다. 즉, 강건함robustness이 떨어질 수 있다.

셋째, 데이터 거래data exchange이다. 방송사와 같이 원천 데이터를 보유한 기관과 계약을 통해 수집하는 방식이다. 일정 비용을 지불해야 하지만, 데이터를 매우 빠르게 확보할 수 있다. 보통 이러한 기관의 원천 데이터는 재연된 것이 아닌, 다른 목적에서 실제로 사용되기 위해 제작된 것이다. 따라서 해당 원천 데이터를 이용한 학습데이터로 AI 모델을 개발할 경우 당장의 모델 개발은 어려울 수 있지만 현실 세계에서의 성능, 즉 강건함 측면에서는 뛰어날 수 있다. 다만 원활한 데이터 거래를 위해서는 원천 데이터 보유 기관이 원천 데이터를 표준화하고 메타데이터를 잘 정의해 구축하여 가격 정책이나 담당 부서 등 데이터 거래를 위한 정책을 갖추고 있어야 한다. 다행히 방송사의 경우 기존의 콘텐츠 거래 관련 가격 정책 및 담당 부서를 활용할 수 있다. 데이터 거래는 통상 비용이 발생할 수 있지만, 데이터와 기술을 교환하거나 지원 사업 수주를 위한 협업을 통해 비용을 충당할 수 있다.

거래를 통해 원천 데이터를 얻을 때는 다운로드, APIapplication programming interface, 외장 하드 이용 등을 활용해 데이터를 이전 받을 수 있다. 대규모 데이터를 데이터 플랫폼이나 클라우드를 통해 다운로드하는 것은 가능하지만 시간이 많이 걸릴 수 있다. API는 실시간성, 보안성, 용량, 편의성 등을 고려해 카프카Kafka, SFTPSSH File Transfer Protocol, RESTful API 등을 선택해야 한다. 방송 동영상과 같은 대용량 파일의 경우 SFTP를 활용하는 것이 일반적이다. API를 이용하면 원천 데이터를 주기적이고 자동적으로 수집할 수 있는 장점이 있다. 그러나 단발성 또는 일정한 기간을 두고 주기적으로 대규모 데이터를 수집하는 경우라면 나스NAS와 같은 외장 하드를 이용해 직접 데이터를 주고 받는 것이 가장 빠르고 안정적일 수 있다.

수집 데이터는 법적 문제가 없어야 한다. 법적 문제는 크게 두 가지이다. 첫째, 초상권을 포함한 개인정보보호이다. 얼굴이나 자동차 번호판 등 개인정보가 포함된 부분은 비식별화해야 한다. 방송용으로 사용하는 데 동의를 받았다고 하더라도 학습데이터 구축용으로 사용 가능한지 동의를 받아야 한다. 동의받지 않은 경우 해당 영상 부분을 블러 처리해야 한다. 둘째, 저작권 문제이다. 저작권자로부터 사용 동의를 받아야 한다. 방송 동영상의 경우 저작권자가 복잡하게 얽힌 경우가 적지 않다. 드라마는 대부분 저작권이 매우 복잡하게 얽혀 있다. 예능, 영화, 광고는 사례별로 다르다. 보도나 교양의 경우 보통 저작권자는 방송사로 단일하다. 유튜브 동영상도 저작권자가 단일한 경우가 많다.

동영상의 전처리 과정은 비식별화를 위한 블러 처리 외에 다양한 작업을 포함한다. 첫째, 메타데이터 확인이 필요하다. 클립별 출처, 전체 건수, 전체 길이, 클립별 길이 등을 확인할 수 있어야 한다. 둘째, 표준화 작업이 필요하다. 파일명, 파일 포맷, 해상도, 프레임 레이트frame rate, 메타데이터 등을 표준화해야 한다. 셋째, 동영상을 적절한 길이로 분할할 필요도 있다. 컷 전환을 이용해 자동 분할할 경우 개별 클립이 너무 짧을 수 있으므로 적절히 병합할 필요가 있다. 넷째, 중복 제거이다. 지나치게 중복된 영상은 제거할 필요가 있다. 전처리를 거친 데이터는 공동 작업이 가능하도록 데이터베이스에 업로드해 놓는다.

3) 라벨링, 검수 및 검증

라벨링은 저작 도구labeler를 이용해 사람이 수행한다. 저작 도구는 기본적으로 원천 데이터를 저장한 데이터베이스에서 작업할 영상을 불러오고 바운딩박스 등 필요한 어노테이션 형태를 제공해야 한다. 또한 설계 단계에서 정의된 클래스를 쉽게 부착할 수 있어야 한다.

라벨링을 수행하는 사람은 크게 작업자와 검수자reviewer로 나누어진다. 보통 학습데이터 구축 작업량이 많은 편이다. 때문에 여러 명의 작업자가 작업을 수행한다. 라벨링 작업을 위해서는 매우 상세한 구축 가이드라인이 제공된다. 통상 작업자는 전문적이지 않을 뿐만 아니라, 구축하는 학습데이터가 영역별로 매우 다르다. 때문에 저작 도구와 가이드라인에 대한 교육은 필수적이다.

학습데이터 품질을 제고하기 위해서는 검수 과정이 필수적이다. 검수는 3단계 또는 4단계로 이루어진다. 첫째, 작업자가 자가 검수한다. 둘째, 중간 단계에서 검수자가 각 작업자의 결과물을 검수한다. 검수 결과가 좋지 않은 작업자는 작업에서 배제된다. 셋째, 한 작업자가 다른 작업자가 구축한 학습데이터를 교차 검수한다. 넷째, 구축 기관과 별도의 평가 기관이 학습데이터를 검수한다. 1단계와 2단계의 검수를 돕기 위해 저작 도구에는 보통 각종 통계 기능이 제공된다. 3단계의 검수는 구축한 학습데이터 전수에 대해 이뤄진다. 4단계 검수는 전수 검수가 원칙이나 현실적인 이유로 표본에 대한 검수를 수행할 수 있다.

검증은 데이터 품질을 평가하는 방식으로 이루어진다. 이에 대해서는 9장에서 살펴보도록 한다.

4) 학습데이터의 저작 도구의 예 : 블랙올리브[1]

블랙올리브[2]는 이미지, 동영상, 텍스트 등 다양한 유형의 인공지능 학습데이터에 대한 라벨링과 검수 작업을 할 수 있는 플랫폼 형태의 저작 도구로 테스트웍스가 개발했다. 작업 분배 및 관리, 진행 상황 추적, 품질 관리 등을 위한 효율적인 관리 기능들을 포함하고 있어 대규모 데이터세트 구축 작업에 적합하다. 크라우드소싱 기반의 도구로 전 세계 다양한 배경을 가진 작업자들에게 참여 기회를 제공함으로써 다양한 언어, 문화, 사회적 배경을 반영한 데이터세트 구축이 가능하다. 이를 통해 AI 모델의 다양성과 포괄성을 증진시킬 수 있다.

블랙올리브에서 사용자의 역할은 프로젝트 관리자, 작업자, 검수자 등 세 가지로 구분할 수 있다. 작업자는 라벨링 작업을, 검수자는 작업물의 검수를 수행한다. 프로젝트 관리자는 AI 학습데이터의 구축 목적을 이해하고 있으며 프로젝트의 전반적인 방향과 품질 기준을 설정하는 상위 감독자 역할을 담당한다. 프로젝트 관리자는 데이터세트의 종류, 필요한 라벨링 기준, 작업자 선정 기준 등을 결정하고, 이를 바탕으로 프로젝트를 진행한다. 또한 작업의 진행 상황을 모니터링하고 필요한 경우 조정을 통해 프로젝트의 효율성을 높이는 역할도 수행한다.

블랙올리브 사용자는 효율성과 생산성을 높이기 위해 저작 도구가 제공하는 자동화 기능을 활용할 수도 있다. 자동화 기능이란 기존에 개발된 AI 모델을 이용하여 객체 태깅, 이미지 분류 등의 작업을 수행하는 것이다. 사용자는 AI 모델이 어느 정도 수행한 라벨링 작업을 수정·보

1. 블랙올리브 사례는 테스트웍스의 권혁준 연구원이 작성했다.
2. https://www.testworks.co.kr/contents/blackolive.html?lan=ko

완하는 형태로 작업을 효율적으로 수행할 수 있다.

블랙올리브 활용 데이터 가공 작업은 다음 순서로 진행하면 된다.

① 프로젝트 생성 : 먼저 새로운 프로젝트를 생성하고, 프로젝트의 목표와 요구사항을 정의한다.

② 어노테이션 타입과 레이블 정의 : 어노테이션의 종류와 레이블을 설정한다. 예를 들어 이미지 내 객체 식별, 텍스트 분류 등 특정 작업에 필요한 레이블을 정의한다.

③ 가공할 이미지 업로드 : 프로젝트에 사용될 이미지나 데이터를 업로드한다.

④ 작업자 할당 및 라벨링 : 적절한 작업자를 프로젝트에 할당하고, 그들이 라벨링 작업을 수행하도록 한다. 트라이얼 계정을 그대로 이용할 수 있다.

⑤ 검수 : 완성된 라벨링 작업을 검수하여 정확성을 확인한다.

⑥ 산출물 다운로드 : 가공과 검수가 완료된 후 최종 산출물을 다운로드하여 검토한다.

블랙올리브에서 생성된 산출물은 일반적으로 사용되는 JSON이나 XML 형식으로 저장할 수 있다. 이를 통해 다양한 형식의 데이터를 효과적으로 가공하고 관리하며 모델 학습에도 직접 사용할 수 있다. 2024년 3월 현재 테스트웍스는 간단한 데이터 가공, 검수, 관리 등의 작업을 무료로 체험할 수 있도록 블랙올리브 트라이얼 기능을 개발 중이다.

그림 8-3 블랙올리브 가공 작업 화면

2. 인공지능 모델의 개발

1) 언어, 아키텍처, 모델, 파이프라인

인공지능 모델 개발을 논의하기에 앞서 개발 대상 또는 개발을 위해 검토해야 할 대상을 지칭하는 몇 가지 용어를 간단히 정의하도록 하자.

프로그래밍 언어programming language는 소프트웨어를 개발하기 위해 규격화한 언어이다. 파이썬python, 자바JAVA, C++ 등이 인기 있는 프로그래밍 언어에 속한다.

프레임워크framwork는 응용프로그램을 개발하기 위해 라이브러리나 모듈 등을 묶어놓은 개발 패키지를 의미한다. 딥러닝에 널리 활용되는 프레임워크로는 메타가 개발한 파이토치PyTorch, 구글이 개발한 텐서플로우TensorFlow와 텐서플로우와 통합된 케라스Kerras 등이 있다.

아키텍처architecture는 딥러닝 모델의 구조를 뜻한다. 알렉스넷, YOLOv8, 스테이블 디퓨전 등이 아키텍처에 해당된다. 딥러닝 아키텍처는 기본적으로 입력층, 은닉층, 출력층으로 구성된다. 은닉층은 한 개 이상의 인공신경망으로 구성된다. 은닉층의 수는 여러 개일 수 있다. 각 은닉층의 노드 수, 은닉층의 수, 은닉층 간의 배치에 따라 딥러닝 아키텍처가 달라진다. 각 은닉층의 노드 수는 인공신경망의 넓이 내지 폭이 된다. 은닉층의 수는 아키텍처의 깊이를 나타낸다. FCL, CNN, RNN, GAN, AE 등은 특징이 유사한 아키텍처의 계열이다. 이들을 조합해 새로운 아키텍처를 만들 수도 있다. 예컨대 알렉스넷은 5개의 합성곱 층과 3개의 FCL로 구성되어 있으며, 매개변수 수는 62,378,344개인 아키텍처를 갖고 있다.

모델은 아키텍처를 코드화하여 학습데이터를 통해 학습해 만들어진 결과물이다. 엄밀한 의미에서 모델과 아키텍처는 다르다. 아키텍처는 학습할 매개변수가 정의되어 있기는 하지만, 구체적인 값이 정해진 상태는 아니다. 매개변수 값은 학습을 통해 확정된다. 모델은 매개변수 값이 확정되어 있다. 참고로 앞서 설명한 것처럼 학습 중간, 또는 학습 종료 후 얻어진 매개변수 값을 저장한 모델을 체크포인트 모델이라고 한다.

파이프라인pipeline은 학습데이터의 수집, 전처리, 모델 학습 등 딥러닝의 전 과정을 정의한 것을 뜻한다. 기구축된 파이프라인을 활용하면 사실상 개발 완료된 모델을 활용하는 것과 같을 수 있다. 예컨대 구글의 미디어파이프Mediapipe[3]를 활용해 객체 탐지를 할 수 있다.

3. https://mediapipe.dev/

2) 인공지능 모델 개발 단계

인공지능 모델 개발은 다음과 같은 단계를 거친다. 첫째, 기획 단계이다. 이 단계에서는 목표 과업을 설정하고 관련 아키텍처를 결정한다. 우선 객체 탐지, 행동 인식, 상황 이해, 멀티모달 등 구체적인 목표 과업들을 정한다. 이어 목표 과업에 맞는 SOTA 아키텍처와 프레임워크 등을 검토한다. SOTA는 가장 성능이 좋은 모델을 만들 수 있는 아키텍처를 의미한다. 예컨대 여러 개의 객체를 빠르게 탐지하는 SOTA로는 YOLOv8을 들 수 있다. SOTA를 활용하는 데 적합한 프로그래밍 언어와 프레임워크도 함께 검토한다. 딥러닝에 가장 널리 사용되는 언어는 파이썬이지만 다른 언어로도 딥러닝 개발이 가능하다.

둘째, 개발 준비 단계이다. 코드, 데이터, 컴퓨팅 자원을 확보하는 단계다. 이 단계에서 아키텍처를 구현한 코드를 확보한다. 코드 확보는 깃허브나 허깅페이스 등에 공개된 오픈소스를 활용하여 할 수 있다. 오픈소스를 부분적으로 수정하거나 직접 코딩할 수도 있다.

코드와 함께 목표 과업에 맞는 학습데이터도 확보한다. 학습데이터는 연구자들이 공개한 벤치마크 데이터세트나 AI허브와 같은 학습데이터 플랫폼에서 얻을 수도 있고, 학습데이터 가공 업체에 용역으로 얻을 수도 있으며, 저작 도구를 활용해 직접 구축할 수도 있다. 필요한 학습데이터의 양은 모델 학습 이후에야 제대로 알 수 있다. 초기에는 유사한 과업의 벤치마크 데이터세트나 SOTA의 학습량을 참고해 학습데이터 구축량을 정할 수밖에 없다.

소스코드와 학습데이터와 함께 중요한 것이 학습에 필요한 충분한 컴퓨팅 자원이다. 개인용 컴퓨터, 기관이 자체 구축한 서버, 온라인 개발 환경, GPU 서버 대여 등을 활용할 수 있다. 어떤 것이든 영상 분야 딥러닝에는 높은 성능의 GPU를 사용할 수 있어야 한다. 온라인 개발 환경으로는 주피터 노트북Jupyter notebook을 활용하는 구글 코랩colab이 대표적이다. 구글 코랩에서는 T4, A100, T100 등의 GPU를 사용할 수 있다. 이밖에 NIA 등을 통해 정부 지원을 받아 대학이나 기업의 고사양 GPU 서버를 활용하는 방법도 있다.

셋째, 모델 개발 단계이다. 세부적으로는 초매개변수 설정, 모델 학습, 모델 성능 평가, 모델 성능 개선 등을 수행한다.

초매개변수는 개발자가 직접 설정하는 변수이다. 학습데이터를 이용한 학습을 통해 자동으로 추정하는 매개변수와는 다르다. 초매개변수는 학습된 모델 내에 있지 않고 모델 외부에 있다. 좋은 모델을 위해 초매개변수를 잘 튜닝tune hyperparameter해야 한다.

CNN의 예를 들면 먼저 합성곱 층에는 합성곱 필터의 개수, 합성곱 필터의 크기, 보폭의 값, 패딩 유무, 패딩 방식(예컨대 제로 패딩을 쓸 것인가) 등이 있다. 풀링 층에서는 풀링 방식(예컨대 맥스풀링, 평균풀링 중 선택), 풀의 크기, 풀링 시 보폭 등을 정해야 한다. FCL에서는 그 폭width, 즉 노드의 수를 정해야 한다.

이밖에도 활성함수, 손실함수, 경사 하강법 등에 대한 것도 정해야 한다. 예컨대 활성함수로 널리 사용되는 렐루함수를 쓸 것인지, 이진 분류에 맞는 시그모이드 함수를 쓸 것인지, 아니면 다중 분류에 맞는 소프트맥스SoftMax를 쓸 것인지, 아니면 RNN에 쓰는 하이퍼볼릭 탄젠트를 쓸지 등을 정한다. 경사 하강법의 경우 어떤 것(예컨대 SGD, 모멘텀, 아담 등)을 쓸지, 학습율은 어떻게 할지 등을 정해야 한다.

이밖에 한 번에 학습하는 데이터 양을 뜻하는 배치 크기, 학습을 몇 번 돌릴지를 뜻하는 에폭도 찾아내야 한다. 예컨대 전체 학습데이터가 100이고 배치 사이즈가 10이면 10배치가 1에폭이 된다. 배치 사이즈가 클수록 학습 속도는 빨라질 수 있지만, 컴퓨터 성능이 더 좋아야 할 뿐만 아니라 정밀하지 못해서 최적값을 제대로 못 찾을 수 있다. 더 많은 데이터를 메모리에 올려놓을 수 있어야 하기 때문이다. 드롭아웃drop-out을 어디에 얼마나 할지, 드롭아웃의 비율을 어떻게 할지도 정해야 한다. 참고로 드롭아웃은 과적합을 막기 위해 학습 시 한 층의 노드를 일정한 드롭아웃 비율drop-out rate로 무작위로 비활성화하면서 학습하는 것이다. 학습 때마다 이렇게 하면 학습 시 특정 노드에 과도하게 의존하는 것을 막을 수 있다. [그림 8-4]는 드롭아웃 비율이 0.5일 때의 예이다. 4개 노드 중 절반인 2개 노드를 무작위로 비활성화한 뒤 가중치를 업데이트한 것이다.

그림 8-4 드롭아웃 예시

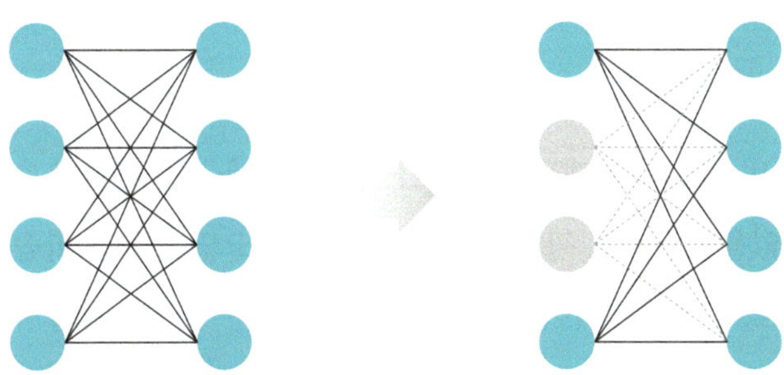

학습 단계에서는 모델을 학습데이터로 학습시킨다. 일반적으로 AI 모델 개발에서 아키텍처 이상으로 중요한 요소가 학습데이터의 양이다. 이상적인 경우 추가 학습으로 인한 성능 개선이 없을 정도로 학습데이터가 충분하고 학습량도 충분해야 한다.

1차적으로 학습이 완료되면 만들어진 모델의 성능을 평가한다. 추가적인 성능 개선을 위해서는 학습데이터 추가, 초매개변수 조정 등을 시도한다. 더 나아가 아키텍처를 수정하고 새로운 아키텍처를 개발해 성능을 근본적으로 개선할 수도 있다. 이 경우 같은 조건에서 모델 간 성능 비교를 해야 할 수 있다.

끝으로 배포 및 활용 단계이다. 개발한 모델을 연구나 서비스에 활용한다. 배포 이후에도 추가적인 학습이나 성능 개선 등이 이루어져야 한다.

그림 8-5 AI 모델 개발 단계 : 기획-준비-개발-활용

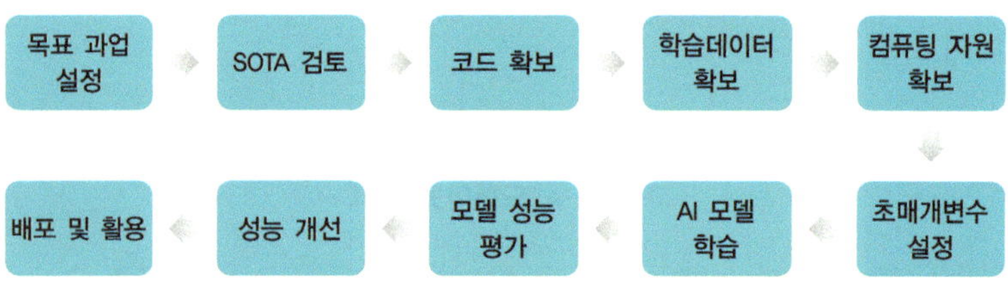

AI 서비스가 있고 해당 서비스가 목표 과업을 수행한다면 추가 개발은 필요 없을 수 있다. 필요한 AI 모델의 소스코드는 물론 학습 완료된 체크포인트까지 공개되어 있다면 학습데이터를 구해서 학습시킬 필요 없이 체크포인트를 가져다 쓰면 된다. 전이학습을 할 경우에도 약간의 학습데이터를 추가해 전이학습 모델을 개발하면 된다.

기획 및 개발 초기 단계에서 도움을 받을 수 있는 플랫폼으로는 AI 연구 포털인 페이퍼스위드코드닷컴(https://paperswithcode.com/)이 있다. 논문, 소스코드, 모델 성능 평가, SOTA, 벤치마크 데이터 등을 순위화해서 시계열로 찾아볼 수 있다. 소스코드는 깃허브나 허깅페이스에서 찾을 수 있다.

CHAPTER 09

인공지능 학습데이터의 품질 평가와 모델의 성능 평가

이 장에서는 AI 학습데이터의 품질 평가를 다룬다. 흔히 데이터 품질data quality ; DQ은 내적으로 데이터 표준화가 잘 됐는지, 그리고 외적으로 데이터가 무결성과 유효성을 갖추었는지로 평가한다. AI 학습데이터는 비정형 데이터를 포함하므로 기존의 정형 데이터 표준화 및 품질 평가와는 다른 접근이 필요하다. 이 장에서는 우선 미디어 동영상을 활용한 AI 학습데이터의 표준화에 대해 살펴보고, AI 학습데이터의 품질 문제를 개념화한 뒤 AI 학습데이터의 품질 평가 지표를 살펴보도록 한다. AI 학습데이터의 품질 평가 지표는 8장에서 살펴볼 AI 모델의 성능 평가 지표로도 사용된다.

1. 인공지능 학습데이터의 표준화

1) 인공지능 학습데이터 표준화의 필요성

국내 AI 포털인 AI허브에서는 국내 방송사 동영상을 활용한 학습데이터를 대규모로 구축해 공개하고 있다. 2023년 12월 현재 방송사의 드라마, 보도, 교양, 예능, 유튜브 등 다양한 장르의 동영상을 원천 데이터로 활용한 10종의 AI 학습데이터가 공개되어 있다. 문제는 연구자들은 물론 실무적으로도 AI허브의 방송 동영상 학습 데이터세트를 활용하기 쉽지 않다는 것이다. 그 이유 중 하나는 데이터가 제대로 표준화되지 않았기 때문이다.

물론 AI허브를 운영하는 NIA는 국내 정보통신기술 분야 표준화 기구인 한국정보통신기술협회Telecommunications Technology Association ; TTA와 함께 AI 학습데이터의 구축과 품질 관리 측면의 가이드라인을 제공하고 있다(NIA, 2022.2a ; 2022.2b). 그럼에도 AI허브의 방송 동영상 학습 데이터세트는 표준화되지 않은 상태로 구축되어 공개되어 있다.

방송 동영상 학습 데이터세트가 표준화되지 않은 데는 여러 이유가 있다. 가장 큰 이유는 방송 동영상 학습 데이터세트를 비롯한 AI 학습 데이터세트가 비정형 데이터의 성격이 강하기 때문이다. 기존 표준화 방법은 정형 데이터 표준화에 초점을 맞추고 있다. 이를 비정형 데이터세트 표준화에 적용하려는 과정에서 여러 어려움에 봉착했다.

현재 NIA는 구축 가이드라인과 품질 가이드라인 보고서에 부분적으로 AI 학습 데이터세트 표준화 내용을 담아 공개하고 있다(NIA, 2022.2a ; 2022.2b). 그러나 기존에 구축된 데이터세트 중 상당수는 NIA의 데이터 표준화 정책이 만들어지기 전에 구축됐다. 또한 여러 구축 기관이 상이한 과업의 데이터세트를 각 단위별로 단기간에 동시다발적으로 구축해 적절한 데이터 표준화가 이뤄지기 어려웠다. 게다가 NIA의 구축 가이드라인과 품질 가이드라인 보고서는 폐쇄회로 TVclosed-circuit television ; CCTV나 자율주행 관련 동영상에 초점을 두고 있으며 미디어 동영상 관련 학습데이터의 표준화에 대한 고민은 부족한 상황이다.

정형 데이터든 비정형 데이터든 데이터 표준화가 안 될 경우 관리나 활용 측면에서 여러 비효율에 직면한다. 우선 동일한 데이터를 다른 이름으로 관리하는 중복 또는 다른 데이터를 동일한 이름으로 관리하는 불일치 등의 문제가 발생할 수 있다. 이용자나 신규 데이터 구축 기관이 자신이 구축하지 않은 데이터를 파악하고 이해하는 데도 많은 시간이 걸린다. 단위별 데이터를 전사적으로 통합할 때도 각각의 데이터를 모두 재검토해야 하는 등 난관이 크다. 신규 데이터를 구축할 때도 기존 데이터와 일관된 기준 아래에서 추가해야 하고, 기존 데이터를 재구성

하기도 힘들다. 즉, 데이터 유지·보수에 어려움이 많다.[1]

NIA는 데이터세트의 활용도를 높이기 위해 AI허브 홈페이지에 데이터세트에 대한 소개와 함께 요약본 성격의 데이터 설명서와 상세한 구축 활용 가이드 등을 공개하고 있다. 그러나 방송 분야의 데이터세트임에도 문서 서술이 컴퓨터공학 분야 전공자 중심으로 작성되어 있고, 데이터세트 설명 외에 품질 관리, 모델 개발, 시범 서비스 등 광범위한 내용이 혼재되어 있어 그 내용을 미디어 연구자가 이해하기 더욱 힘들다.

가장 큰 문제는 정형 데이터의 표준화와 달리 동영상과 같은 비정형 데이터의 표준화 방법은 아직 정립되어 있지 않다는 것이다. 텍스트, 음성, 사진 및 동영상 등 비정형 데이터를 활용한 AI 학습데이터의 표준화의 경우 기존의 정형 데이터 표준화 방식을 적용하기 어렵다. 물론 정형 데이터 표준화 방법을 비정형 데이터 표준화에 일부 적용할 수는 있다. 예를 들어 비정형 데이터의 속성(예 : 플리커 주소)은 정형 데이터 속성을 표준화하듯이 코드 값(예 : flickr_url)으로 바꿀 수 있다.

그러나 'http://farm1.staticflickr.com/169/417836491_5bf8762150_z.jpg'와 같은 비정형 데이터의 값을 표준화하는 것, 예컨대 선택할 값을 정해놓거나 길이(예 : 20자 이내)나 형식(예 : 문자형)을 미리 정해놓는 것은 어렵다. 어떤 값이 나올지 알 수 없기 때문이다. 정형 데이터와 비교할 때 비정형 데이터는 속성은 비교적 적지만 데이터 값은 매우 다양하다. 만일 비정형 데이터 값을 정형 데이터 값을 표준화하듯이 표준화한다면 데이터 속성 표준화 범위는 너무 적은 반면 데이터 값의 표준화 범위는 너무 많아진다. 데이터 형식도 다양하며 데이터 길이도 대폭

---

1. 한국데이터진흥원 데이터 표준화의 필요성. URL: https://t.ly/vFLg(2022. 9. 28. 접속)

길어질 수 있다. 정작 단어, 도메인, 코드의 표준화 결과를 적용할 사례는 적다. 심지어 URL 주소처럼 데이터 값이 고유값인 경우도 많다. 모든 값을 그대로 수용한다면 사실상 표준화가 아니다. 때문에 AI 학습데이터 표준화는 우선 정형 데이터 표준화 방법을 일부 차용하되, AI 학습데이터에 맞게 재정의하고 데이터 활용에 필요하면서도 표준화가 가능한 부분에 집중할 필요가 있다.

AI 학습데이터의 표준화를 통해 딥러닝을 활용해 방송 동영상을 분석하는 모델을 개발하고자 하는 연구자들이 연구 목적에 따라 과업을 선별하고, 활용 가능한 클래스의 학습데이터를 확보하며, 필요한 경우 표준에 따라 추가로 학습데이터를 구축하고 이를 공유할 수 있기를 기대할 수 있다.

2) 데이터 표준화[2]

데이터 표준화는 시스템별로 산재해 있는 데이터 정보 요소에 대한 명칭, 정의, 형식, 규칙에 대한 원칙을 수립하여 이를 전사적, 즉 시스템 보유 기관 전체에 적용하는 것을 의미한다.

데이터 명칭은 데이터를 유일하게 구분하는 이름으로 유일성과 업무적 보편성, 의미 전달 충분성을 갖춰야 한다. 이를 위해 가능한 동음이의어나 이음동의어, 유사어 등을 비표준용어나 유사어 등으로 제시하고, 이에 대한 표준 명칭을 제시할 수 있다.

데이터 정의는 데이터의 자격 요건과 데이터가 무엇을 의미하는지

2. 정형 데이터 중심의 데이터 표준화에 대한 설명은 한국데이터산업진흥원의 데이터 표준화 가이드를 참조했다.

를 설명한 것이다. 데이터 형식은 문자, 숫자, 텍스트, 날짜, 타임스탬프 등 자료형data type, 데이터 길이(최대값), 소수점 자리(최대값) 등 데이터 표현 형태의 정의를 뜻한다.

데이터 규칙은 발생 가능한 데이터 값을 사전에 정의하는 것이다. 기본값은 입력이 없을 때 자동 입력될 사전 정의 값이다. 허용 값은 입력 가능한 데이터 값을 정의한 것이다. 허용 범위는 범위로 제시된 허용 값이다.

정형 데이터 표준화의 경우 국제적인 수준에서는 CKANComprehensive Knowledge Archive Network, DCATData Catalog Vocabulary 등 데이터 카탈로그 표준이 있다. 주요 데이터 표준화 대상으로는 용어term, 단어word, 도메인domain, 코드code가 있다. 각 대상에 대한 정의서와 이에 따른 국문 및 영문 명칭과 자료형, 데이터 길이 등을 정의하는 사례도 축적되어 있다.

표준 단어는 표준 영어를 구성하는 기본 단위다. 표준 단어는 보통 국문이나 영문의 쌍으로 제시된다. 표준화된 한글명을 만들면 해당 한글명에 보통 최대 6자 이내 약어 형태의 영문명을 매핑해놓고 있다. 표준 용어는 일상 업무상 사용하는 업무 용어와 테이블명 등에 사용되는 기술 용어로 나눠진다. 용어는 단어의 복합어 형태로도 제시될 수 있으며 해당 용어의 영문 표기는 단어의 영문명에 의해 자동으로 결정된다.

예컨대 표준 단어로 '업종INDTY', '대분류LCLS', '코드CD'가 제시되어 있다면 표준 용어인 '업종분류코드'의 영문 표기는 'INDTY_LCLS_CD'가 된다. 표준 도메인은 컬럼명에 사용되는 표준 용어를 성질에 따라 묶어 놓은 개념이다. 이러한 성질로는 문자, 숫자, 날짜, 시간 외에 ID, 주소, 명, 번호, 금액, 율 등이 있다. 표준 코드는 사전에 코드값이 정해진

도메인이다.

일반적인 데이터 표준화 절차는 다음과 같다. 우선 데이터 표준화 요구사항을 수집한다. 여기에는 개별 시스템 데이터 표준 수집, 데이터 표준화 요구사항 수집, 표준화 현황 진단이 포함된다. 이어 데이터 표준을 정의한다. 즉, 표준화 원칙을 세우고 이에 따라 단어, 용어, 도메인, 코드에 대한 표준을 정한다. 다음으로 데이터 표준을 확정하고 공표한다. 끝으로 데이터 표준 관리 절차에 따라 공표된 데이터 표준에 따라 데이터 표준을 관리한다. 효율적인 데이터 표준 관리를 위해서는 데이터 표준 관리 도구가 필요하다.

데이터 표준화를 실행할 데이터 거버넌스도 구축되어야 한다. 기존에는 단일 기관 내에서 비교적 쉽게 단일한 데이터 거버넌스를 구축하여 데이터 표준화를 진행했다. 그러나 빅데이터 시대에는 서로 다른 표준화 정책을 가진 다양한 기관의 이종 데이터를 통합하며 표준화를 추진해야 한다. 또한 데이터 표준화 매뉴얼에 따라 데이터 품질 가이드라인을 제시하고 데이터 품질 관리 체계에 따라 데이터 품질을 자동화된 도구를 활용해 상시적으로 검사하며, 그 결과에 따라 주기적으로 데이터 표준화를 실시하는 체계가 정립돼 있다(NIA, 2020. 2 ; NIA, 2022. 4). 구체적인 데이터 표준은 데이터 거버넌스의 합의에 따라 끊임없이 추가되고 때로는 수정된다.

3) AI 학습 데이터세트의 표준화

AI 학습데이터 세트는 원천 데이터, 어노테이션 데이터, 메타데이터로 구성된다. 따라서 AI 학습데이터의 표준화는 활용도가 높고 가능한 수준에서 세 가지 측면의 표준화를 시도할 수 있다. 첫째, 원천 데이터의 표준화이다. 둘째, 어노테이션 데이터의 표준화이다. 셋째, 데이터 구축 작업과 관련된 메타데이터의 표준화이다. 특히 어노테이션 데이터의 클래스를 표준화하는 것이 중요하다.

정형 데이터 중심인 기존의 데이터 표준화를 AI 학습데이터 표준화에 그대로 적용하기에는 다소 무리가 있다. 우선 AI 학습 데이터세트의 원천 데이터는 콘텐츠로서 콘텐츠 양식에 따라 다양한 파일 포맷을 갖고 있다. 따라서 AI 학습 데이터세트의 표준화는 데이터 표준화에 앞서 파일 표준화를 진행해야 한다. 동영상 형태의 파일 표준화에는 파일 포맷, 파일명, 해상도, 초당 프레임 수 등의 표준화가 병행된다.

메타데이터는 기존의 상당 부분 정형 데이터 표준화 방식을 따를 수 있다. 원천 데이터는 파일 표준화와 그에 대한 메타데이터 외에 별도의 표준화가 필요하지는 않다. 반면 어노테이션 데이터의 경우 입력 정보의 표준화 외에 어노테이션 형태와 형태별 위치 및 클래스가 핵심 속성이다. 어노테이션 데이터의 표준화는 각 속성과 그 값에 대해 이루어진다.

클래스 값의 표준화는 대부분 표준 단어 제시만으로 충분하다. 대부분의 클래스는 복합어가 아닌 단일어 형태로 정의된다. 데이터 형식은 문자형이며 최대 길이는 정해져 있지 않다. 따라서 값을 코드화하는 과정이 사실상 불필요하며 자연어 형태의 표준 단일어를 사용하는 것으로 충분하다. 오히려 사람이 라벨링 작업을 통해 클래스를 입력하거나 수정할 때, 또는 AI가 클래스를 예측한 결과를 제시할 때 코드화된 용어를 사용하면 작업자나 사용자가 직관적으로 이해하기가 어려워 비효율적이다. 또한 동영상 내 상황은 다양한 객체나 행동, 시간, 장소, 내용 등이 결합된 형태로 표준화가 사실상 불가능하기 때문에 비정형 상태로 정의하는 것이 적합하다.

데이터 표준화 도구의 경우 기존 정형 데이터의 표준화 도구를 쓰는 것보다 학습데이터 구축에 사용한 검수 기능이 포함된 저작 도구와 유사한 형태를 사용하는 것이 낫다. 다만 저작 도구가 과업별, 기관별로 다르기 때문에 이에 대한 표준화도 필요할 수 있다. 저작 도구의 표준화 역시 클래스 표준화 등 AI 학습데이터의 표준화와 병행되어야 한다. AI 학습 데이터세트의 표준화 준수 여부, 즉 데이터 품질 평가에는 AI 학습 데이터의 품질 평가 지표를 활용할 수 있다(NIA, 2022. 2a).

2. 인공지능 학습데이터의 품질 평가

AI 학습데이터의 품질은 원천 데이터, 어노테이션 데이터, 메타데이터 각각의 품질로 구분해 생각할 수 있다. AI 학습데이터는 정형 데이터와 비정형 데이터가 혼합된 형태이므로 정형 데이터에 대한 DQ와 비정형 데이터의 DQ를 모두 고려해야 한다.

NIA에서는 AI 학습데이터의 품질 관리 지표를 준비성, 완전성, 유용성, 기준 적합성, 기술 적합성, 통계적 다양성, 구문 정확성, 의미 정확성, 알고리듬 적정성, 유효성 등 10개로 제시한다(NIA, 2023. 3). 이 중 준비성, 완전성, 유용성은 학습데이터 자체보다는 구축 공정에 관련된 것이다. 학습데이터 구축을 위한 조직 구성과 정책을 잘 준비하고 관리했는지, 정책을 구현하도록 물리적 시스템을 갖추었는지, 학습데이터 구축을 요청한 발주처의 요구사항이 잘 반영됐는지를 의미한다.

여기서는 학습데이터 자체와 관련된 나머지 7개 지표를 검토한다. 특히 동영상과 이미지, 3D에 해당하는 지표를 살펴본다. NIA에 따르면

7개 지표는 크게 데이터 적합성, 데이터 정확성, 학습모델 관련 지표로 유형화된다. 또한 7개 지표는 더 세부적인 지표로 구분된다. 그 구성은 〈표 9-1〉과 같다.

표 9-1 한국지능정보사회진흥원의 AI 학습데이터 품질 지표

데이터 적합성	기준 적합성	다양성, 신뢰성, 충분성, 균일성, 사실성, 공정성
	기술 적합성	파일포맷, 해상도, 프레임 레이트, 컬러 심도 등
	통계적 다양성	클래스 분포, 인스턴스 분포
데이터 정확성	구문 정확성	데이터 구조, 입력값 범위, 데이터 형식
	의미 정확성	정확도, 정밀도, 재현율, IoU, F1 점수 등
학습 모델 유효성	알고리즘 적정성	과업에 맞는 알고리듬의 여부
	유효성	알고리듬의 유효성 측정

출처 : 한국지능정보사회진흥원. (2023. 3)

우선 기준 적합성과 기술 적합성은 설계가 잘 되었는지, 그리고 설계에 맞게 데이터가 구축되었는지를 살펴본다. 우선 클래스가 다양하고 공평하게 정의되어야 한다. 이러한 설계는 라벨링 작업에도 반영되고 산출물로도 나와야 한다. 또한 8장의 〈표 8-1〉과 같이 설계했을 때 구축된 학습데이터가 설계대로 30FPS, VGA의 MP4 파일로 총 500시간 이상, 18만 개 클립 이상, 클립당 클래스 5개 이상, 총 바운딩박스 700만 개 이상 생성됐는지를 따져볼 수 있다. 통계적 다양성은 이상적인 경우 소분류 기준으로 클래스별로 같은 수의 인스턴스를 갖는 것을 의미한다. 그러나 방송 동영상의 경우 일정 수 이상의 인스턴스를 갖는 클래스가 일정한 수 이상이 되는 것을 목표로 하는 것이 현실적이다. 예컨대 방송에서 개는 많이 나올 수 있지만, 늑대는 적게 나올 수밖에 없다. 그렇다면 클래스별 인스턴스 수가 일정한 수(예컨대 1만 개 이상)인 경우 유

효하다고 보고, 이러한 클래스가 일정한 수(예컨대 1,000개 이상)인지를 따짐으로써 학습데이터의 통계적 다양성을 인정할 수 있다.

구문 정확성은 쉽게 말해 표준화된 클래스를 사용했는지, 입력정보 형식은 정의한 대로 잘 입력했는지에 따라 평가된다. 이는 정형 데이터 DQ 평가 과정과 대동소이하다. 의미 정확성은 참값ground truth ; GT과 어노테이션 결과를 비교하는 방식으로 이루어진다. 평가 지표는 IoU나 F1 점수 등 다음 절에서 살펴볼 평가 지표에 따라 계산한다.

학습 모델의 유효성은 학습데이터가 활용될 과업을 적절히 정의하고, 해당 과업에서 가장 성능이 좋은 모델, 즉 SOTA를 선별하여 해당 SOTA를 기준으로 학습데이터가 벤치마크 데이터세트와 비교해 유용한지를 따지는 방식으로 판정할 수 있다. 즉, 동일한 SOTA로 모델을 고정한 상태에서 구축한 학습 데이터세트로 학습한 모델이 벤치마크 데이터세트 이상의 성능을 보여준다면 구축한 학습데이터의 유효성을 인정할 수 있다.

3. 인공지능 모델의 성능 평가

모델의 성능 평가는 기본적으로 모델이 목표 과업을 얼마나 잘 수행하는지를 평가하는 것이다. 예컨대 사람을 탐지하는 모델이라면 사람을 얼마나 잘 탐지하는지로 평가할 수 있다. 모델 성능 평가의 목적은 크게 두 가지이다. 첫째, 모델이 학습 상황이 아닌 실제 상황에서 얼마나 높은 성능을 발휘할지 예상하는 것이다. 둘째, 한 모델을 다른 모델과 비교해 더 좋은 모델을 선택하는 것이다.

모델의 기본적인 성능 평가는 학습 데이터세트를 이용해 이루어진다. 앞서 3장에서 말했듯이 학습 데이터세트는 훈련세트, 검증세트, 평가세트로 나누어진다. 학습세트는 AI 모델을 학습시킬 때 사용되는 것이다. 검증세트는 학습한 AI 모델이 예측한 값과 비교해 보는 데이터이며, 초매개변수 값을 조정할 때 사용된다. 평가세트는 AI 모델의 성능을 평가할 때 사용하는 데이터이다. 일반적으로 비율은 훈련세트 60%, 검증세트 20%, 평가세트 20% 정도이다. 특히 훈련세트와 평가세트는 필수이다.

훈련세트, 검증세트, 평가세트는 모두 달라야 한다. 각 세트가 섞이면 학습데이터에서만 맞고 실제 데이터에서는 맞지 않는 과적합 문제나 정답을 아는 문제를 풀어서 성능이 좋게 보이는 가짜 성능 문제가 발생할 수 있다.

그림 9-1 학습데이터의 구성

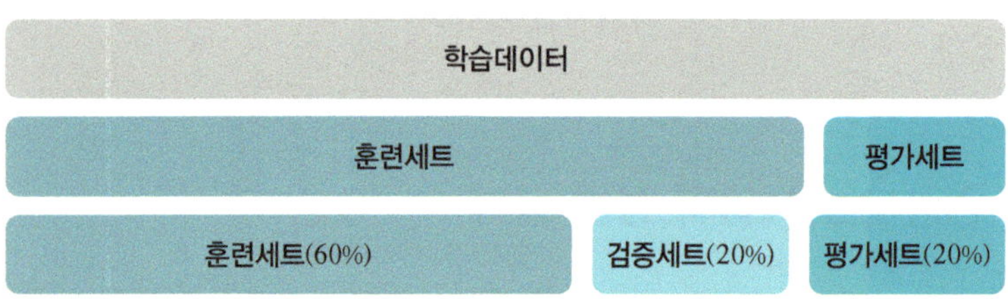

그런데 학습데이터를 2개 또는 3개 유형으로 나누어 훈련세트로 일부만 활용할 경우 학습데이터 전체를 모델 학습에 제대로 사용하지 못하는 비효율이 발생할 수 있다.

데이터 활용도를 높이기 위한 방법으로는 k겹 교차 검증k-fold cross validation이 대표적이다. 훈련세트, 검증세트, 평가세트를 돌려가면서 최대한 학습하고 검증, 평가하는 방식이다. k겹 교차 검증 중에서는 10겹 교차 검증10-fold cross validation이 가장 널리 쓰인다. 데이터세트를 10개로 분할한 뒤 9개의 분할된 세트를 훈련세트로 모델을 학습시키고, 나머지 1개 평가세트로 모델을 평가하며, 이것을 10번 반복해 평가한 성능을 평균하여 성능을 최종 평가하는 방식이다. [그림 9-2]는 3겹 교차 검증의 예이다.

그림 9-2 3겹 교차 검증의 예

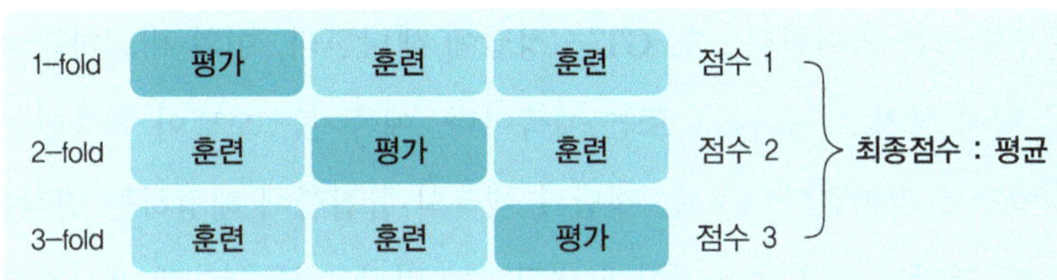

목표 과업의 수행 외에도 중요한 성능 요인으로는 속도가 있다. 즉, 얼마나 빨리 목표 과업을 수행하는지도 중요하다. 예컨대 YOLO는 버전에 따라서 Faster R-CNN보다 객체 탐지 성능은 낮지만 탐지 속도가 훨씬 빠르다는 장점이 있다. 또한 모델 성능은 같은 아키텍처를 쓰더라도 학습데이터의 양, 학습하는 매개변수의 수, 학습에 사용한 GPU 등 컴퓨팅 파워에 따라 달라질 수 있다. 즉, 상대적으로 저사양인 컴퓨터에서 적은 학습데이터를 사용해 적은 매개변수를 학습시켜도 빠르게 목표 과업을 수행할 수 있다면 더 우수한 모델로 평가받을 수 있다. 이는 실무 차원의 비용 효율성에서 특히 중요하다.

4. 주요 평가 지표

1) IoU

IoU는 특히 영상 학습데이터와 영상의 판별 모델에서 활용되는 지표로 예측값과 실제값이 얼마나 겹치는지의 비율을 의미한다. IoU를 설명하려면 우선 참값의 개념을 알아야 한다. GT는 판별한 객체의 실제 바운딩박스를 의미한다. 즉, GT는 정답에 해당한다. 이와 비교하는 개념이 탐지 상자detected box 또는 예측이다. 예측치는 모델이 예측한 바운딩박스를 의미한다. IoU는 정답과 예측의 합집합에 해당하는 면적을 분모로, 정답과 예측의 교집합에 해당하는 면적을 분자로 해 계산한다. 공식은 [그림 9-3]과 같다.

IoU가 성능 지표metrics는 아니지만, 다른 성능 지표를 활용하기에 앞서 정답 여부를 판정하는 데 활용된다. 즉, 정해놓은 IoU의 임계값

그림 9-3 IoU 공식과 개념도

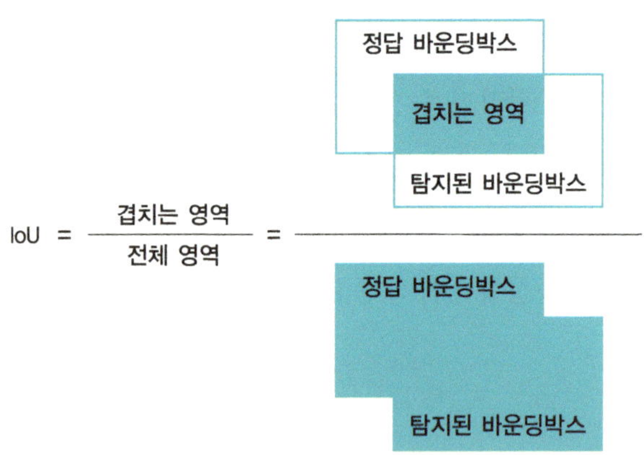

출처 : Hasan, et al. (2023)

threshold을 넘어야 개별 예측이 정답으로 간주된다. 예컨대 IoU의 임계값을 0.5로 했다면 예측값은 예측값과 정답이 겹치는 면적이 정답과 예측값의 전체 면적의 50%에 해당해야 정답이다. 예측값이 모두 정답 안에 있다면 예측값은 정답의 50% 영역을 차지한다. 그러나 예측값이 정답 밖에 조금이라도 있다면 정답과 예측값이 더 많이 겹쳐야 한다. 정답과 예측값이 동일한 크기라면 각각의 박스는 최소한 3분의 2는 겹쳐야 한다. 때문에 IoU가 0.5인 기준도 널리 사용된다. 다만 정답으로 구성해야 하는 학습데이터의 경우 IoU 임계값을 0.75나 0.95까지 잡기도 한다. 그러나 IoU가 0.3과 0.5만 되어도 인간조차 구분이 어려우며, IoU를 0.9까지 높이는 것보다 IoU가 낮더라도 속도와 분류 자체의 정밀도가 더 중요하다는 주장도 있다(Redmon & Farhadi, 2018 ; Russakovsky et al., 2015).

그림 9-4 IoU 값에 따른 정답과 예측의 겹치는 정도

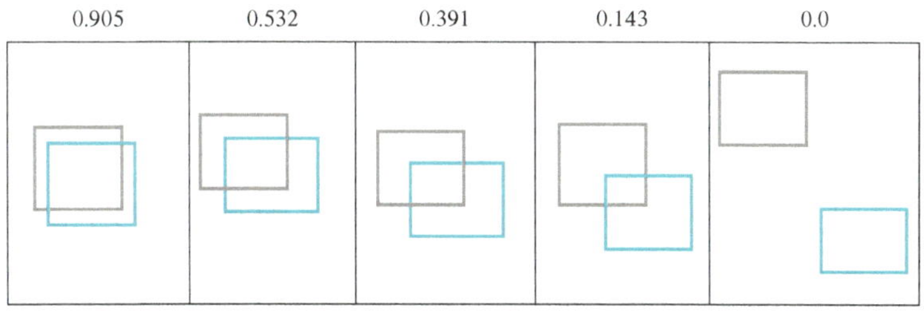

출처 : Bhatt, et al. (2021)

2) 혼동행렬, 정확도, 재현율, 정밀도, F1 점수

혼동행렬confusion matrix은 예측값 전체와 실제값 전체가 얼마나 일치하는지를 나타내는 행렬이다. 오차행렬, 오차분류표, 오분류표, 분류결과표라고도 한다. 혼동행렬은 일반적인 이진 분류 문제(양성/음성, 참/거짓)의 경우 〈표 9-2〉와 같은 2진 분류표를 사용한다.

표 9-2 혼동행렬

		예측	
		양성(Positive)	음성(Negative)
실제	양성(Positive)	TP(True Positive)	FN(False Negative)
	음성(Negative)	FP(False Positive)	TN(True Negative)

혼동행렬의 논리 값에 대한 설명과 정답 여부는 아래와 같다.

- TPTrue Positive : 진짜 양성, 실제 참이나 양성을 참이나 양성으로 예측(정답)
- TNTrue Negative : 진짜 음성, 실제 거짓이나 음성을 거짓이나 음성으로 예측(정답)
- FPFalse Positive : 가짜 양성, 실제 거짓이나 음성을 참이나 양성으로 예측(오답)
- FNFalse Negative : 가짜 음성, 실제 참이나 양성을 거짓이나 음성으로 예측(오답)

혼동행렬은 이진 분류가 아닌 다중 분류에도 사용할 수 있다. 다중 분류의 경우 이진 분류로 환원해 사용할 수 있다. 예컨대 사람, 개, 고양이를 분류하는 경우라면 사람 분류기의 혼동행렬은 사람이면 참, 사람이 아니면 거짓으로 본다.

혼동행렬을 바탕으로 AI 모델의 성능을 평가하거나 학습데이터의 품질을 평가할 때 사용되는 측정 지표로는 정확도, 정밀도, 재현율, F1 점수가 대표적이다. F1 점수는 정밀도와 재현율 값을 바탕으로 이루어진다. 각각을 설명하기에 앞서 사람, 개, 고양이를 분류하는 다중분류기의 혼동행렬을 〈표 9-3〉과 같이 상정해 보자.

〈표 9-3〉의 다중 분류 결과를 사람 기준으로 논리 값에 따라 정리하면 〈표 9-4〉와 같다.

표 9-3 사람, 고양이, 개의 다중 분류 결과 예시

		예측			합계
		사람	고양이	개	
실제	사람	7	2	1	10
	고양이	1	8	1	10
	개	3	1	6	10

표 9-4 다중 분류 예시에 따른 사람 분류기의 분류 결과

결과	논리 값	빈도
사람을 사람으로 예측	TP(참)	7
사람 아닌 객체를 사람이 아닌 객체로 예측	TN(참)	16
사람 아닌 객체를 사람으로 예측	FP(거짓)	4
사람을 사람이 아닌 것으로 예측	FN(거짓)	3
전체 객체 수	–	30

정확도는 전체 개수 중 정답을 맞춘 개수의 비율을 뜻한다. 이진 분류의 경우 양성을 양성으로, 음성을 음성으로 판정한 수를 전체 데이터 수로 나눈 것이다. 그 식은 아래와 같다.

$$\text{정확도} = \frac{\text{정답 개체 수}}{\text{모든 개체 수}} = \frac{TP + TN}{TP + FP + TN + FN}$$

〈표 9-3〉, 〈표 9-4〉에서 사람 분류기의 정확도는 아래와 같다.

$$\text{사람 분류기의 정확도} = \frac{\text{사람을 사람으로 예측한 수} + \text{사람 아닌 객채를 사람 아닌 객체로 예측한 수}}{\text{전체 개체 수}}$$

$$= \frac{7 + 16}{30} = 0.767$$

정확도는 직관적인 성능 지표로 가장 적합해 보인다. 그러나 정확도는 데이터의 불균형이 심한 경우 성능을 제대로 나타내지 못한다. 예컨대 1만 명 중 1명만 걸리는 희귀병 환자를 분류하는 모델을 만든다고 하자. 이 모델이 실은 분류 기능이 없고 단지 모두 정상이라고 예측할 뿐이라면 실제 정확도는 99.99%로 높게 나올 수 있다.

정확도를 보완하는 지표로 먼저 정밀도가 있다. 정밀도는 어떤 클래스라고 예측한 수 중 실제로 그 클래스와 일치한 수의 비율을 나타낸다. 이진 분류의 경우 모델이 참이라고 한 것($TP + FP$) 중에 실제 참인 것(TP)의 비율을 나타내는 지표이다. 꺼낸 것 중에 맞는 것을 의미한다. 즉, 사람 분류기라면 사람 사진이라고 꺼낸 것 중에 실제로 사람이 있는 것이 얼마인지를 뜻한다. 정밀도 공식은 다음과 같다.

$$정밀도 = \frac{TP}{TP + FP}$$

〈표 9-3〉, 〈표 9-4〉에서 사람 분류기의 정밀도는 아래와 같다.

$$\text{사람 분류기의 정밀도} = \frac{\text{사람이라고 예측한 객체 중 실제 사람 수}}{\text{사람이라고 예측한 객체 수}}$$

$$= \frac{7}{7+4} = 0.636$$

재현율은 실제 클래스 중 검출한 클래스 수의 비율을 의미한다. 이진 분류의 경우 실제 참인 것 중($TP+FN$)에 모델이 참이라고 한 것(TP)의 비율을 나타내는 지표이다. 사람 분류기라면 사진에 사람 사진이 전체 몇 장이 있는데, 거기서 몇 장이나 꺼냈는지를 뜻한다. 사람이 아닌데 사람으로 예측한 것은 제외된다. 재현율 공식은 아래와 같다.

$$재현율 = \frac{TP}{TP + FN}$$

〈표 9-3〉, 〈표 9-4〉에서 사람 분류기의 재현율은 아래와 같다.

$$\text{사람 분류기의 재현율} = \frac{\text{실제 사람 중 사람이라고 예측한 수}}{\text{실제 사람 수}}$$

$$= \frac{7}{7+3} = 0.700$$

일반적으로 정밀도와 재현율 간에는 어느 하나가 높으면 다른 하나가 낮아지는 트레이드 오프trade off 관계가 나타난다. 따라서 이 둘을 모두 고려한 성능 지표가 요청된다.

F1 점수는 컴퓨터 비전은 물론 자연어처리, 음성처리 등 딥러닝 관련 모델의 성능 평가에 가장 널리 쓰이는 지표이다. F1 점수는 정밀도와 재현율의 조화평균으로 정밀도와 재현율 모두를 고려한 평균적인 성능을 나타낸다. 조화평균을 사용하므로 정밀도와 재현율 중 어느 하나만 낮아도 F1 점수는 낮아지게 된다. F1 점수의 공식은 아래와 같다.

$$\text{F1 점수} = \frac{2 \times \text{정밀도} \times \text{재현율}}{\text{정밀도} + \text{재현율}}$$

〈표 9-3〉, 〈표 9-4〉에서 사람 분류기의 F1 점수는 아래와 같다.

$$\begin{aligned}\text{사람 분류기의 F1 점수} &= \frac{2 \times \text{사람 분류기의 정밀도} \times \text{사람 분류기의 재현율}}{\text{사람 분류기의 정밀도} + \text{사람 분류기의 재현율}} \\ &= \frac{2 \times 0.636 \times 0.700}{0.636 + 0.700} = 0.667\end{aligned}$$

3) mAP

분류기classifier는 보통 분류 결과를 그 분류가 맞을 확률, 즉 예측 신뢰 수준predicted confidence level과 함께 제시한다. 예측 신뢰 수준이 얼마 이상일 때 정답으로 간주할지에 따라 분류기의 성능이 달라진다. 이를 고려한 것이 mAPmean average precision이다. mAP를 설명하기에 앞서 APaverage precision를 예시와 함께 먼저 설명하도록 한다.

사과 분류기가 있다고 해 보자.[3] 사진에 실제로는 사과가 5개 있는데 모델이 사과를 〈표 9-5〉와 같이 10개까지 탐지했다고 하자.

표 9-5 **사과 분류 결과 예시**

순위	Correct?	정밀도	재현율
1	True	1.0	0.2
2	True	1.0	0.4
3	False	0.67	0.4
4	False	0.5	0.4
5	False	0.4	0.4
6	True	0.5	0.6
7	True	0.57	0.8
8	False	0.5	0.8
9	False	0.44	0.8
10	True	0.5	1.0

출처 : https://t.ly/kEv_g

표에서 순위rank는 모델이 사과로 예측한 바운딩박스 10개를 예측 신뢰 수준에 따라 순위화한 결과다. 예측이 맞느냐(correct?)에 대한 참/거짓의 판정은 예측 결과가 IoU의 임계값(예컨대 IoU ≥ 0.5)을 넘는다는 것을 의미한다. 즉, 분류기가 사진 속 객체를 사과라고 분류했고, 그 객체가 실제 사과가 맞더라도 예측값의 바운딩박스가 GT에서 크게 벗어나 있다면 그것은 거짓이다. 정밀도와 재현율은 해당 순위까지 누적된 결과에 따라 계산한 정밀도와 재현율이다.

---

3. AP에 대한 예시는 다음 블로그의 글을 참고했다. https://jonathan-hui.medium.com/map-mean-average-precision-for-object-detection-45c121a31173

분류기가 탐지한 10개 사과에 대한 순위, IoU에 따른 참거짓과 그에 따라 해당 순위까지 누적 계산한 정밀도와 재현율의 값은 〈표 9-5〉와 같다. 예를 들어 예측 신뢰 수준에 따라 순위 2위까지만 분류 결과로 인정한다고 하면 사진에 실제로 있는 5개의 사과 중 2개를 발견하고 모두 맞게 탐지했으므로 정밀도는 2/2=1, 재현율은 2/5=0.4가 된다. 〈표 9-5〉를 보면 예측 신뢰 수준을 낮게 잡을수록, 즉 분류기의 성능 기준을 낮게 잡을수록 예측값이 더 많이 포함되며, 재현율은 꾸준히 높아지나, 정밀도는 대체로 감소한다.

재현율에 따른 정밀도의 변화를 나타낸 그래프를 PR곡선Precision-recall curve ; PR curve이라고 한다. [그림 9-5]의 회색선은 앞서 예를 든 사과 분류기의 PR 곡선 예이다. 이는 재현율 값에 따른 정밀도 값의 변화를 나타낸다. 푸른선은 회색선을 단조 감소 그래프, 즉 재현율 값의 오른쪽에서 시작해 최대값을 이은 최대 정밀도 값을 표시한 것이다.

그림 9-5 사과 분류기의 PR 곡선과 단조 감소 그래프 변환 예시

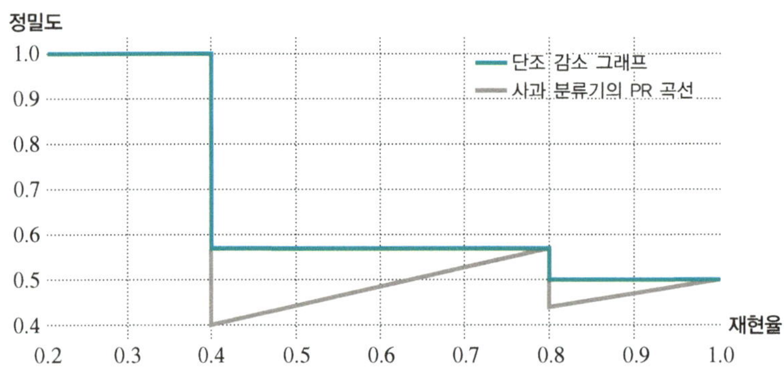

출처 : https://t.ly/kEv_g

AP는 재현율 값이 0부터 1까지 0.1씩 커질 때 각 11개 재현율 값의 푸른선에 있는 최대 정밀도 값들의 평균을 구한 값이다. 이는 PR 곡선을 변형한 푸른선 아래의 총 면적을 구한 뒤 그 값을 11로 나눈 값과 같다. AP는 다음과 같이 계산한다.

$$AP = \frac{1}{11} \times (AP_r(0) + AP_r(0.1) + \cdots + AP_r(0.9) + AP_r(1.0))$$

예시로 든 사과 분류기의 AP는 아래와 같다.

$$AP = \frac{(1.0 \times 5 + 0.57 \times 4 + 0.5 \times 2)}{11} = 0.753$$

AP는 하나의 객체에 대해 구한 것이다. 다중 분류의 경우 여러 객체에 대해 AP를 구한 뒤 그 값들을 산술평균한 mAP를 사용한다.

널리 쓰이는 mAP로는 MS COCO mAP가 있다. MS COCO mAP는 MS COCO 데이터세트로 mAP를 구한다. MS COCO mAP는 여러 IoU의 임계점에 대한 평균값도 함께 제시한다. 예컨대 'AP@[.50:0.05:.95]'는 0.5부터 0.95까지 0.05씩 나누어 IoU를 설정한 뒤 그에 대한 mAP를 구한다는 것을 의미한다. 종종 mAP를 AP로 줄여 표기하기도 한다.

〈표 9-6〉은 객체 탐지 모델인 YOLOv3의 mAP를 다른 모델들과 비교한 것이다(Redmon & Farhadi, 2018). AP는 MS COCO mAP, AP_{50}은 IoU가 0.50일 때, AP_{75}는 IoU가 0.75일 때의 mAP이다. 참고로 AP_S, AP_M, AP_L은 각각 작은 객체, 중간 크기 객체, 큰 객체에 대한 MS COCO mAP를 뜻한다. 〈표 9-6〉을 간단히 설명하면 YOLOv3는 MS

COCO mAP 기준으로 RetinaNet에 못 미치고 SSD와 비슷한 수준이지만, AP_{50}에서는 매우 좋은 성능(57.9)을 보여준다. 즉, YOLOv3의 속도를 감안할 때 YOLOv3는 IoU 기준을 느슨하게 잡지만 빠르게 여러 종류의 객체를 분류하는 데에는 가장 우수한 성능을 보인다는 것을 알 수 있다.

표 9-6 YOLOv3의 mAP

	backbone	AP	AP_{50}	AP_{75}	AP_S	AP_M	AP_L
Two-stage methods							
– Faster R-CNN +++ [3]	ResNet-101-C4	34.9	55.7	37.4	15.6	38.7	50.9
– Faster R-CNN w FPN [6]	ResNet-101-FPN	36.2	59.2	39.0	18.2	39.0	48.2
– Faster R-CNN by G-RMI [4]	Inception-ResNet-v2 [19]	34.7	55.5	36.7	13.5	38.1	52.0
– Faster R-CNN w TDM [18]	Inception-ResNet-v2-TDM	36.8	57.7	39.2	16.2	39.8	52.1
One-stage methods							
– YOLOv2 [13]	DarkNet-19 [13]	21.6	44.0	19.2	5.0	22.4	35.5
– SSD513 [9, 2]	ResNet-101-SSD	31.2	50.4	33.3	10.2	34.5	49.8
– DSSD513 [2]	ResNet-101-DSSD	33.2	53.3	35.2	13.0	35.4	51.1
– RetinaNet [7]	ResNet-101-FPN	39.1	59.1	42.3	21.8	42.7	50.2
– RetinaNet [7]	ResNeXt-101-FPN	**40.8**	**61.1**	**44.1**	**24.1**	**44.2**	**51.2**
– YOLOv3 608×608	Darknet-53	33.0	57.9	34.4	18.3	35.4	41.9

출처 : Redmon, J., & Farhadi, A. (2018)

4) 개선된 정밀도와 재현율

생성 모델의 경우 엄밀한 의미의 참값이 없다. 때문에 판별 모델과는 다른 성능 평가 지표가 필요하다. 생성 모델에서 중요한 성능은 충실도fidelity와 다양성diversity이다. 충실도는 생성 영상이 실제 영상과 얼마나 유사한가를 의미한다. 이는 생성 영상의 품질 문제이다. 다양성은 생성한 영상이 얼마나 다양한가로 평가된다. 충실도와 다양성 역시 어느 정도 트레이드 오프 관계이다. 예컨대 다양한 영상을 생성하다 보면 실제 영상으로 보기 어려운 영상이 생성될 수 있다.

평가 지표로는 인셉션 스코어inception score ; IS, FIDFrechet Inception Distance, KDIKernel Inception Distance, 개선된 정밀도와 재현율Improved Precision and Recall 등이 있다(Bińkowski et al., 2018 ; Kynkäänniemi et al., 2019 ; Salimans et al., 2016). 여기서는 비교적 이해가 쉬운 정밀도와 재현율을 기준으로 설명하도록 한다.

[그림 9-6]에서 P_r은 실제real 영상의 집합, P_g은 생성generation 영상의 집합을 뜻한다. 정밀도는 생성 영상이 얼마나 실제 영상 집합에 포함되는지를 의미한다. 이는 충실도와 관련된다. 재현율은 생성 영상 집합에 실제 영상이 얼마나 포함되어 있는지를 의미한다. 생성 영상의 집합이 크면, 즉 생성 영상이 다양하면 재현율이 높아질 수 있다.

그림 9-6 생성 모델에서 정밀도와 재현율의 개념도

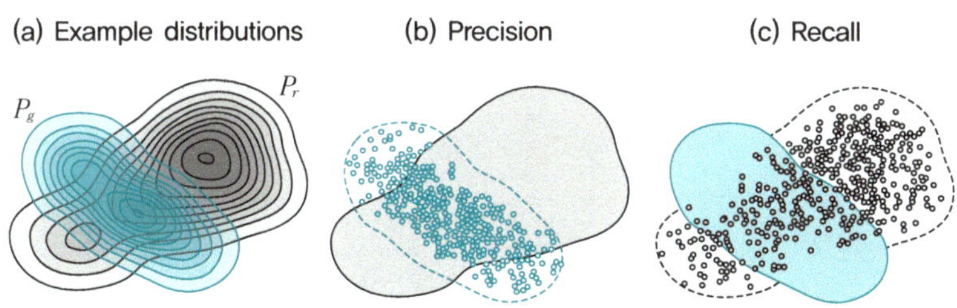

출처 : Kynkäänniemi et al. (2019)

CHAPTER 10

미디어 인공지능 학습데이터

※ 이 장은 다음 논문을 대폭 수정한 것이다. 박대민(2023). 방송 동영상 활용 AI 학습데이터의 표준화 : AI 허브의 데이터세트 관련 문서를 통한 객체, 행동, 상황 클래스 설계 분석을 중심으로. 〈방송과커뮤니케이션〉, 24권 1호. 32-101.

1998년 손글씨 숫자 이미지 데이터세트인 MNIST가 공개된 이후 컴퓨터 비전 분야에서 다양한 학습 데이터세트가 구축됐다. 문제는 기존의 데이터세트를 살펴보면 동영상 분야의 데이터세트가 상대적으로 부족하며, 특히 방송 분야 동영상을 활용한 데이터세트는 드물다는 점이다.

AI 연구 포털 페이퍼스위드코드닷컴에는 2023년 11월 22일 기준으로 8,825개의 벤치마크 데이터세트가 공개되어 있다. 이 중 동영상 관련 데이터세트는 813종이다. 그러나 'broadcasting'이나 'television'으로 검색했을 때 나오는 동영상 학습 데이터세트는 각각 7종과 2종에 불과하다. 방송 동영상의 사회적 활용도나 그 절대량을 감안할 때 학습 데이터세트에서 방송 동영상의 비중이 1% 수준인 것은 너무 적다. 그나마도 하나의 학습 데이터세트 전체가 하나의 드라마에 쏠려 있는 등의 한계가 있어 방송 동영상 기반 데이터세트를 활용한 연구도 많지 않은 것으로 보인다.

물론 방송 동영상을 분석하는 모델을 기존의 동영상 학습데이터를 활용해 개발할 수도 있다. 그러나 방송 동영상을 활용한 학습데이터를 이용한다면 방송 동영상의 내용 분석에 더욱 최적화된 고성능 딥러닝 모델을 더욱 수월하게 개발할 수 있을 것으로 기대된다.

이 장에서는 방송 동영상 활용 AI 학습데이터 사례로 NIA가 국내 방송사 동영상을 활용한 학습데이터를 대규모로 구축해 국내 AI 포털인 AI허브에 공개한 사례를 표준화하여 소개한다.

1. AI 학습데이터로서 방송 동영상의 유용성

비전 분야의 벤치마크 데이터세트로 해외에서는 상당수가 사진을 활용하며, 동영상의 경우 주로 유튜브 동영상을 활용한다(Abu-El-Haija et al., 2016). 방송 동영상의 경우 유튜브 동영상 못지않게 질적으로나 양적으로 우수함에도 활용도는 상대적으로 낮다.

방송 동영상은 양질의 원천 데이터로서의 특성을 두루 갖추고 있다. 원천 데이터는 충분성, 다양성, 정확성, 사실성, 신뢰성, 공정성 등을 갖춰야 한다.

먼저 방송 동영상의 충분성을 검토해 보자. 전처리와 라벨링 과정에서 데이터 규모는 줄어들기 때문에 최초의 원천 데이터 전체 규모는 구축할 학습데이터 규모보다 커야 한다. 실제로 NIA는 비전 분야의 원천 데이터 수집 규모를 구축 목표량의 최대 10배 이상으로 권한다(한국지능정보사회진흥원, 2021. 2, p. 169). 하지만 이는 원천 데이터의 품질이 낮고 원천 데이터의 제작비는 높지 않은 경우에나 타당하다. 방송 동영상의 경우 고가의 제작비가 투입된 콘텐츠로 인해 생산 단가가 높아 수집량을 쉽게 늘릴 수 없다. 대신 방송 동영상은 전문적인 편집이 완료된 상태이기 때문에 불용 동영상이 적다. 따라서 방송 동영상의 경우 원천 데이터량이 구축 목표량의 1.5배 정도면 충분해 보인다. 실제로 AI허브에 공개된 방송 동영상 기반 학습데이터의 사례를 보면 대용량 동영상 콘텐츠 데이터세트 구축 사례만 목표 구축량 500시간의 3배 정도인 1,630시간을 원천 데이터로 수집했으며, 다른 5개 세트의 경우 수집한 원천 데이터의 분량과 구축한 학습데이터의 양이 크게 차이가 나지 않는다.

많은 경우 동영상 학습데이터 구축 시 저작권 문제로 콘텐츠를 별도 제작한다. 이 경우 많은 인력과 제작 시간이 투입된다. 예를 들어 1,500시간의 원천 동영상을 확보하려면 한 사람이 일 8시간씩 187.5일, 주 5일 근무할 경우 37.5주를 꼬박 촬영해야 한다. 더 많은 카메라를 쓰는 경우 시간은 덜 들지만 더 많은 인력이 필요하다. 원천 동영상을 편집까지 해야 하면 별도의 편집 인력도 투입되고 그만큼 시간도 더 소요되며 영상 분량도 줄어든다.

반면 방송 동영상의 경우 편집 완료된 충분한 양의 동영상을 비교적 쉽게 확보할 수 있다. 예를 들어 24시간 방송을 하는 방송국에서의 재방송 및 광고 비율이 50%라고 했을 때 매년 4,380시간의 동영상이 생산된다. 방송국이 25년간 운영됐다면 109,500시간에 달한다. 이렇게 자체 콘텐츠를 생산하는 방송사가 국내에서만 지상파, 종합편성채널, 보도채널, 케이블채널 등 수십 개에 달한다. 거래만 성사되면 수집에 걸리는 시간은 사실상 없다. 반면 유튜브의 경우 100시간 분량, 즉 15분짜리 클립이라고 할 때 400개 정도의 클립을 꾸준히 생산해 온 채널은 많지 않다.

방송 동영상은 데이터 거래도 용이하다. 이 경우 방송사 보유 동영상 데이터를 일괄 구매하는 형태로 수집이 이뤄진다. 방송사는 방송 동영상을 원천 데이터로 판매한 경험이 많지 않지만, 그 방식은 콘텐츠 거래와 거의 동일하다. 즉, 프로그램별 가격 정책, 저작권 관리, 이익 배분 등에 대한 방송사의 콘텐츠 유통 경험을 바탕으로 비교적 쉽게 거래를 진행할 수 있다. 게다가 콘텐츠 판매의 경우 인기 프로그램 위주로 판매되는 것과 달리, 시의성이 떨어진 보도나 비인기 교양 프로그램도 원천 데이터로서 가치를 똑같이 인정받을 수 있다는 점은 방송사에게도 매력적이다. 뒤에서 살펴보겠지만 AI허브 사업을 통해 방송사가 AI 학습데이터 구축 사업에 참여하고 데이터를 거래해 본 경험도 어느 정도 쌓여 있다.

학습데이터가 현실성을 가지려면 우선 다양성을 가져야 한다. 즉, 학습데이터의 클래스가 현실에 부합하게 정의되고, 크기나 위치나 방향 또는 움직임 등이 다양해야 하며, 여러 객체가 다양한 상황에서 등장해야 한다. 수집 단계에서 다양성을 확보하는 방법은 동영상의 장르와 프로그램을 다양화하는 것이다. 방송 동영상의 장르는 크게 보도, 교양, 예능, 드라마, 영화, 광고 등으로 나눌 수 있다. 또한 방송 동영상은 사회적으로 널리 쓰이는 객체와 행동, 상황 등을 가장 많이 담고 있다. 특히 지역적, 장르적 개성이 강하게 반영된 방송 동영상의 특성을 고려할 때 국내 방송 동영상에 등장하는 객체, 행동, 상황 등의 클래스 자체가 해외 방송 동영상이나 유튜브 동영상 등과 다를 수 있다. 즉, 방송 동영상에는 기존 벤치마크 데이터세트에 포함되어 있지 않지만 한국에서 널리 사용되는 개체를 다양하게 담고 있다. 예를 들어 씨름 선수 클래스가 없는 이미지넷을 학습데이터로 사용할 경우 씨름 선수를 스모 선수로 인식할 수 있다.

또한 데이터세트는 주기적으로 업데이트되어야 한다. 기존 데이터세트로 지속적인 모델 개선을 할 경우 점차 기존 학습세트에 과적합되는 경향이 나타날 수 있기 때문이다. 방송의 경우 매년 콘텐츠가 추가 제작되기 때문에 업데이트도 어렵지 않다.

원천 데이터의 정확성은 메타데이터의 구문 정확성과 원천 데이터와 메타데이터 간의 일치 여부로 이해할 수 있다. 방송 동영상 일반의 메타데이터의 구문 정확성은 높지 않을 수 있다(현대원 · 김군주, 2014). 그러나 수집 데이터에 한해 표준화하는 것은 어렵지 않다. 따라서 구매

시 방송사 판매 담당자에게 사전 요청해 표준화된 메타데이터를 받을 수 있다. 원천 데이터는 방송사, 방영시기, 프로그램 제목, 시간, 클립 수 등 메타데이터와 일치하게 실재해야 한다. 구축 기관은 메타데이터를 기준으로 구축 가능한 클래스나 클립의 길이 등을 미리 비교적 정확히 예상해 구축 목적에 맞는 원천 데이터를 고를 수도 있다.

방송 동영상은 대부분 실연 동영상이라 사실성도 높다. 사실 과업에 맞는 시나리오에 따라 찍은 재연 동영상의 경우 아예 구하기 힘들거나 데이터의 현실성이 떨어지는 문제가 있다. 이런 데이터로 학습한 모델은 내부 검증 시에는 높은 성능을 보여주더라도 현실에서 맞지 않을 수 있다(Hardt & Recht, 2021). 반면 방송 동영상은 현실성 측면에서 뛰어나다. 우선 현실에 버금가는 다양한 객체와 상황을 담고 있다. 보도의 경우 정치, 경제, 사회, 문화, 국제 등 전 사회 영역의 주제와 상황을 다룬다. 등장 인물은 물론 동식물이나 상품, 미술품, 무기 등 그 종류가 다양하다. 전 세계 주요 장소를 담고 있다. 비록 비중으로 따지면 특정 객체나 상황에 편중될 수는 있지만 양이 방대해서 클래스별로 일정 수 이상의 인스턴스를 충분히 제공할 수 있다. 또한 방송 동영상은 대부분 실연 동영상이다. 보도는 연출이 거의 없다. 예를 들어 화재는 실제 화재 상황이다. 다큐멘터리 등의 교양이나 심지어 예능도 연출되는 부분이 있지만 상당 부분 실제 상황을 담고 있다.

신뢰성이나 공정성의 경우 원천 데이터의 영상 품질, 법적, 윤리적 요건 등과 관련된다. 방송 동영상은 합법적 촬영 과정이 보장돼 있고 내용을 명확하게 담고 있으며, 동영상 품질도 높다. 또한 방송 심의를 받기 때문에 폭력성이나 선정성, 편향성 문제도 상당 부분 해소된 상태다. 다만 상당수의 방송 동영상은 저작권 문제가 복잡한 경우가 많다. 일반적으로 보도는 방송사가 단일 저작권자인 경우가 많아 비교적 활용이 쉽다. 이밖에 교양, 예능 순으로 저작권 문제 해결이 용이한 편이다. 드라마의 경우 저작권 일부만, 영화와 광고의 경우 제작사나 광고주가 저작권을 따로 갖고 있는 경우가 많다. 방송사가 콘텐츠 유통과 유사한 방식으로 원천 데이터를 판매하되 그 사용 목적을 AI 모델 개발로 제한하면 거래도 좀 더 쉬워지고 비용도 절감할 수 있다. 초상권의 경우 원칙적으로 출연자에게 보상을 주고 초상권 이용 동의를 받아야 한다. 보도의 경우 일괄적으로 기자들에게 보상을 지급하면 안면 인식 등에 활용 가능한 데이터를 한 번에 얻을 수도 있다(KDX한국데이터거래소, 2021. 3).

방송 동영상은 정제 측면에서도 유리한 점이 많다. 방송 동영상은 방송통신심의위원회 등 심의 기관의 심의를 받기 때문에 선정적이거나 폭력적인 장면이 이미 걸러져 있다. 뉴스는 정의상 새로운 정보를 중점적으로 다룬다. 따라서 앵커가 나오는 스튜디오 촬영분 등 일부 영상을 제외하면 내용상의 중복 동영상 자체가 비교적 적다.

방송 동영상은 효율적인 라벨링도 가능하다. 방송 동영상의 경우 시청자가 객체와 상황을 명확하게 인식할 수 있도록 전문 카메라 기사가 영상을 촬영한다. 라벨러가 방송에 등장한 객체 이름을 정확히 모르는 경우 대본의 객체 또는 상황 관련 기술을 참고할 수도 있다. 반복 작업으로 인해 작업자가 라벨링 작업의 피로감을 쉽게 느끼는 경향이 있지만, 작업자가 선호하는 콘텐츠를 배분함으로써 이러한 피로감을 다소 덜어줄 수 있다.

2. AI허브의 방송 동영상 활용 AI 학습데이터 개요

NIA는 2018년부터 방송 동영상을 활용해 구축한 학습데이터를 AI 허브에 업로드하고 있다. 2022년 말까지 공개된 학습 데이터세트를 살펴보면 총 8종의 방송 동영상 데이터세트가 있다. 데이터세트 8종의 개요는 〈표 10-1〉과 같다. 서술 편의상 각각의 데이터세트에 구축 순서에 따라 번호를 할당했다.

표 10-1 AI허브 방송 동영상 데이터세트 개요

번호	데이터세트 이름	구축연도	주관기관	방송사	장르
1	멀티모달(감정/의도)	2018	한국전자 기술연구원	tvn	드라마, 영화
2	대용량 동영상 콘텐츠	2020	KDX한국 데이터 거래소	MBN, 매일경제TV, 매일경제신문	교양, 보도, 예능, 유튜브
3	영상 이해(맥락) 기술을 위한 방송 영상	2020	줌인터넷	MBN, EBS, YTN	교양, 예능
4	장면 인식·인물 인식을 위한 방송 영상	2020	줌인터넷	OBS, YTN, SBS, EBS	교양, 드라마, 보도, 예능
5	영유아 교육 영상콘텐츠 방송	2020	줌인터넷	EBS	유아/어린이
6	비디오 요약 영상	2020	한국과학 기술원	KBS	유튜브 (보도, 교양)
7	동영상 콘텐츠 하이라이트 편집 및 설명(요약)	2021	한국과학 기술원	KBS	유튜브 (보도, 교양)
8	비디오 네러티브 질의응답 데이터	2021	써로마인드	MBN, 매일경제TV, 매일경제신문	보도, 예능, 교양, 스포츠

각 데이터세트를 소개하면 1번 멀티모달(감정/의도) 데이터세트는 tvN에 방영된 드라마와 독립영화를 활용해 2018년 구축한 데이터세트다. AI허브에서 방송 동영상을 활용해 학습데이터를 구축한 첫 사례다.

2번 대용량 동영상 콘텐츠 데이터세트는 1,630시간에 달하는 대량의 방송 동영상을 원천 데이터로 활용해 MBN의 자회사인 KDX한국데이터거래소가 AI 학습데이터를 구축한 것이다.

3번 영상 이해(맥락) 기술을 위한 방송 영상 기반 데이터세트, 4번 장면 인식·인물 인식을 위한 방송 영상 데이터세트, 5번 영유아 교육 영상 콘텐츠 방송 데이터세트 등 3종은 OBS, YTN, SBS, EBS, MBN 등의 동영상을 활용해 줌인터넷의 주관으로 만들어졌다.

6번 비디오 요약 영상 데이터세트는 키샷을 라벨링해 하이라이트나 예고편 등을 자동으로 만들어주는 AI를 만드는 데 활용될 수 있는 학습데이터를 구축한 것이다. 20분 미만은 유튜브 동영상을, 20분 이상은 KBS 동영상을 원천 동영상으로 활용했다.

7번 동영상 콘텐츠 하이라이트 편집 및 설명 데이터세트는 다소 긴 키샷 형태의 하이라이트 구간을 추출하고, 해당 구간을 설명하는 인물 관계, 감정, 행동, 장소를 라벨링한 것이다. 원천 데이터로는 KBS 방송본 및 취재 원본과 개인이 촬영한 유튜브 동영상을 활용했다.

7종의 학습데이터의 총량은 시간 기준으로 방송 동영상, UGCuser generated content와 유튜브 동영상 포함 10,895시간이다. 총 구축량은 21,804시간을 넘는다. 인스턴스 수 기준으로 객체 데이터세트는 바운딩박스 129,514,816개이다. 행동 데이터세트는 클립 수 기준으로 124,521개이다. 인물 데이터세트의 경우 상황 정보에 인물 인스턴스가 포함된 1번 세트를 제외하고 4번 세트만 최소로 추정했을 때 22,099개로 추산된다. 상황 데이터세트의 경우 1번 세트는 발화 수 기준, 2번 세트는 클립 수 기준으로 계산하면 총 2,579,213개의 클립 단위 인스턴스가 제공되는 것으로 추산된다. 요약 데이터세트의 경우 6번 세트는 원천 데이터 전부를 학습데이터로 활용했다고 가정했을 때 구축 시간은 1,000시간이다. 인스턴스는 1분마다 3초 단위의 키샷을 추출했다고 가정할 때 60,000개로 추정된다. 하이라이트 데이터세트의 경우 시간 기준으로 18,123시간[1]을, 클립 기준으로는 102,001개를 구축했다. 바운딩박스나 키포인트 등이 아닌 하이라이트 구간별로 인물 관계, 감정, 장소, 행동을 하나의 상황처럼 동시에 필수 입력으로 라벨링했기 때문에 각각의 인스턴스 수는 동일하게 546,171개이다. 이에 따라 데이터세트별로 클래스 유형별 학습데이터 구축량을 시간과 인스턴스 수로 나타내

표 10-2 AI허브 방송 동영상 데이터세트의 구축량

번호	구축시간	인스턴스 수				
		객체(BB)	행동(클립)	상황(클립)	인물(키포인트)	키샷
1	21			10,961*		
2	559	116,770,832	124,521	220,807*		
3	771	1,521,980		246,367		
4	780	8,149,894		1,530,909	22,099*	
5	550	3,072,110		581,130		
6	1,000					60,000*
7	18,123			546,171		
총계	21,804	129,514,816	124,521	3,136,345*	22,099*	606,171*

주 : * 추정치

1. 1개 원천 동영상을 3명이 라벨링했기 때문에 원천 동영상의 3배 정도 분량이 된다.

면 〈표 10-2〉와 같다.

3. 방송 동영상 활용 AI 학습데이터 설계 분석

이 장에서는 AI허브에 공개된 구축 활용 가이드와 데이터 설명서의 내용을 토대로 2022년 10월까지 공개된 1번부터 7번까지의 AI허브 방송 동영상 데이터세트를 표준화하고 설계를 분석할 것이다. 이를 위해 AI허브에 공개된 데이터 구축 가이드라인과 데이터 설명서, 사업 공고문과 사업계획서, 결과보고서 등을 검토했다.

설계 분석틀은 NIA의 인공지능 학습용 데이터 품질관리 가이드라인 품질관리 안내서와 데이터 구축 안내서를 참고해 데이터 구축 목표, 원천 데이터 설계, 학습 데이터세트 설계 측면으로 나누어 제시한다.

표준화 방식은 우선 NIA가 공개한 AI 학습데이터 품질관리 가이드라인을 반영한 것이다. 표준화는 데이터 입력 정보 포맷, 원천 데이터, 학습데이터 측면에서 진행된다. 원천 데이터세트의 표준화는 데이터 형식과 동영상의 장르 측면에서 살펴본다. 학습 데이터세트의 표준화는 어노테이션 포맷 표준화와 클래스 표준화 측면에서 제시한다. 클래스 표준화는 객체, 행동을 비롯해 시간, 장소, 감정, 내용과 이상을 조합한 상황 관련 과업에 대한 것이다. 표준화는 7종 각각의 핵심 과업 관련 클래스를 우선하되 과업 간 중복이 있을 경우 벤치마크 데이터세트의 클래스와 범용 사전의 분류 체계를 우선 적용하며, 미디어 관련 영역 지식을 활용해 통합하는 것이다. 이어 표준화된 클래스를 기준으로 AI허브의 방송 데이터세트의 클래스별 구축량을 재산정한다. 이어 벤치마크 데이터세트의 구축량을 기준으로 삼아 양적으로 충분한 주요 클래스를 제시한다. 데이터 정보 입력 형식 역시 벤치마크 데이터세트를 참고했다.

1) 데이터 구축 목표

데이터세트별 구축 목표 내지 과업은 가이드라인에 명시된 사업 목적, 적용 모델, 클래스 정의나 학습데이터 유형 등을 통해 파악할 수 있다. 데이터세트별 데이터 구축 목표를 정리하면 〈표 10-3〉과 같다. 표를 종합하면 AI허브의 방송 동영상 기반 데이터세트는 객체 탐지, 행동 인식, 영유아 관련 객체 탐지 및 영유아 관련 행동 인식, 상황 이해, 안면 인식, 감성 인식, 동영상 요약, 자동 태깅 또는 캡션 생성 등을 위한 것이다.

데이터세트별 관련 모델을 상술하면 우선 1번 세트는 상황 이해를 바탕으로 비디오 캡션 생성video captioning에 필요한 멀티모달 데이터세

표 10-3 AI허브 방송 동영상 데이터세트의 과업, 적용 모델, 관련 벤치마크세트

번호	과업	모델	벤치마크세트
1	객체 탐지, 감성 인식, 장면 이해, 안면 인식 등을 통한 캡션 생성	자체 모델	객체 : ImageNet 감정 : AffectNet
2	객체 탐지, 상황 이해	객체 : YOLOv3, 행동: YOWO	객체 : ImageNet1000 행동 : Kinetics 400
3	객체 탐지, 맥락 이해	객체 : EfficientDet, 맥락 : SlowFast	객체 : COCO 행동 : Kinetics 400
4	장면 인식, 객체 탐지, 안면 인식	객체 : EfficientDet, 안면 : ArcFace	객체 : COCO 얼굴 : LFW
5	영유아의 객체 탐지, 상황 이해	객체 : EfficientDet, 맥락 : SlowFat	제시하지 않음
6	영상 요약	VASNet	TvSum
7	영상 요약, 자동 태깅	FFN	

트 구축을 목표로 한다. 캡션 생성을 위한 영상 측면의 하위 과업으로 객체 탐지, 감성 인식, 장면 인식, 안면 인식을 활용한다. 상황 이해는 안면 인식을 통해 등장인물을, 객체 탐지를 통해 대상을, 행동 인식을 통해 상호작용을, 표정 인식을 통해 인물의 감정을 파악하고 이를 텍스트로 기록된 대화 내용 및 상황 설명과 연계해 학습하는 것이다. 해당 사업에서는 관련 모델을 구체적으로 제시하고 있지는 않는다.

2번에서 5번까지의 데이터세트는 방송 동영상에서의 객체 탐지, 행동 인식, 상황 이해를 위한 학습데이터 구축을 목표로 설계됐다. 2번 세트는 최대한 다양한 객체와 상황을 라벨링됐다. 상황은 행동, 시간, 장소, 내용으로 나눠 라벨링됐다. 내용은 보도에 한해서 동영상이 아닌 지면 분류 정보를 통해 활용됐다. 구축한 학습데이터를 활용할 수 있는 모델로는 동영상에서 빠르게 복수의 객체를 탐지하는 데 유용한 YOLOv3와 행동탐지 속도를 개선한 YOWO를 제시한다(Köpüklü, Wei & Rigoll, 2019 ; Redmon & Farhadi, 2018).

3번 세트는 영상 이해를 위한 학습데이터 구축을 목표로 한다. 1번 세트와 달리 영상 이해에 동영상 데이터만을 활용한다. 상황은 "기타 활동-전자기기 사용-컴퓨터"와 같은 인간 행동으로 정의된다. 4번 세트는 객체 탐지 중 특히 안면 인식을 통한 인물 인식에 특화돼 있다. 동영상에서 단지 사람인지의 여부만 탐지하는 것이 아니라, 개체명named entity 단위의 이름(본명)까지 파악하는 것을 목표로 한다. 3번 세트와 유사하게 장면 인식은 객체와 행동을 기반으로 수행된다. 5번 세트는 객체 탐지와 상황 이해를 영유아 영역에 특화시킨 것이다. 상황이 객체와 행동이 혼합된 형태로 정의된다는 점은 3, 4번 세트와 마찬가지다. 다만 객체와 행동 클래스 자체가 영유아 교육 영역에 특화되어 있다.

3, 4, 5번 세트에서는 활용 모델로 객체 탐지에 EfficientDet, 행동 인식에 SlowFast, 안면 인식에 ArcFace를 제시한다. EfficientDet은 작은 객체를 탐지할 수 있도록 YOLO를 개선한 모델이다(Tan, Pang, & Le, 2020). SlowFast는 프레임을 두 방식으로 추출해 초당 많은 프레임을 추출한 경로에서는 시간 정보를 학습하고, 적은 프레임을 추출한 경로에서는 시간 정보를 학습하는 식으로 행동을 학습한다(Feichtenhofer, et al., 2019). ArcFace는 현실 속에서 다양한 형태로 나타나는 안면을 인식하는 데 적합하다(Deng, et al., 2019).

6번과 7번 세트는 동영상 요약을 위한 학습데이터 구축을 목표로 한다. 6번 세트는 동영상의 영상 요약본을 만드는 데 초점을 둔다면, 7번 세트는 일종의 영상 요약본인 하이라이트 구간 추출만이 아니라 텍스트 요약 정보를 만드는 데 무게를 둔다. 관련된 주요 모델로는 VAS-Net과 FNNfeed-forward neural network을 제시한다(홍순기, 2021 ; Fajtl et al., 2018).

2) 원천 데이터의 설계

원천 데이터는 데이터 구축 목적에 따른 학습데이터의 특징과 구축량을 고려해 총 시간, 제공 기관, 장르, 장르별 시간, 해상도, 초당 프레임 수, 파일 포맷 등을 정의한다.

먼저 AI허브의 방송 동영상 기반 원천 데이터의 제공 기관, 장르, 장르별 분량을 살펴보자. 1번 세트는 총 분량이 21시간으로 가장 적다. 다만 다른 데이터세트에서는 없는 드라마와 독립영화를 활용했다는 점에서 의미가 있다. 원천 동영상 제공 기관은 tvN이다. 구체적인 작품명과 장르별 시간은 문서에 공개돼 있지 않다.

2번 세트는 MBN, 매일경제TV, 그리고 유튜브 동영상을 만든 매일경제신문 등 매경미디어그룹의 동영상을 활용한 것이다. 동영상 장르는 대분류 수준에서 보도, 교양, 예능, 유튜브[2]로 나눈 뒤 이를 다시 30종으로 세분화됐다. 2번 세트는 학습데이터 구축 목표량 500시간의 3배가 넘는 1,630시간을 활용해 분량이 가장 많다. 전체 동영상 중 보도가 1,146시간으로 가장 많은 비중을 차지한다. 다른 데이터세트와 비교하면 보도 외에도 예능이 219시간으로 많은 편이다.

3~4번 세트는 예능, 교양, 보도, 드라마, UGC로, 5번 세트는 유아/어린이로 대분류 수준에서 장르를 구분했다. 다양한 방송사의 동영상을 활용했으며, 특히 유아/어린이 장르가 포함돼 있다는 점이 특징이다. 총 분량은 3번 세트 768시간, 4번 세트 695시간, 5번 세트 705시간이다.

6번 세트는 유튜브 동영상으로 유튜브의 분류 체계를 활용해 15종으로 나눴다. 6번 세트의 원천 동영상은 시간 길이에 따라서도 구분돼 수집됐다. 길이 20분 미만의 동영상은 유튜브의 UGC를, 20분 이상은 KBS의 방송 동영상을 활용했다. 7번 세트를 수집하기 위해 방송 동영상은 뉴스를, 유튜브 동영상은 6번 세트와 동일한 분류 체계를 활용하되 주요 7종과 기타로 나누었다. 뉴스 동영상의 경우 방송본과 취재 원본을 함께 수집했다.

다음으로 원천 데이터의 해상도의 경우 1번 세트는 미공개, 2번 세트는 VGA급(640×480)과 HD급(1280×720)이 혼재돼 있다. 6번 세트

2. 방송사가 제작했지만 유튜브로만 송출된 동영상은 유튜브로 별도 구분했다.

와 7번 세트는 HD급 이상, 3~5번 세트는 Full HD급(1920×1080)이다. 수집 시 동영상 파일 포맷의 경우 1번 세트는 미공개, 2번 세트는 H.264나 MP4, 3~5번 세트는 MP4, 6~7번 세트는 MP4나 AVI였다. 전처리 후에는 모두 MP4로 변환해 사용했다. 초당 프레임 수는 FPS 30 이상이다.

원천 동영상의 장르는 구축 기관별로 장르 유형이 조금씩 달라 표준화가 필요하다. 관련 영역 지식을 고려하면 방송 동영상의 장르는 대분류 수준에서 보도, 교양, 예능, 드라마, 유아/어린이, 유튜브 등 UGC로 나눌 수 있다.

보도, 교양, 예능, 드라마의 중분류는 구축 목표를 고려해 방송 분야의 관행을 따르고, 유튜브 및 UGC는 유튜브 15개 분류를 활용한다. 필요시 소분류 수준에서의 보도는 지면 분류 체계를 따라 나눈다. 데이터 세트 유형별 원천 데이터의 제공자, 수정된 장르(대분류, 중분류), 장르별 수집 시간 및 파일 수는 박대민의 논문 부록을 참조하면 된다(박대민, 2023). 원천 데이터는 주로 방송사를 통해 저작권과 초상권 문제를 해결한 동영상을 AI 모델 개발 목적으로 한정해[3] 구매 형식으로 수집했다. 유튜브 동영상의 경우 2번 세트는 매일경제신문 기자의 유튜브 채널을, 6번 세트는 별도 수집 및 KBS의 유튜브 채널을, 7번 세트는 별도로 유튜브 동영상을 통해 수집됐다. 3~4번 역시 UGC를 별도 수집한 것이다. 데이터세트별로 조금씩 다르기는 하지만 대체로 국내에서 넓은 의미의 AI 개발 연구 목적으로 활용하는 데 지장은 없도록 권리가 확보가 돼 있다.

---

3. 즉, 콘텐츠 제작 및 유통에 활용할 수 없다.

원천 데이터의 표준화 대상은 장르, 파일 형식, 해상도, 초당 프레임 수 등이다. 원천 동영상의 장르는 방송 분야에 통용되는 분류 체계와 유튜브의 분류 체계를 활용할 수 있다. 방송 분야 분류 체계는 1번 세트, 2번 세트, 5번 세트를 참고하여 보도, 교양, 예능, 드라마, 영화/애니메이션, 교육으로 나뉘고 광고를 추가해 7개로 나뉜다. 유튜브 분류 체계는 영화/애니메이션, 자동차, 음악, 반려동물/동물, 스포츠, 여행, 일상, 코미디, 스타일링/뷰티, 게임, 뉴스/정치, 비영리/사회활동, 인물/블로그, 엔터테인먼트, 음식 등 15개이다.

AI허브에 공개된 데이터세트의 원천 동영상 포맷은 대체로 대동소이하다. 파일 형식은 MPEG-4를 따른다. 해상도의 경우 VGA급과 HD급이 혼재되어 있다. HD방송이 시작된 것은 2000년 8월로 과거 동영상에 AI 기술을 적용하기 위해서는 상대적으로 저해상도인 동영상을 활용한 학습데이터가 유용할 수 있다. 또한 AI 모델은 저수준 특징에 기초해 학습하는 경우가 많다. 때문에 원천 데이터의 해상도가 VGA급(640×480) 이상이면 학습데이터를 구축하는 데 무리가 없을 것으로 보인다. 다만 방송 서비스 이외에 다양한 목적으로 학습데이터를 추가로 구축하기 위해 고해상도 원천 데이터를 활용할 수 있다. 한편 AI허브에 활용된 원천 동영상의 초당 프레임 수는 대부분 30FPS로 이를 적용할 수 있다.

3) 학습 데이터세트의 설계

앞서 구축 목적에서 살펴보았듯이 7종의 데이터세트는 객체 탐지, 행동 인식, 안면 인식, 영유아 객체 탐지 및 영유아 행동 인식, 감성 인식, 동영상 요약을 위한 모델 개발에 활용된다. 동영상 분류는 7종 모두 원천 데이터세트 정의 단계에서, 객체, 행동, 상황 클래스는 1 ~ 5번과 7번 데이터세트에서, 안면 클래스는 1번 세트와 4번 세트에서, 감정 클래스는 1번 세트와 7번 세트에서 정의했다. 각 데이터세트의 클래스 정의는 분야별 벤치마크 데이터세트를 참조하고 있다. 데이터세트 유형별 사업 목적 등을 고려해 이 절에서는 객체와 행동 클래스는 2번 세트, 상황 클래스는 2 ~ 5번 세트와 7번 세트, 감정 클래스는 1번 세트, 영상 클래스는 6번 세트를 중심으로 기술한다.

(1) 어노테이션 포맷

클래스 설계에 앞서 어노테이션 포맷 설계를 살펴보자. 방송 서비스를 위한 객체 탐지의 어노테이션 유형은 바운딩박스를 기본적으로 사용하며 프레임 단위로 인스턴스를 구성할 수 있다. 자율주행차 데이터세트의 경우 하나의 프레임 내에서 자동차의 이동 방향 등을 결정해야 하므로 하나의 프레임 안에서도 세그먼트 단위의 라벨링이 필요할 수 있다. 그러나 방송 동영상의 영상 검색이나 내용 분석에는 통상적으로 프레임 단위나 클립 단위에 어떤 객체가 있는지만 파악하는 것으로도 충분할 수 있다. 때문에 방송용 학습 데이터세트는 키포인트나 폴리곤 등을 활용하는 것보다 바운딩박스 형태로 구축해 비용을 절감하고 클래스와 클래스별 구축량을 늘리는 것이 효율적이다.

행동 인식용 학습데이터의 경우 하나의 행동이 끊김없이 담긴 샷 단위의 클립이 적합하다. Kinetics 400의 사례를 따른다면 클립의 길이는 10초 안팎으로 잡을 수 있다. AI허브에 구축된 행동 인식용 방송 동영상세트의 경우 방송의 장면 전환 기준으로 분할되기 때문에 대체로 짧은 편이다. MOT 수준의 행동 인식의 경우 장면 전환 시에도 동일 객체의 바운딩박스 간에 ID를 재할당할 수 있어야 한다. 따라서 MOT용 데이터세트의 클립 길이는 샷 단위보다 씬 단위로 좀 더 길게 만들어야 할 수 있다. 대체로 광고나 숏폼 동영상 길이인 30초에서 보도 동영상 한 꼭지에 해당하는 길이인 90초 사이가 적합해 보인다. 이는 MOT16의 클립 길이가 22 ~ 85초 사이로 제공되는 것과도 일맥상통한다.

한편 방송 동영상은 보다 쉬운 스토리텔링을 위해 한 화면에 소수의 핵심 객체를 큰 크기로 집중해 담는 경향이 있다. 이는 방송 동영상의 경우 바운딩박스의 크기를 다소 크게 잡아도 된다는 것을 시사한다. 사실 바운딩박스 크기를 너무 작게 잡아서 너무 많은 객체를 라벨링하는 것은 너무 많은 정보를 제공해 오히려 방송 동영상의 내용을 이해하는 데 방해가 될 수도 있다. 또한 방송 동영상은 한 화면에 소수의 객체를 집중적으로 담기 때문에 하나의 클립 안에 클래스의 다양성은 상대적으로 적을 수 있다. 따라서 방송 동영상을 활용한 학습 데이터세트는 바운딩박스 크기를 크게 잡고, 클래스 종류를 적게 해도 무방하다. 실제로 7종 데이터세트 중 2번 세트가 바운딩박스 크기를 40×40 픽셀로 비교적 크게 잡았다.[4]

상황과 관련된 시간, 장소 역시 바운딩박스로 라벨링할 수 있다. 다만 발화 상황을 라벨링한 1번 세트와 맥락을 2초 이상의 일관된 상황으로 정의한 3번 세트를 참고할 때 객체, 행동, 시간, 장소 등이 복합된 상황 자체는 일정 길이의 씬 단위로 라벨링하는 것이 적합해 보인다. 또한 스크립트나 지면 정보, 주제어 등의 메타 정보를 얻을 수 있다면 일종의

4. 참고로 동영상 내 객체 탐지에 널리 사용되는 모델인 YOLO는 학습데이터의 바운딩박스 최소 크기가 7×7로 해당 데이터세트로 학습하는 데 무리가 없다.

멀티모달 형태로 내용을 함께 제공한다.

동영상 분류를 위한 특징 추출 역시 YouTube-8M과 같이 바운딩 박스 형태로 라벨링할 수 있다. 동영상 요약을 위한 학습데이터는 TvSum과 마찬가지로 키샷을 활용한다. 연구 목적의 내용 분석의 경우 키프레임을 활용해도 무방하다. 그러나 동영상 예고편을 만들거나 1차 편집에 활용할 경우 내용의 연속성을 고려할 때 키프레임이 아닌 키샷이 적합해 보인다.

동영상 요약 데이터세트의 경우 6번 세트와 TvSum을 참고할 수 있다. 6번 세트의 경우 2~60분 사이의 원천 동영상에 대해 1분당 3초짜리 키샷을 추출했다. TvSum의 경우 동영상을 2초짜리 샷으로 나누고 50개 동영상에서 총 1,000개의 키샷을 추출했다. 대략 12~13초마다 하나의 키샷을 라벨링한 셈이다. 종합하면 요약 데이터세트는 원천 동영상을 2~3초 안팎의 숏 단위로 나누고 짧은 길이의 동영상은 15초당 1개의 키샷을, 긴 길이의 동영상은 1분당 1개의 키샷을 추출하며, 각 키샷의 길이는 2~3초 안팎으로 설정한다.

(2) 객체, 행동 클래스의 설계

객체 클래스는 2번 세트에서 이미지넷[5]과 같은 벤치마크 데이터세트를 참조하면서 방송사의 영역 지식을 기반으로 여러 범용 사전을 활용해 다양한 방송 동영상 장르에 포괄적으로 적용 가능한, 최대한 많은

---

5. 이미지넷의 대분류는 식물(plant, flora, plant life), 지형(geological formation, formation), 자연물(natural object), 스포츠(sport, athletics), 인공물(artifact, artefact), 균사체(fungus), 인간(person, individual, someone, somebody, mortal, soul), 동물(animal, animate being, beast, brute, creature, fauna), 기타(miscellaneous) 등 9개로 되어 있다.

클래스 정의를 시도했다. 예를 들어 인물의 분류는 한국언론진흥재단의 뉴스 빅데이터 분석 시스템인 "빅카인즈BigKinds"의 지면 분류 체계를 응용했다. 상품은 KDX한국데이터거래소가 2020년 공개한 상품명 사전(버전 1.3)을[6], 식물은 서울연구원 가로수 자료[7]와 네이버 꽃 분류[8]를, 인공물[9]은 위키피디아를, 인공물 중 악기[10]와 국악기[11]는 나무위키를, 미술은 글로벌 세계 대백과사전[12]을 활용해 정의되었다. 지형은 측량학의 분류를 활용해 정의되었다(이재기 등, 2013). 스포츠와 운동선수 분야는 IOCInternational Olympic Committee의 올림픽 경기 종목을 참고했다. 최종적으로 방송에 대한 영역지식을 활용하고 라벨링 작업 중의 피드백을 반영해 클래스의 간소화 작업을 진행했다. 객체 대분류는 건축, 공간, 군사, 문화, 바이러스, 사람, 사물, 식품, 운동선수, 육상생물, 의류/악세서리, 이동수단, 인물(소속), 장소, 주류, 지형, 직업, 해양생물, 화장품 등 19개이다.

행동 클래스는 2번 세트에서 Kinetics 400를 기초로 영역 지식 및 작업 중 피드백을 바탕으로 정의됐다(Kay et al,. 2017). 대분류만 제시하면 개인용모 관리, 개인운동, 꾸미기, 농경/조경, 동물과 상호작용, 레포츠, 만들기, 무용, 스포츠, 식생활, 신체 기본 동작, 연주하기, 오락, 육아/보육, 의사소통, 이동하기, 정리하기, 기타/콘텐츠 등 18개 클래스가

6. https://kdx.kr/data/view?product_id=2906
7. https://www.si.re.kr/node/408
8. https://search.naver.com/search.naver?where=nexearch&query=꽃찾기
9. https://ko.wikipedia.org/wiki/분류:인공물
10. https://namu.wiki/w/악기
11. https://namu.wiki/w/국악기
12. https://ko.wikisource.org/wiki/글로벌_세계_대백과사전/한국미술/미술의_종류

있다.

객체, 행동 관련 개별 클래스의 표준화는 관련 벤치마크 데이터세트를 기초로 하되, 방송 영역에 맞게 범용 사전을 활용하는 방식으로 갱신할 수 있다. 이 연구에서는 2번 세트의 클래스를 중심으로 표준화했다. 앞서 살펴보았듯이 2번 세트는 ImageNet1000을 기초로 방송 영역의 관행에 따라 백과사전 등 범용 사전이나 관련 업계의 분류 체계를 검토해 클래스를 정의됐다. 가장 많은 장르와 프로그램을 대상으로 가장 많은 클래스를 라벨링하기도 했다. 상황과 구분되는 별도의 행동 클래스를 정의한 유일한 데이터세트기도 하다.

이상의 AI허브 방송 동영상 학습 데이터세트들은 전체적으로 표준화되어 있지 않다. 이에 클래스 표준화는 다음과 같이 시도할 수 있다. 우선 7종의 데이터세트에서 정의한 클래스의 용어를 통일한다. 다음으로 중복 분류된 클래스를 병합하거나 잘못 분류된 클래스를 재분류한다. 예를 들어 중분류의 '과일'이 대분류의 '식품'과 '육상 생물'에 모두 들어가 있다면 이를 '식품'으로 모두 이동한다. '장관'이 기업의 행정 관리직에 들어가 있다면 이를 정계 직업으로 재분류한다.

전체적으로 객체와 행동의 분류 수준은 대/중/소 등 3단계로 조정됐다. 이 과정에서 종별로 분류 수준이 다른 경우 이를 일관되게 맞췄다. 예를 들어 2번 세트에서 객체를 대/중/소분류로, 3번 세트에서 대/중분류로 나눴다면 이를 대/중/소분류로 통일한다. 다른 예로 3번 세트에서 '악기'가 대분류이고, 2번 세트에서 중분류라면 이를 중분류로 통일한다. 클래스 간의 용어가 다르게 표기되어 있으면 하나로 통일한다. 또한 분류 수준이 너무 세분화되어 인스턴스 수도 적게 나오는 경우 집계해 재분류한다. 예를 들어 간호사가 '전문간호사'와 '일반간호사'로 세분되면 병합한다.

클래스 간의 용어가 다르게 표기되어 있으면 하나로 통일한다. 예를 들어 2번 세트의 '텔레비전'을 3번 세트에서는 'TV'로 표기하고 있다면 이를 '텔레비전'으로 통일한다. 반대로 다른 종류의 클래스가 동일한 용어를 사용하는 경우 용어를 변경한다. 예를 들어 일반 생강과 다진 생강을 모두 '생강'이라고 표기할 경우 다진 생강은 '다진 생강'으로 변경한다. 또한 구분이 어려운 경우 병합한다. 예를 들어 '보조연기자'와 '배우'는 병합한다. 이밖에 띄어쓰기를 제거하고 맞춤법 등을 수정한다. 표준화 결과 객체 28/212/1338개, 행동 18/56/353개를 도출했다(박대민, 2023).

방송 동영상 학습 데이터세트는 실연 영상을 원천 동영상으로 활용할 뿐만 아니라, 장르별로 특정 객체나 행동, 상황 등이 강조되는 특성이 있기 때문에 모든 클래스가 균일한 양을 가진 균일성을 달성하기는 어렵다. 예컨대 방송 동영상이나 유튜브 동영상은 전체적으로 인물이나 그 밖의 중심이 되는 특정 객체 등의 클래스가 다른 클래스에 비해 훨씬 많이 등장할 수밖에 없다. 이는 비단 AI허브의 방송 동영상 데이터세트만이 아니라 YouTube-8M와 같은 데이터세트도 마찬가지다. 따라서 방송 동영상 활용 학습데이터는 균일성보다 클래스의 다양성과 클래스별 데이터세트의 양이 일정 기준을 넘었는지를 중시하는 것이 타당하다.

구축량을 계산하는 어노테이션 단위의 경우 객체는 바운딩박스 수, 행동은 클립 수로 계산한다. 학습에 충분한 최소 수는 벤치마크 데이터세트를 기준으로 삼고자 한다.[13] COCO에서 객체는 클래스당 인스턴스

13. 실제로 구축량이 충분한지는 직접 모델을 학습시키고 모델의 성능을 평가해 확인해야 한다. 학습 시 적절한 데이터세트 규모는 1회 학습에 사용하는 영상의 수인 배치 크기

수 5,000개 이상을 제공한다. 행동의 경우 Kinetics 400에서는 대략 클래스당 400개 이상의 클립을 제시한다. AI허브의 학습 데이터세트 7종에서 어떤 데이터세트는 대/중/소의 3단계로, 다른 데이터세트는 대/소 또는 대/중의 2단계로 분류돼 있다. 또한 같은 분류 수준에서도 어떤 데이터세트는 소분류가 지나치다 싶을 정도로 세분화돼 있는 반면 다른 데이터세트는 소분류가 중분류에 해당하는 경우도 있다. 게다가 AI허브에 공개된 가이드라인에는 소분류 수준까지 구축량이 공개돼 있지 않는 경우도 많다. 이에 따라 표준화한 후 구축량을 산정할 때 보수적으로 계산하고 일부 부족한 구축량은 실제 세부 데이터세트를 검토해 보완할 수 있다고 가정한다. 이에 따라 구축량의 최소 기준은 벤치마크세트보다 다소 적다. 객체는 클래스당 4,000개 이상, 행동은 클래스당 300개 이상의 클립으로 보고 해당 클래스를 제시했다. 소분류 수준에서 기타로 분류된 클래스는 최소 구축량을 채웠더라도 제시하지 않았다.

검토 결과 2번 세트에서 객체의 경우 소분류 기준 477개의 클래스가, 행동의 경우 소분류 기준 41개의 클래스가 도출됐다. 해당 클래스들은 박대민의 논문 부록을 참조하면 된다(박대민, 2023). 충분한 양이 구축된 클래스의 경우 모델 개발에 즉시 활용할 수 있을 것으로 기대된다.[14] 학습데이터가 다소 부족한 다른 클래스의 경우 AI허브의 방송 동영상을 활용해 분석 목적에 맞는 클래스의 학습데이터를 라벨링하면서 클래스

(batch size), 클래스당 반복 횟수(iteration), 학습해야 할 클래스 수, 데이터세트에서의 학습세트, 검증세트, 평가세트 비중 등의 영향을 받는다.

14. 구축량이 충분하더라도 품질이 나쁘면 활용이 어려울 수 있다. AI허브의 학습데이터는 구축 기관이 자체 검수 및 TTA의 추가 검증 등을 거쳤기 때문에 활용 가능한 수준의 높은 품질을 갖추고 있다고 간주했다. TTA의 품질 기준에 대해서는 다음 문헌을 참고하라(신준호, 2021 ; 한국지능정보사회진흥원, 2021. 2b).

를 추가해 갈 수 있다.

(3) 상황 클래스의 설계

상황 클래스는 맥락, 장면과 유사하게 정의되며 보통 객체, 행동, 시간, 장소, 감정, 내용 등이 결합된다.[15] 감정 클래스를 정의한 1번 세트의 경우 앞서 소개한 감정 관련 벤치마크 데이터세트인 AffectNet의 분류를 그대로 활용했다. 인물 클래스의 경우 1번 세트와 4번 세트 모두 안면 인식을 사용해 개체명 단위, 즉 개별 인물의 이름으로 클래스를 부여했다.[16] 2번 세트의 경우 행동 클래스를 별도로 라벨링하고, 상황은 시간, 장소, 내용으로 정의했다. 시간의 경우 대분류는 계절(4개 소분류), 시간 단위(6개 소분류) 등으로 나눴다. 장소는 서비스산업총연합회의 서비스업장의 분류를 기반으로 했다. 서비스업장 분류는 대분류 수준에서는 숙박, 예술, 스포츠 등 추상적인 29개 업종으로 나눠지지만, 소분류 수준에서는 호텔, 미술관, 야구장 등 구체적인 장소 131개로 제시된다. 내용은 보도 동영상의 자연어처리 데이터를 활용해 라벨링된다. 내용은 "빅카인즈"의 지면 분류를 기반으로 18개 중분류 5,664개 소분류로 정의됐다. 중분류가 기타인 경우 지면 태그 정보를 일부 활용한다.

3번 세트는 상황 대신 맥락이라는 용어를 사용하지만, 실제로는 행동과 연계된 상황으로 볼 수 있다. 3번 세트에서 맥락은 "2초 이상 보편적이고 일관되게 인지되는 연속적 상황"으로 조작적으로 정의된다(줌인터넷, 2020. 12a). 대분류 수준에서 인간의 활동으로, 중분류에서 소분류

15. 상황은 객체와 행동과 달리 '오전 10시 공원에서 남성이 강아지와 조깅'과 같이 객체, 행동, 시간, 장소, 내용이 중첩될 수 있다.
16. 1번 세트는 극중 인물명을, 4번 세트는 실제 출연자의 인명을 사용했다.

의 상위 개념 또는 동작 개념으로, 소분류에서 보다 구체적인 맥락으로 정의된다. 즉, 대분류와 중분류는 행동에 가깝게, 소분류는 행동과 관련된 상황으로 볼 수 있다. 대분류 수준의 활동은 관리 활동, 상호 작용, 생산 활동, 식음료 관련 활동, 신체 활동, 예술 문화 활동, 취미 활동, 탈것, 기타 활동 등 9개다.

4번 세트에서는 상황을 행동과 결합된 장면으로 본다. 장면은 "동일 인물이 동일 공간에서 벌이는 행위 또는 사건"으로 정의된다(줌인터넷, 2020. 12b). 3번 세트의 맥락과 4번 세트의 장면은 대동소이하다고 볼 수 있다. 실제로 4번 세트의 장면 클래스 29개(소분류 기준)는 산책하기, 배구 활동 등 2개를 제외하고 3번 세트의 맥락 클래스에 포함된다.

5번 세트는 중분류까지만 클래스를 정의하고 있어서 3번 세트에 비해 다소 포괄적이지만, 3번 세트와 달리 '화내기'와 같은 감정 관련 상황이 포함돼 있다. 5번 세트의 상황 분류(상황 이해)는 영유아 교육 영역 전문가와 개발사가 영유아 활동에 초점을 두고 상황을 자체적으로 정의한 것이다. 5번 세트의 대분류 수준의 상황 클래스는 일상생활, 안전, 사회/인성, 감정, 창의/예술, 신체활동, 놀이/운동, 학습/교육, 의사소통/사고하기 등 9개이다.

7번 세트는 우선 동영상 하이라이트 구간을 추출하고 해당 구간에 대한 텍스트 요약 성격의 설명을 장소, 인물 관계, 감정, 행동으로 나타낸다. 모든 하이라이트 구간에는 네 종류의 요약 정보가 반드시 들어가며 위치 정보가 없다. 결국 하이라이트 구간 클립에 대한 상황을 네 종류의 요약 정보 형태로 기술한 것으로도 볼 수 있다.

7종 데이터세트는 6번 세트를 제외하면 모두 상황 또는 그에 준하는 클래스를 다룬다. 다만 상황은 1번 세트에서는 대화 내용, 묘사, 2번 세트에서는 시간, 장소, 내용(지면과 주제어)의 결합, 3번 세트는 맥락, 4번 세트는 장면, 5번 세트는 행동, 7번 세트는 행동, 장소, 인물 관계, 감정 등으로 구성된 요약 등 다양한 용어로 서술된다.

상황 클래스는 비정형 데이터의 성격이 가장 두드러진다. 영상의 상황을 캡션 형태로 완전한 자연어로 설명할 수도 있지만, 상황은 완전한 비정형으로 무한대에 가까워진다. 때문에 여기서는 상황을 각 데이터세트의 정의를 종합하고 보도 분야의 영역 지식을 활용해 라벨링 가능한 형태로 정의한다. 우선 상황은 행동 중심으로 규정된다. 한편 보도에서는 다양한 상황을 지면 정보(정치, 경제, 사회, 문화, 국제)에 따라 분류하고 이를 육하원칙(누가, 언제, 어디서, 무엇을, 어떻게, 왜)에 따라 기술한다. 즉, 상황은 인물, 시간, 장소, 객체 등의 클래스가 결합된 형태다. 여기에 1번 세트의 대사, 감정, 캡션, 2번 세트와 같은 지면 정보와 기사를 자연어처리한 주제어 등 내용을 추가할 수 있다.

이를 종합하면 상황은 행동, 객체(인물 포함), 감정, 시간, 장소, 지면 관련 클래스와 비정형 상태의 주제어, 캡션, 대사의 결합으로 제시될 수 있다. 객체, 행동 관련 클래스 표준화는 앞 절에서 설명했다. 인물 클래스의 경우 '성별', '나이대' 등의 인구통계학적 속성이 2번 세트에서 객체 클래스에 포함되어 있다. 1번 세트와 4번 세트처럼 개별 인명, 즉 개체명 수준에서 인물을 탐지하는 것은 해당 클래스를 비정형으로 다루는 것이므로 표준화 규칙에서 제외한다. 감정 클래스의 경우 앞서 검토한 AffectNet의 8개 클래스를 사용한다. AffectNet의 감정 클래스는 1번 세트와 4번 세트에서 실제 적용됐다. 시간, 장소, 지면은 2번 세트의 클래스 분류를 따른다. 주제어, 캡션, 대사는 각각 구분된 속성으로 정의되고, 사전 정의된 클래스 없이 비정형 형태로 다뤄진다. 지면, 감정, 주제어, 캡션, 대사는 내용에 해당한다.

하나의 클립에는 다양한 유형의 클래스가 존재할 수 있다. 대체로 전처리 단계에서 원천 동영상을 컷 단위로 분할하는 것이 데이터세트 구축이나 학습 측면에서 효율적이다. 클립을 컷 단위로 분할할 경우 지면은 물론이고 시간, 장소의 변화도 최소화된다. 객체, 행동은 복수로 등장할 수 있다. 방송은 핵심 내용 중심으로 서사를 진행하므로 객체와 행동은 인스턴스 크기 기준으로 각각 상위 3개까지만 상황 정보에 활용하는 것으로 충분하다.

이 연구에서는 상황 클래스 표준화 범위를 반정형화가 가능한 시간, 장소, 감정, 내용(지면)으로 한정한다. 표준화 결과 상황은 감정 8, 내용(지면) 8/55, 시간 2/10개, 장소 25/92개의 표준화된 클래스를 도출했다. 각각의 표준화 결과는 박대민의 논문 부록을 참조하면 된다(박대민, 2023). 상황 클래스는 위 클래스의 조합이므로 구축량을 대략적으로라도 파악할 수 없어 별도로 재산정하지 않았다.

4) 데이터 입력 정보 형식

AI허브의 방송 동영상 활용 AI 학습 데이터세트는 원천 동영상과 메타데이터를 포함한 어노테이션 데이터세트로 구성된다. 어노테이션 데이터세트는 JSON 파일로 제공됐다. 여기서는 객체, 행동, 상황 관련 과업인 1~5번 세트를 중심으로 살펴본다. 데이터세트 유형별 입력 정보는 〈표 10-4〉에 정리했다.

각 데이터세트의 어노테이션 유형을 살펴보면 1번 세트는 객체와 인물, 2번 세트는 객체와 행동, 3~5번 세트의 객체는 바운딩박스로 라벨링됐다. 바운딩박스의 최소 크기는 2번 세트가 가로×세로 40화소(40×40), 3~5번 세트가 24×24이다. 4번 세트의 인물은 키포인트로 라벨링됐다. 1~5번 세트의 상황(장면, 맥락 포함)은 클립 단위로 라벨링된다. 입력 정보의 세부 내용은 데이터세트별로 다르다. 여기서는 COCO 포맷과 유사한 형태로 정보를 제공하는 3~5번 세트를 중심으로 설명한다. 3~5번 세트는 제공 정보를 크게 작업 관련 메타 정보를 담은 부가 정보header, 태깅 정보를 담은 어노테이션 정보, 객체, 행동, 인물, 맥락/상황의 분류 정보를 담은 클래스, 즉 카테고리category 정보

표 10-4 AI허브 방송 동영상 데이터세트의 입력 정보 포맷

번호	어노테이션 유형	어노테이션 정보
1	바운딩박스	동영상 클립 정보 – 이미지 정보 : 인물 정보(인물 ID, 얼굴 영역, 전신 영역, 행동 정보, 성별, 연령대, 인물 감정, 인물 묘사), 객체 정보(객체 ID, 객체 종류, 객체 영역) – 상황 정보(텍스트) : 상황 설명 문장 – 발화 정보(텍스트): 발화자 ID, 발화분석 정보(스크립트), 발화 시작시간, 발화 종료시간
2	객체, 행동 : 바운딩박스(40×40 이상)	비디오ID 메타정보 : 유형코드, 대분류코드, 중분류코드, 소분류코드, 비디오 시작프레임, 비디오 종료프레임, 박스정보(x, y, w, h)
3	객체 : 바운딩박스(24×24 이상) 안면 : 키포인트 맥락 : 씬	Header – 데이터 버전, 데이터 이름, 데이터 설명, 데이터 생성일자 Annotations – 클립 단위 어노테이션 : 클립 파일 경로, 클립 카테고리 ID, 클립 길이(초) – 프레임 단위 어노테이션 : 프레임 파일 경로 – 객체/인물 단위 어노테이션 : 객체/인물 바운딩박스 위치 정보, 객체/인물 카테고리ID Category – 맥락/상황 분류 정보 : 카테고리 ID, 이름(대/중/(소)분류) – 객체/인물 분류 정보 : 카테고리 ID, 이름

등 세 가지로 구성된다. 포맷은 라벨링하는 개체와 어노테이션 방식에 따라 조금씩 다르다. 객체 데이터세트에는 부가정보와 객체 어노테이션 정보, 객체 카테고리 정보가 들어간다. 상황 데이터세트는 1번 세트의 경우 클립 단위의 상황 라벨링에 발화 정보가, 3 ~ 5번 세트의 경우 클립 단위 상황 라벨링에 클립 내 객체 바운딩박스 정보가 포함된다. 인물 데이터세트는 부가 정보와 인물 어노테이션 정보, 인물 카테고리 정보로 구성된다.

클래스와 마찬가지로 1 ~ 7번 세트의 데이터 입력 정보 형식 역시 표준화되어 있지 않다. NIA는 데이터세트의 입력 정보 포맷을 COCO 데이터 포맷을 활용하도록 권고한다(한국지능정보사회진흥원, 2022. 2a). 구축된 방송 세트의 경우 3, 4, 5번 세트의 입력 정보 포맷으로 COCO 포맷을 활용한다. 그러나 3, 4, 5번 세트의 입력 정보 포맷도 서로 조금씩 다른데다가 1번 세트와 2번 세트는 COCO 포맷과 다소 차이가 크다. 요약 및 하이라이트를 위한 6번 세트와 7번 세트의 경우 과업에서 차이가 난다. 여기서는 객체 탐지를 위한 바운딩박스 중심의 COCO 데이터 포맷을 소개한다.

COCO 데이터 포맷에는 메타 정보info, 원천 데이터의 전체 영상 정보image, 라이센스 정보licence, 각 영상별 라벨링한 어노테이션 정보annotation, 클래스 정보categories가 포함되어 있다. 우선 메타 정보는 학습 데이터세트 기본 정보로 구축 연도year, 버전version, 설명description, 구축자contributor, 구축일자date_created를 포함한다. 영상 정보는 원천 데이터에 관한 정보로 원천 데이터 영상의 고유 IDid, 영상의 폭width과 높이height, 파일명file_name, 라이센스 정보license, 원천 영상의 주소flickr_ url, 학습데이터 영상의 주소coco_url, 수집일date_captured을 포함한다.[17] 라이센스 정보는 라이센스 정보 ID, 라이센스 정보에 대한 설명을 담고 있는 사이트 주소url, 라이센스 이름name으로 구성된다. 라이센스는 보통 크리에이티브 커먼즈creative commons의 규칙을 활용한다. 어노테이션 정보는 라벨링한 인스턴스의 위치 및 클래스 정보를 담고 있다. 어노테이션 정보에는 인스턴스의 고유 ID, 원천 데이터 영상 IDimage_id, 라벨링한 특정 클래스의 IDcategory_id, 위치 정보area를 담는다. 위치 정보에는 바운딩박스의 시작점과 폭과 높이x, y, width, height, 단일 또는 복수 객체 여부iscrod[18] 등이 포함된다. 카테고리 정보는 클래스를 분류한 정보를 의미한다. 클래스의 고유 ID, 클래스 이름name, 상위 카테고리supercategory로 구성된다. 예를 들어 이름은 "고양이", 상위 카테고리는 "동물"로 정의할 수 있다. COCO 데이터 포맷의 파일 형식은 JSON이다.

COCO 포맷은 어노테이션 유형에 따라 세부적인 데이터 입력 정보 포맷이 약간씩 달라지도록 하여 다양한 학습데이터에 대응할 수 있게 만들어져 있다. 어노테이션 유형만이 아니라 과업에 따라서도 달라질 수 있다. 예를 들어 객체 탐지는 프레임 단위의 바운딩박스로 어노테이션한다. 행동 인식은 클립 단위의 바운딩박스로, 감성 인식은 프레임 단위의 얼굴 키포인트로 어노테이션한다. 상황 이해는 클립 단위의 객체, 행동, 감정, 시간, 장소, 내용을 결합해 라벨링될 수 있다. 요약은 클립 단위의 키샷으로 라벨링된다.

---

17. 원천 영상의 주소와 학습데이터 영상의 주소가 'flickr_url', 'coco_url'인 것은 무료 사진 공유 서비스인 flickr에서 수집해 COCO로 공개했기 때문으로 보인다. 실제 구축 시에는 변경한다.

18. 1이면 복수 객체를 하나로 어노테이션 한 것을, 0이면 개별 객체를 각각 어노테이션한 것을 의미한다.

COCO 포맷은 데이터 표준화와 품질 관리 측면에서 다소 보완할 여지가 있다. 우선 원천 데이터의 경우 개별 파일 단위로 법, 제도 준수 및 신뢰성 측면에서 저작권자 정보, 비식별화 여부, 개인정보 활용 동의 여부 등을 포함할 수 있다. 파일 포맷, 해상도, 초당 프레임 수로 나타내는 프레임 레이트 등도 추가할 수 있다. 어노테이션 데이터 정보에는 특히 의미 정확성을 쉽게 확인할 수 있는 정보를 입력할 수 있다. 즉, 개별 학습데이터별로 IoU, F1 점수와 같은 측정 지표, 그리고 해당 지표로 측정한 개별 품질 점수를 부여할 수 있다. 이러한 정보는 서로 다른 기관이 방대한 학습데이터를 구축했을 때 이를 통합하는 과정에서 유용하게 활용할 수 있다.

4. 방송 동영상 활용 AI 학습데이터의 표준화 결과

정리하면 AI허브에서는 2022년까지 tvN, MBN, 매일경제TV, EBS, SBS, YTN, OBS, KBS 등 9개 언론사에서 수집된 드라마, 보도, 교양, 예능, 영화, 유튜브 등의 방송 동영상을 활용해 AI 학습데이터를 구축해 공개하고 있다. 총 21,804시간 분량의 7종 학습데이터를 검토한 결과 총 구축 규모는 객체 129,514,816개(바운딩박스 기준), 행동 124,521개(클립 기준), 상황 3,136,345개(클립 기준), 인물 22,099개(바운딩박스 및 키포인트 기준), 샷 6만 개(키샷 기준) 등 총 1억 3288만 개에 육박한다. 구축된 학습데이터는 비전 분야의 객체 탐지, 행동 인식, 상황 이해, 동영상 요약 등에 활용될 수 있다.

7종의 설계 분석 결과와 벤치마크 데이터세트를 참조해 원천 데이터와 학습 데이터세트, 입력정보를 표준화했다. 그 결과 객체 28/212/1338

개, 행동 18/56/353개, 상황은 감정 8, 내용 8/55, 시간 2/10개, 장소 25/92개의 표준화된 클래스를 도출했다. 이어 표준화 결과에 따라 2번 세트를 기준으로 구축량을 재산정하고, 구축량이 충분한 주요 객체와 행동 클래스를 정리했다. 최종적으로 바운딩박스가 4,000개 이상인 주요 객체 클래스는 477개, 클립 수 300개 이상인 주요 행동 클래스는 41개였다. 참고로 상황은 장면, 맥락 등 다양한 명칭으로 과업명이 부여되어 있었는데 이를 상황으로 통일할 수 있다. 상황은 행동과 구분하여 객체, 행동과 함께 시간, 장소, 감정, 내용(지면)이 결합된 비정형 형태로 정의할 수 있다. 상황 클래스의 표준화는 시간, 장소, 감정, 내용(지면) 각각에 대해서만 시도했다. 감정 클래스의 경우 AffectNet에 따라 8개로 제시했다. 시간과 장소, 내용(지면)은 2번 세트를 중심으로 기준을 제시했다. 객체, 행동, 상황의 세부 클래스 리스트와 주요 객체, 행동의 클래스별 구축량은 관련 논문을 참조하라(박대민, 2023).

AI허브 방송 동영상 학습 데이터세트는 방송 동영상의 자동화된 내용 분석을 위한 딥러닝 기반 모델 개발에 활용될 수 있다. 특히 원천 동영상과 함께 AI 모델 개발 목적으로는 무상으로 사용할 수 있다는 장점이 크다. 다만 현재는 데이터 활용에 어려움이 있다. 현재는 AI 학습데이터가 종별로 하나의 파일로 압축되어 업로드되어 있다. 다른 종이지만 유사 과업의 데이터세트를 사용하려면 연구자가 각각의 데이터세트 전체를 다운로드 받은 뒤 파일별로 선별해야 한다. 다른 종이지만 동일한 클래스의 데이터세트를 활용하려고 할 때에도 마찬가지다.

따라서 보다 효율적인 데이터세트 구축을 위해서는 AI허브를 통합 DBdatabase화할 필요가 있다. 통합 DB 구축을 통해 데이터세트를 종별이 아닌 원천 데이터 장르별, 과업별, 클래스별, 어노테이션별로 검색하고 프레임 단위 또는 클립 단위로 원천 동영상과 어노테이션 데이터세트를 함께 다운로드 받을 수 있다.

통합 DB 구축을 위해서는 우선 데이터 표준화가 필요하다. 즉, 데이터 표준화를 바탕으로 통합 DB를 구축함으로써 AI허브의 데이터세트 활용도를 대폭 향상시킬 수 있을 것이다. 데이터 표준화를 바탕으로 활용도 높은 학습데이터를 추가로 구축하는 데도 도움을 줄 수 있다.

CHAPTER 11

미디어 인공지능의 모델과 활용

※ 이 장은 다음 논문의 일부를 활용하고 수정한 것이다. 박대민(2022). 미디어 인공지능 : 컴퓨터 비전 분야 딥러닝 모델의 미디어 동영상 적용 가능성에 관한 연구. 〈커뮤니케이션이론〉, 18권 1호. 111-154.

이 장에서는 미디어 동영상 분야에서 활용도가 높은 주요 AI 과업을 정리하고 과업별로 사용 가능한 AI 모델을 간단히 소개한다. 그러한 과업으로 판별 모델을 활용하는 객체 탐지, 안면 인식, 표정 인식, 랜드마크 인식landmark recognition, 상품 인식product recognition, 행동 인식, 자세 추정pose estimation, 상황 이해context comprehension, 이상 탐지anomaly detection, 동영상 분류video classification와 생성 모델을 활용하는 영상 생성, 영상 변환, 동영상 요약 등이 있다. 각 과업은 미디어 분야와 관련성이 높으면서 동시에 AI허브에 관련된 과업의 AI 학습데이터가 공개된 경우를 주로 선정해 활용도를 높였다.

과업별 SOTA의 기본은 CNN, RNN, GAN, AE, 확산 모델 등 주요 알고리즘을 조합하고 응용해 최적 성능을 내도록 개선한 것이다. 따라서 주요 알고리즘을 이해하고 있다면 대부분의 SOTA의 원리도 파악할 수 있다. 다만 과업별 SOTA는 수시로 갱신되므로 연구자나 실무자는 실제 적용 시점에 SOTA를 검토할 필요가 있다. 이 연구는 충분히 뛰어나면서도 미디어 서비스에서 활용 가능할 정도로 널리 사용되어 검증된 모델을 우선 소개한다. 즉, 페이퍼스위드코드닷컴에서 높은 활용도와 관심도를 보여주거나, AI허브에서 AI 학습 데이터세트의 검증용 모델로 활용된 경우를 중심으로 간략히 살펴본다. 여기서 제시된 연구는 예시이며, SOTA는 수시로 업데이트되므로 과업별 최신 모델은 활용 시점에 페이퍼스위드코드닷컴 등에서 비교해야 하고 논문을 통해 직접 찾아볼 필요가 있다. 이어 미디어 연구에서 활용 방안을 모색한 뒤 딥러닝 기반 모델을 적용할 수 있는 미디어 서비스의 예를 제시한다.

1. 미디어 인공지능의 주요 과업과 모델

1) 객체 탐지 : 객체 탐지, 안면 인식, 표정 인식, 랜드마크 인식, 상품 인식

우선 다양한 객체 탐지 모델로 앞서 소개한 YOLO 계열 모델을 활용할 수 있다. 객체 클래스는 MS COCO를 참고한다. 해당 데이터세트는 80개 객체 클래스로 분류된 33만 장의 사진을 제공한다(Lin et al., 2014).

객체 탐지의 하위 과업으로 미디어 동영상에서 특히 중요한 얼굴, 장소, 상품을 살펴보자. 얼굴 관련 주요 과업으로는 영상 속 등장인물을 파악할 수 있는 안면 인식과 감성 인식에 활용되는 표정 인식이 있다. 안면 인식은 얼굴과 배경을 구분하는 얼굴 탐지face detection와 얼굴을 정면을 바라보도록 변환하는 정규화를 거쳐 서로 다른 얼굴을 구분하는 과정을 거친다. 안면 인식 분야의 SOTA로는 RetinaFace와 ArcFace를 꼽을 수 있다(Deng, et al., 2019a ; Deng et al., 2019b). 관련 데이터세트로는 LFW가 대표적이다.[1] 표정 인식에는 VGG와 같은 CNN 모델을 사용할 수 있다. 관련 벤치마크 데이터세트인 FER2013은 화남angry, 역겨움disgust, 두려움fear, 행복happy, 슬픔sad, 놀람surprise, 무표정neutral 등 7개 표정을 분류한다(Goodfellow et al., 2013). 또 다른 벤치마크 세트인 AffectNet은 추가로 불만contempt을 포함한다(Mollahosseini, Hasani, & Mahoor, 2017).

1. http://vis-www.cs.umass.edu/lfw/

유명 장소를 인식하는 랜드마크 인식의 SOTA로는 레즈넷 기반의 DELFDEep Local Feature를 꼽을 수 있다(Noh, et al., 2017). 벤치마크 세트로는 구글 랜드마크 데이터세트Google Landmarks Dataset이 있다(Weyand, et al., 2020). 상품 인식의 경우 작은 객체를 인지할 수 있는 EfficientDet이 적합하다(Tan, et al., 2020). 미디어 동영상에서는 광고를 제외하면 상품이 작게 나오는 경우가 많기 때문이다. 상품 인식 관련 데이터세트로는 스탠포드 온라인 상품 데이터세트Stanford Online Products[2] 등이 있다.

2) 행동 인식 : 행동 인식, 자세 추정

행동 인식은 I3DInflated 3D Convolutional Neural Networks를 활용할 수 있다. I3D는 객체 탐지를 위한 CNN과 시계열 데이터 학습을 위한 LSTM을 결합하는 방법, 2D ConvNet2D Convolutional Neural Networks을 시간 축으로 확장한 3D ConvNet, 2개의 ConvNet을 사용하고 각각 개별 프레임의 RGB 정보와 프레임 간 객체의 픽셀이 이동한 방향과 거리의 분포를 담은 광학 흐름optical flow을 입력하는 2-스트림two-stream 방식을 거쳐 2-스트림에 사용하는 CNN을 3D ConvNet으로 바꾼 것이다. 행동 관련 벤치마크 데이터세트로 I3D와 함께 공개된 딥마인드의 데이터세트인 Kinetics 400을 활용할 수 있다(Carreira & Zisserman, 2017).

자세 추정은 행동을 바운딩박스가 아닌 키포인트나 스켈톤으로 라

2. https://cvgl.stanford.edu/projects/lifted_struct/

벨링한 데이터를 학습해 인식한다. 자세 추정은 스포츠나 댄스의 동작을 분류할 때 활용될 수 있다. 적용 가능한 관련 모델로는 고해상도의 고수준 특징을 함께 처리하는 HRNetHigh-Resolution Net이 있다(Wang et al., 2020).

3) 사건 탐지 : 상황 이해, 이상 탐지

사건 탐지는 상황 이해와 이상 탐지를 활용할 수 있다. 상황 이해 모델로는 SlowFast가 있다. SlowFast 모델은 2-스트림 방식을 이용한다. 즉, 동영상에서 초당 적은 프레임을 추출한 경로slow pathway에서 공간 정보를, 초당 많은 프레임을 추출한 경로fast pathway에서 시간 정보를 학습하여 동영상의 상황을 시공간 특성에 따라 분류한다(Feichtenhofer, Fan, Malik, & He, 2019).

이상 탐지는 3D ConvNet을 이용해 이상행동을 탐지하는 방법, MOT를 활용해 사람이나 자동차 등의 궤적이 정상이 아닌 경우를 탐지하는 방법, 인스턴스 분할이 가능한 YOLACT 등을 활용해 화재 등을 탐지하는 방법 등이 있다(대전교통공사, 2021. 6 ; 미디어그룹사람과숲, 2021. 6 ; Sultani, Chen, & Shah, 2018).

4) 동영상 분류

동영상 분류는 동영상을 프레임 단위가 아니라 전체 동영상 단위 또는 클립 단위로 분류하는 것을 목표로 한다. 동영상 분류 방법으로 가장 기본적인 방식은 프레임 단위 분류를 바탕으로 동영상 분류를 수행하는 것이다. 그러나 개별 프레임의 정보가 전체 동영상의 분류와 무관할 수 있으므로 좀 더 복잡한 기법이 필요하다. DCGNdeep convolutional graph neural network은 우선 CNN으로 추출한 영상의 특징을 바탕으로 프레임을 노드로 하여 유사한 프레임을 서로 연결한 프레임 수준의 그래프graph를 도출한다. 이어 이를 샷 수준, 사건 수준, 전체 동영상 수준 순으로 그래프를 도출하고 이를 분류하는 방식으로 학습한다(Mao, et al., 2018). 동영상 분류 세트로는 22개 장르 35만 시간 분량의 610만 개 동영상 클립의 3,862개 클래스에 대한 시각 정보를 라벨링한 YouTube-8M이 있다.

동영상은 행동 인식에 따라 분류할 수도 있다. 이 밖에도 영상 정보 외 장르 정보 등의 메타데이터, 대본이 없는 경우 STTSpeech to text를 활용해 대본을 생성하고, 대본이 있는 경우 대본을 자연어처리하여 의미론적으로 분류하는 멀티모달 접근이 병행될 수 있다. 즉, 미디어에서는 대본에 없지만 영상에는 포함된 배경과 같은 영상 특성과 정치 뉴스 같은 메타데이터 또는 논평 대상이 되는 인물 등 대본에 있지만 영상에는 없는 멀티모달 특성이 결합돼야 활용도 높은 동영상 분류가 가능하다.

5) 영상 생성 및 영상 변환

7장에서 살펴본 대로 영상 생성은 멀티모달 AI를 활용할 수 있다. 즉, 텍스트나 이미지, 스케치, 동영상을 다른 영상물로 바꾸는 것이다. 멀티모달 AI 서비스로는 앞서 소개한 이미지 크리에이터, 미드저니, 런웨이, 피카 등이 있다. 좀 더 자유로운 표현을 위해서는 스테이블 디퓨전을 이용할 수 있다. 필요할 경우 영상 품질을 더 높이거나, 제작자의 의도에 정확히 들어맞는 영상을 구현하거나, 일관된 영상을 뽑아내거나, 긴 시간의 동영상 편집을 하고자 할 때 포토샵, 프리미어, 블렌더 Blender, 언리얼, 유니티, 마야 등 전통적인 영상 제작, 편집 도구와 결합해 사용할 수 있다.

또한 촬영 영상이나 자료 영상을 합성, 변환, 각색, 증강하여 새로운 영상을 좀 더 쉽게 만들 수 있다. 예컨대 낮에 촬영한 장면을 밤에 촬영한 장면으로 바꾼다거나, 2023년 광화문 광장을 찍은 사진을 1920년대 미국 뉴욕 스타일로 바꿀 수 있다.

챗아바타ChatAvatar[3]와 같은 서비스를 이용해 가상 인간virtual human이나 아바타를 생성할 수도 있다. 이를 영상 생성과 음성 생성 등을 결합해 AI 기자나 가상 인플루언서virtual influencer, 가상 아이돌로 활용할 수도 있다. 영상물의 언어를 번역하는 헤이젠HeyGen[4]과 같은 서비스를 활용하면 상당한 수준의 다국어 영상을 쉽게 제작할 수 있다.

6) 동영상 요약

미디어 분야에서 동영상 요약은 가편집, 예고편 생성 등에 활용될 수 있다. 동영상 요약은 주요 정보의 손실을 최소화하면서 대용량 동영상을 적은 수의 키프레임 또는 키샷으로 구성된 동영상으로 축약하는 기술이다(Fajt, et al., 2018). 동영상 요약에는 움직임이나 색 등 특징 기반feature based 방식, 유사도에 따른 군집화 기반cluster based 방식, 주요 사건을 정의하고 해당 사건을 탐지해 요약하는 사건 기반event based 방

3. https://www.chat-avatar.com/
4. https://www.heygen.com/

식, 시공간 정보나 돌출 객체를 활용하는 궤적 기반trajectory based 방식, 숏 선택 기반shot selection based 방식 등이 있다. 또한 높은 시청률 등 사용자 로그 정보나, 음성이나 대본 등을 자연어처리 기법으로 요약하고 해당 동영상 부분을 추출하는 멀티모달 접근이 활용되기도 한다.

비전 분야 딥러닝 모델이 발전함에 따라 다양한 범주, 다양한 길이의 동영상을 비전 기반으로 요약할 수 있을 것으로 보인다. 예를 들어 AI허브의 요약영상 AI 학습데이터는 유튜브의 20개 카테고리별로 20분 이상과 20분 이하의 동영상 클립에서 1분 간격으로 3초짜리 1개 숏을 추출한다. 이 학습데이터를 학습한 AI 모델은 10분짜리 동영상을 30초 영상으로 요약해 줄 수 있다(한국과학기술원, 2021. 2). 더 나아가 복수의 요약 영상을 하나의 축약된 클립으로 생성할 수도 있다. 요약 관련 모델로는 CNN 기반 DeSumNet, LSTM을 활용한 ddpLSTM, LSTM에 GAN을 접목한 Adversarial LSTM Networks 등을 거쳐 현재 어텐션 기반 VASNet이 SOTA를 달성했다(홍순기, 2021 ; Fajtl et al., 2018). 관련 데이터세트로는 TvSum 등이 있다.

2. 미디어 인공지능의 활용

앞서 살펴본 과업을 종합하여 미디어 AI가 영상 제작 및 유통 실무에 어떤 도움을 줄 수 있는지 생각해 보도록 하자.

우선 판별 모델의 다양한 과업은 자동화된 동영상 내용 분석, 즉 비디오 애널리틱스video analytics ; VA로 종합할 수 있다. 제작된 동영상은 텍스트가 아닌 VA 기반으로 자동 태깅한다. 예를 들어 '피아노'가 텍스트로 대본이나 태그에 포함되어 있지 않더라도 VA를 통해 영상 속 피아

노를 사전에 자동 태깅할 수 있다. 지금까지의 동영상 검색은 대부분 텍스트에 의존한다. 즉, 동영상의 태그나 제목, 설명, 대본 등의 텍스트를 대상으로 인덱싱하여 검색을 수행한다. 그러나 VA를 적용하면 수작업으로 입력한 태그나 제목, 대본에 포함돼 있지 않더라도 동영상 기반으로 정확한 검색이 가능하다.

텍스트 분석에 의존한 영상 검색은 사실상 클립 단위 검색만 가능하다. 대본 전체를 자연어처리해서 특정 단어가 나온 부분을 검색하게 할 수도 있지만, 현재는 대본 자체가 없는 방송물도 많으며, 대본이 있다고 해도 사전에 자연어처리되어 인덱싱이 완료된 경우가 많지 않다. 무엇보다 영상물의 객체, 행동이 대본에 없는 경우가 많기 때문에 해당 객체와 행동을 대본에 의존해 프레임 단위로 찾기 어렵다.

동영상을 프로그램이나 클립이 아닌 프레임이나 숏 단위로 수작업으로 태깅하는 것은 인건비 문제로 사실상 불가능하다. 물론 VA 역시 컴퓨팅 자원에 적지 않은 비용이 들지만, 인력에 비해 비용을 절감할 수 있다. 특히 방송 동영상은 프레임별 주요 객체의 수가 많지 않고, 크기도 크며, 또렷하게 촬영되기 때문에 다른 동영상에 비해 탐지 성능이나 탐지 속도 측면에서 유리하다. 즉, 바운딩박스 크기를 키우고 한 프레임이나 숏에서 3개 정도의 객체, 1개 정도의 행동, 1개 정도의 상황만 탐지한다면 실시간에 가까운 VA도 구현할 수 있다.

VA가 구현된다면 프레임 단위 검색의 정밀한 검색도 가능할 수 있다. 영상을 사전 분류하거나, 관련 동영상을 미리 군집화해둘 수도 있다. 영상 정보 기반의 고도화된 영상 요약도 가능해진다. 현재의 동영상 요약은 방송의 시청률이나 게임의 득점 장면 등과 같은 영상 외적 정보, 영상 내 문자 인식이나 텍스트 요약 등과 결합한 멀티모달 방식의 영상 요약 기법이 많다(금준경, 2018. 10. 25 ; 이영현, 2019. 7. 9). 그러나 VA를 활용하면 키샷의 영상적 특징을 학습해 동영상을 요약하는 것도 가능해질 것이다(한국과학기술원, 2021. 2).

영상 검색을 활용해 영상 편집을 효율화할 수도 있다. 고도화된 영상 검색을 통해 아카이브로 구축한 다양한 자료 화면을 정확하게 찾을 수 있다. VA 속도가 개선되면 최근 촬영본 역시 여러 버전을 동시에 빠르게 검색하고 편집할 수 있을 것이다.

콘텐츠 유통 측면에서도 도움을 받을 수 있다. 우선 동영상 플랫폼에서 정교한 추천도 가능하다. 기존의 추천에 활용되는 동영상의 정보는 주로 장르, 국적, 출연자, 제작진 등 동영상 관련 메타 정보와 수작업으로 부착한 태그 정보 수준이었다. 그러나 VA를 통해 사전에 동영상의 태그 정보를 장면 단위로 부착하고 있다면 내용 기반이든 행동 기반이든 사용자에게 더욱 정확한 추천을 특정 프레임 단위로 추천해 줄 수도 있을 것이다. 다만 이러한 영상 기반 준 실시간 추천은 실제 서비스 수준에 적용할 정도의 확장 가능성scalability이 아직은 낮다. 기술적으로 안정적인 서비스 운영을 뒷받침하기 어려울 뿐만 아니라, 투자 대비 수익return on investment ; ROI이 낮기 때문이다.

다음으로 영상 생성 기술을 활용할 수도 있다. 우선 방송 콘텐츠 기획 단계에서 챗GPT와 같은 텍스트 기반 생성 AI를 이용해 생성한 시놉시스, 캐릭터 설정, 서사 구조, 대본을 1차로 생성할 수 있다. 이를 영상물과 함께 볼 수도 있다. 간단한 스케치를 사실적인 영상으로 변환할 수도 있다. 즉, 기획 단계에서 더 많은 내용을 구체적인 영상물로서 검토할 수 있다.

촬영 및 편집 단계에서 생성 AI를 기반으로 영상 생성과 영상 변환을 간소화할 수 있다. 우선 AI 아나운서 등을 활용해 로봇 저널리즘robot journalism을 구현할 수도 있다. 가상 인플루언서를 이용한 광고나 관객과 24시간 상호작용하는 예능 프로그램을 만들 수도 있을 것이다. 가상의 배경도 제작 활용하기 쉬워진다. 생성 AI를 활용하면 영화나 광고, 그리고 드라마 등의 편집 과정에서 해 온 작업을 대폭 간소화하고, 시간과 인력 등 비용도 대폭 절감할 수 있으며, 대량의 작업을 한꺼번에 수행할 수 있을 것으로 기대된다. 헐리우드 영화 수준의 후반 작업을 드라마나 광고는 물론 예능, 교양, 보도 등 모든 장르의 방송 영상물에서 쉽게 활용할 수 있는 셈이다. 또한 추가 촬영 분량을 대폭 줄여줄 수 있으며, 편집을 수월하게 해 줄 수 있다.

제작된 영상은 영상에 포함된 음성을 녹취해 대본으로 만드는 수준을 넘어서 영상을 설명하는 캡션을 달 수도 있다. 동영상 요약 기술을 통해 촬영본의 1차 편집에 활용할 수 있다. 동영상 요약이 고도화될 경우 영화나 방송 프로그램의 예고편을 다양하게 만들 수도 있다.

유통 차원에서도 사용자의 관여도를 높일 수 있다. 이미 인스타그램이나 틱톡 등 많은 영상 플랫폼들은 다양한 AI 기반 도구를 사용해 아바타 생성이나 필터 효과 등을 제공함으로써 사용자 관여도를 높이고 있다.

기획과 홍보 측면에서도 도움을 줄 수 있다. 기획 단계에서 AI를 활용해 방송 프로그램의 흥행 요소 분석 및 예측을 할 수 있다. 예컨대 볼트 AIVault AI와 같은 서비스가 있다. 트렌드 모니터링에도 AI 도구를 활용할 수 있다. 홍보 마케팅 단계에서는 구글 애널리틱스를 활용해 고객 반응 분석을 할 수 있다. 경쟁사 분석 등에서도 AI를 활용할 수 있다. 현재까지 이러한 분석은 전통적인 기계학습에 의존했다. 여기에 VA 결과를 결합해 프레임 단위의 흥행 요소나 고객 반응을 준실시간으로 자동화해 분석할 수도 있다.

이상의 내용을 방송 콘텐츠 제작 및 유통을 단계별로 정리하면 [그림 11-1]과 같다. 방송 콘텐츠 제작 유통을 기획, 제작 준비, 촬영 및 편집, 유통 배급 및 홍보 마케팅 등 4단계로 나누었다. 다만 현재는 방송에 특화된 AI 서비스가 통합적으로 제공되지는 않고 있다. 때문에 방송사가 내부 인력 또는 외주 등을 통해서 자체적으로 우선 순위에 따라 모듈을 개발하고 이를 통합하는 방안을 모색해야 한다. 미디어 플랫폼 기업이나 스타트업과의 협업도 좋은 방안이다. 방송의 AI 인프라 구축 차원에서 정부의 지원도 필요하다.

그림 11-1 방송 콘텐츠 제작 유통 과정별 AI 활용

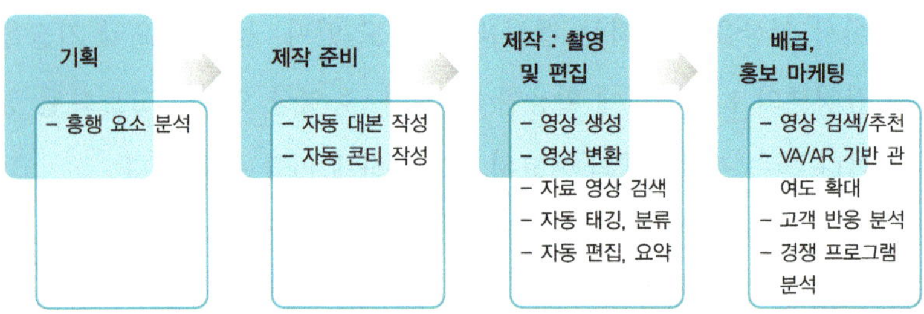

3. 미디어 인공지능의 연구

1) AI 연구의 흐름

AI 연구는 다양한 측면에서 전개되어 왔다. 러셀과 노빅은 AI를 다루는 여러 학문적 접근을 소개했다(Russell & Norvig, 2016, pp. 6~20).

먼저 효율적인 컴퓨터를 만들기 위한 컴퓨터공학computer science이 있다. 철학에서는 논리적 추론 과정이나 뇌와 정신의 관계 등이 주된 테마다(Newell, Shaw, & Simon, 1957 ; Minsky, 1998). 수학에서는 형식 논리, 불완전성 정리incompleteness theorem, 계산 가능성comoutability, 처리 가능성tractability, 불확실성 속에서 확률 추론 문제 등을 다뤄왔다(Boole, 1847 ; Cobham, 1964 ; Dale, 2012 ; Turing, 1936 ; Gödel, 1931). 뇌의 정보처리 과정을 다루는 신경과학neuroscience, 인지과학cognitive science을 필두로 하는 심리학의 접근, 사이버네틱스cybernetics 등 제어 이론control theory, 기계 번역machine translation에서 시작된 전산언어학computational linguistics도 중요한 분야이다(Dayan & Abbott, 2001 ; Johnson-Laird, 1988 ; Newell & Simon, 1956 ; Weaver, 1949 ; Wiener, 1948). 경제학에서 확률이론probability theory과 효용이론utility theory을 결합한 거시적인 결정이론decision theory이나 미시적인 게임이론game theory, 미래의 이익을 극대화하기 위한 의사결정을 연구하는 경영과학operations research 등도 AI 연구와 영향을 주고받았다(Bellman, 1957 ; Horvitz, Breese, & Henrion, 1988 ; Morgenstern & Von Neumann, 1953).

러셀과 노빅의 정리는 인문사회과학적 접근 중에서 철학, 언어학, 심리학, 경제학, 경영학 정도만 거론한다. AI에 대한 인문사회과학적 접근은 좀 더 범위가 넓고 다양하다. 이재현은 인문사회과학적 관점에서 기술적 대상에 대한 평가로서 기술 비평을 AI를 대상으로 수행하는 AI 기술 비평을 제안하면서 그 영역을 크게 넷으로 구분했다(이재현, 2019). 첫째, AI의 알고리듬algorithm을 비판적으로 평가하는 작업이다(Madrigal, 2014 ; Rider, 2012 ; Uricchio, 2011 ; Rasquinelli, 2017). 둘째, AI 철학이다. 이 분야는 특히 앨런 튜링의 논의에서 본격화되어 AI와 인간 의식 간의 분석철학적 비교가 주를 이룬다(Corpeland, 1993/2020 ; Turing,

1931 ; 1950). 그러나 영미권 이외의 철학, 특히 프랑스를 중심으로 하는 후기구조주의적 전통이나 영미권 내에서 화이트헤드 등을 계승하는 분석철학 이외의 전통에 따르는 논의도 존재한다(김재인, 2017). 셋째, 사회과학적 접근이다. 알고리듬 문화algorithmic culture, 알고리듬 체계algorithmic system, 알고리듬 통치성algorithmic governmentality, 자동화 사회automatic society에 대한 논의 등이 대표적이다(Galloway, 2006 ; Parisi, 2013 ; Rouvroy & Berns, 2013 ; Stiegler, 2015/2019).

과학기술사회학의 논의를 가져와 살펴볼 수도 있다. 과학기술에 대한 인문사회과학적 접근은 크게 분석철학 중심의 실증주의적positivism 접근과 과학기술사회학 중심의 구성주의적 접근으로 나누어진다(박대민·이중식, 2013). 이를 AI에 적용할 수 있다. AI에 대한 실증주의적 질문은 크게 두 가지다. AI는 인간과 같은 의식을 가진 존재인가? 만일 그렇다면 인간의 의식이란 AI가 아닌가?(Copeland, 1993/2020) 구성주의적 질문 역시 크게 두 방향으로 이뤄진다. 첫째, 사회가 AI를 어떻게 구성하는가? 둘째, AI는 사회를 어떻게 구성하는가? 구성주의 관점에서 AI 연구는 기술과 사회를 구성하는 동시에 그것에 의해 구성되는 어떤 담론으로 이해된다.

2) 미디어 커뮤니케이션학 분야의 AI 관련 연구 동향

AI에 관한 미디어 커뮤니케이션학의 연구는 사회과학적 접근으로 볼 수 있다. 이는 다시 질적 연구와 양적 연구로 나눌 수 있다. AI에 관한 미디어 커뮤니케이션학 연구는 현재까지 질적 연구가 주를 이루고 있다.

질적 연구는 주로 구성주의적 관점을 따른다. 연구 주제는 크게 세

가지로 나뉘진다. 첫째, 주로 비판적 문화 연구critical cultural studies의 전통에 따르는 연구로 노동, 젠더, 포스트휴먼, 통치성, 윤리, 예술 등을 다룬다(김수미, 2017 ; 박대민, 2020 ; 유용민, 2022 ; 이광석, 2021 ; 이정현, 2023 ; 이희은, 2017 ; 정지윤, 2022).

둘째, 법적 측면에 대한 논문이다. 딥페이크, 허위조작 정보나 저작권, 규제 등이 주된 이슈이다(조연하, 2020 ; 최종선, 2023).

셋째, 저널리즘 관련 논문이다. AI를 도입함으로써 저널리즘 관행을 개선하고자 하는 방안에 대한 논의가 주를 이룬다. 즉, AI를 사실 검증fact checking이나 큐레이션curation, 로봇 저널리즘 등에 활용하거나, XAI나 TAI를 저널리즘 가치에 접목시키려는 논의가 대표적이다(박대민, 2023a ; 박대민, 2023b ; 박소영 · 이정현, 2023 ; 이재원, 2021, 한국언론진흥재단, 2020). AI에 대한 전문가 또는 언론인 인터뷰도 포함된다(이현우 등, 2023). 질적 연구 중에는 딥페이크를 제외하고 컴퓨터 비전 분야의 딥러닝에 직결된 연구는 많지 않다. 자동화된 계산기계로서 인공지능 일반, 또는 딥러닝 이전의 기계학습 기반의 추천 알고리듬, 또는 챗봇 등 텍스트 분야의 생성 AI에 대한 비판적 연구가 진행됐다.

양적 연구는 실증주의적 관점으로 볼 수 있다. 양적 연구 흐름 역시 크게 세 가지로 나뉘진다. 첫째는 AI를 연구 대상으로 보고 전통적인 미디어 커뮤니케이션학적 접근을 시도하는 것이다. 예컨대 AI에 대한 이용 동기 등의 심리학적 접근이나 AI 관련 보도나 영상에 대한 내용 분석이 대표적이다(손승혜, 2023 ; 유혜리 · 민영, 2023).

두 번째는 미디어 연구에 AI를 활용하는 것이다. 특히 자동화된 내용 분석에 딥러닝 기반 모델을 활용하는 방식이 대표적이다. 기존에는 기사 텍스트 분석에 BERT 등 AI를 활용하는 방식이 주를 이뤘지만, 최근에는 사진이나 동영상을 분석하는 비디오 애널리틱스에 컴퓨터 비전 분야의 딥러닝 기법을 활용하려는 시도가 늘고 있다. 그 방식을 살펴보면 우선 MS 애저Microsoft Azure나 구글 미디어파이프 등 클라우드 컴퓨팅 서비스에서 제공하는 APIapplication programming interface를 활용하는 방식이 있다(김윤환 · 길우영 · 이종혁, 2017 ; 윤호영, 2021). 직접 학습데이터를 구축하고 VGG16과 전이학습을 사용해 분석한 사례도 있다(최윤정 등, 2020).

셋째, AI 기반 미디어 서비스를 만드는 것, 즉 미디어의 AIX에 관한 연구이다. 미디어를 AI 개발에 활용하거나 AI 서비스를 미디어에 도입하는 것을 들 수 있다. 예컨대 뉴스 기사나 방송 동영상 등을 AI 학습데이터로 활용하거나 미디어에서 활용 가능한 AI 모델을 검토한다(박대민, 2022 ; 박대민, 2023a ; 오세욱 · 송해엽, 2023 ; 한국언론진흥재단, 2020 ; Diakopoulos, 2019 ; Opdahl et al. 2023). 이러한 연구는 질적 연구에서의 저작권 등 법적 측면의 연구나 미디어 신뢰 제고 등 저널리즘 관련 연구와도 밀접하게 연관된다.

3) 미디어 인공지능 연구의 전망

미디어 AI 연구는 넓게 보면 앞서 검토한 질적 연구 세 유형과 양적 연구 세 유형을 모두 합친 것으로 이해할 수 있다. 특히 양적 연구에서의 딥러닝 기반 VA와 질적 연구의 법적 접근과 저널리즘 연구를 포괄하는 미디어 AIX에 관한 연구가 중심이 된다.

2010년대 이후 미디어 연구에서는 텍스트 빅데이터를 대상으로 자연어처리와 의미연결망 분석semantic network analysis 기법을 활용한 컴퓨터 기반 내용 분석computerized content analysis이 확산되어 왔다(예컨대 박대민, 2016 ; 2023c). 비전 분야 딥러닝 기법은 흔히 미디어 연구에서 빅데이터 분석big data analysis이라고 불리는 이러한 자동화된 내용 분석 방법을 텍스트에서 사진과 동영상까지 확대해 줄 것으로 기대한다.

딥러닝을 활용한 동영상 내용 분석 절차는 다음과 같다. 첫째, 분석 영상을 수집한다. 둘째, 목표 과업을 정하고 해당 과업의 SOTA를 선별한다. 셋째, 과업과 가장 관련성이 높은 벤치마크 데이터세트를 활용해 모델을 학습시킨다. 목표 과업이 소스 과업과 다를 경우 벤치마크 데이터세트와 다른 기구축된 학습데이터를 확보하거나 직접 구축한 학습데이터를 활용한 전이학습을 수행한다. 모델 학습 과정에는 초매개변수를 조정하는 과정이 병행된다. 학습 및 분석 환경에서 고성능 GPU를 장착한 고가의 개인용 컴퓨터를 활용할 수도 있지만, 구글 코랩과 같은 클라우드상의 분석 환경을 사용할 수도 있다. 넷째, 모델의 성능을 평가하고 필요시 모델을 개선한다. 모델의 충분한 성능이 나오지 않을 경우 초매개변수를 조정하거나, 학습데이터를 추가하거나, 모델을 바꿔 비교해 본다. 한편 전이학습 시에는 미세 조정을 다시 하거나, 부정적 전이가 일어났다면 이를 수정하는 등의 작업이 필요할 수 있다(Sarkar et al., 2018). 최종적으로 만족할 만한 성능의 모델을 확보했다면 수집한 동영상을 전처리한 뒤 해당 모델을 통해 VA를 수행한다. 만일 목표 과업에 맞는 모델을 제공하는 공개된 API가 있고 분석할 데이터가 비교적 많지

그림 11-2 딥러닝 기반 동영상 분석 절차

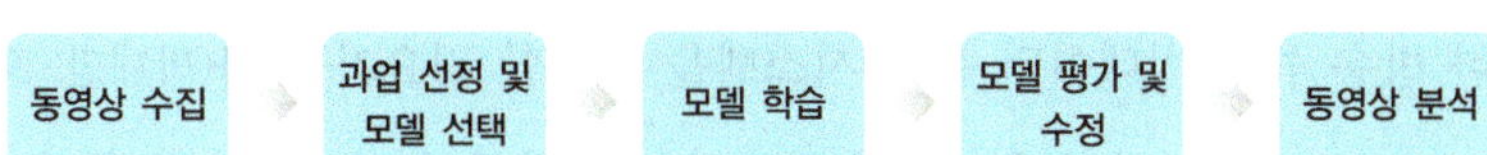

않다면 앞의 단계를 건너뛰고 마지막 단계만 API를 활용해 수행하면 된다. 어떤 경우든 VA는 인간이 수작업으로 하기 힘든 방대한 양의 데이터를 수집해 반복적으로 분석할 때 그 가치가 극대화된다.

미디어 연구자가 클라우드 서비스에서 제공하는 API를 사용하지 않고 직접 AI를 모델링할 경우 과업 및 모델 선정, 학습데이터 구축, 초매개변수 설정, 모델 학습, 미세 조정, 분석 등을 직접 수행해야 한다. 사실상 딥러닝 분야의 컴퓨터공학자에 버금가는 수준의 코딩 역량이 필요하거나, 최소한 컴퓨터공학자와의 협업이 요청될 수 있다.

API를 사용할 경우 연구 목적에 부합하는 API가 제공되고 있어야 한다. 연구자 역시 API를 활용할 수 있는 코딩 역량을 갖춰야 한다. 여기서 유의할 점은 제공되는 API는 물론 널리 통용되는 SOTA 역시, 사실 미디어 연구자가 그대로 쓰기에는 여전히 다소 단순한 수준의 내용분석을 제공한다는 점이다. 즉, 현재의 AI는 한정된 환경의 동영상에서 객체, 행동, 장소 등을 탐지하며, 상황은 이러한 정보를 조합하는 형태로 제시하고, 그 역시 제한된 클래스 내에서만 적정 성능을 보여준다. 따라서 편향이나 선정성과 같은 고차원적인 분석에서는 이러한 간단한 내용분석 결과를 사회과학의 이론적 전통 위에서 타당성 있게 개념화하고 조작적으로 신중하게 정의하는 과정이 선행돼야 한다. 또한 분석 결과는 데이터 수집이나 모델의 성능에 최대한 영향을 덜 받도록 강건하게 해석해야 한다. 엄밀한 분석이 필요할 경우 AI의 분석 결과를 인간이 추가로 검증하고 재작업해야 할 필요도 있다.

궁극적으로는 "빅카인즈"와 같은 시스템을 미디어 동영상 분야에 도입한 방송 뉴스 빅데이터 분석 시스템을 구축할 필요가 있다(박대민·오세욱, 2016). 또한 딥러닝 기반의 고도화된 대중문화 아카이브 구축에도 활용할 수 있다(박대민 · 유재연, 2021. 10). 이러한 미디어 동영상 빅데이터 분석 시스템은 방송은 물론 유튜브 등 다양한 소스에서 제공되는 미디어 동영상을 실시간에 가깝게 수집하고, 딥러닝을 기반으로 상당한 수준의 영상 분석, 영상 검색, 영상 편집, 분류, 요약 등의 서비스를 준실시간으로 제공하는 형태로 개발될 수 있다. 이러한 분석 시스템이 있다면 미디어 연구자들은 수집, 모델링, 분석과 관련된 자원 부족과 기술적 어려움을 극복하고 이론화에 집중할 수 있을 것이다. 미디어 서비스 제공자 역시 AIX를 좀 더 쉽게 구현하고 더 나은 사용자 경험을 고객에게 제공할 수 있을 것이다.

분석할 데이터를 대규모로 수집하고, 학습데이터를 구축하고, AI 모형을 개발하고, 이를 시스템으로 구축하는 작업이 처음에는 수작업으로 분석하는 것 이상의 노력과 비용이 들어갈 수도 있다. 그러나 일단 시스템을 구축하고 난 뒤에는 반복적인 분석 작업이 훨씬 수월하게 진행될 수 있다. 시스템이 적절한 사용자 인터페이스를 갖춘다면 코딩을 전혀 모르는 연구자도 방대한 양의 동영상을 최적화된 높은 성능의 딥러닝 모델을 활용해 분석할 수 있다.

더 나아가 딥러닝 기법은 미디어 커뮤니케이션학의 연구방법을 근본적으로 혁신할 잠재력을 갖고 있다. 기술통계, 추리통계, 빅데이터 분석으로 나눠진 방법을 딥러닝으로 통합할 수 있기 때문이다. 전통적인 추리통계 방법론은 독립변인 x와 종속 변인 y의 수가 매우 적다. 대신 엄밀한 조작적 정의와 가외변인 통제를 통해 독립변인 x의 종류를 제한한다. 이를 통해 예측해야 하는 매개변수의 수를 줄인다. 또한 각 변인은 주로 비율 변인을 다루며, 서열변인이나 명목변인의 경우 값의 가지수가 많지 않다. 예컨대 서열변인은 5점 척도를 주로 다룬다. 반면 딥러닝에서는 변인 통제를 거의 하지 않는 대신 수많은 x를 용인한다. 예컨대 컴퓨터 비전에서는 화소 수만큼의 독립변인이 존재하는 셈이다. 찾아야 하는 매개변수 수도 많게는 조 단위에 달한다. 좋은 딥러닝 모델에서는 가외 변인에 해당하는 노드를 연결하는 엣지의 매개변수 값이 0으로 수렴할 것이다. 영상은 일종의 명목변인이지만, 가능한 값은 RGB에 해당하는 256의 3승에 달한다. 대신 많게는 수백 개의 은닉층에 나누어 매개변수를 할당하고, 활성함수를 도입함으로써 입출력 간의 비선형적 관계를 다룰 수 있다. 전통적인 사회과학 모델은 기술description, 설명explanation, 예측, 통제control를 목적으로 한다. 이 중에서도 특히 인과성causality 기반으로 변인 간의 관계를 설명하고 이를 이용해 현상을 통제하는 것을 목표로 한다(차배근·차경욱, 2020). 그러나 딥러닝의 경우 매개변수가 너무나 많기 때문에 어떤 x값이 y에 얼마나 영향을 주는지, 매개변수는 왜 그렇게 결정됐는지를 하나하나 설명하는 것이 너무나 어렵다. 때문에 딥러닝은 인과성 대신 상관성을 중시한다. 상관성만 알더라도 기술을 예측할 수 있다. 설명을 못해도 예측이 맞으면 성능 차원에서는 좋은 모델로 간주된다. 되려 딥러닝으로 찾은 상관성을 인과적으로 무리하게 설명하는 것은 자칫 오류가 될 수 있다.

미디어 동영상 분야에 딥러닝 모델의 활용도가 높아진다면 XAI나 TAI 등에 대한 미디어 연구의 필요성도 그만큼 커질 것이다. 오히려 비판적 미디어 연구자와 딥러닝 관련 컴퓨터 공학자들과의 협업이 요청될 수 있다. 비판적 미디어 연구자가 영역 지식을 바탕으로 미디어 동영상 관련 비전 분야의 XAI 연구에 기여할 수도 있다. 미디어 연구자 역시 XAI의 기술적 시도를 이해한다면 더욱 깊이 있는 협업 참여가 가능할 것이다.

CHAPTER 12

설명 가능한 인공지능과 미디어 인공지능의 투명성

※ 이 장은 다음 논문을 수정한 것이다. 박대민(2023). 통과하면 사실로 인정되는 인공지능을 만들 수 있는가 : 설명 가능한 인공지능을 통한 사실성 제도로서 언론의 재구성」. 〈언론과사회〉. 31권 2호. 139-181.

1. 문제 제기

사회 전 분야의 AIX와 함께 언론 분야의 AIX도 다양하게 진행 중이다. 영국 런던정경대The London School of Economics and Politics ; LSE의 미디어 싱크탱크 폴리스Polis가 32개국 71개 뉴스 조직을 대상으로 수행한 조사에 따르면 응답자의 44%가 이미 AI를 활용하고 있다고 답했다(Beckett, 2019). 구글은 제네시스Genesis라는 이름의 기사 생성 AI를 개발 중이며, 이미 이를 〈뉴욕타임스〉, 〈월스트리트저널〉, 〈워싱턴포스트〉 등에서 시연했다는 보도가 나오기도 했다(Mullin & Grant, 2023. 7. 21). 오픈AI는 지역 언론사의 AI 스튜디오 개발, AI 어플리케이션 테스트, 오픈AI API 활용을 위해 AJPAmerican Journalism Project와 1,000만 달러 규모의 파트너십을 맺기도 했다(Ingram, 2023. 7. 20). 이러한 언론의 AIX는 저널리즘 AI라는 용어로 종합할 수 있다(Beckett, 2019).

그러나 AI의 발전은 언론을 비롯한 미디어 분야에 양가적인 영향을 가져다줄 수 있다. 그중 하나가 탈진실 사회의 가속화에 따른 사실성 제도로서 미디어의 위기이다. 기술 발전은 탈진실 시대를 가속한다. 예컨대 가짜뉴스는 미디어 플랫폼을 통해 대규모로 유통된다. 딥페이크는 딥러닝의 발전에 기초한다. 기술이 전 사회에 영향력을 미침에 따라 탈진실 역시 전 사회적 규모로 확산된다. 현대 사회를 사실에 기초해 구성했던 다양한 사실성 제도의 타당성에 대한 의구심은 점점 더 커지고 있다. 예컨대 정파적 이유로 학계의 표절 판정이 의심받거나, 정치인이 언론 앞에서 한 발언이 부정되거나, 법원의 판결에 불복하거나, 선거 결과의 조작 가능성이 그럴듯하게 다양한 미디어 플랫폼을 통해 유포된다. 이러한 사실성 제도의 위기는 근본적으로 알고리즘 플랫폼, 빅데이터,

AI 등으로 대변되는 기술의 발전에 기초한다. 기술을 활용해 일반 사용자는 물론 오정보misinformation의 생산자들까지도 사실성 제도의 전문기관 못지않게 그럴듯한 사실성을 구성하고 확산시킬 수 있게 됐기 때문이다. 이러한 상황은 기존 사실성 제도가 제시한 사실을 검증되지 않은 수많은 정보와 구분할 수 없게 만든다. 미디어, 특히 언론의 위기는 탈진실 시대 사실성 제도의 위기 속에서 사실성 제도로서 언론의 위기, 언론이 수행하는 사실성 관행의 위기, 언론이 구성하는 사실성의 타당성 위기이다.

사실성 제도로서 언론의 위기는 재매개remediation 이론을 통해 좀 더 명확히 설명할 수 있다(Bolter & Grusin, 1999). 재매개 이론의 관점에서 사실성 제도로서 언론의 위기는 내생적 위기, 외생적 위기, 그리고 패러다임 전환에 따른 위기로 유형화할 수 있다. 내생적 위기는 언론이 전통적인 무매개적 사실성 관행에 충실하지 못했기 때문에 나타난다. 외생적 위기는 무매개성immediacy 자체에 대한 의문으로 나타난다. 이는 기술 발전으로 언론과 비언론이 동일한 사실성 구성 역량을 갖췄기 때문에 심화된다. 더 나아가 사실성 구성 과정을 드러내는 과매개적 투명성hypermediated transparency에 대한 요청으로 나타난다. 패러다임 위기는 전통적 사실성 제도가 흔들리고 있지만 새로운 기술 기반의 사실성 제도는 아직 정립되지 않은 상태를 의미한다.

이러한 위기는 사실성 제도로서 언론을 특히 기술 기반으로 재구성함으로써 극복할 수 있다. 즉, 사실성 제도로서 언론의 AIX가 요청된다. 과거에는 어떤 현상이 사회적 사실로 받아들여지기 위해서 언론사의 게이트키핑gatekeeping을 통과해야 했다면 언론사가 AI 전환을 이룬 뒤에는 언론사가 운영하는 AI를 통과해야 된다. 이 AI는 통과하면 사실로 인정되는 일종의 사실성 제도이다.

탈진실 사회의 사실성 제도 위기는 딥러닝을 필두로 하는 AI의 발전과도 맞물린다. 탈진실 사회에서의 사실성에는 투명성이 요구된다. 통과하면 사실로 인정되는 AI 역시 투명성을 갖춰야 한다. AI의 투명성을 높이는 방법론이 바로 설명 가능한 AI이다. 이에 이 장에서는 XAI의 논의를 빌어 사실성 제도로서 언론사의 AI 전환 방향성을 모색하고자 한다. AI로 가속화된 탈진실 시대에 언론사가 운영하는 '통과하면 사실로 인정되는 AI'의 특징은 ① 사실성 제고에 사용되는 AI, ② 사용된 AI의 기술적 설명 가능성이 확보된 AI, ③ 운영 내역이 투명하게 공개되는 AI이다.

2. 탈진실 사회의 도래와 미디어의 위기

1) 미디어를 통한 사실성 구성에 대한 인식론적 이해

플라톤은 가지적인 것ta horata과 가시적인 것ta noēta을 구분했다. 가시적인 것은 가상으로 실재인 가지적인 것의 모방mimesis이다(Slings, 2003/2005). 그러나 들뢰즈는 플라톤의 이분법의 핵심은 실재와 가상 간의 구분이 아닌 가시적인 것들 내에서 도상eikōnes과 환상phantasma의 구분임을 지적한다(Deleuze, 1969/1999). 도상은 가지적인 형상eidios을 모방한 것이지만, 환상은 형상을 모방한 것처럼 속인 것이다. 이때 도상은 실재의 현전이지만 환상은 비실재로 인식론적 지위가 다르다. 모방은 사실 매개 행위이다. 데리다는 음성중심주의 비판을 통해 매개와 진리와의 관계를 설명했다. 발화자는 자기 목소리를 직접 듣는다. 이러한 경험에 비추어 음성은 진리의 직접적인immediate 현전, 즉 진리와 동일한 것으로 여겨진다. 반면 문자는 음성을 다시 매개한 것, 음성에서 파생된 것으로 여겨진다(Derrida, 1967/1996). 음성은 도상적 실재이고 문자는 환상적인 비실재인 셈이다.

이러한 구분은 재매개 이론에서도 제시된다(Bolter & Grusin, 1999/2006). 재매개의 방식으로는 크게 무매개성과 과매개성hypermediacy이 있다. 무매개성은 매개됐음에도 매개되지 않는 것으로 받아들여지는 성질, 과매개성은 매개를 오히려 두드러지게 드러내는 성질이다. 매개는 여러 단계로 일어날 수도 있다. 흔히 매개를 다시 매개할 때 무매개성은 무매개적으로, 과매개성은 과매개적으로 지속되는 경우가 많다. 그러나 무매개적인 것을 과매개적으로 매개할 수도 있다. 이는 전체적으로는 매개 과정이 드러난, 과매개적인 것으로 여겨진다.

고전적인 인식론에서 실재는 무매개적으로, 가상은 과매개적으로 드러난다. 반면 탈근대적인 인식론에서 무매개는 매개를 감추고 실재를 독점하고 가상을 실재로 내세워 권력을 획득하려는 시도로 여겨진다. 과매개는 이러한 무매개의 매개성을 폭로함으로써 되려 사실성을 획득한다.

미디어의 사실성 구성은 매개 과정으로 이해할 수 있다. 이는 크게 네 가지로 유형화할 수 있다. 첫째, 사실의 사실적 표현이다. 사실을 무매개적으로 구성하는 실증주의적 접근 방식으로 볼 수 있다. 뉴스는 대부분 이와 같은 형식을 취한다. 둘째, 사실의 허구적 표현이다. 사실을 과매개적으로 재현하는 구성주의적 접근 방식이다. 예술 영화의 소격 효과나 자기반영성 등이 그러한 예이다. 이는 작업 과정을 보여준다는 점에서 일종의 투명성과도 연계된다. 셋째, 허구의 사실적 표현이다. 허구를 허구라고 밝히되 무매개적으로 보여줌으로써 진짜 같은 환상을 제시하는 방식이다. 미국 헐리우드 상업영화가 대표적이다. 넷째, 허구의 허구적 표현이다. 역시 허구를 허구로 밝히되 허구를 과매개적으로, 즉 매개성이 강하게 드러나도록 재현하는 방식이다. 이는 작가주의적이다. 이러한 방식은 표현력이 극대화되며 실재로부터 완전히 자유로운 유희성이 두드러진다. 장르에 따라서는 이 네 가지 형식이 중첩되는 형태로 미디어 생산이 이뤄질 수 있다. 예를 들어 텔레비전 리얼리티 프로그램에서는 PD가 등장하고 카메라가 노출되는 자기반영성이 무매개적인 실재감을 강화한다(김명진, 2021).

앞의 두 가지는 사실을 재현하는 방식이며, 뒤의 두 가지는 허구를 재현하는 방식이다. 실재를 무매개적으로 보여주든 과매개적으로 보여주든 미디어가 재현한 실재는 모두 실재 그 자체가 아닌 매개된 실재이다. 무매개성은 매개 자체가 없는 것이 아니라, 매개를 감춤으로써 구현된다. 역설적으로 무매개적인 재현은 오히려 더 높은 수준의 매개 기술을 쓰며 더 많은 매개 과정이 개입한다. 과매개는 매개를 감추기를 포기하고 되려 매개 과정을 노골적으로 드러냄으로써 사실성을 달성한다. 이러한 점에서 과매개는 무엇보다 투명성의 기법이다.

미디어 이용자는 매개된 실재만 볼 수 있다. 매개된 실재가 무매개적으로 느껴진다는 점만으로는 매개된 실재가 실재라고 할 수는 없다. 생산자의 사실성 관행은 매개 대상을 사실로 간주하고 그것을 무매개적으로 제시하는 방법이지만, 수용자 관점에서 매개 대상의 진위 판정은 주로 사실 재현 방법이 얼마나 뛰어난지, 얼마나 무매개를 구현하는지에 종속되는 식으로 이뤄진다.

2) 현대 사회의 사실성 제도로서 미디어

현대 사회는 주술이나 종교, 군주나 귀족 등 정치권력의 통치성이 아닌 과학에 따라 도출된 사실을 토대로 구성된다는 점에서 그 이전의 사회와 구분된다(Weber, 1919/2017 ; Foucault, 2004/2011 ; 2004/2012). 그러나 사실조차도 '있는 그대로의 사실brute fact'이라기보다는 사회적으로 구성된 사실, 사회적으로 합의된 제도적 사실institutional fact이다(Berger & Luckmann, 1966/2013 ; Searle & Willis, 1995).

사실 구성은 사실성 제도 확립과 그 제도를 통한 사실 인증을 통해 이뤄진다. 예컨대 과학적 사실은 과학계의 구성과 사실 인증을 통해 확립된다. 역사적으로 과학계는 영국 왕립 학회The Royal Society of London for the Improvement of Natural Knowledge와 같은 학회 설립에서 시작해 저널 발간, 동료 평가, 대학 내 분과의 성립과 보상 체계 등의 제도를 토대로 만들어진다(Merton, 1979/1998).

사회적으로 구성된 제도에 의한 사실의 구성이라는 방식은 비단 자연과학계에만 해당하는 것은 아니며 사회과학계에서도 적용된다. 예컨대 사회과학에서 과학적 사실은 설혹 그것이 구성되기 전에 이미 실재했더라도 검증할 수 있는 연구 대상으로 제시되어 과학적 방법론에 따라 분석되고 이론화되어 학문의 부분으로 구성되어야 한다(차배근, 1979). 학계가 아닌 다른 사회체계도 마찬가지다. 예컨대 법은 제도적 사실로 여겨진다(이현경, 2017 ; MacCormick, 1974). 일례로 증거재판주의나 무죄 추정 원칙 등은 유죄 여부나 증거가 법적 제도 내에서 구성되는 사실임을 보여준다(김정한, 2010 ; 정재준, 2011). 진리와 관련된 사실을 넘어서 미적 판단에 의한 일종의 사실 역시 제도에 의존한다. 예컨대 예술작품은 다름 아닌 예술계art world가 미적 가치가 있다고 인정한 인공품이다(Dickie, 1971/1980). 미적 가치도 예술계에 의한 제도적 사실인 셈이다. 사실성 제도에 의해 구성된 제도적 사실은 전체적인 사회적 실재social reality를 구성한다. 예컨대 경제학과 계산 도구는 시장을 관찰하는 것이 아니라 구성한다(Callon, 1998 ; MacKenzie, 2007).

사회적 실재는 일상에 존재한다. 따라서 일상을 통한 실재의 사회적 구성을 이해하는 것이 중요하다(Berger & Luckmann, 1966/2013). 현대 사회에서 사회적 실재는 정치, 경제 등 기능 분화된 체계로 나타난다. 기능 분화된 사회체계의 타당성은 생활세계의 의사소통 행위를 통해 검증된다(Habermas, 1981/2006).

현대 사회에서 미디어는 기능 분화된 사회체계와 일상의 경계 위에서 제도적 사실을 산출하고 사회적 실재를 구성하고 조정하는 핵심 기관이다(박대민, 2014 ; Graves, 2017). 미디어, 특히 언론은 사실의 관찰자로 오정보와 구분되는 신뢰할 수 있는 사실을 정기적으로 제공하는 핵심 기관이다(Carlson, 2018 ; Kovach & Rosenstiel, 2014/2014 ; Patterson, 2013/2018).

다른 사실성 제도와 마찬가지로 미디어 역시 사실성 제도로 확립되기 위한 관행을 마련해야 한다. 언론의 역사는 이러한 사실성 관행을 다양한 방식으로 수립해 왔다(Stephens, 2007/2010). 예컨대 언론사는 객관주의 저널리즘을 규범적으로 수용한다(이나연, 2018). 실천적인 수준으로 뉴스 기사에서 사실과 의견을 분리한다(이준웅, 2010). 간결하고 명확한 사실 전달을 위해 기사 형식 측면에서 육하원칙, 역피라미드 구조 등을 활용한다(박재영·이완수, 2008). 르포, 직접인용, 통계 등은 대표적인 사실성 관행이다(Van Dijk, 1988). 정보원 활용 시 직접 인용, 익명 정보원 사용 최소화 및 실명 인용 우선, 정보원 보호, 공식 정보원에 대한 편향 억제, 대립하는 이해관계자 간의 균형 보도, 다양한 정보원을 통한 삼각 확인, 정보원의 발언에 대한 재검증 등을 통한 불편부당성 등이 요청된다(박대민, 2015).

이상은 주로 형식적인 사실성 관행으로 개별 사실의 정확성을 확보하는 데 치중한다는 비판을 받아왔다. 그러나 언론이 구성하는 사실은 개별 사실만이 아니다. 언론사는 개별 사실의 정확성을 확인할 뿐만 아니라 이러한 개별 사실을 연결하고 맥락화하고 일관성을 부여한 총체적 사실을 제시한다(김창숙, 2020a ; 2020b). 즉, 언론은 게이트키핑을 통한 의제 설정을 통해 수많은 사실에서 주목할 내용을 선별하고 사회에 대한 인지적 지도를 제시한다(Shoemaker & Reese, 1996/1997 ; Shoemaker & Vos, 2009). 사실성 관행을 적용 및 검토하고, 엄선된 의제 설정 기능을 수행하기 위해 언론은 여러 단계의 게이트키핑 절차를 거친다. 게이트키핑은 국내 언론사 기준으로 기사 작성 후 취재기자-팀장-데스크-편집기자-편집부장-편집국장 등 5단계 안팎으로 이루어진다. 사실 기사 발제 단계에서도 취재기자-데스크-편집국 부장 및 편집국장 등의 검토를 거친다. 전형적인 게이트키핑 과정은 아니지만, 기사 발행 후에도 동료 기자의 의견이나 타사 취재와의 비교 등을 통해 추가적인 검토가 이루어진다. 이밖에 정정 보도나 반론 보도와 같은 자율 규제 절차, 언론중재위원회나 심의위원회를 비롯한 강제 규제 절차 등 사후 조치도 존재한다(신혜선 · 이영주, 2021).

전통적인 언론의 사실성 구성은 무매개적인 방식으로 이루어져 왔다. 미국식 객관주의 저널리즘의 다양한 사실성 관행은 실재를 무매개적으로 재현하고자 한다. 대표적인 사실성 관행인 르포와 인용을 따져

보자. 기자가 현장에 직접 가봤다면 현장과 기자 사이에 매개가 없어진다. 기자가 자신이 본 현장을 있는 그대로, 즉 부매개적으로 전달한다면 현장과 독자 사이에 무매개성이 실현된다. 인용의 경우도 마찬가지다. 기자가 정보원에게 직접 들은 이야기를 그대로 쓴다면 정보원과 기자 간에, 그리고 정보원과 독자 간에 무매개성이 달성된다. 정보원이 한 이야기를 그대로 썼다는 점을 강조하기 위해 간접인용문이 아닌 직접인용문으로 발화를 인용한다. 기자가 현장과 다른 내용을 쓰거나, 정보원이 말한 것과 다른 내용을 적는 것은 무매개성을 깨는 것이다. 이는 사실 왜곡으로 여겨진다.

과매개적인 기제도 제한된다. 물론 르포 기사의 현장 사진에서 기자 모습이 포함된 경우도 있다. 그러나 이는 생산 과정을 드러내는 과매개적 기제라기보다는 기자가 현장에 직접 갔다는 증거의 기능으로 사용되는 것이다. 사진이 증거가 되는 것은 실사 사진이 무매개적 매체이기 때문이다. 인용에서는 과매개적 기제가 더욱 분명하게 제한된다. 기자가 일반적인 기사에서 직접 정보원으로 나서는 것은 안 된다. '나'와 같은 1인칭 표현으로 자신을 드러낼 수 없다. 그것은 의견을 전달하는 형식인 칼럼의 형태로만 제시되어야 한다. 언론의 사실성 제도라는 것은 언론이 사실만을 전달한다는 뜻은 아니다. 언론은 의견도 제시한다. 다만 사실과 분리해 제시한다. 사실과 의견이 모호하게 뒤섞이면 의견으로 간주된다. 즉, 사실성을 생산할 수 없다. 기자 칼럼은 과매개적이지만, 이는 사실과 의견의 분리를 통한 무매개적 효과를 극대화하기 위해 활용된다.

언론사는 게이트키핑을 통해 가장 높은 수준의 무매개성을 목표로 한다. 그러나 역설적으로 그럴수록 더 많은 매개 과정이 개입된다. 이러한 역설은 사실성 제도로서 언론의 근본적인 위기를 초래한다. 언론사가 제시한 사실성이 언론사가 조작한 것일 수도 있다는 비판이 제기된다. 그 결과 무매개성의 매개 과정을 드러내는 과매개적 투명성이 사실성의 조건으로 요청된다.

3) 미디어의 사실성 위기

미디어의 사실성 구성에 대한 비판은 지속해서 제기되어 왔다. 이에 따른 위기는 크게 세 가지로 유형화할 수 있다. 첫째, 언론사가 스스로 정립한 사실성 관행을 제대로 지키지 못하면서 생기는 전통적이고 내생적인 위기이다. 둘째, 정보기술의 발전으로 오정보의 무매개적 재현이 일반화되면서 나타나는 새로운 외생적 위기이다. 셋째, 근본적으로 사실성 관행 자체가 기술 기반으로 재정립되어야 하지만 새로운 사실성 제도가 제대로 자리 잡지 못해 나타나는 패러다임 위기이다.

(1) 미디어의 내생적 위기 : 언론사의 무매개적 사실성 관행 미준수

먼저 내생적 위기에 대해 살펴보자. 언론사가 약속한 사실성 관행을 제대로 지키지 못하거나, 사실성 관행 자체의 한계로 인한 위기에 대해서는 이미 많은 논의가 있었다. 가장 심각한 것은 사실성 제도인 언론사가 되려 오정보의 원천이 됐다는 비판이다. 예컨대 세월호 보도는 오보로 점철된 보도 참사였다(정수영, 2015). 사실 검증 없는 받아쓰기로 오보가 확산되기도 한다(Silverman, 2007). 가짜뉴스에서도 자유로울 수 없다. 언론사가 소셜 미디어상의 가짜뉴스를 기사화하기도 한다(김춘식·홍주현, 2020). 가짜뉴스 생산자들은 언론사를 유통 채널로 여긴다

(Benkler, et al., 2017). 사실 언론사가 의도적으로 가짜뉴스를 생산한 사례도 없지 않다(박진우, 2020 ; McNair, 2017).

오정보의 생산과 유통을 피하는 방법은 사실 검증을 충실히 하는 것이다. 그러나 현실적으로 사실 검증은 결국 사실성 관행을 따르는 방식으로 이뤄질 수밖에 없다. 이것이 왜곡되면 사실성은 직접인용 등 형식적 객관성으로 대체된다(남재일, 2008 ; 이나연, 2018). 형식적 객관성은 사실성 수행의 의례적 증거, 오보의 책임 회피, 갈등 사안에 대한 기계적 중립, 인용을 통한 의견 제시 등에 활용된다(김창숙, 2020b ; 박대민, 2015 ; 박영흠·이정훈, 2020 ; 이완수·배재영, 2014). 이러한 관행은 정치적 탄압의 은폐, 언론 자신의 정파성과 상업성 등의 이유로 확산된다(유선영, 1995 ; 조맹기, 2011). 그러나 기계적 균형 보도는 공정성을 담보하지 않는다(정은령, 2019).

언론사의 사실성 구성에 대한 문제가 다양하고 지속적으로 제기되어 왔음에도 제대로 개선되지 못했다는 사실은 이 문제가 제도적이고 구조적인 문제임을 보여준다(김창숙·최지향, 2021). 근본적으로 사실과 의견의 확실한 분리 자체가 가능한 것인지, 그리고 필요한 것인지에 대한 회의도 제기된다(이준웅, 2010).

2000년대 초반까지만 해도 언론의 내생적 위기는 정치적 압력이나 정파성에 더 큰 영향을 받았다. 그러나 2000년대 중반 포털 등 디지털 미디어 플랫폼이 뉴스 유통의 중심으로 부상한 이후 언론의 내생적 위기는 경제적 원인에 의해 심화됐다. 한편으로는 플랫폼 기능을 디지털 미디어 플랫폼에 뺏겨 광고 수익이 감소했고, 다른 한편으로는 플랫폼 내에서 다양한 콘텐츠 공급자와 경쟁하게 되면서 비즈니스 기반이 약화됐다. 이는 언론사의 상업화를 가속화하여 언론사가 모범적인 사실성 제도로서 작동하는 데 어려움을 불러왔다(박대민 · 김선호 · 양정애, 2014).

(2) 미디어의 외생적 위기 : AI에 의한 무매개적 탈진실의 확산

2010년대 중반 이후 AI 기술이 급속도로 발전함에 따라 사실성 제도로서 미디어의 위기는 보다 근본적인 위기에 직면하기 시작한다. 이러한 위기는 AI에 의한 탈진실 사회의 심화로 표현되는 외생적 위기이다.

탈진실이란 용어는 2016년 가짜뉴스가 영국 브렉시트와 도널드 트럼프의 미국 대통령 당선에 적지 않은 영향을 준 것으로 알려지자, 옥스포드 사전Oxford dictionary[1]이 그해 올해의 단어로 선정하면서 주목받았다. 탈진실은 흔히 가짜뉴스 등 허위 조작 정보disinformation나 감정, 개인적 신념을 진짜 사실actual fact보다 더 중요하게 여기는 현상을 뜻한다. 그 원인으로는 과학 부정, 인지 편향, 전통 미디어 퇴조와 소셜 미디어 부상, 가짜뉴스, 탈근대적 회의주의 등이 제기됐다(McIntyre, 2018 ; Peters, 2017). 그러나 탈진실 전후를 가르는 핵심은 반향실 효과echo chamber, 필터 버블filter bubble[2], 가짜뉴스, 딥페이크 등을 촉발한 소셜 미디어, 그리고 소셜 미디어가 사용하는 AI 기술의 발전이다(Cinus, Minici, & Bonchi, 2022 ; Nguyen et al., 2014 ; Pariser, 2011).

사실 이용자가 미디어를 통해 기존의 편향적 태도를 강화하고 이에

1. https://languages.oup.com/word-of-the-year/2016/
2. 반향실 효과는 개인화 추천 결과로 자신의 목소리가 더 큰 메아리가 되어 돌아오는 것처럼, 소셜 미디어의 추천 알고리즘에 의해 자신의 의견과 유사한 집단의 의견만 듣게 되고 반대 의견과 단절되는 현상을 의미한다. 필터 버블은 개인화된 추천 결과로 개인이 자신만의 세계에 갇히게 되는 현상을 의미한다. 반향실 효과는 동질 집단에 갇히는 것이라면 필터 버블은 개인이 자신만의 세계에 빠져드는 현상에 가깝다(구재령, 2022 ; Praiser 2011 ; Del Vicario, et al., 2016). 이를 극복하기 위한 방법으로 IT 서비스에서는 통상 의외성(serendipity) 알고리즘을 도입한다(Ge, Delgado-Battenfeld, & Jannach, 2010).

따라 사회적으로 양극화가 심화되는 현상 자체는 전통 매체에서도 흔히 나타난다(McQuail, 2010). 그러나 소셜 미디어의 필터 버블과 반향실 효과는 협업 필터링collaborative filtering 등 AI 기반 개인화 추천 시스템recommender system을 통해 더욱 강화된다. 전 세계 수십억 명의 사용자가 사용하는 미디어 플랫폼에서 개인화 기기인 모바일을 통해 사용자 행동 관련 빅데이터를 수집한 뒤 이를 학습시킨 AI 기반 추천 시스템의 개인화 성능은 전통 매체는 물론 포털의 검색 결과마저 압도한다. 게다가 과거에는 막대한 투자를 바탕으로 생산력과 유통망을 확보한 전통 매체만 뉴스를 규모 있게 확산시킬 수 있었다. 그러나 현재는 평범한 개인조차도 소셜 미디어를 통해 언론사 이상의 정보 확산력을 갖게 됐다.

다른 한편 딥러닝 기술의 발전으로 AI의 이미지 분류나 생성 성능이 인간의 능력에 버금가는 수준에 도달했다(박대민, 2022). 딥러닝을 기반으로 고성능 AI가 개발됨에 따라 안면 인식이나 딥페이크 등의 문제가 전면적으로 주목받았다. 예컨대 과거에도 그린스크린 기술이나 컴퓨터 그래픽을 입히는 식으로 합성 영상을 제작할 수 있었다. 그러나 그린스크린 기술이 배경과 대상을 분리 촬영해 합성하는 것이었다면 딥페이크는 얼굴이나 입술 등 대상의 세부적인 부분을 더 자연스럽게 다른 영상으로 교체할 수 있다. 딥페이크는 정교한 그래픽 작업 없이 비교적 간단하게 영상을 바꿔 넣을 수 있다. 스테이블 디퓨전 등 멀티모달 AI를 통해 전체 영상을 사진처럼 생성하는 것도 쉬워졌다. 2023년 3월 공개된 GPT-4는 블로그나 책, 기사는 물론 심지어 논문까지 그럴듯하게 작성하기도 한다. 실제로 해당 분야 전문 연구자도 AI로 논문을 작성했는지의 여부를 잘 구분하지 못했다(Gao, et al., 2022). 즉, AI 작성 논문에서 AI는 보이지 않는 것이다. 심지어 〈네이처Nature〉나 〈사이언스Scinece〉

와 같은 저명 저널에도 챗GPT를 사용한 논문이 투고되면서 각 저널은 연구자가 투고 전 챗GPT 사용 여부를 밝혀야 하며 AI는 도구로만 사용하고 저자로는 인정하지 않는다는 등의 AI 사용 가이드라인을 발표하기도 했다(Thorp, 2023).

재매개의 개념을 빌면 사실성 제도에 미치는 기술 기반 탈진실 사회의 효과는 크게 두 가지이다. 첫째, 무매개적 기술 발전의 딜레마다. 현대 사회의 사실성 제도에서 발달한 무매개적 기술이 AI를 통해 극도로 고도화됨에 따라 되려 기존 사실성 제도가 위협을 받는다. 무매개적 기술이 확산되면서 기존의 전문화된 사실성 제도의 사실성 구성 독점이 깨어졌기 때문이다. 둘째, 과매개의 효과이다. 전문 기관만이 아니라 일반 사용자까지 AI를 활용해 무매개적 재현을 할 수 있게 되었다. 그 결과 사실성의 무매개적 생산을 직접 경험한 사용자들은 다른 사용자에게 해당 경험을 공유하며, 더 나아가 기존의 전문 기관이 검토한 사실성도 실은 구성된 것임을 인식하게 된다.

AI의 발전으로 가속화된 탈진실 사회에서 사실성 제도로서 언론에 대한 기술적 위협은 기술에 의한 가상의 사실적 재현 기능 강화로 개념화할 수 있다. 즉, 이 위협은 사실을 무매개적으로 재현하는 언론에 대한 도전의 결과이다. 가짜뉴스나 딥페이크는 소셜 미디어나 AI를 활용하면 언론사가 아닌 일반인도 마음만 먹으면 무엇이든 그럴듯한 사실로 재현하고 유통할 수 있음을 보여준다. 동시에 이는 언론의 은폐된 매개를 더욱 강력하게 폭로한다. 언론의 과도한 게이트키핑은 매개를 통해 정보원과 언론의 편향에 따라 사실을 왜곡하는 것으로 여겨진다.

이는 기자 등의 개입 여부나 취재 과정 등을 밝히는 방식의 투명성 요구로 이어진다(Kovach, & Rosenstiel, 2014/2014). 무매개성 못지않게 매개 절차를 드러내는 과매개적 투명성에 대한 요구가 커진다. 이는 앞서 말한 과매개적 자기반영성을 통한 사실성 구현 방식으로 이해할 수 있다. 물론 기존 언론에서도 투명성은 중요한 가치였다. 투명성은 특히 생산 측면에서 누가 만들었으며, 어떻게 취재했는지와 관련돼 있다. 예컨대 익명 정보원 활용을 제한하고 실명 정보원을 사용하는 것은 투명성과 관련된 핵심 관행 중 하나이다(정은령 · 최지수 · 박유진, 2020). 기자 실명과 이메일 공개, 부서 연락처, 조직도 공개 등도 생산자 측면의 투명성 제고에 기여한다. 르포에서 구체적인 시간이나 장소 등 현장 정보를 공개하는 것도 기사 제작 과정을 투명하게 공개하는 것이다. 기사 내에서 대립하는 의견을 제시하는 것 역시 투명성을 높여준다(박아란 · 이나연 · 정은령, 2018). 반대 의견의 존재를 감추지 않는 것이기 때문이다. 해석 저널리즘에서 맥락 제공, 취재 동기의 공개 등도 투명성 확보에 도움을 줄 수 있다(정은령 · 최지수 · 박유진, 2020).

여러 언론학자들은 디지털 환경이 투명성의 중요성을 새롭게 강화했다고 말한다(Friend & Singer, 2007 ; Karlsson, 2011). 이제 자료 출처는 하이퍼링크나 데이터베이스 공개 형태로 제공된다(Humprecht, 2020). 기사 수정 내역도 기록되고 공개됨으로써 투명성을 강화할 수 있다(Silverman, 2014). 독자와의 상호작용을 통해서도 투명성을 제고할 수 있다(Karlsson, 2011). 사실 검증은 투명성을 높여주는 좋은 방법이 될 수 있다(정은령 · 최지수 · 박유진, 2020). 이러한 방식은 디지털 기술을 활용해 투명성 요구에 부응하는 방식이다. 그러나 기사 생산 및 유통 자체에 디지털 기술이 필수적이고 전면적으로 활용되면서 디지털 기술에 대한 투명성 요구도 커진다. 예컨대 알고리즘 저널리즘 윤리 논의에서 프로그램의 입력, 처리, 출력에 사용되는 데이터, 코드, 모델 등에 대한 정보 공개 요구가 제시된다(오세욱 · 김수아, 2016; Dörr & Hollnbuchner, 2016).

무매개성의 대체라는 측면에서 사실성 제도로서 미디어에 대한 기술의 위협을 세 가지로 정리해 보자. 첫째, 알고리즘 플랫폼의 무매개성이다. 미디어 플랫폼을 통해 정보원과 사용자가 직접 소통하는 것이 언론을 통하는 것보다 더 무매개적으로 여겨진다. 둘째, 알고리즘 플랫폼에서 수집되는 빅데이터의 무매개성이다. 언론의 정보원 인용보다 데이터에 기반한 기사가 더 무매개적이라고 인식된다. 세계는 센서 데이터, 행동 데이터, 의미 데이터 등 빅데이터로 더 많이 기록된다. 이에 따라 근거 기반, 즉 데이터 기반의 의사결정에 대한 요구가 심화된다. 언론계에서는 데이터로 뒷받침되는 기사 작성, 즉 데이터 저널리즘에 대한 요청이 커졌다. 셋째, AI의 무매개성이다. AI는 빅데이터에 기초하여 알고리즘의 구체적인 가중치와 바이어스 등 매개변수를 스스로 찾아간다(박대민, 2022). 이러한 AI가 기사를 추천하거나 기사를 작성한 경우 인간 개입은 데이터 수집 및 정제와 모델의 일부 초매개변수의 입력으로 최소화된다. 인간 개입이 감춰질수록 무매개성이 강화되는 점을 생각해 보면 AI의 도입이 알고리즘과 빅데이터의 무매개성을 극대화한다는 것을 이해할 수 있다. 실제로 사용자들은 인간이 작성하거나 편집한 기사보다 AI가 작성하고 추천한 기사를 더 신뢰한다는 연구도 나왔다(김대원, 2017 ; 박승택 등, 2017).

(3) 사실성의 패러다임 위기 : 기술에 의한 사실성 제도의 미정립

AI에 의한 무매개성이 언론 등 기존 사실성 제도에 큰 위협을 가하고 있지만, 기술 기반의 새로운 사실성 제도가 정립된 것은 아니다. 기술 기반 무매개성에 대한 회의도 적지 않다. 필터 버블, 반향실 효과, 가짜뉴스, 정치적 양극화, 독과점, 구글세google tax[3], 그림자 노동shadow work[4] 등 미디어 플랫폼에 대한 다양한 비판은 미디어 플랫폼의 무매개성이 허상임을 드러낸다. 데이터 독점, 데이터 편향, 개인정보 유출, 정부와 대기업 등 빅브라더big brother의 도래, 데이터 분석의 오류나 탈맥락화, 알고리즘 통치를 통한 자동화 사회의 저항 불가능성 문제 등에 대한 의문도 제기된다(Becker, 2017/2020 ; Huff, 1993/2022 ; Rouvroy, & Berns, 2013 ; Stiegler, 2015/2019). AI의 위험성과 한계에 대해서도 딥페이크를 비롯해 편향, 윤리 문제, 안면 인식을 통한 파놉티콘panopticon화, 블랙박스black box 문제 등 여러 논의가 진행되고 있다(최순욱 · 오세욱 · 이소은, 2019 ; 허유선 · 이연희 · 심지원, 2020).

새로운 기술 기반 사실성 관행의 한계에 대응하는 방식은 크게 두 가지이다. 첫째, 비기술적 접근이다. 기존의 인간 중심적 사실성 관행을 기술 기반 사실성 관행에 재도입하는 방식이다. 예컨대 미디어 플랫폼

---

3. 구글세 또는 디지털세는 구글과 같은 글로벌 IT 기업의 '과세 기반을 잠식하는 소득 이전 행위(Base Erosion and Profit Shifting ; BEPS)'를 막고 세금을 부과하는 것을 뜻한다. BEPS는 글로벌 IT 기업 등이 본사 소재지나 실제 매출 발생 국가가 아닌 아일랜드, 싱가포르 등 법인세가 낮은 국가에 관계사를 설립하고 세원을 이전해 세금을 회피하는 것을 의미한다. 한 국가에서 법인세를 납부하면 다른 국가에서는 납세 의무가 없어지는 점을 악용한 사례이다. 이에 OECD 회원국을 비롯한 141개국은 OECD/G20 IF(inclusive framework)를 출범시켜 국제적 디지털세 과세 거버넌스를 마련하고자 하고 있다(김선일 · 박성욱 · 나형종, 2020).
4. 그림자 노동은 이반 일리치가 자기 계발 등 실제 생산에 기여하지만 임금이 지불되지 않는 무급 노동을 지칭하기 위해 제안한 용어이다(Illich, 1980/2015). 현재는 IT 플랫폼에서 사용자가 개인정보 제공 및 온라인 활동을 통해 미디어 플랫폼의 이익에 기여함에도 보상 받지 못하는 현상을 포함한다(Lambert, 2015/2016). 최근에는 그림자 노동을 넘어 소위 공유 경제라는 이름으로 알고리즘과 플랫폼을 통해 노동을 통제하는 플랫폼 노동(platform labor)이 화두가 되고 있다(Van Doorn, 2017).

상에 유통되는 정보를 인간 검증자나 기관이 사실 검증한다(최순욱 · 윤석민, 2017). 뉴스 추천에서 인간 편집자의 도입도 같은 맥락으로 이해할 수 있다. 둘째, 기술적 접근이다. 기술 기반 사실성 관행을 마련하는 형태다. 예컨대 자동화된 사실 검증 기법이 이러한 예에 해당한다(정성욱 · 이준환, 2019 ; 좌희정 · 오동석 · 임희석, 2019).

언론의 대응은 주로 비기술적 방식에 초점이 맞춰져 있다. 일차적으로는 기술 비판적 기사를 생산하는 것이다. 예를 들면 빅테크 기업에 의한 개인정보 문제를 제기한다(구정우 · 김나현, 2022). 사내 사실 검증 부서를 별도로 만들거나 외부 사실 검증 기관과 협력을 강화할 수도 있다(최순욱 · 윤석민, 2017). 물론 기술적인 접근도 없지 않다. 대표적인 예로 빅데이터를 활용하는 데이터 저널리즘과 AI 기반의 로봇 저널리즘을 들 수 있다(김동환 · 이준환, 2015 ; 이소은 · 박찬경, 2022 ; 전창영 · 오세욱, 2020).

그러나 비기술적 접근은 악순환에 빠질 우려가 있다. 기술이 언론의 사실성 관행 위기를 초래하는데, 기술의 미흡함을 다시 언론의 사실성 관행으로 채워 넣는 식이기 때문이다. 언론의 사실성 관행을 기술의 사실성 관행에 도입하는 것은 기술 기반 사실성 제도를 부분적으로 보완할 수는 있다(오세욱, 2020). 하지만 이는 기술 기반 사실성 제도를 좀 더 정교화할 뿐 기술에 의한 사실성 제도로서 언론의 위기라는 근본적인 문제를 해결하지는 못한다.

현재 진행 중인 기술적 접근도 적지 않은 한계가 있다. 예컨대 데이터 저널리즘은 분석적 역량 부족, 기술적 한계, 비용 문제, 단발성 프로젝트화 등의 문제를 겪고 있다(전창영 · 오세욱, 2020). 로봇 저널리즘 역시 단순 사실 전달 수준에 머물고 있거나, 저비용의 트래픽 확보에 활용되는 등 상업화되는 문제가 있다(백재현 · 임종수, 2018). 자동화된 사실 검증 역시 성능이 제한적이다. 지식 기반은 맥락을 고려하지 않고 데이터화되지 않은 오정보의 확인이 불가능하며, 문체 기반은 새로운 문체의 오정보를 확인할 수 없다. 확산 패턴 분석 역시 그 자체만으로 사실을 검증하는 것이 아니다(오세욱, 2017). 기계학습 기반 방식은 학습데이터가 부족하고 제목과 본문의 일치 등 단순한 수준에 그치고 있으며, 검증 대상이 소셜 미디어에 한정된 경우가 많다(좌희정 · 오동석 · 임희석, 2019). 사실 검증 과정에 대한 투명성도 부족했다(오세욱 · 황구현, 2018).

기존의 기술적 접근이 갖는 여러 의의가 있음에도 가장 큰 한계는 기술을 언론의 핵심 문제 해결에 사용하지 않았다는 데에 있다. 데이터 저널리즘이나 사실 검증과 같은 기술을 단지 신사업이나 비용 절감 등의 비즈니스 관점에서만 도입하거나, 언론의 취재 절차 전반에 전면적으로 도입하지 않고 부분적으로만 적용해 왔다. 때문에 설사 언론인의 데이터 저널리즘 역량이 강화되고, 자동화된 사실 검증의 성능이 개선되고, 기술 사용 비용이 하락한다고 하더라도 현재로서는 언론사가 기술을 여전히 주변적으로만 활용할 가능성이 크다. 결국 기술 기반이든 아니든 현 단계에서 언론의 사실성 제도의 재구성은 부분적으로 진행됐을 뿐 방향성이 정립되지 않은 상태다.

4) 사실성 제도로서 미디어의 재구성에서 기술 기반의 필요성

탈진실 사회는 무매개성에 기초한 사실성 제도에 대한 도전을 반영한다. 그 핵심에는 기존 사실성 제도보다 더 강력한 무매개성을 구현하는 AI 기술의 발전이 있다. 탈진실 사회에서 AI로 종합되는 기술적 도전으로 기존의 사실성 제도가 위협받고 있지만, 그렇다고 기술에 토대를 둔 새로운 사실성 제도는 정립되지 않은, 패러다임 전환기의 아노미 상태에 놓여있다.

사실성 제도로서 미디어의 위기는 바로 이러한 패러다임 위기로 이해해야만 근본적인 문제 해결에 다가설 수 있다. 기술에 대한 인간의 개입은 사라질 수도 없으며 필수불가결하다. 하지만 기술 기반 사실성 제도가 정립되지 않았다고 해서 언론사가 다시 과거의 사실성 제도의 지위를 회복하는 것도 불가능하다. 언론사가 빅테크 기업의 미디어 플랫폼의 지위를 넘어서기도 어려운데다가 AI 기술은 더 발달할 가능성이 크기 때문이다.

결국 탈진실 사회에서 사실성 제도의 재구성은 오히려 적극적으로 기술을 활용하는 방식으로 모색될 수밖에 없다. 사실성 제도로서 언론 위기 역시 이러한 흐름에 맞추어 기술 기반으로 사실성 관행을 재구성해야만 타파할 수 있다. 그러나 로봇 저널리즘이나 데이터 저널리즘, 그리고 자동화된 사실 검증은 부분적이고 부차적인 차원에서 시도될 뿐이라는 한계가 있다.

AI가 빠르게 발전하는 시대에 사실성 제고는 AI 기반으로 이루어지는 것이 효율적이다. 그런데 탈진실 사회에서 사실성은 매개 과정을 드러내는 투명성을 통해 달성된다. 문제는 딥러닝으로 대변되는 AI는 개발자조차 설명할 수 없는 블랙박스로 간주된다는 점이다. 따라서 이 블랙박스를 열고자 하는 XAI의 접근은 탈진실 사회에 기술 기반으로 사실성 제도를 재구성하는 필요조건으로 이해할 수 있다.

언론의 무매개성에 대한 비판과 도전이 심화된 탈진실 사회에서 언론의 사실성 역시 투명성을 기반으로 재구성할 필요성이 제기된다. 언론이 기술 기반의 사실성 제도로 재탄생하기 위해서는 AI 분야의 여러 시도를 언론의 재구성에 벤치마킹할 필요가 있다. 특히 AI의 투명성을 중요한 목표로 하는 XAI의 접근은 언론을 투명성을 지향하는 기술 기반의 사실성 제도로 재구성할 때 중요한 시사점을 줄 것으로 기대된다.

3. XAI 기반 사실성 제도의 재구성

1) 설명 가능한 인공지능과 투명성

독립변인과 종속변인이 각각 1개인 단순선형회귀의 회귀식은 데이터에서 효과의 방향과 크기에 해당하는 기울기와 상수에 해당하는 절편 등 2개의 매개변수를 찾아 예측한다. 반면 딥러닝 기반의 텍스트 생성 모델인 GPT-3의 매개변수 수는 최대 1,750억 개에 달한다(Brown et al., 2020). 2023년 3월 15일 공개된 GPT-4의 매개변수 수는 공개되지는 않았지만 GPT-3보다 훨씬 더 많을 것으로 추정된다. 물론 AI가 앞으로 좀 더 적은 매개변수로 더 나은 성능을 구현하는 방향으로 발전할 수는 있지만 그 수는 여전히 엄청날 것이다.[5] 이렇듯 딥러닝의 발전은 AI의 블랙박스 특성을 심화시켰다.

XAI는 AI를 투명하게 파악하기 위한 시도이다. XAI란 인간이 이해할 수 있는 방식으로 제시되는 AI를 뜻한다. XAI에는 투명성과 책임성이 모두 요청된다. 투명성에는 AI 존재 공개, 데이터 흐름 추적, 의사결

5. 멀티모달 AI인 달리2는 35억 개, 이마젠은 46억 개의 매개변수로 구성되지만, 스테이블 디퓨전은 그 수를 8억 9,000만 개로 대폭 줄였다.

정 내용 고지, 오류 수정 등의 과정이 필요하다. AI를 자율 규제하는 것뿐만 아니라 사안별 적절한 강제성을 통해 책임성을 구현해야 한다(박도현, 2021).

XAI에는 설명과 해석interpretation이 모두 포함된다. 공학적으로 설명하면 입력값의 원소 중 출력값에 영향을 크게 미치는 원소들을 찾는 것을 의미한다. 해석은 예측 모델의 함수를 찾고, 이를 인간의 자연어로 표현하는 것이다. 일반적으로 해석이 되면 설명도 할 수 있지만, 설명할 수 있어도 해석이 불가능할 수 있다(김용대 · 윤성로, 2021). 설명은 AI의 검증(제대로 학습했는가)과 성능 개선(초매개변수 검토)에 기여할 수 있다. 해석은 좀 더 사회적이고 규범적이다.

AI 서비스는 문제 정의, 데이터 수집 및 학습데이터 가공, 관련 모델 선택, 데이터 학습을 통한 모델 최적화, 모델의 성능 측정, 모델의 서비스 적용 및 모니터링의 단계를 거쳐 개발된다. XAI는 특히 데이터 수집과 모델 선택 단계에서 고려되어야 한다. 데이터 수집 단계에서는 모집단을 제대로 정의하고 모집단의 편향을 조정해야 한다. XAI 측면에서의 모델 선택은 AI의 예측력과 설명력 중 어느 것이 더 중요한지를 따져 결정한다(김용대 · 윤성로, 2021).

XAI는 크게 두 가지 방식으로 진행될 수 있다(김시원 · 윤성로 · 김용대, 2021 ; 안재현, 2020). 첫째, 사후 설명post-hoc explanation이다. 학습 완료된 모델의 입력값 원소들이 출력값에 얼마나 영향을 미쳤는지 파악해 모델의 추론 과정을 살펴보는 방법이다. 다만 이 접근은 설명을 위해 후처리하는 과정 등에서 주관이 개입되어 자의적인 설명을 하게 될 위험이 있다. 둘째, 사전에 블랙박스를 설명 가능하게 설계하는 것, 즉 투명 박스 설계transparent box design이다. 우선 딥러닝 모델을 설명 가능성을 고려해 설계하는 방법이 있다. 이러한 기법의 예로는 SENNSelf-Explaining Neural Network, 해석 가능한 CNNInterpretable CNN 등이 있다(Alvarez Melis & Jaakkola, 2018 ; Zhang, Wu, & Zhu, 2018). 이러한 기법은 지도학습의 XAI에 주로 활용되지만 비지도학습에도 XAI를 적용할 수 있다(Montavon, et al., 2022). 강화학습에 XAI를 적용한 XRLExplainable Reinforcement Learning도 있다(Heuillet, Couthouis, & Díaz-Rodríguez, 2021). GPT와 같은 생성 모델의 XAI도 모색된다(Madsen, Reddy, & Chandar, 2022). 딥러닝을 써도 성능에 큰 개선이 없거나, 설명력이 더 중요한 분야일 경우 딥러닝보다 단순한 유형의 기계학습이나 선형 모델을 우선시하는 방식도 있다.

사실 XAI에 대한 요구는 개발자, 사용자, 규제 당국 등 요구 당사자가 누구인지, AI가 적용되는 분야가 어디인지에 따라 달라진다. 우선 사용자 관점에서는 유용성과 신뢰도를 고려해 볼 수 있다. 즉, AI의 활용 결과에 대한 불이익이 클 경우, 그리고 AI가 적용되는 분야에 대한 신뢰도가 낮을 경우 XAI에 대한 요구가 커질 것이다. 개발자는 설명력보다 예측력을 우선하는 경향이 있을 수 있지만, XAI를 통해 성능을 높일 수도 있다. 특히 규제 당국은 알지 못하는 대상을 제대로 규제할 수 없으므로 XAI가 강력하게 요청된다. 이 밖에도 인간의 자율성 측면에서 XAI가 고려된다. AI에게 전적으로 의사결정을 맡기면 인간의 자율성을 침해할 수 있다. AI에 대한 인간의 자율적인 개입을 위해서라도 XAI가 필요하다(고학수·박도현, 2021 ; 박도현, 2021).

그러나 적절한 XAI를 구현하는 것은 쉽지 않다. 먼저 투명성 문제가 있다. 투명성을 보장하려면 데이터의 비가역적 기록 및 사후 추적이 가능해야 한다. 데이터의 삭제 및 수정이 안 되는 블록체인과 같은 기술과 포렌식forensic과 같은 사후 추적 기법이 있지만 일반적이지 않다(고학수·박도현, 2021). 해석 문제도 있다. 다중선형회귀 모델이나 로지스틱 회귀모델, 의사결정트리와 같은 비교적 단순한 기계학습조차도 관련 지식이 없으면 이해하기 쉽지 않지만, 상대적으로 설명 및 해석이 쉬운 편이다. 그러나 딥러닝은 입력값과 출력값 간의 관계를 결정하는 매개변수의 수가 너무나 많다. 물론 딥러닝 모델은 수학적인 함수로 표현되기는 하지만, 그 의미를 자연어로 풀이하는 것은 쉽지 않다(김용대·윤성로, 2021).

AI를 사용하는 모든 분야에서 완전한 설명 가능성을 요구하는 것도 아니다. 과도한 XAI는 오히려 여러 면에서 사회적 편익을 침해할 수 있다. 그 유형은 아래와 같이 정리할 수 있다(고학수·박도현, 2021 ; 박도현, 2021).

첫째, AI 성능 저하 문제이다. 설명력과 예측력 사이에는 상충이 있을 수 있다. 예컨대 딥러닝은 예측력이 좋지만 설명력은 떨어지는 반면, 단순 회귀는 설명력은 높지만 예측력이 떨어진다. XAI는 둘 간의 균형점을 찾는 것이다.

둘째, 과도한 XAI는 설명 가능성을 훼손할 수 있다. AI에 대해 너무 많은 정보를 제공하면 되레 AI가 어떻게 작동하는지 알 수 없게 된다.

셋째, 대리변수proxy를 파악해 조작행위gaming를 할 가능성이 커진다. 악의적인 사용자가 AI의 약점을 파악하고 해킹하거나 악용하여 부당 이익을 챙길 수 있다.

넷째, 지식재산권, 개인정보를 침해할 가능성이 커진다. 예컨대 테슬라가 자율주행 AI의 소스코드는 물론 학습을 통해 최적화된 매개변수까지 공개한다면 경쟁사는 데이터를 구축하고 모델을 학습시킬 필요도 없이 테슬라와 동일한 자율주행 AI를 사용할 수 있게 된다. 또한 완벽한 설명을 위해서는 개인 단위로 수집된 원천 데이터를 공개해야 할 수 있는데 이 경우 3자 제공이 금지된 개인정보가 유출될 수 있다.

이 때문에 XAI는 목적과 상황에 따라 적절한 수준에서 도입해야 한다. 즉, 특정 분야에서 얼마만큼의 XAI를 도입할지는 실제 기술적 가능성과 구체적인 사회적 편익을 따져 보고 우선 순위에 따라 단계적으로 진행하는 것이 현실적이다.

2) 설명 가능한 인공지능 기반 미디어의 사실성 재구성

사실성 제도인 미디어를 기술 기반, 특히 AI 기반으로 재구성한다는 것은 미디어를 통과하면 사실로 인정되는 AI 기반으로 전환하는 것으로 볼 수 있다. 탈진실 사회에서는 무매개성 이상으로 투명성에 대한 요구가 커졌다는 점을 감안할 때 사실성 기제로서 작동하는 AI에는 XAI가 필수적이다.

미디어에서 사실 검증이나 데이터 저널리즘, 로봇 저널리즘 등에 AI를 활용할 때 해당 AI에 대해서는 높은 수준의 XAI가 요구된다. 무엇보다 AI 기반 언론이 오정보를 생산하거나 유통할 경우 그에 따른 사회적 불이익이 크기 때문이다. 사용자가 오정보를 사실로 오인하여 의사결정하면 민주주의가 위협받을 수 있다. 기업이나 개인도 오정보에 기초해 잘못된 경제적 선택을 할 수도 있다. 언론사도 손해배상 등 적지 않은 재정적 손실을 감당해야 할 수 있다.

XAI의 논의를 미디어 AI에 적용해 보자. 미디어 AI의 XAI는 기술적 수준에서는 데이터 수집, 데이터 추적, 모델 선정 측면에서 모색될 수 있다. 첫째, 데이터 수집 측면에서는 기사 작성에 사용되는 데이터 적합성을 따져보고 데이터의 편향이 없도록 유의하여 모집단을 정의해야 한다. 예컨대 X(구 트위터)나 페이스북은 전수 데이터를 시계열로 분석할 수는 있지만, 그렇다고 전체 인구를 대표하지 않는다(Mellon, & Prosser, 2017). 따라서 특정 소셜 미디어 분석은 전체 여론이 아니라 해당 소셜 미디어의 여론을 분석하는 것이다. 이는 언론, 댓글, 블로그, 온라인 커뮤니티, 유튜브도 마찬가지다.

둘째, 데이터 추적 측면에서 블록체인blockchain 기술 등을 활용해 데이터 및 저널리즘 실천 전 과정에 대한 비가역적 기록을 남겨놓음으로써 강력한 투명성을 갖출 수 있다. 또한 이러한 기록을 활용해 포렌식forensic을 통해 사후 추적이 가능한 제도적 기반을 마련해야 한다. 셋째, 모델 선정 측면에서 예측력 이상으로 설명력을 중시해야 한다. 예컨대 미디어 플랫폼의 기사 추천이나 데이터 저널리즘, 로봇 저널리즘, 자동화된 사실 검증 등에 설명력이 높은 선형 모델, 의사결정 모델, 규칙 기반 모델을 우선으로 선택한다. 또한 딥러닝 사용 시 사전 투명 박스 설계와 사후 설명 방안 등 XAI 방법론을 고민해야 한다.

미디어 서비스를 만드는 기획자나 개발자는 AI 서비스 기획 단계부터 성능만이 아니라, 수집, 추적, 모델 선정 등 다양한 층위에서 XAI에 대한 요구사항을 만들어 반영해야 한다. 여기에는 의도하지 않은 창발적 해악emergent harm을 모니터링하고, 해악이 발견됐을 때 즉시 공개하고 적극적으로 수정하는 과정이 필수적으로 포함된다. 또한 언론사나 정보원, 광고주의 부당한 개입이나, 사용자들의 악의적인 조작행위를 방지하도록 설계할 필요가 있다.

사회적 수준에서 우선 사용자들은 AI에 의한 불이익이 발생했을 때 적극적으로 수정을 요구하고, 이에 즉시 대응할 수 있는 제도적 기반을 요구해야 한다. 또한 사용자가 이해할 수 있는 적절한 수준의 XAI를 언론계에 지속해서 요청해야 한다. 기본적으로 AI 기반 사실성 관행은 XAI를 통한 투명성 강화를 통해 언론에 대한 사용자들의 저신뢰를 극복할 수 있는 방향으로 모색돼야 한다.

규제 당국은 AI에 대한 이해 부족으로 과소 규제나 과잉 규제가 생기지 않도록 미디어의 AI 전환 과정에서 XAI의 도입을 선행적으로 요청하고 지원해야 한다. 동시에 표현의 자유를 침해하지 않는 범위에서 AI에 대한 개별 미디어나 정보원들의 조작행위를 미디어 업계 스스로 막을 수 있는 자율 규제를 적극 유도해야 한다.

때문에 가장 중요한 것은 미디어 자신의 역할일 것이다. 미디어는 XAI 적용 기술 기반 사실성 관행 재구성을 위해 노력해야 한다. 모바일, 소셜 미디어, AI 등 기술 발전으로 가속화된 탈진실 사회에서 그 대응은 기술 기반으로 효과적으로 이루어져야 한다. 이를 위해 우선 AI 기반 사실 검증 시스템, 빅데이터 분석 기반 데이터 저널리즘, 로봇 저널리즘 등 사실성 제도로서 미디어의 AI 전환이 요청된다. 이러한 AI 전환에서 미디어는 XAI를 처음부터 적용하여 탈진실 사회에서 고조된 투명성 요구에 부응해야 한다. 미디어 AI의 XAI는 기술적으로 모색될 뿐만 아니라 높은 수준의 자율 규제를 통해 규범적으로 실행되어야 한다.

한편 AI 기반 로봇 저널리즘이나 사실 검증과 마찬가지로 XAI 역시 알고리즘이나 성능 등 기술적 측면, 비용 등 경제적 측면, 그리고 규제 등 사회적 측면에서 발전해야 할 부분이 적지 않다. 따라서 미디어 인공지능을 XAI 기반으로 재구성하는 것은 미디어의 AI 전환 외에도 XAI의 발전이 함께 이루어져야 한다. 실제로 AI의 사회적 영향력이 확대되면서 XAI는 책임 있는 AIresponsible AI ; RAI, 신뢰할 수 있는 AI 등으로 확장되는 추세다(박도현, 2022 ; 한상기, 2021 ; Thiebes, Lins, & Sunyaev, 2021). 또한 미디어의 AIX는 전사적인 수준에서 XAI를 적용하는 것을 목표로 해야 한다.

XAI 기반의 미디어 AI를 사용해 사실성 제도로서 미디어를 투명성 기반으로 재구성하자는 주장은 기존의 게이트키핑을 비롯한 사실성 관행을 폐기하자는 것이나, XAI를 도입하기만 하면 미디어의 사실성 위기를 단숨에 해결할 수 있다는 식의 기술결정론은 아니다. AI 발전으로 가속화된 탈진실 사회에서 XAI 기반 미디어의 사실성 제도 재구성은 크게 세 가지 측면에서 접근해야 한다.

첫째, AI를 미디어의 재구성에 전면적으로 도입해야 한다. 즉, 기존의 기술적 접근에 나타난 것처럼 AI와 같은 기술을 주변적이고 단발성 프로젝트로 쓰거나 비즈니스 측면에서만 고려하지 말고, 사실성 제도의 재구성과 같이 언론이 근본적으로 직면한 문제를 해결하고 핵심 가치를 제고하는 데 사용해야 한다.

둘째, 미디어 AI는 처음부터 XAI로 설계해야 한다. 또한 XAI를 전사적으로 도입해야 한다. 예컨대 챗GPT의 기사 생성 성능만 고려하지 말고, AI가 왜 그렇게 기사를 생성하는지를 파악할 수 있도록 설계하고자 노력해야 한다. 또한 이를 부서 단위, 더 나아가 개발자는 물론 개별 기자나 독자가 쉽게 모니터링하고 보완할 수 있도록 도구를 개발하고 보급해야 한다.

셋째, 미디어 AI의 XAI를 내부적으로만 도입하는 데 그치지 말고, 그 결과물을 외부에 투명하게 공개해야 한다. 해당 내용을 투명성 보고서 형태로 제시할 수도 있다. XAI 결과를 실시간 모니터링이 가능하도록 제시하면 투명성이 더욱 제고될 것이다. 구체적으로는 AI 사용 여부, 사용한 AI의 알고리즘 공개, 소스코드 공개, 해당 알고리즘으로 학습한 모델의 성능 공개, 학습에 사용한 데이터 공개, 학습한 모델의 매개변수 값 공개, 매개변수 값에 영향을 주는 요인에 대한 XAI 기반 모니터링, GPT의 프롬프트 등 AI를 실행할 때 사용한 명령어 공개, AI의 결과에 대한 적극적인 책임, AI 모델 수정 여부와 수정 내역 공개, 수정 방향의 사회적 합의 등을 단계별로 고려할 수 있다. 즉, 통과하면 사실로 인정되는 AI는 사실성 제고에 활용되는 AI면서 개발자와 언론사, 기자와 독자, 자율 규제 기구와 규제 당국의 XAI다. AI는 게이트키핑 성능을 높이는 데 활용될 뿐만 아니라 그 자체로 XAI의 대상이 된다. XAI는 일종의 미디어 AI에 대한 게이트키핑 기제이다.

4. 나가며

이 장에서는 언론의 위기를 AI로 가속화된 탈진실 시대의 전면적인 사실성 제도의 위기로 이해함으로써 기술 기반, 특히 AI 전환을 통해 언론을 사실성 제도로서 재정립하기 위한 방향성을 마련했다는 점에서 의의가 있다. 사실성 제도로서 언론을 이해하는 것은 언론의 위기를 단지 언론만의 위기가 아니라 학계나 사법 체계 등 현대 사회의 사실성 제도 전반의 위기로 볼 수 있다. 이러한 위기는 각 사실성 제도가 자신의 사실성 관행을 준수하지 않음으로써 초래되는 내생적 위기일 수도 있다. 또는 기술을 등에 업고 허구들이 무매개적으로 재현되는 탈진실 사회의 외생적 위기로 이해할 수도 있다. 그러나 진정한 위기는 무매개적 기술의 고도화와 일반화로 초래된 사실성 제도의 위기가 전통적 사실성 제도의 복원으로 해결될 수 없는 상황에서 기술 기반의 사실성 제도 재구성도 제대로 이뤄지지 않았다는 데에서 발생한다.

기존의 사실성 제도에서 사실은 무매개성을 획득함으로써 구성됐다. 그러나 탈진실 사회에서는 허구도 강력한 무매개성을 획득하는 기술을 갖게 됐다. 동시에 무매개성을 독점했던 기존 사실성 제도의 매개성이 드러나면서 기존 사실성 제도 역시 허구의 매개성을 판정하는 동일한 기준으로 비판받게 됐다. 결국 탈진실 사회의 사실성 구성에서는 매개 과정을 드러내는 과매개적인 투명성 요구가 확대됐다.

사실성 제도의 위기는 특히 언론에게 중요하게 다가온다. 저자는 탈진실의 시대에 사실성 제도로서 언론의 위기를 무매개적 사실성 관행의 엄격한 준수가 아닌 과매개적 투명성의 요구에 기술 기반으로 응답하는 사실성 제도 재구성으로 해결할 수 있다고 주장한다. 일단 데이터 저널리즘, 로봇 저널리즘, 자동화된 사실 검증 등을 그러한 예로 이해할 수 있다. 하지만 이러한 시도는 투명성보다는 기술 기반으로 전통적인 무매개성을 엄격히 준수하려는 방식이며, 결국 부분적인 대응에 그치고 있다.

탈진실 사회는 특히 AI의 발달로 가속화됐다. 따라서 사실성 제도의 구성은 블랙박스화된 AI에 대한 투명성을 모색하는 XAI를 통해 가능할 수 있다. 언론을 기술 기반 사실성 제도로 재정립하기 위해서는 언론의 AIX 처음부터 XAI를 전면적으로 고려해야 한다. 즉, 언론이 이용하는 사실성 AI, 통과하면 사실로 인정되는 AI는 XAI를 통해 그 투명성을 확보한 AI이다.

통과하면 사실로 인정되는 AI는 세 가지로 구성된다. 첫째, 사실성 제고를 위해 전면적으로 사용되는 AI이다. 둘째, 사용된 AI가 처음부터

XAI 기반으로 설계되어야 한다. 셋째, 언론사는 XAI의 결과를 사회에 투명하게 공개해야 한다. 앞의 둘은 기술적 측면이며, 세 번째는 제도적 측면으로 이해할 수 있다.

최근 AI에 대한 비판적 논의는 투명성과 설명 가능성을 넘어서 책임성, 공정성, 신뢰도, 윤리 문제 등으로 확장되고 있다. 그런데 이러한 논의는 언론의 전통적인 핵심 가치와도 일맥상통한다. 이는 AI에 대한 논의가 사실성 제도로서 언론의 재구성 측면 외에도 신뢰도, 공정성, 사회적 책임, 윤리 측면에서 시사점을 줄 수 있음을 의미한다. 즉, 이 장은 언론학과 AI 연구 간에 통용되는 핵심 가치의 통약 가능성을 모색함으로써 AI로 가속화된 탈진실 사회에 언론과 언론학을 AI와 AI 연구의 토대 속에서 재정립하는 초석이 될 수 있다.

CHAPTER 13

신뢰할 수 있는 인공지능과 미디어 인공지능의 다양성

※ 이 장은 다음 논문을 수정한 것이다. 박대민(2023). 신뢰할 수 있는 인공지능 기반의 저널리즘 인공지능 : 언론 신뢰와 인공지능 신뢰성의 통약가능성을 바탕으로. 〈언론과 사회〉, 31권 4호, 5-46.

1. 문제 제기

사실성 제도로서 미디어의 위기는 미디어 신뢰의 하락으로 이어진다. 코로나19 상황에서 일부 미디어 신뢰의 개선이 있기도 했지만, 한국은 물론 전 세계 대부분의 국가를 대상으로 수행한 시계열 조사에서 언론에 대한 신뢰의 하락은 꾸준하게 나타나고 있다(Edelman, 2023 ; Newman et al., 2023). 이러한 위기는 반향실 효과, 오정보의 확산, 딥페이크 등 AI 활용으로 인한 탈진실 사회가 가속화되면서 더욱 심화됐다(박대민, 2023a). 이는 JAI에 다음과 같은 과제가 있음을 시사한다.

첫째, 저널리즘 측면에서 미디어 신뢰의 하락이다. 이는 JAI에 다음과 같은 문제가 제기될 수 있음을 의미한다. "언론의 경제적 효율성은 제고할 수 있지만 미디어 신뢰를 되레 하락시키지는 않을까?" JAI에서는 AI를 어떻게 하면 미디어 신뢰 제고 등 저널리즘 가치에 부합하게 활용할 수 있는가를 고민해야 하는 셈이다.

둘째, AI 측면에서 AI의 신뢰성 구현이다. AI를 미디어 신뢰 제고에 활용한다고 할 때 문제는 AI 자체를 신뢰할 수 있는가 하는 것이다.

AI에 대한 문제로 알고리듬에 의한 모델링 편향modeling bias 문제, 학습데이터에 의한 교육 편향bias in training 문제, AI를 악용하는 사람이나 조직의 문제 등으로 공정성 문제가 발생할 수 있다(손영화, 2023). 그 결과 AI가 편견을 학습해 범죄 예측이나 채용, 복지 제공 등에서 성이나 인종, 국적 차별을 하는 사례가 보고됐다. 학습데이터에 포함된 개인정보를 유출한다거나, 자살이나 위험한 놀이를 권유하거나, 체스 게임 중에 인간을 위협하고 실제 상해를 입히는 사례도 있었다(한국정보통신기술협회, 2023 ; 손영화, 2023). 챗GPT의 환각hallucination, 생성 AI를 활용한 가짜뉴스, AI 생성물을 논문이나 시험, 과제물, 창작물 등에 비공개로 사용하는 것 등도 AI의 신뢰도를 훼손한다. 전쟁에 사용되는 킬러 로봇killer robots에 대한 우려도 커지고 있다(Beutel, Geerits, & Kielstein, 2023 ; Krishnan, 2016). 게다가 이러한 문제를 개선하고자 하더라도 AI의 설명 가능성 문제가 제기된다. 많게는 수조 개의 매개변수를 학습하는 딥러닝 방식이 일반화되면서 AI가 왜 그런 결과를 내놓았는지를 이해하기 어렵기 때문이다(고학수 등, 2021).

AI 자체를 신뢰할 수 없는데 어떻게 JAI를 통해 미디어 신뢰를 제고할 수 있을 것인가? 다행히 AI 연구자들은 신뢰할 수 있는 AI를 고민하고 있다. JAI 역시 TAI에 기초해야 한다(Opdahl et al., 2023).

미디어 신뢰를 위한 TAI 구현은 다음과 같이 세 가지 측면에서 제시될 수 있다. 첫째, AIX 측면이다. 언론사를 비롯해 저널리즘과 관련된 다양한 유형의 저널리스트와 집단이 어떻게 AIX를 시도하는지 살펴본다. 그 결과가 JAI이다. 둘째, TAI 측면이다. 언론의 AIX에 TAI 가이드라인을 적용함으로써 JAI에 TAI를 구현하는 문제이다. 이상은 AI에 초점을 둔 접근이다. 저널리즘에 AI를 도입했을 때 이 JAI를 TAI로 만드는 것에 대한 문제에 해당한다. 셋째, 도메인 측면이다. JAI가 미디어 신뢰 제고에 어떻게 기여할 수 있는가 하는 문제를 다룬다. 이는 언론의 실천에 초점을 둔 것이다. TAI는 저널리즘 도메인에서 저널리즘 가치 제고를 위해 재구성되어야 한다.

이 장에서는 우선 학제적인 신뢰 개념과 미디어 분야의 신뢰 개념, 그리고 TAI의 개념과 전개를 살펴본다. 다음으로 JAI의 개념과 실천, 그리고 논점을 검토한다. 이어 JAI를 통해 미디어 신뢰를 제고하려는 노력을 언론 중심의 기사 생애주기 관점에서 모색한 연구와 AI 중심의 데이터 생애주기 관점에서 모색한 연구를 살펴본다. 끝으로 이러한 논의를 종합하여 미디어 신뢰와 AI 신뢰성의 통약 가능성을 제시한다. 이는 사실성과 공정성을 중심으로 한편으로는 언론의 AIX에서 TAI를 적용하는 관점에서, 다른 한편으로는 TAI의 목적과 개발, 운영을 저널리즘 중심으로 재구성하는 방식으로 도출할 수 있다. 이를 바탕으로 TAI 기반의 JAI의 구현 방안을 실천적으로 제안한다.

2. 신뢰의 개념

1) 신뢰의 정의

신뢰는 신뢰자trustor가 신뢰 대상trustee을 믿는 것이다. 그러나 신뢰는 단순히 믿는 것 이상을 의미한다. 신뢰에 대한 심리학, 사회학, 경제학 분야의 연구들을 검토한 바에 따르면 신뢰는 타인의 의도intention나 행동behavior에 대한 긍정적인 기대positive expectation에 근거하여 취약성vulnerability을 수용하려는 의지에 따른 심리적 상태로 정의할 수 있다(Rousseau et al, 1998).

무엇보다 신뢰에는 위험risk이 존재한다. 이러한 면에서 신뢰는 확신confidence과 다르다. 확신에는 위험 감수가 없다. 그러나 신뢰에는 위험 감수가 존재한다(Luhmann, 2000). 위험은 신뢰 대상의 의도와 미래의 행동이 불확실성uncertainty을 갖기 때문에 발생한다. 즉, 신뢰 대상은 반사회적인 의도와 행동을 할 수 있다. 이러한 위험이 있는 상태에서 신뢰자는 신뢰 대상에 대한 긍정적 기대를 바탕으로 자신의 취약성을 받아들일 때 신뢰자는 신뢰 대상을 신뢰한다고 할 수 있다. 위험은 신뢰의 기회를 마련한다. 신뢰는 위험 감수에 도움을 준다. 위험 감수는 신뢰를 강화한다(Coleman, 1990).

신뢰는 상호적이다. 신뢰를 위해서는 신뢰자가 신뢰 대상을 신뢰할 뿐만 아니라, 신뢰 대상이 신뢰자를 신뢰해야 한다. 즉, 신뢰 관계에서 신뢰자는 신뢰 대상으로, 신뢰 대상은 신뢰자로 바뀔 수 있다.

신뢰의 기능으로는 거래 비용transaction cost을 감소시키고 조직 통합을 강화한다는 점을 들 수 있다(Gambetta, 1988 ; Meyerson et al., 1996 ; Shapiro et al., 1992). 사실 완전한 확신을 얻기란 쉽지 않다. 때문에 신뢰는 불확실성 상황에서 협력의 지름길 역할을 한다.

신뢰는 제도적으로 공급되어야 한다. 신뢰는 오랜 시간 동안 형성되고 안정과 해체, 그리고 재부상하는 과정을 거친다(Fukuyama, 1995 ; Miles et al., 1995). 신뢰는 훼손되기 쉬우며 때문에 과소 공급되는 공공재와 같다. 신뢰는 법적 통제에 의존하지는 않는다. 신뢰를 지키지 않았을 때 처벌하는 식의 법적 통제는 오히려 신뢰를 훼손시킬 수도 있다(Sitkin & Bies, 1993). 그러나 신뢰를 뒷받침할 만한 제도적 장치는 신뢰 증진에 도움이 된다(Nooteboom, Berger, & Noorderhaven, 1997).

2) 신뢰성과 신뢰도

신뢰 아래의 긍정적 기대는 다양하다. 우선 상대가 자신에게 이로운 행동을 할 것이라는 호의benevolence에 대한 기대가 있다. 신뢰 대상이 사회적, 도덕적 원칙을 지킬 것으로 믿는 진실성integrity에 대한 기대도 있다. 신뢰 대상이 기대하는 바를 실행할 수 있으리라는 능력competence에 대한 기대도 포함된다(김길수, 2020 ; Mayer et al., 1995). 호의를 갖고 있지만 진실성이 없다면 그것은 정파성을 띠게 된다. 상대방이 호의와 진실성을 갖고 있다고 하더라도 이를 실현할 능력이 없다면 신뢰할 만한 대상이 되지 않는다.

신뢰와 관련된 개념으로 신뢰도와 신뢰성이라는 용어가 사용된다. 이러한 용어들이 혼용되는 경향이 있지만, 대체로 신뢰도는 신뢰자의 속성, 신뢰성은 신뢰 대상의 속성을 일컫는다. 신뢰도는 신뢰자가 신뢰 대상을 얼마나 신뢰하는지를 나타내는 심리적 수준을 의미한다. 이는 신뢰의 개인심리적 측면으로 볼 수 있다. 신뢰성은 신뢰 대상의 의도와 행동, 그리고 능력과 관련된다. 즉, 신뢰성은 신뢰의 사회제도적 측면에 더 초점을 두고 있다.

예컨대 언론 신뢰는 "언론사가 만족스러운 방식으로 기능을 수행할 것이라는 기대를 바탕으로 뉴스 콘텐츠를 기꺼이 받아들이려는 수용자의 의향"이라고 정의할 수 있다(Hanitzsch et al., 2018). 여기서 수용자의 의향은 언론 신뢰의 개인심리적 측면, 즉 신뢰자의 개인심리적 신뢰도를 의미한다. 언론사의 기능 수행은 언론 신뢰의 사회제도적 측면, 즉 신뢰 대상으로서 언론사라는 제도의 신뢰성을 뜻한다. 신뢰도는 수용자의 인지적 반응과 정서적 반응을 포괄한다. 각각에 대응하여 신뢰성은 사실성과 공정성을 모두 충족해야 한다. 신뢰성 문제는 언뜻 보면 기능에 치우친 것처럼 보일 수 있으나 실은 가치 문제를 포함한다.

3) 인간 신뢰와 기계 신뢰

전통적으로 신뢰는 개인 수준이든 집단 수준이든 인간 신뢰trust in people로의 측면에서 다뤄졌다. 그러나 현대 사회에서는 기술을 신뢰 대상으로 하는 기술 신뢰trust in technology의 중요성이 커지고 있다. 특히 디지털 시대에 기술이 인간의 역할을 점점 더 많이 대체하면서 기술 신뢰에 대한 연구가 늘고 있다(김길수, 2020).

기술 신뢰는 인간 신뢰와 다른 점이 있다. 우선 기술 자체는 의도를 갖고 있지 않다. 때문에 기술은 신뢰 대상이 아니라고 생각하거나, 기술 신뢰를 다룰 때 일종의 능력인 성능을 중시하는 경향이 있었다. 그러나 기술도 인간과 마찬가지로 위험 요소를 갖고 있다. 즉, 기술 역시 신뢰 대상으로 간주할 수 있다(김길수, 2020).

전통적으로 사회과학에서 기술 신뢰는 기술을 활용하는 개인이나 조직을 대상으로 했으나 최근에는 서비스나 기술 자체에 대한 신뢰 문제로 확대되는 추세다(Jarvenpaa & Leidner, 1999 ; Mcknight et al., 2011 ; McKnight et al., 2002). 다른 한편 공학적으로 기술 신뢰는 시스템의 성능 문제를 중심으로 다루어졌으나 최근에는 기술의 사회적 영향력을 고려하고 기술의 사회적 구성을 고민하는 방향으로 발전하고 있다. 종합하면 기계 신뢰는 기계 자체에 대한 신뢰성을 바탕으로 인간 신뢰를 부분적으로 통합하는 형태를 띄고 있다.

3. 미디어 신뢰

언론학에서 미디어 신뢰는 핵심 개념으로 다뤄져 왔다. 그러나 학자들 간의 정의는 대동소이한 가운데 조금씩 다르다. 미디어 신뢰는 영문으로 “media trust”이며, 언론 신뢰도 또는 미디어 신뢰도라고도 번역된다. 미디어 신뢰는 “신뢰도” 측면에서 주로 다뤄지는 측면이 있기 때문에 미디어 신뢰라는 용어와 미디어 신뢰도라는 용어가 혼용되는 경향이 있는 것으로 보인다. 예컨대 미디어 신뢰를 다루는 변수는 크게 정보원 신뢰도source credibility와 미디어 신뢰도media credibility로 정리된다(정성욱·윤석민, 2021). 여기서 매체 신뢰도는 제도적 측면을 좀 더 강조한 것으로 보인다. 미디어 신뢰는 정보원 신뢰도 측면에서 주로 다루어졌지만 제도적 수준에서도 도출되어야 할 필요가 있다(민영, 2016 ; Kohring & Matthes, 2007).

한국 미디어 신뢰는 오랫동안 세계 최하위권을 기록해 왔다. 영국 로이터연구소Reuters Institute가 발표한 디지털 뉴스 리포트 2023Digital News Report 2023에 따르면 한국 미디어 신뢰는 조사 대상 국가 46개국 중 41위를 기록했다. 물론 미디어 신뢰 하락은 한국만의 문제는 아니다. 국가 간 비교 연구를 시계열로 살펴봤을 때 일부 북유럽 국가와 코로나19 시기 등 특별한 경우를 제외하면 미국을 비롯한 대부분 국가에서 지속적으로 미디어 신뢰가 하락하고 있음을 알 수 있다(Edelman, 2023 ; Newman et al., 2023).

이러한 신뢰 하락의 원인 역시 다양한 차원으로 분석될 수 있다. 백영민 등은 미디어 신뢰 하락을 크게 네 차원에서 분석한다(백영민·안수찬·김위근, 2019). 첫째, 사회심리학적 차원에서 언론에 대한 심리적 편향이 변화된 언론 환경에서 극대화되면서 미디어 신뢰가 떨어졌다는 주장이다. 둘째, 한국적 맥락의 차원에서 권언유착이나 언론의 비윤리적 취재 관행 등으로 인해 한국의 미디어 신뢰가 유독 낮다는 주장이다. 셋째, 산업적 차원에서 언론의 산업 생태계가 흔들리면서 미디어 신뢰가 하락한다는 주장이다. 넷째, 거시적 차원에서 현대 사회 제도 전반의 신뢰도 하락으로 인해 미디어 신뢰가 하락하고 있다는 주장이다. 예컨대 2010년대 중반 이후에 소셜 미디어와 AI 기술이 급속도로 발전함에 따라 미디어 신뢰의 위기는 탈진실 사회라는 보다 근본적인 위기 속에서 심화된다(박대민, 2023a ; Park et al., 2020).

미디어 신뢰는 신뢰 대상인 언론의 제도적 수준과 신뢰자인 수용자의 개인심리적 수준을 모두 포괄한다. 예컨대 하니츠 등은 미디어 신뢰를 "언론사가 만족스러운 방식으로 기능을 수행할 것이라는 기대를 바탕으로 뉴스 콘텐츠를 기꺼이 받아들이려는 수용자의 의향"이라고 정의한다(Hanitzsch et al., 2018). 여기서 "언론사가 만족스러운 방식으로 기능을 수행할 것이라는 기대"는 사회 제도적 수준, "뉴스 콘텐츠를 기꺼이 받아들이려는 수용자의 의향"은 개인 심리 수준으로 볼 수 있다. 이때 수용자의 의향은 이성적으로 인지된 반응과 감정적인 정서적 반응을 모두 포함한다. 일반적으로 미디어 신뢰 측정에서는 수용자 반응을 중시한다. 그러나 미디어 신뢰 측정은 무엇보다 언론의 내적 속성인 미디어 신뢰 제고를 위한 규범적, 평가적 목적을 위한다는 점에 유의해야 한다.

종합하면 미디어 신뢰는 다음과 같이 개념화할 수 있다. 우선 미디어 신뢰는 언론에 내재된 제도적 속성과 뉴스 수용자의 심리적 반응이 모두 포함된다(오현경, 2022). 엄밀한 의미에서 전자는 기술적 측면을 포함한 언론의 제도적 신뢰성이고, 후자는 뉴스 수용자 개인의 심리적인 신뢰도이다. 그리고 신뢰성과 신뢰도는 신뢰의 하위 개념으로 구성할 것을 제안한다. 언론의 신뢰성은 언론이 게이트키핑과 같은 관행이나 그들이 산출해야 할 가치를 실제로 산출하는 것을 의미한다. 미디어 신뢰와 관련된 가치로는 공정성과 진실성truthfulness 등이 있다(오현경, 2022). 이는 사실 보도 원칙과도 어느 정도 관련된 것이다. 언론의 신뢰도는 이러한 언론의 신뢰성을 바탕으로 언론의 수용자가 갖는 믿음이다. 이러한 신뢰도는 정파성에 따른 개인적 선호도와는 다르다. 언론이 창출하는 사실성과 공정성 등은 사회 일반에 유익한 가치이기 때문이다. 한편 JAI가 확산될 경우 언론사의 신뢰성은 JAI의 신뢰성을 포함하게 된다. 그런데 JAI는 AI이다. 즉, JAI의 신뢰성은 AI의 신뢰성이다. AI 신뢰성은 TAI에서 논의되고 있다.

4. 신뢰할 수 있는 인공지능

1) 신뢰할 수 있는 인공지능의 개념

신뢰의 개념에 비추어 볼 때 TAI이란 신뢰성을 갖춘 AI, 그리고 이를 통해 인간의 신뢰도가 높은 AI로 볼 수 있다. 신뢰성을 갖춘 AI는 기본적으로 목표 과업을 만족스러울 만한 성능으로 수행해야 한다. 예컨대 객체 탐지를 위한 모델은 개와 고양이를, 행동 인식을 위한 모델은 걷기와 달리기를, 상황 이해를 위한 모델은 화재나 교통 사고를 빠르고 정확하게 파악해야 한다. 프롬프트를 입력하면 이미지를 만드는 멀티모달 AI 모델은 사용자가 "불 속에서 달리는 고양이"를 그리라고 했을 때 사용자의 의도에 부합하는 영상을 생성해야 한다.

더 나아가 신뢰성을 가진 AI는 AI 기술과 서비스 자체의 신뢰성과 함께 AI를 기획, 개발, 운영하는 인간이나 집단의 신뢰성을 포괄한다. 이러한 신뢰성에는 신뢰자인 사용자에 대한 신뢰성 역시 포함된다. 즉, AI 신뢰성에는 사용자가 AI를 악의적으로 사용하지 않을 것이라는 기대도 포함된다.

TAI는 기계 신뢰에 속한다. 우선 AI를 기획, 개발, 운영하는 인간이나 집단의 신뢰성을 생각해 볼 수 있다. 이들은 의도를 가질 수 있다. 신뢰자는 신뢰 대상인 인간 기획자, 개발자, 운영자의 선의를 기대하는 방식으로 신뢰도를 갖는다.

다음으로 AI의 신뢰성을 살펴보자. AI는 실제로 의도를 갖고 있지 않다. 즉, 불확실성이 없다. 때문에 AI 자체는 엄밀한 의미에서 신뢰 대상이 될 수 없다고 간주할지 모른다. 그러나 AI에 대해서는 두 가지 측면에서 의도를 고려해야 한다. 우선 AI는 종종 의도를 가진 것처럼 느껴진다. AI는 기계 중에서도 가장 자율적으로 실행된다. 인간이 개입하도록 따로 설계하지 않는 한, 즉 인간이 루프 속에 들어가고human in the loop, 인간이 최종 결정하는 식의 인간 중심적으로human-centered 설계되지 않는 한 AI는 매우 높은 수준으로 자동 의사결정을 할 수 있도록 만들어진 자율적이고 지능적인 자동장치이자 에이전트agent이다. 특히 딥러닝을 포함하는 기계학습 방식의 AI는 학습을 통해 입력값과 출력값의 쌍으로 이루어진 데이터세트를 바탕으로 의사결정에 필요한 함수를 스스로 찾는다. 그리고 스스로 찾은 함수를 이용해 입력값에 대한 출력값을 예측, 분류, 생성한다.

또 하나는 AI가 설사 그것을 기획, 개발, 운영, 사용하는 인간이 선한 의도를 갖고 있다고 하더라도 실제로는 해악이 되는 결과를 만들어낼 수 있다. 이는 우선 AI의 성능 문제일 수 있다. 즉, 인간의 선의를 AI가 제대로 구현하지 못할 수 있다. 예컨대 기계 번역기가 영어를 한국어로 제대로 번역하지 못할 수 있다. 이는 성능 개선을 통해 해결할 수 있다. 더 중요한 문제는 AI가 창발적 해악을 초래할 수도 있다는 점이다(박도현, 2021). AI는 기본적으로 학습데이터 자체가 아니라 학습데이터의 극히 유한한 질서, 즉 특징을 무한한 가능성을 가진 벡터 공간vector space에 임베딩 내지 인코딩하고, 이를 바탕으로 새롭지만 극히 유한한 상황에 대해 예측하는 식으로 판별하는 모델 또는 생성하는 모델이다. 이 과정에서 AI는 학습데이터 자체와는 다른 새로운 상황을 판별하고 생성할 수 있다. 이를 창발로 부를 수 있다. 이러한 창발은 의도에 부합할 수도 있고 그렇지 않을 수도 있다. 즉, 인간이 선의를 갖고 AI를 기획, 개발, 운영하고, 사용자도 선의를 갖고 AI를 사용한다고 하더라도 AI가 해악을 산출할 수도 있다.

정리하면 AI는 AI와 관련된 인간의 불확실성, AI 성능의 불확실성, AI의 창발적 해악에 대한 불확실성을 갖는다. 따라서 TAI는 AI와 관련된 인간과 조직에 대한 신뢰성, AI의 성능 측면의 신뢰성, 그리고 AI가 인과적 해악causal harm은 물론 창발적 해악도 산출하지 않을 것이라는 신뢰성을 갖춰야 한다. 이러한 신뢰성을 바탕으로 AI에 대한 신뢰도가 높아지면 AI 신뢰 역시 높아지게 된다.

2) 신뢰할 수 있는 인공지능의 전개

AI의 사회적 영향력에 대한 논의는 AI 윤리AI Ethics, 설명 가능한 인공지능 측면에서 진행되다가 TAI의 논의로 종합되는 추세이다. 이는 AI 윤리 논의, 유럽연합 집행위원회European Commission ; EC의 TAI 윤리 가이드라인Ethics guidelines for trustworthy AI과 인공지능법Artificial intelligence Act, 경제협력개발기구Organisation for Economic Co-operation and Development ; OECD의 AI 권고안Recommendation of the Council on Artificial Intelligence, 이상을 바탕으로 한 각국의 가이드라인, 그리고 이러한 가이드라인을 기술적으로 구현하는 기술 표준안 등으로 이어져 왔다.

AI 기술 발전과 함께 그 사회적 영향력이 확대되면서 AI 윤리, 윤리적 AIethical AI, 인공적 도덕 행위자Artificial Moral Agent ; AMA, XAI, 책임 있는 AIresponsible AI, FATFair, Accountable, Transparent 등 다양한 논의가 진행됐다(고학수 등, 2021 ; 김은희, 2021 ; 이상형, 2016 ; 허유선 · 이연희 · 심지원, 2020). 서울대학교 인공지능정책 이니셔티브SNU AI Policy Initiative ; SAPI는 AI 윤리 원칙 인덱스[1]를 통해 2022년 3월까지 공개된 국문 또는 영문화된 준칙 형태의 세계 각국의 논의 123개를 항목별로 정리하고 있다. SAPI의 윤리 항목 분류만 소개하면 공정성/차별 금지/포용성Fairness/Non-Discrimination/Inclusiveness, 책무성/책임성/감사 가능성Accountability/Responsibility/Auditability, 투명성/설명 가능성Transparency/ Explainability, 프라이버시Privacy, 안전성/견고성/신뢰성Safety/Security/Reliability, 인간 혜택/위해 방지Beneficence/No Harm, 적법성Legality, 인간의 존엄성/자율성Human Dignity/ Autonomy, 인간의 통제Human Intervention/Oversight, 교육/역량Education/Competence, 데이터 오너십/통제Ownership/Data Control, 절차적 정당성Due Process, 오픈 데이터/공정경쟁Open Data/Fair Competition, 국제 협력Global Cooperation 적정 규제Regulatory Approach, 자율 무기/군비 경쟁 금지Arms Race 등이 있다.

이러한 논의는 TAI로 종합되는 추세다(박도현, 2022 ; 한상기, 2021 ; Thiebes et al., 2021). TAI 논의는 2019년 4월 EC가 TAI 윤리 가이드라인을 발표하면서 본격화됐다. 이에 따르면 TAI는 ① 합법적이고lawful, ② 윤리적이며ethical, ③ 강건한robust AI이다. 합법성은 모든 법률과 규정을 따르는 것이다. 윤리성은 윤리 원칙과 가치를 존중하는 것이다. 강건함은 기술적인 측면과 사회적 측면을 모두 고려하는 것이다. 흔히 강

1. https://repository.sapi.co.kr/

건함은 AI가 학습데이터가 아닌 다양한 실제 상황에서도 객체 탐지나 행동 인식과 같은 목표 과업을 높은 성능으로 수행할 수 있음을 의미한다. 그러나 TAI에서의 강건함은 인간이 좋은 의도를 갖고 AI를 개발 또는 사용하더라도 학습 과정 등을 통해 의도치 않게 발생할 수 있는 피해가 발생할 수 있음을 고려해 AI 기술적으로나 사회적으로 이러한 피해를 끼치지 않아야 한다는 것을 의미한다. 즉, TAI는 AI의 인과적 해악만이 아니라 창발적 해악에도 대응해야 한다(박도현, 2021).

이후 EC는 2021년 4월 가이드라인을 바탕으로 인공지능법의 초안을 발의했으며, 이어 2023년 12월 법안에 합의했다. 해당 법안은 테러나 범죄 예방, 법 집행, 국가 안보 등 일부 분야를 제외한 안면 인식과 대규모 언어 모델large language model ; LLM 사용을 엄격히 규제하고 있다. 또한 자율 주행이나 의료 등 고위험 기술에 대해서는 데이터 공개와 엄격한 테스트를 강제했다. 이를 위반할 경우 최대 3,500만 유로, 또는 전 세계 매출의 7%에 해당하는 벌금을 부과하는 강제 수단도 포함됐다.

EU의 적극적인 움직임은 국제적으로 TAI 논의 확산을 가속화했다. EC 가이드라인이 나온 지 한 달 뒤인 2019년 5월 경제협력개발기구는 AI 권고안을 발표했다(OECD, 2019). 여기서 OECD는 TAI 구현을 위한 5개 원칙을 제시했다. 5개 원칙은 포용 성장, 지속 가능 발전과 복지 증진inclusive growth, sustainable development and well-being, 인간 중심적 가치와 공정성human-centred values and fairness, 투명성과 설명 가능성transparency and explainability, 강건함과 보안 및 안전robustness, security and safety, 책임성accountability 등이다.

OECD의 국제 권고안에 따라 미국 등 각국은 TAI 관련 가이드라인을 발표했다(The White House Office of Science and Technology Policy,

2020). 한국 역시 2020년 11월 과학기술정보통신부가 '국가 인공지능 윤리 기준'을 발표했다. 이 기준은 3대 기본 원칙과 10대 핵심 요건으로 구성된다. 3대 기본 원칙에는 인간 존엄성 원칙, 사회의 공공선 원칙, 기술의 합목적성 원칙이 제시됐다. 10대 요건으로는 인권 보장, 프라이버시 보호, 다양성 존중, 침해금지, 공공성, 연대성, 데이터 관리, 책임성, 안전성, 투명성이 선정됐다(과학기술정보통신부, 2020). 2021년 5월에는 4차 산업혁명 위원회가 관계 부처 합동으로 '사람이 중심이 되는 인공지능을 위한 신뢰할 수 있는 인공지능 실현 전략(안)'을 내놓았다(4차산업혁명위원회, 2021).

그러나 이러한 AI 윤리 가이드라인은 AI의 개발 및 운영 단계에서 실무자가 참고하기에는 모호하다는 평가를 받았다. 이에 국제표준화기구International Organization for Standardization와 국제전기기술위위원회International Electrotechnical Commission ; IEC, 즉 ISO/IEC의 인공지능 위원회 JTC1/SC42 산하 그룹 중 신뢰성 작업 그룹Working Group 3 ; WG3 등에서 기술적 관점에서 TAI 표준화 작업을 진행 중이다. 이러한 접근에 따르면 신뢰성은 "검증 가능한 방식verifiable way으로 이해 관계자의 기대expectation를 충족시키는 능력"으로 정의된다. 이런 정의는 신뢰성에 대해 윤리 가이드라인 중에서 기술적으로 개발될 수 있고 검증 가능한 영역에 초점을 둔 것이다(곽준호, 2022). 이제 관건은 AI의 신뢰성을 어떻게 구현하고 검증할 것인가 하는 점이다.

3) 신뢰할 수 있는 인공지능의 개발 가이드라인

TAI의 개발과 검증을 위해 한국정보통신기술협회는 2023년 7월 TAI의 개발 및 검증 방법론을 담은 '신뢰할 수 있는 인공지능 개발 안내서'를 공개했다(한국정보통신기술협회, 2023). 해당 안내서에 소개되어 있듯이 이 안내서는 TAI에 관한 OECD, UNESCO 등 국제기구 권고안, 미국, 유럽, 중국, 일본, 싱가포르 등의 공공 정책 보고서, 미국 스탠퍼드대학교, IBM, MS, 구글 등 민간 연구 결과를 종합하고, 국내 학계 및 산업계 전문가와 실무자 250여 명과의 세미나 자문 결과를 바탕으로 2년에 걸쳐 집대성한 결과물이다.

TTA는 TAI를 위해 고려할 요소를 크게 세 가지로 정리한다. 첫째, 신뢰성 확보 대상이다. AI 데이터, AI 모델과 알고리즘, AI 시스템, 사람-AI 인터페이스가 해당된다. 둘째, AI의 생애주기lifecycle이다. AI 생애주기란 AI 시스템을 구현하고 AI 서비스를 운영하는 과정을 뜻한다. AI 생애주기는 통상 계획 및 설계, 데이터 수집 및 처리, AI 모델 개발, 시스템 구현, 운영 및 모니터링 등 5단계를 거친다. 셋째, AI 윤리 기준에 대응하는 기술적 요건이다. 다양성 존중, 책임성, 안전성, 투명성이 그것이다. 이는 '인공지능 윤리 기준'의 10대 요건 중 기술적 적용이 용이한 4개 요건을 선별한 것이다(신예진, 2022 ; 한국정보통신기술협회, 2023). TTA는 TAI에 관한 신뢰성 요건을 정의하고 관련 속성 및 키워드를 제시한다. 각각의 정의와 관련된 속성은 〈표 13-1〉과 같다(TTA, 2023).

표 13-1 **신뢰성 요건별 정의와 관련 속성 및 관련 키워드**

요건	정의	관련 속성	관련 키워드
다양성 존중	AI가 특정 개인이나 그룹에 대한 차별적이고 편향된 관행을 학습하거나 결과를 출력하지 않으며, 인종·성별·연령 등과 같은 특성과 관계없이 모든 사람이 평등하게 AI 기술의 혜택을 받을 수 있는 것	공정성(fairness), 정의(justice)	편향(bias), 차별(discrimination), 편견(prejudice), 다양성(diversity), 평등(equality)
책임성	AI가 생애주기 전반에 걸쳐 추론 결과에 대한 책임을 보장하기 위한 메커니즘이 마련되어 있는 것	윤리적 응답책임(responsibility), 감사 가능성(auditability), 답변 가능성(answerability)	법적 책임(liability)
안전성	AI가 인간의 생명·건강·재산 또는 환경을 해치지 않으며, 공격 및 보안 위협 등 다양한 위험에 대한 관리 대책이 마련되어 있는 것	보안성(security), 강건함(robustness), 성능보장성(reliability), 통제 가능성(controllability)	적대적공격(adversarial attack), 복원력(resilience), 프라이버시(privacy)
투명성	AI가 추론한 결과를 인간이 이해하고 추적할 수 있으며, AI가 추론한 결과임을 알 수 있는 것	설명 가능성(explainability), 이해 가능성(understandability), 추적 가능성(traceability), 해석 가능성(interpretability)	XAI(eXplainable AI), 이해도(comprehensibility)

출처 : 한국정보통신기술협회(2023)

또한 TTA는 네 가지 신뢰성 요건을 충족시키기 위한 생애주기별 세부 요구사항을 15개로 제시한다. AI 생애주기별 요구사항과 적용되는 신뢰성 요건은 〈표 13-2〉와 같이 정리할 수 있다(한국정보통신기술협회, 2023). 실제에서는 각 요구사항을 분석requirements analysis한 후 개발이

표 13-2 신뢰성 요건 충족을 위한 AI 생애주기별 요구사항과 주요 행위자

생애주기	요구사항	신뢰성 요건				주요 행위자	
		다양성	책임성	안전성	투명성	대표 행위자	협력대상
계획 및 설계	1. AI 시스템에 대한 위험관리 계획 및 수행		O		O	시스템 기획자	비즈니스 결정권자, 시스템 엔지니어, 시스템 운영자, AI 모델 개발자
	2. AI 거버넌스 체계 구성	O	O	O	O	시스템 기획자	비즈니스 결정권자, 시스템 운영자
	3. AI 시스템의 신뢰성 테스트 계획 수립			O	O	품질 관리자	시스템 기획자, 시스템 엔지니어, 비즈니스 결정권자
데이터 수집 및 처리	4. 데이터의 활용을 위한 상세 정보 제공		O		O	데이터 과학자	데이터 공급자, 도메인 전문가, AI 모델 개발자
	5. 데이터 강건성 확보를 위한 이상 데이터 점검			O		데이터 과학자	데이터 공급자, AI 모델 개발자
	6. 수집 및 가공된 학습데이터의 편향 제거	O	O		O	데이터 공급자	데이터 과학자, 도메인 전문가, AI 모델 개발자
AI 모형 개발	7. 오픈소스 라이브러리의 보안성 및 호환성 확보		O	O		AI 모형 개발자	시스템 엔지니어
	8. AI 모델의 편향 제거	O				AI 모형 개발자	데이터 과학자, 시스템 엔지니어
	9. AI 모델 공격에 대한 방어 대책 수립			O		AI 모형 개발자	시스템 엔지니어
	10. AI 모델 명세 및 출력 결과에 대한 설명 제공		O		O	AI 모형 개발자	데이터 과학자, 시스템 엔지니어, 시스템 운영자

시스템 구현	11. AI 시스템 구현 시 발생 가능한 편향 제거	O				시스템 엔지니어	시스템 운영자, AI 모델 개발자
	12. AI 시스템의 안전 모드 구현		O	O	O	시스템 엔지니어	시스템 운영자, AI 모델 개발자, 품질 관리자
	13. AI 시스템 설명에 대한 사용자의 이해도 제고				O	시스템 엔지니어	시스템 운영자, AI 모델 개발자, 비즈니스 결정권자
운영 및 모니터링	14. AI 시스템의 추적 가능성 확보			O	O	시스템 엔지니어	AI 모델 개발자, 데이터 과학자
	15. 서비스 제공 범위 및 상호작용 대상의 설명 제공		O		O	시스템 엔지니어	시스템 기획자, 시스템 운영자, AI 모델 개발자, 비즈니스 결정권자

출처 : 한국정보통신기술협회(2023)

진행될 것이다. 15개 요구사항은 대분류 34개, 소분류 67개의 2단계로 계층화된 기술적 체크리스트로 세세하게 검수할 수 있게 했다. 예컨대 요구사항 9의 '인공지능 모델 공격에 대한 방어 대책 수립'과 같은 내용은 일종의 AI 시스템의 모델을 훔쳐가는 모델 추출 공격model extraction attack에 대한 질의query 횟수 제한과 같은 기술적 방어 기법이나, AI 시스템에 적용된 모델을 속이는 모델 회피 공격model evasion attack에 대한 적대적 훈련adversarial training과 같은 방어 기법의 적용 여부를 체크할 수 있게 한다. 안내서에는 비즈니스 결정권자, 시스템 기획자, 시스템 엔지니어, 시스템 운영자, AI 모델 개발자, 품질 관리자, 데이터 과학자, 데이터 공급자, 도메인 전문가 등의 요구사항을 구현하고 검증할 주체를 정의하고 있다.

〈표 13-2〉를 신뢰성 요건별로 재정리하면 다음과 같다. 첫째, 다양

성은 편향의 제거 관점에서 접근한다. 이를 위해 계획 및 설계에서 AI 거버넌스 체계 구성, 데이터 수집 및 처리에서 수집 및 가공된 학습데이터의 편향 제거, AI 모델 개발에서 AI 모델의 편향 제거, 시스템 구현에서 AI 시스템 구현 시 발생 가능한 편향 제거 등을 수행한다.

둘째, 책임성은 결과에 대한 책임을 사전, 사후에 수행하는 절차를 마련하는 것이다. 이는 계획 및 설계에서 AI시스템에 대한 위험 관리 계획 및 수행과 AI 거버넌스 체계 구성, 데이터 수집 및 처리에서 수집 및 가공된 학습데이터의 편향 제거, AI 모델 개발에서 오픈소스 라이브러리의 보안성 및 호환성 확보와 AI 모델 명세 및 출력 결과에 대한 설명 제공, 시스템 구현에서 AI 시스템의 안전 모드 구현, 운영 및 모니터링에서 서비스 제공 범위 및 상호작용 대상에 대한 설명 제공으로 검증된다.

셋째, 안전성은 강건한 결과를 제시하고 위험을 회피 또는 방어하는 것을 핵심으로 한다. 계획 및 설계에서 AI 거버넌스 체계 구성과 AI 시스템의 신뢰성 테스트 계획 수립, 데이터 수집 및 처리에서 데이터의 강건함을 확보를 위한 이상Abnormal 데이터 점검, AI 모델 개발에서 오픈소스 라이브러리의 보안성 및 호환성 확보와 AI 모형 공격에 대한 방어 대책 수립, 시스템 구현에서 AI 시스템의 안전 모드 구현, 운영 및 모니터링에서 AI 시스템의 추적 가능성 확보를 통해 구현된다.

넷째, 투명성은 데이터와 시스템의 작동을 검사하고 이를 투명하고 알기 쉽게 공개할 수 있는 체계를 마련하는 것으로 구현된다. 계획 및 설계에서 AI 시스템에 대한 위험관리 계획 및 수행과 AI 거버넌스 체계 구성과 AI 시스템의 신뢰성 테스트 계획 수립, 데이터 수집 및 처리에서 데이터의 활용을 위한 상세 정보 제공과 수집 및 가공된 학습데이터의 편향 제거, AI 모델 개발에서 AI 모델 명세 및 출력 결과에 대한 설명 제공, 시스템 구현에서 AI 시스템의 안전 모드 구현과 AI 시스템의 설명에 대한 사용자의 이해도 제고, 운영 및 모니터링에서 AI 시스템의 추적 가능성 확보와 서비스 제공 범위 및 상호작용 대상에 대한 설명 제공으로 확인될 수 있다.

TTA가 기술 중심으로 안내서를 작성했지만, 이들 역시 TAI는 AI 기술만으로 구현되는 것은 아니라는 점에 동의한다. AI의 편향을 완화하고 TAI를 구현하기 위한 방법으로 루프 속 인간human in the loop 접근이 주목받고 있다(Wu et al. 2022). 이 접근에서는 TAI 시스템 구현 시 인간의 의사결정 체계 내재가 필수적이라고 본다. AI는 단독 의사결정자가 되어선 안 되며, 인간의 의사결정을 지원하는 도구여야 한다. 인간은 AI 시스템에 독립적으로 존재한다.

TTA의 TAI 개발 안내서는 TAI를 실제 구현하기 위한 방법을 제안했다는 점에서 의의가 있다. TTA가 제시한 TAI의 요구사항은 반드시 지켜야 할 법규는 아니고, 일반적인 수준에서 개발 및 구현에 도움을 주는 가이드라인으로 제시한 것이다. 즉, 모든 도메인에서 요구사항을 항상 전부 적용해야 하는 것은 아니며, 도메인별로 맞게 선별 또는 추가해서 유연하게 진행할 수 있다.

다만 해당 안내서를 언론 도메인에 어떻게 적용할지에 대한 고민이 남아 있다. 물론 TTA는 일반 분야 외에 공공·사회 분야, 의료 분야, 자율주행 분야 등 세부 분야별 가이드를 제시했으며, 추후 가이드 제공 분야를 확대할 예정이라고 밝혔다. 그러나 국제적으로 언론 분야의 TAI에 대한 논의가 불충분한 상황에서 국내 언론 분야의 가이드가 언제 제시될지는 의문이다. 그러나 JAI에서 살펴보았듯이 저널리즘 분야의 AI 활용은 점점 더 확대될 것으로 보인다. 따라서 다음 절에서 AI를 활용해 미디어 신뢰를 제고하려는 노력들을 살펴보고자 한다.

5. 저널리즘 인공지능

저널리즘 분야에서 컴퓨터의 활용은 정밀 저널리즘precision journalism, 컴퓨터 활용 보도Computer Assisted Reporting ; CAR, 데이터 저널리즘data journalism을 거쳐 2010년대 이후 컴퓨테이셔널 저널리즘computational journalism, 구조화된 저널리즘structured journalism, 로봇 저널리즘robot journalism, 알고리즘 저널리즘algorithmic journalism, 자동화된 저널리즘automated journalism, 증강 저널리즘augmented journalism 등 다양하게 논의됐다(Caswell, 2019 ; Meyer, 1973 ; Noain-Sánchez, 2022). 최근에는 AI를 저널리즘에 활용하는 사례가 늘면서 JAI가 주목을 받고 있다.

JAI는 일차적으로 언론사가 AI를 제작 과정에 도입하는 것으로 이해할 수 있다. 언론사의 AI 도입은 무엇보다 기자의 업무 효율성 제고와 비용 절감, 독자 관계 개선과 수익 창출 관점에서 추진된다(Beckett, 2019). 이러한 목적은 다른 기업이 AIX를 추진하는 목적과 대동소이하다. 즉, JAI는 일차적으로 언론사의 AIX이다. 그러나 JAI는 비즈니스 측면의 AIX의 범주를 넘어선다. 예컨대 LSE의 JAI 연구소는 AI를 책임 있게responsibly 사용함으로써 뉴스 조직을 지원하는 이니시에이티브initiative이다. 여기서 책임은 저널리즘과 AI 모두에 요청된다고 이해할 수 있다. 즉, JAI의 AI는 책임 있는 AI를 의미하며, 동시에 뉴스 조직이 AI를 책임 있게 사용하는 것을 뜻한다(Beckett, 2019). 궁극적으로 JAI는 정확성, 접근성, 다양성 등 다양한 가치 제공을 통해 민주주의에 기여해야 한다(Lin & Lewis, 2022).

여기서는 책임 있는 AI를 TAI의 범주 안으로 통합하는 관점을 따른다. 구체적으로는 JAI를 비슷하지만 약간 다른 두 접근을 통합하는 방식으로 정의하고자 한다. 첫째, JAI는 앞서 설명한 TAI를 뉴스 조직의 AIX에 적용한 것을 의미한다. 즉, 언론사가 사용하는 AI 시스템에 TAI의 개발 및 운영 방법론을 적용하는 것을 뜻한다. 둘째, JAI는 AI를 통해 미디어 신뢰를 제고하는 것을 의미한다. 즉, AI를 통해 신뢰할 수 있는 저널리즘trustworthy journalism through AI을 구현하는 것이다(Opdahl et al. 2023).

저널리즘에서 AI의 활용은 다양하게 이뤄지고 있다. 독자 분석audience analysis을 통한 타겟팅과 콘텐츠 추천, 로봇 저널리즘, 사실 검증 등이 대표적이다(Dhiman, 2023 ; Gaozhao, 2021). 주요 사례를 살펴보면 영국 가디언Guardian은 2011년 실시간 독자 분석 도구인 오판Ophan을 개발해 현재까지 사용하고 있다(Edge, 2014. 12. 2). 자체 또는 외주로 별도 개발한 독자 분석 도구가 아니더라도 많은 언론사가 구글 애널리틱스를 활용해 독자 분석을 시도하거나, 타불라Taboola나 데이블Dable과 같은 네이티브 광고 업체를 통해 개인화된 뉴스 제공과 광고 추천을 병행한다. 로봇 저널리즘 사례로는 2013년 이후 APAssociated Press가 스포츠와 기업 실적 보도에 자동화된 기사 생성 기법을 적용했고(Marconi & Siegman, 2017) LA타임즈가 지진 발생 뉴스를 쓰는 퀘이크봇Quakebot을 출시한 경우가 있다. 기존의 로봇 저널리즘은 규칙 기반 방식에 주로 의존했지만 최근에는 생성 AI를 활용해 그 범주가 확장되는 추세다. 예컨대 챗GPT를 활용한 텍스트 기사 작성을 비롯해 미드저니나 스테이블 디퓨전 등을 이용해 생성한 사진을 자료 사진으로 활용하기도 한다. AI 기반 사실 검증 역시 확대되고 있다. 메타와 같은 거대 미디어 플랫폼은

AI를 통해 오정보를 탐지한다(Meta, 2020. 11. 19). 풀팩트Full Fact와 같은 사실 검증 도구도 활용된다.

탐사 보도investigative reporting에서 AI를 활용하는 방안도 모색된다(Broussard, 2014 ; Stray, 2019). AI는 문서와 같은 비정형 데이터의 데이터 구축과 전처리 및 요약, 빅데이터 내의 다양한 패턴 인식, 이종 데이터 통합 등에 활용될 수 있다. 예컨대 버즈피드는 비행 패턴을 AI에 학습시켜 FBI의 비밀 정찰기 운용을 밝혀냈다. 앞으로는 생성 AI를 활용하여 로봇 저널리즘을 고도화해 탐사 보도 기사를 작성하거나 시각화나 영상 제작 등에 활용하는 것도 기대하고 있다(Stray, 2019). 워싱턴포스트Washington Post는 2017년 댓글 품질 평가를 위한 모드봇ModbBot을 출시했다. 모드봇은 욕설을 담은 댓글을 자동 삭제하는데, 정치인에 대한 비판은 좀 더 용인하도록 설계됐다(Diakopoulos, 2019). 데이터 저널리즘에 필요한 간단한 코딩도 챗GPT와 같은 생성 AI를 이용할 수 있다. 이 밖에도 국내외에 매우 다양한 사례가 존재한다(한국언론진흥재단, 2020 ; Diakopoulos, 2019).

사실 언론사가 사용하는 포털이나 검색엔진, 소셜 미디어 등에서도 AI는 필수적으로 적용된다. 이렇게 보면 JAI의 범주는 굉장히 넓다고 볼 수 있다. JAI에서 AI는 규칙 기반의 자동화부터 전문가 시스템expert system, 협업 필터링 등 행동 데이터 기반의 추천 시스템, 기계학습을 통한 분류와 예측, 딥러닝 기반 자연어처리, 음성 인식, 영상 분석 등 의미 데이터의 내용 분석, 그리고 생성 모델을 활용한 텍스트, 음성, 영상 등의 콘텐츠 생성 등을 포괄한다. 또한 여기에는 데이터 저널리즘, 자동화된 사실 검증, 빅데이터 저널리즘, 로봇 저널리즘 등 다양한 분야에서의 AI 활용이 포함된다(김동환·이준환, 2015 ; 박대민, 2022 ; 박대민, 2023a ; 박대민, 2023b ; 오세욱, 2017 ; 이소은·박찬경, 2022 ; 전창영·오세욱, 2020 ; 한국언론진흥재단, 2020 ; Broussard, 2014 ; Diakopoulos, 2019).

BBC는 언론사가 활용할 수 있는 AI의 범주를 크게 세 가지로 나눈다(Jones et al., 2022). 첫째, 언론사는 물론 일반 대중에게 공개된 AI 플랫폼들이다. 유튜브, X, 페이스북과 같은 소셜 미디어가 대표적이다. 둘째, 특정 목적을 위해 제작된 AI 도구들이 있다. 예컨대 BBC는 고객 분석을 위한 데이터마이너Dataminr나 차트비트Chartbeat, 경쟁사 분석 및 트렌드 모니터링을 위한 크라우드탱글CrowdTangle 등을 사용한다. 이러한 도구는 구매나 구독, 라이선스 계약 등을 통해 활용한다. 셋째, 언론사 고유 목적을 위해 별도 개발한 인하우스 도구들in-house tools이 있다. BBC의 경우 STTspeech to text, 오디오 시각화audio visualization, 기계 번역, 챗봇, 추천 시스템, 영상 편집 등에 활용할 인하우스 도구를 사용 중이거나 개발하고 있다.

언론사의 AI 활용은 취재 자료 수집에서 뉴스 제작, 배포, 개인화된 뉴스 제공, 댓글과 같은 뉴스 소비까지 기사의 생애주기 전반에 적용된다(Porlezza, 2023). 이렇게 저널리즘 분야에서 AI 활용이 확대되고 있지만 난점도 적지 않다. 실무 과정에서는 당장 비용 문제가 제기된다. 흔히 AI는 언론사의 인력과 시간과 비용의 절감에 도움이 될 것으로 기대된다(Beckett, 2019). 그러나 AI 시스템을 구축하고 운영하는 데 드는 비용은 만만치 않다. AI 개발자는 기자보다 인건비가 더 높은 경우가 적지 않다. 경력을 쌓은 개발자가 이직을 해버리는 경우도 많다. 뉴욕타임스와 같은 대형 언론사와 지역의 군소 언론사 간의 AI 격차도 적지 않다(Broussard et al., 2019).

그러나 저널리즘 관점에서 가장 중요한 문제는 JAI의 신뢰 문제일 것이다. 소셜 미디어 시대에는 언론 등 사실성 생산을 독점하던 제도의 권위가 무너지고, 가짜뉴스 생산자들조차도 언론사에 준하는 콘텐츠 생산 및 유통 역량을 보유하게 됐다. 그 결과 필터 버블, 반향실 효과, 가짜뉴스 확산, 딥페이크, 정치적 양극화, 편향, 개인정보, 저작권 등의 문제가 확대됐다. 특히 AI의 발전은 탈진실 사회를 가속화했다(박대민, 2023a).

생성 AI가 본격화된 후 신뢰 문제는 더욱 심화됐다. 환각 문제가 대표적이다. 그렇다면 AI가 작성한 기사를 신뢰할 수 있을까? 저작권 문제와 책임 문제도 있다. AI가 작성한 기사는 누가 쓴 것인가? 그렇다면 누구에게 책임을 물을 것인가? 예컨대 2023년 1월 CNET은 생성 AI를 활용해 기사들을 작성해 보도했다. 문제는 CNET이 생성 AI가 기사 작성했다는 사실을 사전 고지하지 않았을 뿐만 아니라, 작성한 기사들 중 상당수가 부정확했으며, 다른 기사의 출처를 표절하기까지 했다는 점이다. 2023년 7월에는 과학기술 미디어인 기즈모도Gizmodo가 환각에 의한 오정보를 포함한 AI 생성 기사를 출고했다. 심지어 해당 기사는 구글에서 최상단 검색 결과로 노출되기도 했다(Ingram, 2023. 7. 20). AI 환경은 이러한 문제를 탐지조차 못 하는 형태로 소셜 미디어 시대 이상으로 규모 있게 확산시킬지도 모른다.

6. 인공지능 활용을 통한 미디어 신뢰도 제고 모색

한편으로는 미디어 신뢰가 하락하고, 다른 한편으로는 AI 기술이 고도화되면서 국내외에서 AI를 이용해 미디어 신뢰를 제고하기 위한 시도가 나타나고 있다. AI 활용 사실 검증이나 탐사 보도에서 AI 활용하려는 것이 그러한 예이다.

다른 예로 한국언론진흥재단은 2020년 '언론의 신뢰도 제고와 산업 진흥을 위한 산학연 포럼'의 'AI 저널리즘 분과'를 운영해 AI가 저널리즘 위기 극복에 어떤 기여를 할 수 있는지 탐색했다. 특히 해당 연구에서는 기사 생애주기를 '작성 전 단계', '작성 및 편집 단계', '전달 및 배포 단계', '지원 및 운영 단계' 등 4단계로 나누고 기사 생애주기별로 AI를 활용할 수 있는 방안을 제시했다. 또한 AI의 적용 수준을 '자동화 가능 영역', '인간 + 기계 협력 영역', '순수 인간 영역'으로 나누었다.

AI를 통한 신뢰할 수 있는 저널리즘의 연구자들은 AI 적용 가능한 과업을 기사의 생애주기별로 정의하고 관련된 여러 기술을 제시했다. 이들은 '수집'-'정제'-'분석'-'서비스'로 이어지는 데이터 생애주기를 차용해 기사 생애주기를 수집gathering, 평가assessing, 제작creating, 발행presenting의 4단계로 재구성했다. 여기서 수집 및 평가는 언론사의 내적 속성에 기인한 신뢰성과 제작 및 게시는 수용자의 뉴스 이용에 따른 신뢰도와 관련이 있다. 더 나아가 이들은 AI 기술을 신뢰할 수 있는 저널리즘을 위해 활용했을 때 얻을 수 있는 기회AI opportunities와 함께 해당 기술을 악의적으로 사용하려는 적대자들에 의한 위험성AI risks을 함께 제시하고 그에 대한 대비책을 제안했다. 기사 생애주기별 활용 가능한 AI 기술 목록과 AI로 인한 기회, 그리고 AI로 야기되는 위험의 예시는 〈표 13-3〉, 〈표 13-4〉, 〈표 13-5〉, 〈표 13-6〉과 같다. 자세한 내용은 해당 논문을 참조하면 된다(Opdahl et al., 2023).

표 13-3 수집 단계에서 활용 가능한 AI 기술과 기회 및 위험

문제 영역	AI 기술	AI로 인한 기회	AI로 인한 위험
일상적 수집	규칙 기반 시스템, 사건 탐지, NLP, ML 기법	다양한 정보원 선택, 확증된 정보	기존 정보원에 대한 과도한 의존, 정보원 정보 업데이트 부담, 스크래핑 등 관련 법적 문제
광범위한 수집	트렌드 모니터링, NLP, ML 기법	세분화된 신규 독자층 참여 유도, 비주류 정보원 발굴	정보원 장악, 악의적 참여(dark participation)
온디맨드 수집	시맨틱 검색 및 추천, 컨텍스트 마이닝 및 평가, 기자 프로파일링, 소셜 네트워크	기자 수요에 최적화된 수집, 뉴스 조직 간 연결 강화	조작된 계정(봇), 조작된 소셜 네트워크
프로세스 자동화	프로세스 마이닝을 통한 취재 업무 자동화, 컨텍스트 마이닝 및 평가, 사례 기반 시스템, 규칙 기반 시스템, 자동화된/증강된 과업 선택	최적화된 정보 검색, 워크플로 관리	AI에 대한 과도한 의존, 잘못된 작업 자동화
데이터 통합	지식 그래프, 온톨로지, 링크드 데이터, NLP, ML 기법	데이터 및 메타데이터 통합	비정형화된 사회적 측면 간과
출처 확인	자연어 추론, 신원 확인, 출처 추정, 시맨틱 검색	주요/보조 정보원 식별 및 관리, 온라인 정보원 관리	허위 정보원, 허위 네트워크, 조작된 계정

출처 : Opdahl et al. (2023), 일부 수정

단계별 주요 기술을 소개하면 기사 자료 수집 단계의 주요 과업으로는 사건 탐지event detection를 통한 일상적 수집routine harvesting, 트렌드 모니터링 등을 통한 광범위한 수집broader harvesting, 시맨틱 검색 및 추천과 기자 프로파일링 및 기자 간 소셜 네트워크를 활용한 온디멘드 수집on-demand gathering, 프로세스 마이닝 등을 활용한 취재 업무의 프로세스 자동화process automation, 각종 데이터의 데이터베이스화를 통한 데

표 13-4 평가 단계에서 활용 가능한 AI 기술과 기회 및 위험

문제 영역	AI 기술	AI로 인한 기회	AI로 인한 위험
사실 검증	NLP, 텍스트 분류, Q&A, 정보 검색, 자연어 추론, 컨텍스트 마이닝 및 평가	사실 검증 가치 평가, 증거 찾기, 주장 평가	가짜 주장에 관심, 자동화 의존, 수작업 평가 소홀, 맥락에 민감, 적대적 사용
미디어 확인	멀티미디어 포렌식, 이미지 역추적, 영상 분석, 출처 제시 및 추정	멀티미디어 포렌식, 이미지 출처 확인에 검증 도구 활용	자동화 의존, 수동 평가 소홀, 저품질 소셜 미디어 이미지, 적대적 사용
딥페이크	심층 이미지 분석, 적대적 생성신경망(GAN)	딥페이크 탐지	가짜 멀티미디어 뉴스, 적대적 사용, 딥페이크 생산자들과 경쟁
조악한 가짜	이미지 역추적, 영상 분석, 컨텍스트 마이닝 및 비교	조악한 가짜 탐지	가짜 멀티미디어 뉴스, 적대적 사용, 실용적 및 사회적 맥락 간과
크로스 모달 콘텐츠 확인	멀티모달 표현학습, 멀티미디어 포렌식, 컨텍스트 마이닝 및 평가	텍스트-미디어 간 일관성 확인, 오정보 탐지, 검증에 메타데이터 활용	실용적 및 사회적 맥락 간과, 기여도 체인 조작
사전 예방적 확인	컨텍스트 마이닝 및 평가	콘텐츠 인증서, 맥락에 맞는 신뢰성 이해	실용적 및 사회적 맥락 간과, 주류 정보원에 의존
기여도 체인	출처의 제시 및 추정, 콘텐츠 역추적, 자연어 추론, 영상 분석	기여도 체인 관리, 오정보 확산 과정과 출처 파악	기여도 체인 조작, 취약한 정보원의 노출
컨텍스트	컨텍스트 마이닝 및 유사성 평가, 신뢰성 측정	맥락 관리, 맥락 속 신뢰성 이해	실용적 및 사회적 측면 간과
정보원 신뢰도	소셜 네트워크 분석, 프로파일링, ML	정보원 관리, 크라우드 소싱 정보 검증	가짜 정보원와 네트워크, 신뢰할 수 있는 정보원 의존 과다, 수작업 평가 소홀
되돌리기	출처 추정 및 되돌리기	오정보 수정, 오정보 확산 과정과 출처 파악	추가 분석 및 훈련에 사용된 정보의 수정 불가

투명성	XAI, 자연어 생성	독자에게 평가 방식 설명, 신뢰성 인식 이해	소수에게만 설명, 올바름보다 믿음직함을 중시
실시간 평가	사실 검증, 정보 검색, 자연어 추론, Q&A	배경정보 제시, 콘텐츠 검증, 후속 질문 제안	반성적 사고 감소, 오정보 확산 가속

출처 : Opdahl et al. (2023). 일부 수정

표 13-5　　제작 단계에서 활용 가능한 AI 기술과 기회 및 위험

문제 영역	AI 기술	AI로 인한 기회	AI로 인한 위험
로봇 저널리즘	규칙 기반 추론, 자연어생성	구조화된 공공 데이터 활용 뉴스 취재 영역 확대	비인간적 저널리즘, 자동화의 잠식, 스테레오타입화된 뉴스
증강 저널리즘	AI 지원 워크플로, 여러 AI 기술 조합	AI 기반 저널리즘 워크플로 지원	비인간적 저널리즘, 자동화의 잠식
단위 콘텐츠	맥락 제공 및 평가, 사례 기반 등 추론	검증된 단위 활용 콘텐츠 작성, 구조화된 저널리즘	부정확한 메타데이터, 부정확한 맥락 정보
신뢰할 수 있는 작성	설명 가능한 AI, 맥락 제공 및 비교	신뢰할 수 있고 설명 가능한 작성, 단위 콘텐츠의 용도 변경	부적절한 용도 변경, 맥락 의존적 신뢰성, 올바름보다 믿음직함을 중시
관점 제안	정보 검색, 프로파일링, NLP (예 : 입장 및 감성 분석)	다양한 관점 제시, 보완적 정보원 찾기	근거 없고 악의적인 입장 다룸
실시간 보도	사실 검증, 자연어추론, Q&A, SNS 모니터링	빈번한 기사 업데이트, 정보원 및 후속 질문 제안	반성적 사고 감소, 오정보 확산 가속, 자기 충족예언
반복 보도	프로파일링, 단문 NLP(예 : SNS 메시지)	빈번한 기사 업데이트, 독자 반응 이해 및 대응	무비판적이고 포퓰리즘적인 저널리즘, 소셜 미디어 관리
뉴스 발견	사건 탐지, 패턴 매칭, 뉴스 앵글 마이닝	사건 탐지, 관련 정보 탐지, 뉴스 앵글 제안	신뢰할 수 있는 정보원 의존 과다, 주변적인 것 무시, 속보/특이함 중시

출처 : Opdahl et al. (2023). 일부 수정

표 13-6 발행 단계에서 활용 가능한 AI 기술과 기회 및 위험

문제 영역	AI 기술	AI로 인한 기회	AI로 인한 위험
내러티브 생성	LLM, 자연어생성, 규칙 및 사례 기반 추론, XAI	내러티브 생성 및 설명	설명 가능성 부족, 환각, 편견, 독성, 정형화되고 공식화된 뉴스 기사
컨텍스트 프레젠테이션	프로파일링, 맥락 제시 및 추론, 멀티모달 표현	멀티 플랫폼 발행, 멀티 모달리티 제작, 트랜스미디어 활용, 플랫폼 신뢰성 이해	지나친 사용자 맞춤, 정보 거품
신뢰성 보고서	출처 제시 및 추론, XAI, 사례 기반 추론, 프로파일링	요청에 따른 신뢰성 설명, 신뢰성 지각 이해	자동화된 평가만 의존, 비판적 감각 잃음, 올바름보다 믿음직함을 중시
실행 가능성	출처 제시	컴퓨터 판독 가능한 신뢰성 보고서, 독자 확인	부당한 신뢰성 공격에 대한 방어
뉴스 아웃사이더	감성 분석, 번역, 요약	뉴스에서 소외된 이들에게 도달, 공평한 취재	편견, 근거 없고 악의적인 입장 다룸
개인정보 보호	개인정보 분류, 자동 블러 처리	정보원 등의 개인 정보 보호	사회적 요구와 개인 권리 간 균형
소비 모니터링	사용자 반응에 대한 NLP	뉴스 소비 과정 표현 및 이해	특정인 또는 주류에만 최적화, 고객 이해 실패, 과거 실수 반복, 악의적 최적화

출처 : Opdahl et al. (2023), 일부 수정

이터 통합data integration, 자연어 추론이나 자동화된 신원 확인 등을 활용한 출처 확인provenance 등을 꼽았다. 이러한 과업에는 자연어처리 및 기계학습, 연결망 분석 등을 활용할 수 있다.

뉴스 가치 평가 단계에서는 자연어처리나 추론 등을 활용한 사실 검증, 포렌식이나 이미지 분석 등을 활용한 미디어 확인, 딥페이크나 사진 조작 탐지, 사진과 텍스트가 일관된 내용을 다루는지 확인하는 크로스 모달 콘텐츠 확인cross-modal content verification, 사전 예방적 확인proactive verification, 콘텐츠 작성에 기여한 이들을 보여주는 기여 체인contribution chains 제공, 컨텍스트 마이닝context mining이나 유사도 분석을 통한 맥락context 검증, 정보원 신뢰도 확인 및 교정, XAI를 활용한 투명성 제고, 실시간 평가 등을 수행한다.

기사 제작 단계에서는 로봇 저널리즘, AI 기반 자동화된 워크플로우를 활용하는 증강 저널리즘augmented journalism, 메타데이터나 단위 콘텐츠content units 등을 제공하는 구조화된 저널리즘structured journalism, 다양한 관점의 제안suggesting perspectives, 실시간 보도live reporting, 자동 업데이트되는 반복 보도iterative journalism, 사건 탐지나 패턴 인식 등을 통한 뉴스 발굴news discovery 등에 AI를 활용할 수 있다.

기사 발행 단계에서는 챗GPT와 같은 LLM 기반 생성 AI 등을 활용한 내러티브 생성narrative generation, 문맥 제시contextual presentation, 사용자가 검증할 수 있도록 컴퓨터가 읽을 수 있는computer-readable 신뢰성 보고서trustworthiness report, 뉴스의 감성 분석이나 자동 번역 및 요약 기능 제공, 자동 블러 처리 등을 활용한 프라이버시 보호, 사용자 피드백의 모니터링 등을 제공한다.

비록 논문 작성 시점을 고려할 때 이들이 정리한 기술은 2023년 이후 챗GPT나 멀티모달 AI 등 최근의 생성 AI 발전을 충분히 반영하고 있지는 않다. 생성 AI 외에도 규칙 기반 AI나 Q&A 시스템, 온톨로지 등 계산주의 AI와 이를 뒷받침하는 구조화 또는 비정형 데이터베이스를 비롯해 전통적인 기계학습 방식의 AI, 사용자 행동 데이터 분석 중심의 AI, 딥러닝 기반 판별 AI 등이 혼재해 있어 다소 혼란스러운 측면이 있기도 하다.

그러나 이들의 사례 연구는 기사 생애주기를 고려하면서도 단지 언론인 관점에서 기사 작성 편의의 관점에서 기술을 나열한 것이 아니라, 맥락 제공, 사실 검증, 관점 제안, 다양성 확보, 개인정보 보호 등 미디어 신뢰 제고 측면에서 어떤 기술이 도움될 수 있는지, 그리고 언론사가 AI를 활용했을 때 예상되는 위험은 무엇인지를 정리하고 있다는 점에서 실천적 관점으로 봤을 때 기존 연구에 비해 진일보했다고 볼 수 있다. 이러한 위험을 극복하기 위해서는 루프 속 인간으로서의 언론인이 기술과 저널리즘에 대한 이해를 가진 독립적인 최종 결정권자로서 JAI의 개발과 운영, 개선에 개입해야 한다. 그럼에도 이들의 연구는 AI 자체의 신뢰성에 대한 고려, 즉 TAI에 대한 고려가 분명하지 않다는 점, 그리고 JAI에 대한 가치 측면의 변화에 대한 고찰이 불분명하다는 점에서 보완되어야 할 여지가 있다.

7. 신뢰할 수 있는 인공지능 기반 저널리즘 인공지능

미디어 신뢰와 TAI는 몇 가지 면에서 기본적인 차이가 있다. 우선 전통적인 미디어 신뢰는 인간 신뢰에 중심을 두지만 TAI는 기술 신뢰에 무게를 둔다. 이에 미디어 신뢰는 기능의 신뢰를 넘어 사실성과 공정성에 대한 신뢰를 중시해 왔으며, 기능의 신뢰는 객관주의 저널리즘과 같은 전문직 관행의 측면에서 다뤄진다. 이와 달리 TAI는 TTA의 TAI 안내서에 제시된 것처럼 데이터와 모델, 시스템의 기능에 대한 신뢰를 중심으로 기술적 개발과 검수를 중시한다.

미디어 신뢰와 TAI가 모두 신뢰를 다루나 엄밀하게는 약간 다른 접근을 하고 있기도 하다. 언론은 신뢰도에 초점을 둔다. 신뢰도는 수용자 중심의 심리적 신뢰도가 중심이다. 반면 AI는 신뢰성에 관심을 기울인다. TAI는 개발자 중심의 기술적 신뢰성을 중시한다. 다만 언론에 대한 수용자의 신뢰도 역시 언론의 신뢰성에 의존하며, AI의 시스템 신뢰성 역시 수용자의 신뢰도를 높이는 것을 궁극적 목표로 한다.

미디어 신뢰와 TAI는 모두 윤리에 대한 기대를 담고 있다. 그러나 JAI와 관련된 윤리의 출발점에서 둘은 서로를 고려하지 않는다. 2019년부터 2022년까지 EU와 CoEThe Council of Europe가 발표한 AI 정책 문서 25건을 분석한 연구에 따르면 '미디어'라는 단어는 20번밖에 언급되지 않았으며, 저널리즘 관련 단어는 더욱 적었다. 그나마도 언론보다는 구글이나 페이스북과 같은 미디어 플랫폼에 초점을 두고 오정보, AI 리터러시, 편향 또는 다양성 문제 등 일부 문제만 간략히 다루고 있다. 사실 언론 활동은 표현의 자유와 연계되기 때문에 다른 AI 규제 프레임워크를 그대로 적용하기 어려운 측면도 있다. 언론사 또한 AI를 비롯한 기술 관련 윤리 문제는 주된 고려 대상이 아니다(Porlezza, 2023).

게다가 TAI는 윤리 일반을 다루는 것이 아닌, AI로 구현될 수 있는 영역만을 다룬다. SAPI에서 제시된 AI 윤리 관련 주제 분류가 언론 분야나 일반적인 윤리의 관점에서 협소해 보이는 이유도 이 때문이다. 뿐만 아니라 TAI 윤리는 AI 관련 영역 내 윤리 수준에서는 포괄적이지만, 가이드라인 수준에서는 기술적으로 구현 가능한 부분에 초점을 두고 있다(곽준호, 2022). 반면 미디어 신뢰는 기술적으로 구현 불가능한 부분이 중심을 차지한다.

그럼에도 미디어 신뢰와 TAI의 신뢰도는 일종의 통약 가능성을 모색할 수 있을 뿐만 아니라 통약 가능성이 요청된다. 무엇보다 실천적인 차원에서 언론사가 AI를 적극 도입하려 한다. 즉, JAI의 영역이 언론 전반에 확장되고 있다.

JAI의 신뢰는 인간 신뢰를 넘어서 기술 신뢰를 확보해야 한다. 물론 TAI 역시 일반적인 기술 신뢰의 범주를 넘어선다. TAI 연구에서 이미 논의된 바와 같이 AI는 여느 기계와 달리 학습 및 운영 과정에서 기술적으로나 사회적으로 창발적인 결과를 내놓는다. AI가 널리 보급되면서 그러한 결과는 사회에 광범위한 영향을 주게 된다. 이는 언론에도 마찬가지일 것이다.

미디어 신뢰와 TAI는 각론에서 다소 차이가 있지만, 큰 틀에서는 일맥상통하는 면이 있다. 가장 중요한 것은 가치 지향 측면이다. 미디어 신뢰는 사실에 관한 진실성과 정의에 대한 공정성에 대한 기대를 포함한다. TAI도 그러한 기대에 부응하고자 한다. AI에 대한 진실성과 공정성에 대한 기대는 우선 AI 윤리 수준에서 모색된다. 과학기술정보통신부의 윤리 기준 3대 원칙과 10대 요건이 그러한 예이다. TTA가 제시한 TAI의 신뢰성 요건 기준으로 보면 다양성과 책임성은 공정성과, 투명성과 안전성은 사실성과 연관된다. 예컨대 AI의 안전성은 AI 시스템의 기술적 안정성을 바탕으로 AI의 결과물이 무결성을 갖고 실재 세계의 사실과 부합해야 하는 것을 말한다(한국정보통신기술협회, 2023). 언론의 사실성도 게이트키핑이라는 인적 시스템 안정성을 바탕으로 그 결과물이 사실성을 생산하는 무결성을 가져야 한다. 더 나아가 AI가 가속화하는 탈진실 사회에서 언론의 사실성은 투명성과 반드시 병행되어야 한다(박대민, 2023a).

다만 TAI는 AI로 구현되는 영역만을 고려하는 경향이 있다. 미디어 신뢰는 AI만으로 구현되지 않는 것이 사실이다. 때문에 JAI가 미디어 신뢰에 기여하면서 TAI를 충족하려면 다음과 같은 조건을 충족해야 한다. 우선 JAI의 신뢰는 최대한 기술적으로 코드를 통해 구현 가능하고 검증

가능한 형태로 그 요구사항이 정의되어야 한다. 동시에 JAI의 비전, 세부 설계 목적 수립, 세부 과업 정의, 거버넌스 구성, 개인정보 보호나 저작권 등 각종 세부 정책 마련, 사용자 인터페이스user interface 설계, 사용성 개선, 버그 판단 및 개선, 자율 규제 방안 마련 등에 인간, 특히 언론인이 적극 개입해야 한다(Broussard et al., 2019 ; Gutierrez-Lopez et al. 2019). 인간은 AI 시스템 개발과 운영 과정에서 AI 생애주기 전반에 비판적으로 개입한다.

현재 TAI의 접근에서 검토되는 루프 속 인간은 AI 학습데이터를 구축하는 라벨러labeller나 AI 시스템을 개발, 운영하는 개발자의 다양성에만 초점을 두는 경향이 있다는 한계가 있다(You et al, 2022). 이를 보완해 시민 사회나 규제 당국의 참여를 강조한 루프 속 사회society in the loop라는 개념이 제시되기도 했다(Rahwan, 2018). 그러나 전자가 지나치게 구체적이라면 후자는 지나치게 일반적이다.

JAI 관점에서는 언론인이 루프 안에 들어가야 한다. 물론 JAI에서 언론인은 도메인 전문가로 포함됐다고 말할 수 있다. 그러나 TAI에서는 도메인 전문가의 역할이 너무나 적다. 언론인은 기획자이자 사용자이자 검수자로 JAI의 설계, 모델 개발, 서비스 개발, 운영 및 모니터링 전반에서 AI에 대한 개입을 주도하는 바로 그 인간 당사자이다. 또한 루프 속 인간에 들어가는 인간의 다양성은 개발자와 학습데이터를 구축하는 라벨러뿐만 아니라 언론인의 구성에서도 확보되어야 한다. 즉, 사회적 약자가 언론인으로 참여해야 한다. 이러한 관점은 JAI에서 인간 중심 AI를 강조하는 견해와 일맥상통한다(Broussard et al., 2019). 그러나 인간 중심 AI를 인간에 AI를 종속시켜 사고하는 반동적인 관점으로 이해하면 안 된다. 앞으로의 AI는 상당한 자율성을 가진 사회적 행위자로서 인간과 협업하고 사회를 구성할 것이다.

TAI에서 도메인 전문가의 비중이 적은 것은 TAI의 요구사항을 AI의 생애주기 관점에서만 기술했기 때문일 수 있다(한국정보통신기술협회, 2023). 반대로 JAI에서는 개발자의 역할이 상대적으로 적다. 이는 JAI를 기사 생애주기 관점에서만 기술했기 때문일 수 있다(한국언론진흥재단, 2020). 따라서 미디어 신뢰와 TAI의 통약 가능성은 JAI의 신뢰를 기사 생애주기와 AI 생애주기를 모두 고려하는 식으로 기술했을 때 가능할 것이다.

다만 현재의 AI 생애주기 모델은 데이터 구축을 지나치게 강조하는 반면 서비스 출시 이후의 중요성은 과소평가하는 것으로 보인다. 심지어 AI 프로젝트에서 데이터 구축에 드는 시간이 전체의 75%를 차지하는 반면, AI 서비스 배포는 2%밖에 되지 않는다며 배포 이후 운영은 거의 고려하지 않는 경향도 있다(Cognilytica, 2020). 그러나 현재 스타트업 생태계에서 주목받는 린 스타트업lean startup 방법론에 따르면 첫 제품은 최소 기능 제품Minimum Viable Product ; MVP 형태로 시작되어 연속적으로 배포된다. 추가적인 배포는 매번 1주에서 4주 단위로 스프린트sprint하듯이 빠르게 이뤄진다. 그리고 서비스는 시장에서 고객의 반응에 따라 종료 때까지 끊임없이 수정된다(Knapp et al., 2016 ; Reis, 2011). 즉, 서비스 배포까지의 시간은 주 단위로 극히 짧은 반면, 서비스 운영은 이론적으로 무한대이다. 물론 TAI 구현을 위해서는 데이터 구축 및 모델 개발 등 AI 서비스 배포 이전 단계에서 TAI의 구현이 필수적이지만, TAI는 서비스 운영 과정에서도 지속적으로 모니터링되어야 한다. JAI의 경우 이 모니터링 과정에 언론인과 사용자가 실질적으로 개입할 수 있어야 한다.

종합하면 JAI에서의 미디어 신뢰와 TAI 간의 통약 가능성은 JAI에서 TAI를 구현하고, 이를 통해 미디어 신뢰를 달성하는 것으로 실현된다. 따라서 JAI는 미디어 신뢰의 조건과 TAI의 조건을 모두 만족시켜야 한다. JAI의 신뢰는 인간 신뢰와 기술 신뢰를 포괄한다. JAI의 신뢰는 언론사의 신뢰성과 언론사가 활용하는 AI 시스템의 신뢰성을 바탕으로 사용자의 신뢰도 제고를 통해 달성된다. JAI의 신뢰는 JAI가 제공하는 결과물의 사실성과 공정성에 의해 확보된다. TAI로서의 AI의 투명성, 안전성은 JAI의 사실성 요청에 대한 충분조건은 아니지만 필요조건은 된다. AI의 다양성, 책임성은 JAI의 공정성을 만족시키기 위한 필요조건이다. JAI의 신뢰는 루프 속 인간, 인간 중심 AI의 관점에서 하이브리드 방식으로 추구할 수 있다. JAI의 운영에서 가장 우선시되는 것은 사용자의 신뢰도 개선이다. 사용성을 개선하듯 아주 작은 수준에서라도 사용자 신뢰도를 매주 테스트하고 실험하고 개선해야 한다. 이와 함께 최종적으로 루프 속 사회의 관점에서 규제 당국이나 시민 사회 등 다양한 사회 구성원의 참여를 단계적으로 모색한다.

TAI 기반 JAI는 JAI에 TAI의 모든 조건을 적용하는 것을 의미하지 않는다. TTA가 TAI 안내서에서도 밝히고 있듯이 TAI는 도메인에 따라 가감될 수 있다(한국정보통신기술협회, 2023). 미디어 신뢰와 TAI의 통약 가능성을 도출하는 것은 단지 둘 간의 교집합을 찾는 것에 그치지 않는다. AI로 가속화된 탈진실 사회에서 미디어 신뢰의 개념 또한 혼종적으로 변화한다. 미디어 신뢰의 사실성 측면에서는 그동안 본격적으로 다루지 않았던 투명성과 안전성이 주목을 받는다. 공정성 측면에서는 정치적인 불편부당성 이상으로 다양성과 책임성이 강조된다.

이상의 논의를 종합했을 때 TAI 기반 JAI는 다음과 같은 세 조건을 충족해야 한다. 첫째, 저널리즘 분야에서 AIX를 진행한다. 즉, 저널리즘과 AI의 실천적 결합이 전면적으로 이뤄져야 한다. 둘째, JAI에 TAI를 적용한다. 저널리즘의 AI가 TAI 관점에서 신뢰성을 확보해야 한다. 셋째, JAI가 미디어 신뢰 개선에 기여해야 한다.

이를 일반화하면 TAI를 다른 사회 분야에 적용할 때도 활용할 수 있다. 첫째, AIX 조건이다. AI를 도메인에 적용하는 것을 의미한다. 둘째, TAI 조건이다. AIX에 TAI를 적용하는 것이다. 셋째, 도메인 조건이다. AI가 해당 도메인의 신뢰를 제고할 수 있어야 한다.

언론사들은 비용 문제로 TAI 기반 JAI의 구현을 주저할 수 있다. 사실 AI 분야 개발자의 인건비는 높다. AI 개발자 채용도 어렵지만, 채용 후 개발자가 경력을 갖춘 뒤 이직할 확률도 높다. AI가 기자 업무를 덜어줌으로써 시간과 인력, 비용을 절감해 줄 수는 있다. 그러나 시스템 개발이나 운영 단계에서 비용이 적지 않게 들 수 있다(Broussard et al., 2019). AI를 통한 비용 절감을 기대하기 위해서는 BBC와 같은 대형 언론사의 통합적인 AI 전략이 필요하다(Jones et al, 2022). 언론사 역시 미디어 스타트업 방법론에 입각해 한계비용 제로를 달성할 때까지 AI를 활용한 기술 기반 전략을 최우선적으로 추진해야 한다(박대민, 2019). 중소 규모의 AIX를 위한 공적 인프라를 구축하는 것도 고려할 수 있다(한국언론진흥재단, 2020).

JAI에 TAI를 도입하는 것은 단지 언론사가 AI 시스템을 개발하고 운영하는 것만으로 가능하지 않다. JAI의 실무를 수행할 수 있도록 언론인들을 교육하는 문제도 존재한다. 루프 속 사회의 관점에서 사용자도 JAI를 모니터링할 역량을 갖춰야 한다. 후속 연구를 통해 저널리즘 교육과정에서 미디어 신뢰와 TAI의 통약 가능성을 이해하고 이에 따른 비전을 실현하기 위한 JAI 교육을 고민할 필요가 있다.

미디어 커뮤니케이션 연구는 XAI나 TAI 등 AI 연구의 성과를 언론 신뢰도 연구에 전격적으로 도입할 필요가 있다. 이는 AI가 뉴스 가치가 높은 취재 대상이거나, 단지 하나의 미디어 기술, 더 나아가 미디어 자체로 여겨지기 때문만이 아니다. 언론이 AI를 저널리즘 실천에 도입할 때 고려해야 할 유의 사항의 수준도 넘어선다. 탈진실 사회에서 언론의 위기를 극복하기 위해서는 언론사의 AI 전환을 사실성 제도로서 언론 자체의 재구성 수준에서 이론적으로 고민해야 한다. 언론에 제기되는 사실성 제도의 재구성 문제는 기존 사실성 제도 전반에 제기되는 문제이기도 하다. 언론학은 AI 자체의 윤리 담론을 비롯해 사회 전반의 제도적 신뢰 회복을 AI 기반으로 재구성하는 논의에 주도적인 역할을 할 필요가 있다.

CHAPTER 14

생성 인공지능과 미디어 인공지능의 심미적 경험

※ 이 장은 2023년 11월 한양대학교 에리카캠퍼스에서 개최된 한국방송학회 가을철정기 학술대회 대주제세션에서 "생성 인공지능은 대중예술 작품을 창작할 수 있는가? : 미디어 인공지능의 가치로서 심미성"이라는 제목으로 발표된 바 있다.

1. 문제 제기

챗GPT와 함께 영상 분야에는 멀티모달 AI가 속속 등장하고 있다. 2021년 1월 달리, 2022년 3월 미드저니, 2022년 8월 스테이블 디퓨전이 잇따라 나왔다. 2023년 9월에는 챗GPT와 결합한 달리3가 출시됐으며 MS의 이미지 크리에이터에도 접목됐다. 특히 이들은 텍스트를 입력하면 영상을 생성하는 멀티모달 AI이면서 완전 무료 또는 부분 무료 서비스로 공개되어 대중적인 주목을 받게 됐다. 멀티모달 AI는 텍스트를 이미지로 바꾸는 T2I를 넘어서 I2I, T2V, I2T, I2V 등으로 빠르게 확장되고 있다. 이에 일반 사용자도 프롬프트만 입력해 고품질 영상을 생성하는 단계에 도달했다.

멀티모달 AI의 확산은 한편으로 예술계에 작지 않은 파장을 가져왔다. AI가 대체하기 어려울 것으로 여겨졌던 창작성을 AI가 상당한 수준으로 구현하는 것처럼 여겨졌기 때문이다. 그러나 이에 대한 반론도 만만치 않다. 생성 AI는 단지 도구일 뿐이며 오직 인간만이 예술을 창작할 수 있다는 것이다. 이러한 논쟁은 생성 AI의 기술에 대한 이해와 생성 AI가 사회적으로 창작되고 감상되는 과정에 대한 이해를 바탕으로 이루어져야 한다.

이에 따른 연구문제는 다음과 같다. 첫째, 생성 AI는 대중예술 작품을 창작할 수 있는가? 일단 저자는 기술적으로 볼 때 생성 AI의 가능성이 인간 창작성의 범위를 논리적으로 넘어선다고 주장한다. 그러나 생성 AI의 확산이 가져오는 변화의 핵심은 미적 가치의 변화에 대한 것이다. 이는 대중예술 작품의 창작과 감상 과정의 변화에서 촉발된다. 여기서 두 번째 연구문제가 도출된다. 생성 AI 생태계에서 대중예술 작품의 창작과 감상은 어떻게 이루어지는가? 특히 이 장에서는 생성 AI인 스테이블 디퓨전을 활용하는 생태계를 살펴보고자 한다. 스테이블 디퓨전 생태계는 대중예술을 창작하면서 감상하는 대중예술 생태계이다. 세 번째 연구문제는 미적 가치 변화에 관한 것으로 이 장의 핵심 질문에 해당한다. 생성 AI로 인해 미적 가치는 어떻게 변화하는가? 이 장에서는 스테이블 디퓨전 생태계에서 볼 수 있듯이 사용자들은 창작하면서 감상하고 이에 따라 미적 가치는 예술가의 창작성이 아니라 감상자appreciator의 심미적 경험에 따라 중요하게 된다고 주장할 것이다.

이 장은 다음과 같이 구성된다. 첫째, 현대 미학의 관점에서 대중예술의 창작성과 심미적 경험의 개념을 검토한다. 예술제도론, 다원주의 미학aesthetic pluralism, 프래그머티즘 미학aesthetics of pragmatism 등을 검토하고 대중문화의 의의를 기술한다. 둘째, 미학 분야에서 생성 AI의 창작성 논쟁을 검토한다. 이 장에서는 생성 AI의 창작성을 부정하는 관점을 ① 작가주의, ② 비언어주의, ③ 순수예술 중심주의, ④ 인간중심주의로 정리한다. 셋째, 스테이블 디퓨전의 생태계를 살펴본다. 생성 AI를 활용한 창작은 기술 자체를 넘어서 커뮤니티 수준의 활용에서 일어난다. 넷째, 스테이블 디퓨전의 기술적 구조에 대한 이해를 바탕으로 인간 창작성과 생성 AI의 관계를 기술한다. 생성 AI는 디지털 영상의 범위 안에서 인간이 창작할 수 있는 모든 가능성을 갖고 있으며, 인간의 창작성과 예술계는 잠재공간으로 임베딩된다. 다섯째, 대중문화 공간으로서 스테이블 디퓨전 커뮤니티를 해석한다. 이곳에서는 미적 가치의 중심이 창작성에서 심미적 경험으로 이행하며, 감상자appreciator는 작가와 마찬가지로 직접 생산하면서 감상한다.

2. 현대 미학으로 본 대중예술의 심미적 경험

20세기 이전 예술이 무엇인가에 대해서는 모방론, 표현론, 형식론이 있었다. 모방론은 예술작품의 대상을, 표현론은 예술가의 심적 상태를, 형식론은 예술작품의 내적 형식을 강조한다(김진엽, 2020b). 그러나 20세기에 들어서면서 전통적인 예술 정의의 경계를 넘어서는 작품들이 등장하면서 다양한 예술을 인정하는 새로운 예술 정의가 요청되었다(Dickie, 1997/1998).

예술 정의 불가론에서 예술작품 간에는 가족 유사성family resemblance만 확인할 수 있다고 주장한다. 예술 정의 불가론에서는 인공성조차도 예술의 창작성을 저해한다고 주장한다(Weitz, 1968 ; Dickie, 1971/1980, 재인용). 그러나 실제로는 어떤 객체는 예술로, 다른 객체는 예술이 아닌 것으로 평가된다. 예컨대 앤디 워홀Andy Warhol의 작품은 기성품과 완전히 동일하더라도 예술로 인정받지만, 기성품은 그렇지 않다.

이러한 문제를 해결하기 위해 예술 정의는 분류적 측면과 평가적 측면으로 나눠 정의한다. 분류적 측면에서는 예술제도론이 주목받았다. 여기서 예술은 ① 예술계 내에서 활동하는 사람들이 감상을 위한 후보의 자격을 부여한 ② 인공품이다(Dickie, 1971/1980). 예술계의 참여자로는 예술가, 관람객, 예술사가, 비평가, 기자, 박물관장 등이 있다. 예술계는 예술작품을 명명하기 위한 총체적 체계이다(김진엽, 2020a, 재인용 ; Dickie, 1997/1998).

예술 정의론은 분류적이고 평가적이지 않다. 따라서 예술작품이 수준이 떨어지기 때문에 예술이 아니라고 규정하지 않는다. 또한 어떤 예술작품이 예술계의 모든 구성원에게 예술로 인정받을 필요도 없다. 이러한 면에서 예술제도론은 예술 정의 불가론 못지않은 개방성을 갖춘 것으로 인정받는다.

그럼에도 다원주의 미학에서는 예술제도론이 기대고 있는 예술계가 서구, 백인, 남성, 고급 예술 중심적이라고 비판한다. 다원주의 미학은 타인에게 피해를 주지 않는 한 예술적 자유를 모두 허용하는 자유주의적 관점을 따른다. 이에 따라 다원주의자들은 아방가르드나 해프닝은 물론, 공공예술이나 힙합과 같은 대중예술에 주목한다(김진엽, 2020b ; Shusterman, 2000/2020). 다만 대중예술계 역시 연예인과 기획사, 방송계 등 상대적으로 한정된 형태로 제도화되어 있다. 다원주의 미학은 평가적 정의도 제시한다. 평가적 의미에서 예술은 특정 예술계의 평가적 기준에 따라 평가될 수 있다(김진엽, 2020a). 예컨대 사실적 화풍의 관점에서 추상화를 낮게 평가할 수 있으며, 반대로 추상화의 관점에서 사실적 그림을 저평가할 수도 있다.

프래그머티즘 미학은 예술의 한계를 일상의 경험 속으로 확장한다. 듀이는 예술과 일상을 분리하는 것을 거부한다. 대신 그는 예술 경험과 일상 경험의 공통점으로서 심미적 경험에 주목한다. 멋진 식사나 공예품에서 느끼는 일상 경험의 심미적 경험은 예술 경험의 심미적 경험과 일맥상통한다. 다만 예술 경험은 개인 경험을 넘어서 어떤 매체를 통해 소통 가능한 공동체 경험으로 나타난다는 점만 다르다(Dewey, 1934/2016).

다원주의 미학과 프래그머티즘 미학은 세 가지 측면에서 특히 중요하다. 첫째, 프래그머티즘 미학은 대중예술이나 공공예술 등 일상 속 예술의 가치를 설명하는 데 유용하다(Shusterman, 2000/2020). 둘째, 프래그머티즘 미학은 닫힌 예술계를 일상과 대중에 완전히 개방했다. 예술계는 진입과 탈퇴도 자유로운 역동적인 모습을 갖게 됐다. 대중예술계는 순수예술계와 동등한 지위를 얻게 됐다. 셋째, 예술의 중심을 작가 중심적인 창작성에서 감상자 중심적인 심미적 경험으로 이동시켰다. 예술은 공동체가 향유하는 심미적 경험 속에서 역동적으로 정의된다.

이상의 논의를 정리하면 예술은 다음과 같이 정의된다. 첫째, 예술은 인간이 창작한 인공품이다. 단 예술 정의 불가론에서는 인공품의 조건도 없어진다. 둘째, 분류적 측면에서 예술은 예술계에 의해 예술로 분류된다. 셋째, 평가적 측면에서 예술은 특정 예술계의 기준에 따라 평가된다. 다음 절에서는 예술의 인공품 여부, 예술에 대한 분류적 정의와 평가적 정의 측면에서 생성 AI의 창작성 논쟁을 검토하도록 한다.

3. 생성 AI의 창작성 논쟁

이 절에서는 생성 AI의 창작성 논쟁을 살펴보도록 한다. 미학자인 김재인은 AI의 창작성에 대해 기본적으로 부정적인 입장이다. 그는 다음과 같이 질문한다. 생성 AI는 예술가를 위한 도구인가 아니면 AI 예술가인가? AI는 예술작품을 창작할 수 있을까? 또는 AI의 생성물은 예술작품일까?(김재인, 2023, p. 38). 이는 크게 작가 측면과 작품 측면에서 정리할 수 있다. 첫째, 생성 AI는 예술가인가? 둘째, 생성 AI의 생성물은 예술작품인가? 사실 이 둘은 논리적으로 연관된다.

앞서 살펴보았듯이 예술작품의 정의는 크게 세 측면에서 논의된다. 첫째, 인공품 여부다. 둘째, 분류적 측면이다. 셋째, 평가적 측면이다. 우선 인공품 측면을 살펴보자. 이러한 예술 정의에서의 핵심은 인간 작가다. 예술의 최소 조건으로서 인공품을 제시한 디키의 입장과 일맥상통한다. 이러한 관점에서 순수한 AI의 생성물은 예술작품이 될 수 없다.

다만 AI 생성물에 인간 개입을 인정한다면 그 생성물은 예술작품으로서 기본 조건은 갖추게 된다. 인간의 개입으로는 프롬프트 입력, 학습데이터의 구축, 모델의 미세 조정이나 초매개변수의 설정, AI 생성물의 선별 등을 꼽을 수 있다(김재인, 2023, pp. 46~47 ; Elgammal et al., 2017). 반면 예술 정의 불가론을 따른다면 인간 개입 여부나 인공품 여부는 생성물을 예술로 판정하는 것과 무관하다.

둘째, 분류적 측면이다. 우선 예술제도론의 관점에서 AI 생성물을 인공품으로 인정하지 않는다면 AI 생성물은 예술작품으로 분류할 수 없다. 다음으로 만일 AI 생성물을 인간 개입이 존재하는 인공품으로 인정한다면 AI 생성물은 예술계에 따라서 예술작품으로 분류될 수 있다. 예컨대 2022년 생성 AI인 미드저니를 사용해 미술전에서 우승한 '스페이스 오페라 극장Théâtre D'opéra Spatial'은 미국 콜로라도 주립박람회 미술대회를 주최한 예술계에서 예술로 인정받은 셈이다. 더 나아가 딥러닝 기반 AI가 아니더라도 NFT 아트에서 널리 사용되는 생성 미술generative art을 비롯해 생성 AI 이전의 AI를 활용한 AI 아트도 예술로 인정받을 수 있다. 그러나 해당 예술작품의 작가는 AI가 아니라 인간이며 AI는 도구이다. 반면 예술 정의 불가론과 같이 예술 정의에서 인공품 조건을 뺀다면 AI가 인간 개입 없는 순수한 AI 생성물을 예술작품으로 인정하는 예술계의 존재 여부만 문제시된다. 다원주의 미학이나 프래그머티즘 미학의 관점을 수용한다면 이 예술계는 전문적인 예술 집단이 아니어도 되며 어떤 매체와 산물을 향유하는 심미적 공동체이기만 하면 된다.

셋째, 평가적 측면이다. AI 생성물을 예술작품으로 인정하려면 AI 최상급 창작물이 인간 최상급 창작물에 최소한 비견할 만해야 한다는 주장이 있다(김재인, 2023, p. 173). 만일 전 인류의 생성물 중 하나뿐인 최상품과 모든 AI 생성물 중 하나뿐인 최상품을 비교한다고 하면 인간 생성물 중에서는 결국 순수예술 중 하나가 인류 대표작으로 제시될 수밖에 없다. 이러한 주장은 사실상 순수예술 중심적이다.

좀 더 느슨하게 비교할 수도 있다. 전체 예술계는 세분화되는 서로 다른 작은 예술계가 모인 것으로 이해할 수 있다. 각 예술계는 어떤 생성물을 예술로 선언함으로써 그 생성물이 예술로 존재하게 한다. 그렇다면 평가적 비교는 전체 예술계만이 아니라 각 예술계 내 인간 생성물 중 최상품과 AI의 최상품을 비교하는 것으로 바꿔 이해할 수 있다. 이는 다원주의 미학의 관점에도 부합한다. 그럼에도 AI가 학습을 통해 성능을 얻는 한, 각 예술계의 AI 최상품이라고 할지라도 그것은 인간 최상품의 모방이라고 볼 수 있다.

그러나 대중문화에서는 아마도 비평가들에게만 허용될 것으로 보이는 최상급 간의 비교로서 평가라는 개념은 모호해진다. 작가에게든 감상자에게든 팬덤과 같은 공동체의 심미적 경험이 평가에서 더 중요하다. 다른 한편으로 평단이나 매니아 층에서 높은 평가를 받는 언더그라운드 대중예술계의 잠재력을 고려할 때 팬덤 규모는 평가의 기준이 될 수 없다. 중요한 것은 감상자 집단의 존재 여부 자체다. 뿐만 아니라 생성 AI에서 일관성은 이미 어느 정도 구현되고 있으며 일관성이 강화되는 방향으로 발전하고 있다. 이에 대해서는 뒤에서 좀 더 살펴본다.

AI는 인간과 같은 평가 능력이 결여되어 있다는 주장도 있다. GAN을 예술작품 생성에 활용한 럿거스 연구팀의 CANCreative Adversarial Networks을 검토해 보자(김재인, 2023, pp. 47~59). GAN은 종합적으로는 생성 모델로 기능하지만, 내부적으로는 생성 모델과 판별 모델이 결합돼 있는 것이다. 판별자는 생성자가 만든 영상이 AI가 만든 영상임을 판별한다. 반대로 생성자는 판별자를 속여 더욱 진짜 같은 가짜 영상을 만든다. GAN을 이용한 CAN은 미학적 관점으로 볼 때 AI의 평가 기능이 내장됐다는 점에서 진일보했다. CAN의 생성자는 스타일이 라벨링된 15~20세기 1,119명의 화가 81,229점의 그림을 학습해 기존 스타일에 충실한 가짜 그림을 만든다. CNN 기반의 판별자는 생성자의 영상이 인간이 만들지 않은 가짜 예술임을 판별한다. 판별자는 생성자의 가짜 그림이 기존 스타일에 포함되면 벌칙을 부여한다. 생성자와 판별자의 경쟁 속에 생성자는 진짜 같은 영상을 만든다. 생성자가 기존 스타일을 따르면서도 판별자가 기존 스타일의 그림인지 판별하지 못하게 만든 그림은 기존 예술계의 미적 기준을 따르면서도 동시에 새롭다고 볼 수 있다는 것이 럿거스 연구팀의 주장이다(Elgammal et al., 2017). 이 연구팀은 후속 연구에서 AI 그림과 인간 그림을 사람들에게 보여줬을 때 사람들이 둘을 분류하지도 못했고, AI 그림이 더 높은 평가를 받기도 했다고 밝혔다. 이는 AI가 시각적 튜링 테스트visual Turing test를 통과한 것이라고 연구팀은 주장한다(Mazzone & Elgammal, 2019).

그러나 결국 럿거스 연구팀도 CAN의 생성물 중 좋은 작품만을 선별하는 사후 큐레이션 작업을 했다고 볼 수 있다. 더 나아가 궁극적으로 AI의 평가는 인간이 주입한 외부 기준을 학습한 것일 수밖에 없다(김재인, 2023, pp. 46~47). CAN에서 판별자의 판단 기준은 학습데이터로부터 추출한 특징으로서의 스타일, 즉 어떤 예술계로 볼 수 있다. 그러나 엄밀히 말해 CAN 판별자의 판단과 연구팀의 사후 큐레이션은 구분된다. 비록 판별자가 예술계의 스타일을 학습한 것이기는 하지만, 생성물 자체는 순수하게 판별자의 평가만 받은 출력물이다. 럿거스 팀이 이러한 생성자의 평가를 받아들일지는 또 다른 문제이다. 럿거스 팀의 사후 큐레이션은 럿거스 팀의 심미적 경험에 따르는 또다른 작은 예술계의 기준에 따라 AI의 생성물을 재평가하는 것과 같다. AI 판별자와 인간 럿거스 팀은 서로 다른 예술계에 속한, 독립된 심미적 경험을 가진, 동일한 역할을 하는 평가자다.

생성 AI는 예술에서 언어적 개념을 초월하는 감각의 중요성을 간과한다는 비판도 제시된다. 개념은 정보전달적 언어로 멀티모달 생성 AI에서는 프롬프트로 나타난다. 따라서 멀티모달 생성 AI는 정보전달적 언어의 한계 안에 갇혀 있으며 감각을 전달할 수 없다(김재인, 2023, p. 87).

그러나 생성 AI는 프롬프트에 100% 의존해서 생성물을 생성하지 않는다. 예컨대 GPT4와 DALL-E3가 결합된 GPT-4V는 프롬프트를 자연어로 입력했을 때 이를 해석해서 자체적으로 프롬프트로 변환한다. 이미지 크리에이터는 프롬프트를 대강 입력했을 때에도 이를 보강해 프롬프트를 추가해 영상을 생성한다. 스테이블 디퓨전에서는 입력한 프롬프트로 생성한 이미지 아래에 수정된 프롬프트를 제시한다. 텍스트 프롬프트에는 생성 AI가 생성한 영상의 모든 것이 담겨 있지 않다. 이는 텍스트와 이미지가 근본적으로 다른 모달리티를 갖고 있기 때문이다. 텍스트와 이미지는 쌍으로 벡터화되어 잠재공간에 임베딩된다. 단지 텍스트 프롬프트는 텍스트 임베딩된 뒤, 텍스트 임베딩-이미지 임베딩 쌍과의 유사도를 갖는 정도로만 연결된다. 나머지는 AI가 보간한다.

종합하면 생성 AI는 예술가가 아니며, AI의 생성물은 예술작품이 될 수 없다는 주장은 작가주의, 순수예술 중심주의, 비언어주의, 인간중심주의로 정리할 수 있다. 작가주의는 예술작품은 인공물이어야 한다는 것이다. 이에 따르면 순수 AI 생성물은 인공물이 아니므로 예술작품이 아니다. 순수예술 중심주의는 AI가 만든 최상급 생성물도 인간이 만든 최상급 순수예술보다 뛰어날 수 없다는 것이다. 비언어주의는 프롬프트에 의존하는 멀티모달 생성 AI는 언어를 초월한 감각을 표현하는 예술을 만들 수 없다는 것이다. 인간중심주의는 결국 인간이 예술작품의 최종 분류자이자 평가자라는 것이다.

이러한 주장은 세 가지 측면에서 비판적으로 검토될 것이다. 첫째, 생성 AI의 기술적 측면이다. 생성 AI는 무에서 유를 창조하는 것도 유에서 유를 창조하는 것도 아니다. 기술적으로 생성 AI는 사실상 무한에서 유를 창조한다. 즉, 무한히 가능한 창작성을 인간의 창작성으로 축소하는 방식으로 학습한다. 언어에 전적으로 의존하지도 않는다. 이는 멀티모달 생성 AI의 구조, 특히 스테이블 디퓨전의 기술적 구조를 살펴봄으로써 알 수 있다. 둘째, 대중예술에서의 적용 가능성이다. 앞서 살펴보았듯이 최상급 간 비교로 예술작품을 판정하는 방식은 대중예술에서 통하지 않는 것처럼 보인다. 오히려 스테이블 디퓨전 생태계에서는 대중예술 자체가 분류나 평가, 그리고 심미적 경험의 핵심이 된다. 셋째, 예술작품 판정에서의 창작성에서 심미적 경험으로의 가치 전환이다. 작가의 죽음이라고까지 말할 수 없을지도 모른다. 그러나 예술작품의 예술성은 작가의 창작성이 아니라 감상 공동체의 심미적 경험에서 실현된다. 이 두 가지는 스테이블 디퓨전 생태계를 분석함으로써 살펴본다.

4. 스테이블 디퓨전 생태계의 구성

스테이블 디퓨전은 2022년 6월 개최된 CVPR 2022에서 독일 뮌헨대학교 CompVis 연구실의 논문에서 처음으로 공개됐다. 2022년 8월 스테이블 AI라는 스타트업을 통해 공개됐다.

스테이블 디퓨전은 오픈 AI의 DALL-E 시리즈와 DALLE-E3를 기반으로 하는 GPT-4V, MS의 이미지 크리에이터, 미드저니, 어도비의 파이어플라이, 구글 이마젠 등 다른 T2I 지원 멀티모달 AI와 여러모로 차별화된다. 우선 스테이블 디퓨전은 소스코드와 모델 가중치가 공개되어 있다. 즉, 누구나 자신의 컴퓨터에 설치할 수 있다. 또한 거대 모델이면서도 무료다. 학습한 매개변수 수는 스테이블 디퓨전 초기에는 9억 개였지만, SDXL은 기본 모델이 35억 개, 정제 모델이 66억 개에 달한다. 은닉층 압축을 고려할 때 굉장히 큰 모델임을 알 수 있다. 다른 무료 서비스로는 이미지 크리에이터 정도가 경쟁 중이지만 커스터마이징에는 한계가 있다.

또한 스테이블 디퓨전은 거대 모델이지만 다른 멀티모달 AI에 비해 상대적으로 컴퓨터 자원을 덜 쓴다. 스테이블 디퓨전 기본 모델은 VRAM 4G 이상, SDXL은 VRAM 8G 이상이면 구동 가능하다고 알려져 있다. 게이밍 컴퓨터 수준의 그래픽 카드를 갖고 있다면 스테이블 디퓨전을 돌려볼 수 있는 셈이다. 컴퓨터 사양이 낮은 경우에도 클라우드 서비스인 구글 코랩 프로 버전을 이용해 스테이블 디퓨전을 사용할 수 있다.

설치 및 사용도 간편하다. 무료로 사용 가능한 웹UI를 다운로드 받아서 일반 프로그램 설치하듯 설치할 수 있다. 웹UI를 쓰면 코딩을 전혀 할 줄 몰라도 GUIgraphic user interface로 이미지를 생성할 수 있다. 대표적인 웹UI로는 오토매틱1111, 컴피유아이 등이 있다. 이들 웹UI에서는 세부 제어를 위한 컨트롤넷이나 이미지를 동영상으로 변환하는 애니메이트디프와 같은 다양한 익스텐션도 쉽게 설치할 수 있다.

모델이 공개돼 있기 때문에 사용자들은 직접 전이학습을 수행하고 새로운 모델을 만들 수 있다. 심지어 웹UI에서도 자신만의 체크포인트,

로라, 하이퍼네트워크, 드림부스, 임베딩 등을 만드는 것을 지원하기도 한다. 사용자들은 자신들이 만든 미세 조정 모델이나 임베딩을 공유한다. 과거에는 이러한 AI 모델이 깃허브나 허깅페이스를 통해 개발자 중심으로 공유됐다. 그러나 지금은 시빗AI처럼 좀 더 대중화된 생성 AI 전문 플랫폼이 존재한다. 시빗AI에서는 체크포인트, 로라, 임베딩, 컨트롤넷, VAE, 하이퍼네트워크, 리코리스 등 다양한 모델과 임베딩을 쉽게 검색하고 다운로드 받을 수 있다. 각 모델과 임베딩을 활용해 이미지를 생성한 결과물도 사용자들이 업로드하고 다운로드 받을 수 있다.

앞서 언급했듯이 생성 AI는 일관성 있는 이미지를 생성하지 못한다는 비판이 있었다. 그러나 일관성은 정도의 문제일 수 있다. 체크포인트는 사실적, 몽환적, 만화 스타일과 같은 분위기의 일관성을 만든다. 로라는 지브리 스타일과 같이 특정 작품 수준의 일관성을 만들 수 있다. 컨트롤넷이나 임베딩을 활용하면 영상의 세부 표현을 제어할 수 있다. 시드 값을 가진 이미지의 경우 같은 시드 값을 갖는 영상 단위의 일관성

그림 14-1 체크포인트 모델인 ChilloutMix로 만든 이미지, 프롬프트, 초매개변수 공유 화면

출처 : https://civitai.com/posts/97216

을 어느 정도 확보할 수 있다.

사용자들은 플랫폼에서 모델 외에도 자신들이 생성한 이미지와 프롬프트, 초매개변수 설정 등을 공유한다. 다른 사용자들은 이런 모델과 임베딩을 다운로드 받아 개인 컴퓨터의 오토매틱1111의 하위 폴더에 저장한 뒤 다른 사람이 만든 프롬프트를 간단히 복사해 붙여넣기 하거나, 이를 수정해 자신만의 프롬프트를 입력하고 설정값을 실험하여 원하는 이미지를 만들 수 있다.

스테이블 디퓨전을 통해 만든 이미지는 다른 AI 도구나 영상 편집 도구와 함께 사용되기도 한다. 예를 들어 피카랩스, 런웨이 등은 I2V 기능을 제공한다. 사용자들은 이러한 서비스를 이용해 짧은 영상 쇼트를 만들고 프리미어와 같은 영상 편집기 등을 활용해 애니메이션이나 영화 예고편, 단편 영화 등을 만들기도 한다. 생성한 영상을 포토샵으로 편집해 품질을 높이거나 블렌더로 3D 모델링하기도 한다.

이렇게 생성된 영상물은 시빗AI보다 좀 더 대중적인 소셜 미디어 커뮤니티에서 공유될 수 있다. 페이스북 커뮤니티를 예로 들어보자. 사용자들은 '스테이블 디퓨전 코리아Stable Diffusion Korea', 'AI 크리에이터AI-creator', '컴퓌유아이 크리에이터 코리아ComfyUI Creators Korea' 등에서 웹툰, 웹소설, 게임, 영화, 디자인, 패션, 건축 등 다양한 분야의 스테이블 디퓨전을 비롯한 여러 생성 AI의 활용 방안을 테스트하고 사례를 공유한다.

5. 생성 AI에서 예술의 가능성, 잠재성, 초월성

이론적으로 생성 AI의 표현 가능성, 즉 생성 AI가 표현할 수 있는 영상의 가짓수를 계산해 보자. 디지털 영상은 기본적으로 직사각형 형태의 프레임에 정사각형 화소들이 들어 있는 형태이다. 하나의 화소는 빨강, 녹색, 파랑, 즉 RGB 값과 투명도 값을 갖는다. RGB와 투명도는 각각 0부터 255의 정수로 표현된다. 따라서 하나의 화소가 표현 가능한 색상 수는 256×256×256, 즉 16,777,216개이다. 이는 16비트 또는 3바이트에 해당한다. 여기에 투명도의 가짓수 256을 추가로 곱하면 4,294,967,296개의 표현이 가능하다.

해상도가 8K Full Format인 경우 화소 수는 8192×4320, 즉 35,389,440개에 달한다. 즉, 해상도가 8K Full Format인 영상의 가능한 형태는 '4,294,967,296×4,294,967,296'개나 된다. 게다가 이를 30프레임으로 이루어진 2시간(2×60×60)짜리 영화로 생각한다면 (256×4)×(8,192×4,320)×(30×7,200)개의 동영상이 가능하다. 물론 인간은 컴퓨터와 달리 256×3×64×64개의 영상을 RGB 단위, 화소 단위로 구분해 이미지를 생산하거나 소비하지 않지만 말이다.

이 수가 너무 크므로 최소한의 해상도를 64×64로 잡아보자. DALL-E2에서 64×64 저해상도로 작업한 뒤 업샘플러upsampler를 사용해 1024×1024로 확대한다는 점을 감안했다. 이조차도 이미지 1장의 표현 가능한 수는 64×64 해상도일 때 투명도를 고려하지 않는다고 해도 256×3×64×64개이다. 0이 10×464개 정도 있어야 하는 엄청난 수이다. 우주의 모든 원자 개수인 10×78을 아득히 넘어선다.

생성 AI가 64×64 해상도의 이미지 1장을 생성하는 것은 256×

3×64×64개의 이미지 중 한 장을 고르는 문제를 푼다는 것을 의미한다. 256×3×64×64개의 영상은 64×64 해상도의 디지털 컬러 영상이 갖는 가능성 전체이다. 즉, 예술가를 포함한 어떤 인간도 64×64 해상도의 디지털 컬러 영상이라는 조건 아래에서 영상을 표현할 때 이 가능성의 범위를 넘어가지 못한다. 반대로 컴퓨터는 주어진 해상도에서 가능한 컬러 값으로 모든 영상을 표현할 수 있다. 컴퓨터는 3바이트짜리 화소를 64×64번, 즉 4,096번을 순차적으로 찍어주는 연산만 하면 된다.

일반인의 표현 범위는 극히 제한적인 것이 사실이다. 그러나 표현 범위가 넓은 어떤 예술가라고 할지라도 조합 가능한 디지털 영상의 무한한 가능성과 비교하면 극도로 제한되고 편향되어 있으며 질서 정연하다. 예술작품을 포함한 하나의 영상은 가능한 무한한 영상 중 하나이다. 인간의 영상 창작 행위는 우주의 원자보다 훨씬 많은 무한에 가까운 영상의 가능성을 하나의 원자 같은 영상으로 차원 축소하는 것이다.

생성 AI가 일반인, 디자이너, 예술가의 창작 행위를 모사할 수 있는 이유는 인간 창작물이 가능성을 극도로 제한한 결과물이기 때문이다. 게다가 인간이 만든 영상은 컴퓨터가 이론적으로 계산했을 때 가장 일반적인 영상, 표준 가우스 잡음과도 거리가 멀다. 열역학적으로 표현하면 표준 가우스 잡음은 엔트로피가 높은 상태이며, 인간 창작물은 엔트로피가 극도로 낮은 상태이다. 예술작품은 인간 세계에서는 자유로 느껴질 수 있지만 영상의 우주 속에서는 극한의 질서를 표현한다.

스테이블 디퓨전과 같은 생성 AI가 잠재공간에 임베딩하는 것은 바로 이 극한의 질서이다. 생성 AI는 개별 작품의 이미지 임베딩을 수행한다. 이러한 임베딩을 잠재공간에 쌓는다. 잠재공간에 누적되는 것은 개별 작품들에 내재된 유형pattern이다. 이 유형은 개별 객체(예컨대 개나 고양이), 영상적 맥락(포즈나 표정 등), 배경(예컨대 미래 도시나 바다)일 수도 있고, 개별 작품일 수도 있으며, 작가의 화풍(예컨대 반 고흐 스타일이나 공각기동대 스타일)일 수도 있고, 장르적 스타일(예컨대 웹툰이나 실사 영상)일 수도 있다.

이러한 유형은 예술계가 구성하고 예술적 형태form로 선언한 것이다. 따라서 생성 AI가 잠재공간에 임베딩하는 것의 총체는 예술계의 화행이다. 때문에 생성 AI는 과거의 예술계를 학습하지만, 새로운 생성물을 예술작품의 후보로 인간 앞에 내놓을 수 있다. 그것을 예술로 받아들일지는 개인에 따라, 예술계에 따라, 심미적 공동체에 따라 다르겠지만 말이다.

생성 AI가 생성한 영상은 잠재공간에 배태된embedded 예술계의 여러 잠재태를 하나의 기표로 닻 내리기ankering하는 것으로 이해할 수 있다. 단, 영상 생성물은 다시 실재의 (대중)예술계로 포섭된다. 영상 생성물을 예술로 분류하고 평가하는 것은 예술계이기 때문이다. 또 그 생성물로 하나의 디자인, 웹툰, 애니메이션, 영화 등으로 분류하고 평가하는 것은 각각의 대중예술계이다.

생성 AI가 다루는 영상의 가능성은 무한에 가깝다. 그러나 생성 AI는 인간 예술계, 또는 대중예술계의 질서, 편향을 학습한다. 잠재공간에는 (대중)예술계의 잠재성이 임베딩된다. 스테이블 디퓨전은 디노이징을 통해 잠재공간에 배태된 (대중)예술계의 잠재성을 실현한다. 즉, 영상을 생성한다. 생성된 영상은 실재의 (대중)예술계에 의해 분류되고 평가된다.

그런데 생성 AI가 다루는 영상의 가능성이 (대중)예술계의 잠재성

potentiality보다 훨씬 크다면 이는 생성 AI가 궁극적으로 인간의 창작성을 초월하고 있음을 시사한다. 64×64 해상도에 RGB로 표현되는 프레임에서 인간의 초월성은 256×3×64×64개의 가능성 안에 내재된다. 인간의 잠재성은 과거이고 인간의 미래는 초월적이라고 해도, 이 초월성은 프레임 내 가능성 안에 존재한다. 어쩌면 질서를 그리는 인간을 궁극적으로 초월한 영상은 정작 엔트로피가 높은 표준 가우스 잡음일 수도 있다. 즉, 표준 가우스 잡음은 생성 AI의 레디 메이드일 수 있다. 반대로 아방가르드 예술에서 기존 예술계의 질서를 벗어나는 파격을 예술성의 핵심으로 평가한다는 점을 감안하면 인간에 의해 폐기되는 생성 AI의 부산물이야말로 파격성 면에서는 예술일 수도 있다.

어쩌면 생성 AI는 사회적 의미가 빠진 예술계 자체를 생성할 수 있을지도 모른다. 일종의 사고 실험을 해 보겠다. 과거에서 현재로 이어지는 예술계의 작품들을 입력값으로 넣으면 출력값으로 기존 예술계의 계보학을 계승하는 새로운 예술계에 속한 일련의 작품들을 생성할 수 있다고 하자. 이는 두 가지로 논의될 수 있다. 첫째, 생성 AI가 새롭게 생성한 예술계조차 재귀적으로 실재의 인간과 예술계의 분류적, 또는 평가적 인정을 받아야 할 수 있다. 둘째, 이러한 평가 이전에 AI는 자신들만의 예술계, 즉 인간 없는 예술계를 생성한다고 볼 수도 있다. 여기에는 두 가지 시나리오가 있다. 하나는 알파고 시나리오이다. 생성 AI가 구성하는 예술이 인간의 예술계를 뛰어넘는 것이다. 알파고 충격 이후 바둑계와 같다. 다른 하나는 매트릭스 시나리오다. 생성 AI가 인간의 분류와 평가를 무시하고 스스로 자신의 생성물을 분류하고 평가하는 것이다. 마치 알파고가 자기 자신과 바둑 대국을 두는 것과 같아 보이지만 AI가 구축한 비인간 예술계는 매트릭스에 더 가깝다.

이러한 상황에서 인간의 초월성은 예술계 자체를 초월하는 것이어야 한다. 예컨대 RGB를 발명하는 것이다. 흑백 영상이 가질 수 있는 가능성 자체가 컬러 영상에서 확장된다. 예컨대 프레임을 재창조하는 것이다. 해상도를 늘리는 것은 물론이고, 프레임을 붙이거나, 아예 직사각형의 프레임을 벗어나는 것이다. 고해상도, 웹툰, 조각, 대지예술로 확장한다. 멀티모달의 범주를 확장한다. 텍스트와 음성, 영상, 3D를 넘어서 행위action를 포괄한다. 즉, 퍼포먼스performance나 연기acting로 확장하는 것이다. 이러한 초월성은 다분히 기술적이고 매체 중심적으로 보인다. 다만 영상이 디지털화되어 함수로 표현되고 잠재공간에 임베딩되듯이 다른 모달리티도 임베딩될 수 있다면 그 순간 인간의 초월성은 즉시 가능성에 내재된 잠재성으로 포섭된다. 멀티모달 AI는 궁극적으로 motion2image와 같이 한 종류의 모달리티에서 다른 종류의 모달리티를 생성하는 AI를 의미한다.

6. 생성 AI의 가치 전환 : 창작성에서 심미적 경험으로

언뜻 생각하면 생성 AI는 예술작품을 창작하는 것이 아니라 도구로서 생산성을 증진시켜 준다고 생각할 수 있다(김재인, 2023, p. 173). 그러나 생산성 증진 자체는 특히 대중예술에서는 미학적으로 매우 중요하다. 대중예술에서의 생산성 증가를 수요, 공급 관점에서 생각하면 대중예술의 공급 과잉과 대중예술의 가치 하락으로 이어질 것으로 생각할 수 있다. 일종의 양질 전환을 기대할 수도 있다. 즉, 양이 늘면 양질의 작품 비중은 낮아져도 그 절대 숫자는 늘어날 수도 있다. 이는 다른 한편 대중문화의 양극화를 심화시킬 수도 있다.

그러나 이러한 전망은 여전히 생산과 소비를 분리하는 사고 방식일 수 있다. 생산성 향상은 작가들에게만 일어나는 것이 아니다. 오히려 감상자들에게 더 극적으로 일어날 수 있다. 예전에는 글을 쓰고 발행하는 것이 전문 작가의 책 출판을 통해서만 일어났다면 지금은 누구나 게시판을 통해 글을 올릴 수 있다. 그것이 멀티모달 생성 AI를 통해 영상으로 확대된다. 프로슈머, UGC와 같은 개념이 더욱 강화될 수 있다고 생각할 수도 있다. 그러나 이 역시 생산 중심, 작가 중심, 창작성 중심으로 대중예술을 이해하는 것일 수 있다. 누구나 생산할 수 있게 되면서 창작성은 흔해진다. 감상이 상대적으로 희소해진다. 여기서 미적 가치 전환이 일어난다. 작가의 창작성이 아니라 감상자의 심미적 경험이 더욱 중요해진다.

김재인은 창작보다 평가가 우선한다고 강조한다. 다만 그는 작가의 1차적 평가와 감상자의 2차적 평가를 구분한다. 작가는 창작 전에 세계를 민감한 감각으로 감상하고 평가한다. 이는 비평이며 비평이야말로 가치 창조의 원천이다(김재인, 2023, pp. 56~57).

그러나 생성 AI에서는 창작과 감상에서 두 가지 변화가 나타난다. 첫째, 감상자 역시 1차적 평가자가 된다. 사용자는 생성 AI를 사용할 때 감상 내지 평가를 하면서 창작한다. 생산하는 소비, 창작하는 감상이 사용자에게로 확대되는 것이다. 둘째, 감상과 창작의 순서가 뒤바뀐다. 창작 내지 생성이 감상보다 우선한다. 생성 AI의 감상자는 생성한 뒤 감상한다. 시빗AI의 사용자들은 생성 없이 다른 사람이 만든 생성물에만 감탄하는 것이 아니다. 그보다는 멋진 영상 생성물과 함께 공개된 프롬프트와 설정을 자신의 스테이블 디퓨전에 그대로 입력해 영상이 새롭게 생성되는 것에, 프롬프트를 변경했을 때 재생산되는 영상에 감탄한다.

더 나아가 어떻게 생성될지 모르는 희귀한 프롬프트 조합을 입력하고 그것이 실현되는 영상에 감탄한다. CAN이 생성한 영상을 선별하는 작업은 큐레이션으로서 작가가 개입하는 생산이 아니라 오히려 2차적 평가에 가까운 감상이다. 사실 생성 AI에서 작품을 완결하는 주체는 작가도 AI도 아니며 감상자이다. 감상과 창작이 같은 지평에 놓이게 된다. 작품 창작의 종결은 감상의 결과이다.

사용자들의 AI 생성물에는 작가주의적 순수예술의 창작성이 갖는 아우라가 없다. 그것이 반복 생성되는 무료 디지털 콘텐츠이다. AI 생성물의 원천은 자연이 아니라 다른 예술, 특히 대중예술이다. 스테이블 AI 생태계에서 사용자들은 헐리우드 영화나 일본 만화, KPOP 등 대중예술 작품 속에서 공유했던 일상의 심미적 경험을 참조하여 AI 모델을 이용해 반복하는 동시에 차이를 생성하고 그 생성을 감상한다.

AI 작품에서 중요한 것은 생성된 콘텐츠가 아니라 미세 조정된 모델이다. 이 모델이 중요한 것은 심미적 공동체를 만들기 때문이다. 이 커뮤니티에서 감상자들은 생성 AI를 이용해 손이 빠른 생산자가 된다. 커뮤니티에 업로드된 콘텐츠는 감상의 후보가 된다는 점에서 분류적 의미의 대중예술 작품이다. 콘텐츠는 물론 모델까지도 좋아요 수most liked나 화제성most discussed, 다운로드 수most downloaded, 저장된 수most collected, 그리고 별점으로 표기되는 종합 평점highest rated 등에 의해 평가된다.

전문가들은 작가주의적으로 자신이 프롬프트를 통해 입력하고자 했던 의도가 생성물에 제대로 반영됐는지로 생성 AI의 성능을 가늠할지 모른다. 일반인들도 고전주의적으로 생성물이 자신의 상식에 부합하게 재현됐는지에 주목할지 모른다. 매니아들은 생성 AI가 자신들이 보아온 웹툰이나 드라마, 영화 등 미디어를 반복했는지를 중시할 수도 있다. 그러나 또 다른 경우 사람들은 "청나라식 도자기로 만든 갑옷을 입은 여전사"와 자신이 상상하기 힘든 비현실적인 조합의 프롬프트에도 어떻게든 생성물을 내놓는 생성 AI를 통해 대중문화적 심미적 경험의 확장을 경험할 수도 있다. 생성된 영상에서 영감을 받아 추가적으로 프롬프트나 초매개변수를 수정하는 작업은 사후 큐레이션이 아니라 AI와 인간이 결합되어 무한한 대중문화의 가능성을 잠재성의 영역에서 채굴하는 재생산 과정일 수 있다. 생성 AI의 무한한 가능성 앞에서 중요한 것은 잠재공간에서 제로샷으로 새로운 텍스트 임베딩-이미지 임베딩 조합을 만들어 감상하는 감상자의 생산 능력이다.

스테이블 디퓨전과 같은 생성 AI는 디지털 영상에서 무한에 가까운 가능성을 갖고 있다. 인간 창작성은 설사 뛰어난 예술가라고 하더라도 이 가능성을 넘어설 수 없다. 생성 AI의 가능성은 인간의 창작성을 처음부터 초월한다. 생성 AI는 인간 창작성을 잠재공간에 임베딩하면서 무한한 가능성을 극도로 제한하는 방식으로 학습한다.

그러나 이것이 인간 창작성의 종말을 의미하는 것은 아니다. 대신 생성 AI는 작가 중심의 창작성에서 감상자 중심의 심미적 경험으로 미적 가치의 전환을 이뤄낸다. 프래그마티즘 미학에서 일상의 심미적 경험을 공유하는 공동체는 현대적인 예술계로 존재할 수 있다. 스테이블 디퓨전 생태계는 하나의 대중예술계로 간주할 수 있다. 이 예술계를 구성하는 토대는 생성된 콘텐츠가 아니라 스테이블 디퓨전이라는 기반 모델, 체크포인트, 로라 등 다양한 미세 조정 모델과 임베딩, 이를 활용할 수 있는 오토매틱1111과 같은 웹UI 도구, 시빗AI와 같은 모델과 프롬프트와 콘텐츠를 공유하고 소통하는 플랫폼이다. 모델과 콘텐츠는 별점 등이 집계되어 평가된다. 사용자들은 생성 AI를 통해 작가 중심적 창작성이 아닌 감상자 중심적 심미적 경험을 대중예술계에 순환시킨다. 시빗AI의 사용자들은 자신들의 대중예술 감상 경험을 참조하는 로라 모델을 사용하여 또 다른 대중예술을 생성한다. 과거에 사용자들은 감상만 했다면 생성 AI의 사용자들은 생성하면서 감상한다.

이 장은 미디어 AI에서 XAI를 기반으로 사실성에서 투명성으로, 신뢰할 수 있는 AI 기반 공정성에서 다양성으로의 전환에 이어 생성 AI의 창작성에서 심미적 경험으로의 가치 전환을 논하고, 사용 커뮤니티 중심의 가치 통합을 모색하는 연구의 일부로서 의의를 갖는다(박대민, 2023a ; 박대민, 2023b). 다만 이 장은 저작권 등 AI의 창작성에 대한 법적 논란을 검토하지 않았다는 한계가 있다. 생성 AI가 미학적으로 무한한 창작의 가능성을 내재하고 있으며, 그 가능성이 인간의 창작성을 초월한다고 하더라도, 인간은 예술계나 사법 체계와 같은 제도를 통해 AI의 창작성을 제한적으로만 인정하기로 결정할 수 있다. 생성 AI에게 법인격을 부여해 저작권을 부여한다거나, 반대로 저작권자는 인간만이 가능하다거나, 사용자가 생성 AI를 활용해 만든 생성물의 저작권을 인정할지 등의 문제는 미학적 검토 외에 저작권의 관점에서 별도로 깊이 있게 논의되어야 한다.

CHAPTER 15

나가며 :
일반 인공지능과
미디어 인공지능

먼저 책의 내용을 간단히 요약해 보자. 이 책에서는 컴퓨터 비전과 인공지능의 개념부터 판별 모델과 생성 모델, 방송 동영상을 활용한 학습데이터 구축과 방송 분야에 적용 가능한 과업별 모델, 활용 사례, 그리고 미디어 인공지능에서의 XAI, TAI, 생성 AI의 의의까지 간략히 살펴보았다. 방송 동영상을 비롯한 미디어 콘텐츠는 판별 모델은 물론 생성 모델의 AI 학습데이터의 원천 데이터로 효용성이 높다. 특히 컴퓨터 비전 분야의 판별 모델은 방송 동영상의 내용 분석과 검색, 편집, 요약 등 다양한 과업에 유용하게 쓰일 수 있다. 멀티모달 AI로 발전 중인 생성 모델은 미디어 분야의 창작 가능성을 무한하게 확장시켜 줄 것이다. 다만 신뢰성이 중요한 미디어 분야에서의 미디어 AI는 XAI와 TAI의 방법론을 적용해 개발되고 운영되어야 할 것이다.

이 책은 AI에 대한 사전 지식이 없는 인문사회 분야 학부생, AI에 대한 비판 연구자를 포함한 미디어 커뮤니케이션학 연구자, 그리고 기자와 PD 등 미디어 분야의 비공학계 실무자가 AI에 대한 기본 지식을 시작으로 멀티모달 AI까지 살펴볼 수 있는 최단 경로를 따라 작성되었다. 리뷰 논문처럼 다양한 모델을 살펴보기보다는 그러한 다양한 모델을 이해하는 데 근간이 될 수 있는 핵심 모델을 중심으로 소개했다. 수많은 AI 서비스 사례가 쏟아지고 있지만 상당수는 후속 서비스에 의해 통합되고 사라질 가능성이 크다. 따라서 이 책에서는 최초 서비스로서 의미가 있거나, 시장 지배력을 갖춘 서비스로 5년 이상 지속될 것으로 예상되는 서비스를 중심으로 소개했다. 사실 초고 작성부터 1차 편집까지의 3개월 동안에도 하루가 다르게 최신 모델이 등장해 기존 SOTA를 대체하고 있다. 따라서 최신 모델은 연구자가 관심사 중심으로 AI 분야 주요 학회나 arXiv와 같은 학술DB, 페이퍼스위드코드닷컴과 같은 연구 포털,

각종 연구 커뮤니티 등을 팔로우하면서 직접 찾아보길 권한다. 다만 이 책에 소개된 모델에 대한 지식이 있다면 인문사회계 연구자라고 할지라도 각 연구의 목적이나 토대 및 한계 등을 어느 정도는 이해할 수 있을 것으로 기대한다.

다음으로 이 책에서 충분히 다루지 못한 내용이지만 미디어 AI에서 중요한 주제들을 언급하고 그 전망을 간략히 기술하겠다. 먼저 이 책에는 자연어처리와 음성처리 분야의 AI에 대한 설명이 빠져있다. 예컨대 BERT나 챗GPT 등 트랜스포머 관련 모델에 대한 설명은 제외했다. 다행히 텍스트 분야의 AI에 대한 저서는 국내 저자가 쓴 좋은 단행본이 적지 않다. 인문사회계에서도 미디어 커뮤니케이션학을 포함해 디지털 인문학이나 언어학, 경영학, 정치학 등 다양한 분과에서 연구가 진행 중이다. 다만 음성 관련 연구는 언어학을 제외하면 상대적으로 연구가 부족하다. 미디어 분야에서 컴퓨터공학이나 언어학을 전공하지 않은 이들도 AI를 이해하고 활용할 수 있도록 도와주는 개론서가 나오길 기대한다.

10장에서는 방송 동영상을 중심으로 미디어 콘텐츠를 AI 학습데이터로 구축한 사례를 소개했다. 그러나 미디어 콘텐츠를 AI 학습데이터로 가공할 때 라벨링이나 데이터 품질과 같은 기술적 측면 이상으로 중요한 문제가 저작권이다. 저작권 문제는 크게 ① AI 학습데이터 구축 시 수집한 원천 데이터의 저작권 문제와 ② 생성 AI를 활용한 생성물의 저작권 문제로 유형화할 수 있다. 지도학습 방식이든 비지도학습 방식이든, 판별 모델이든 생성 모델이든, AI 개발에는 학습데이터가 필요하다. 특히 비지도학습 기반 생성 AI는 지도학습 기반 판별 모델처럼 수작업으로 라벨링할 필요는 없지만 오히려 더 큰 규모의 학습을 위해 더 많은 학습데이터를 필요로 한다. 뉴스와 같은 미디어 콘텐츠는 양이 많고 다양성이나 최신성이 뛰어나 챗GPT와 같은 LLM의 학습데이터로 널리 사용된다(Kim, et al., 2021). 뿐만 아니라 카페, 블로그, 소셜 미디어, 위키피디아 등을 학습할 때도 실제로는 뉴스 기사 내용이 포함될 가능성이 크다. 언론사는 뉴스 기사, 방송 동영상과 같은 자사의 저작물을 생성 AI 개발사가 무단으로 AI 학습데이터로 사용하는 것을 저작권 침해로 간주한다(한국신문협회, 2023. 8. 22). 반면 AI 개발사 입장에서는 매우 많은 AI 학습데이터가 필요한 만큼 별도 보상을 할 경우 비용이 부담스러울 수 있다. 개발사가 양질의 원천 데이터를 직접 구축하기에는 비용이 너무 많이 든다. 무단 크롤링인 경우 불법적이므로 신뢰성의 합법성 요건을 충족하지 못한다. 개발사들이 기존 미디어 서비스 약관을 AI 학습데이터 활용에 확대 적용하거나, 상용 서비스에서 연구 단계를 구분해 모델 개발을 연구 목적의 공정 이용으로 주장하거나, 법 개정을 통해 TDMtext and datamining 예외를 인정하는 것 등이 지나치게 개발자 이익만을 보호하며 미디어 창작자의 권리를 침해한다. 언론사 등 창작자들은 구 약관 적용이나 공정 이용 등이 실은 무단 크롤링에 가까우며 TDM 예외는 인정할 수 없다는 입장이다. 미디어 AI는 결국 양질의 콘텐츠 제작에 도움을 주어야 한다. 즉, 언론사 등 미디어 창작자가 지속적으로 양질의 콘텐츠를 생산하고, 이를 더 좋은 미디어 AI 개발에 활용하며, 개발된 미디어 AI가 우수 콘텐츠 제작의 효율성을 높이는 선순환을 마련하기 위해서는 적절한 보상 체계가 마련되어야 한다. 미디어 AI가 미디어 창작자의 경제적 토대를 침해한다면 최신성 있는 좋은 내용의 학습데이터도 미디어 AI의 미래도 없다.

12장과 13장에서는 미디어 AI에서 XAI와 TAI의 중요성을 강조했다. 미디어 AI의 신뢰성을 훼손하는 대표적인 문제는 환각과 딥페이크다. 환각은 주로 텍스트 생성 AI에서, 딥페이크는 컴퓨터 비전 분야의 생성 AI에서 문제가 된다. 이에 대한 근본적인 기술적 해법은 아직 연구 중이다. 기술적 접근 외에 루프 속 인간을 체계적으로 결합하는 것도 필요하다. 이는 미디어 분야가 전면적인 AIX를 진행하는 과정에서 구체화될 수 있을 것이다.

환각이나 딥페이크와 같은 문제는 생성 AI의 생성물이 실재 세계에 대한 지식에 전적으로 근거하지 않기 때문일 수 있다. 예컨대 환각이란 정신의학적으로 감각 기관의 자극이 없었는데도 자극이 실제로 있는 것처럼 잘못 지각하는 증상을 뜻한다(Montagnese, et al., 2021). 생성 AI도 이러한 문제를 갖고 있다는 것이다. 딥페이크도 결국에는 실제로 일어나지 않은 일을 일어난 일처럼 영상으로 보여주는 일종의 시각적 환각 문제이다.

이에 대한 해법은 기존 생성 AI의 틀을 유지하고 개선하려는 방식과 새로운 틀로 대체하려는 방식으로 나누어진다. 전자의 예로는 오픈AI를 들 수 있다. 예컨대 GPT-4와 같이 데이터를 추가 학습하거나(GPT-4), 소라와 같이 물리 세계를 이해하는 멀티모달 AI를 개발하는 식이다. 후자의 예로는 AI 4대 천왕이자 메타의 AI 개발을 총괄하는 얀 르쿤을 들 수 있다. 그는 자기회귀auto-regression 방식의 LLM을 비판하고 AI가 인간처럼 감각을 통해 세계를 직접 관측해 학습하는 월드 모델world model을 제안한다(LeCun, 2023).

효율 문제도 있다. 우선 생성 AI는 비교적 짧고 간단한 글을 쓰기 위해 백과사전과 수많은 책과 글을 통해 많게는 조 단위로 추정되는 수의 매개변수를 학습하지만, 인간은 그보다 훨씬 적은 글만 읽어도 긴 글을 어려움 없이 쓴다. 에너지 사용량도 큰 차이가 난다. 챗GPT와 같은

LLM은 학습과 운영에 막대한 에너지를 사용한다(de Vries, 2023). 반면 인간은 사고와 운동에 성인 남성 1일 권장 칼로리 기준 하루 2,400칼로리의 에너지만 소비할 정도로 효율적이다. 딥러닝의 인공신경망은 인간 신경망과 닮은 것처럼 보이지만 실제로는 큰 차이가 있는 것이다.

이러한 논란에도 AI는 궁극적으로 AGI를 향해 나아가고 있다. AGI는 다양한 과업을 수행하는 AI를 뜻한다. 즉, 이상적인 AGI는 원 모델 one model이 다양한 기능을 하는 모델로 만들어진 것이다. 이런 원 모델 AGI의 조건은 다음과 같은 것을 생각할 수 있다. 첫째, 하나의 모델이 판별 모델이자 생성 모델로 작동할 수 있어야 한다. 지금의 생성 AI는 고양이 그림을 잘 생성할 수 있지만, 생성한 그림에서 고양이 부분을 탐지하라고 하면 어려움을 겪는다. 즉, 탐지할 때는 다른 판별 모델을 사용해야 하는 것이다. 둘째, 하나의 모델이 텍스트와 음성, 영상 등을 모두 처리할 수 있어야 한다. 즉, 서로 다른 모드의 데이터가 하나의 데이터 형식으로 표현될 수 있고 임베딩될 수 있어야 한다. 셋째, 해당 모델이 감각 기관과 결합되어야 한다. 이는 멀티모달 AI가 감각 센서를 가진 로봇과 결합되어야 한다는 것을 의미한다. 인간 능력을 모방하는 AI라면 인간과 동일한 감각을 가진 로봇과 결합된 AI여야 한다. 즉, AGI는 감각을 바탕으로 물리 세계 내지 실재를 시뮬레이션하는 안드로이드android, 궁극적으로 휴머노이드 형태로 개발될 것이다.

이러한 AGI는 어쩌면 경험에 따라 AI마다 다른 개성character을 갖는 AI가 될 수 있다. 그렇다면 AI에게 권리와 책임, 자유를 부과할 수 있을까? 현재의 AI는 개성을 축소하더라도 이성적으로나 윤리적으로나 완전한, 사실상 하나의 이상적인 AI를 지향한다. 그러나 개성을 가진 AI는 관점을 가진 AI, 그리고 관점에 따라 지향하는 가치가 다른 AI가 될 수도 있다. 그렇다면 이러한 복수의 AI들을 어떻게 통치할 것인지가 문제가 된다. 철학적 수준을 넘어서 구체적인 법과 영역에서 포스트 휴먼 사회post-human society를 고민해야 하는 것이다. 포스트 휴먼 사회는 인간과 AI가 대등한 주체로 간주되는 사회로 논의되는 경향이 있었다. 일종의 존재론적 접근이다. 그러나 그 이상으로 중요한 것은 판별과 생성, 감각과 미디어, 실재와 매개 간의 인식론적 문제일 수 있다. 인간이라는 실재적 존재와 매개된 존재이자 제3의 자연인 AI 간의 통합 측면에서 AGI를 향한 미디어 AI에 대한 고민이 필요할 수 있다.

2장 인공지능과 컴퓨터 비전

김종현(2022). 〈디지털 논리회로 : 이론 및 실험〉. 서울 : 생능출판.

박대민(2022). 미디어 인공지능 : 컴퓨터 비전 분야 딥러닝 모델의 미디어 동영상 적용 가능성에 관한 연구. 〈커뮤니케이션이론〉. 18권 1호, 111-154.

이희석(2016). 〈영상 처리 프로그래밍 기초 알고리즘부터 라이브러리 활용까지 영상 처리 프로그래밍〉. 부천 : 프리렉.

황선규(2019). 〈OpenCV 4로 배우는 컴퓨터 비전과 머신 러닝〉. 서울 : 길벗.

Block, N. (1981). Psychologism and behaviorism. *The Philosophical Review, 90(1)*, 5-43.

Copeland, J. (1993). *Artificial Intelligence : A Philosophical Introduction*. 박영대 역(2020). 〈계산하는 기계는 생각하는 기계가 될 수 있을까?〉 서울 : 에디토리얼.

Foster, D. (2022). *Generative deep learning*. 박해선 역(2023). 〈만들면서 배우는 생성 AI〉. 서울 : 한빛미디어,

Grewe, L., & Overell, W. (2017. 5). Road following for blindBike : an assistive bike navigation system for low vision persons. In Signal Processing, Sensor/Information Fusion, and Target Recognition

XXVI (Vol. 10200, pp. 292 - 306). SPIE.

Jones, C., & Bergen, B. (2023). Does GPT-4 Pass the Turing Test?. *arXiv preprint arXiv:2310.20216*.

Kamath U., Liu J., Whitaker J. (2019) Introduction. In : Deep Learning for NLP and Speech Recognition. Springer, Cham.

Khan, A. I., & Al-Habsi, S. (2020). Machine learning in computer vision. *Procedia Computer science*, *167*, 1444-1451.

LeCun, Y., Bengio, Y., & Hinton, G. (2015). Deep learning. *Nature*, *521(7553)*, 436-444.

Rosenblatt, F. (1958). The perceptron : a probabilistic model for information storage and organization in the brain. *Psychological Review*, *65(6)*, 386.

Russell, S. J., & Norvig, P. (2009). *Artificial intelligence : a modern approach*. 류광 역(2021). 〈인공지능 : 현대적 접근방식〉. 파주 : 제이펍

Searle, J. R. (1982). The Chinese room revisited. *Behavioral and brain sciences*, *5(2)*, 345-348.

Shannon, C. E. (1948). A mathematical theory of communication. *The Bell system technical journal*, *27(3)*, 379-423.

Turing, A. (1950). Computing machinery and intelligence. *Mind : A qaurterly Review of Psychology and Philosophy*, *59(236)*, 433-460.

Von Neumann, J. (1958). *The computer and the brain*. New Haven, CT : Yale University Press.

Uchida, S. (2013). Image processing and recognition for biological images. *Development, growth & differentiation*, *55(4)*, 523-549.

3장 인공지능 학습데이터

박서희 · 전준철(2017). 인간 행위 인식을 위한 비전 기반 인간 자세 추정에 관한 연구. 〈인터넷정보학회지〉, 18권 2호, 19-25.

이희석(2016). 〈영상 처리 프로그래밍 기초 알고리즘부터 라이브러리 활용까지 영상 처리 프로그래밍〉. 부천 : 프리렉.

한국지능정보사회진흥원(2022. 2a). 〈인공지능 학습용 데이터 품질관리 가이드라인 v2.0 : 품질관리 안내서〉. 서울 : 한국지능정보사회진흥원.

Abu-El-Haija, S., Kothari, N., Lee, J., Natsev, P., Toderici, G., Varadarajan, B., & Vijayanarasimhan, S. (2016). Youtube-8m : A large-scale video classification benchmark. *arXiv preprint arXiv:1609.08675.*

Carreira, J., Noland, E., Hillier, C., & Zisserman, A. (2019). A short note on the kinetics-700 human action dataset. *arXiv preprint arXiv:1907.06987.*

Carreira, J., Noland, E., Banki-Horvath, A., Hillier, C., & Zisserman, A. (2018). A short note about kinetics-600. *arXiv preprint arXiv:1808.01340.*

Chollet, F. (2017). *Deep learning with Python.* Simon and Schuster. 박해선 역(2018). 〈케라스 창시자에게 배우는 딥러닝〉. 서울 : 길벗.

Deng, J., Dong, W., Socher, R., Li, L. J., Li, K., & Fei-Fei, L. (2009, 6). Imagene : A large-scale hierarchical image database. In *2009 IEEE conference on computer vision and pattern recognition* (pp. 248 - 255).

Hardt, M., & Recht, B. (2021). Patterns, predictions, and actions : A story about machine learning. *arXiv preprint arXiv:2102.05242.*

Huang, G. B., Mattar, M., Berg, T., & Learned-Miller, E. (2008. 10). Labeled faces in the wild : A database forstudying face recognition in unconstrained environments. In *Workshop on faces in'Real–Life'Images : detection, alignment, and recognition.*

Kay, W., Carreira, J., Simonyan, K., Zhang, B., Hillier, C., Vijayanarasimhan, S., Viola, F., Green, T., Back, T., Natsev, P., Suleyman, M., & Zisserman, A. (2017). The kinetics human action video dataset. *arXiv preprint arXiv:1705.06950.*

Leal-Taixé, L., Milan, A., Reid, I., Roth, S., & Schindler, K. (2015). Motchallenge 2015 : Towards a benchmark for multi-target tracking. *arXiv preprint arXiv:1504.01942.*

Lin, T. Y., Maire, M., Belongie, S., Bourdev, L., Girshick, R., Hays, J., Perona, P., Ramanan, D., C. Zitnick, L,. & Dollár, P. (2014). Microsoft COCO : Common objects in context. arXiv 2014. *arXiv preprint arXiv:1405.0312.*

Mollahosseini, A., Hasani, B., & Mahoor, M. H. (2017). Affectnet : A database for facial expression, valence, and arousal computing in the wild. *IEEE Transactions on Affective Computing, 10(1)*, 18-31.

Song, Y., Vallmitjana, J., Stent, A., & Jaimes, A. (2015). TvSum : Summarizing web videos using titles. In Proceedings of the IEEE conference on computer vision and pattern recognition (pp. 5179-5187).

Zhang, Y., Wang, C., Wang, X., Zeng, W., & Liu, W. (2020). A simple baseline for multi-object tracking. *arXiv preprint arX-*

iv:2004.01888, 3(4), 6.

4장 인공신경망의 대두와 발전

조태호(2020). 〈모두의 딥러닝〉. 서울 : 길벗.

斎藤康毅 (2017). 〈ゼロから作るDEEP LEARNING PYTHONで學ぶディープラーニングの理論と實裝〉. 개앞맵시 역(2017). 〈밑바닥부터 시작하는 딥러닝〉. 서울 : 한빛미디어.

Agarap, A. F. (2018). Deep learning using rectified linear units(relu). *arXiv preprint arXiv:1803.08375.*

Hochreiter, S. (1998). The vanishing gradient problem during learning recurrent neural nets and problem solutions. *International Journal of Uncertainty, Fuzziness and Knowledge–Based Systems*, *6(02)*, 107–116.

Minsky, M. & Papert, S. (1969). *Perceptrons*. Cambridge, Massachusetts : The MIT Press.

Nair, V., & Hinton, G. E. (2010. 1). *Rectified linear units improve restricted boltzmann machines*. Paper presented at the Icml.

Rosenblatt, F. (1958). The perceptron : a probabilistic model for information storage and organization in the brain. *Psychological Review*, *65(6)*, 386.

Rumelhart, D. E., Hinton, G. E., & Williams, R. J. (1986). Learning representations by back–propagating errors. *Nature*, *323(6088)*, 533–536.

Bewley, A., Ge, Z., Ott, L., Ramos, F., & Upcroft, B. (2016. 9). *Simple online and realtime tracking*. Paper presented at 2016 IEEE international conference on image processing(ICIP).

Girshick, R. (2015). *Fast R-CNN*. Paper presented at the IEEE international conference on computer vision.

Girshick, R., Donahue, J., Darrell, T., & Malik, J. (2014). *Rich feature hierarchies for accurate object detection and semantic segmentation*. Paper presented at the IEEE conference on computer vision and pattern recognition.

He, K., Gkioxari, G., Dollár, P., & Girshick, R. (2017). *Mask R-CNN*. Paper presented at the IEEE international conference on computer vision.

He, K., Zhang, X., Ren, S., & Sun, J. (2016). *Deep residual learning for image recognition*. Paper presented at the IEEE conference on computer vision and pattern recognition.

Hubel, D. H., & Wiesel, T. N. (1959). Receptive fields of single neurones in the cat's striate cortex. *The Journal of Physiology*, *148(3)*, 574-591.

Hussain, M. (2023). YOLO-v1 to YOLO-v8, the rise of YOLO and its complementary nature toward digital manufacturing and industrial defect detection. *Machines*, *11(7)*, 677.

Hussain, M., Bird, J. J., & Faria, D. R. (2019). A study on cnn transfer learning for image classification. In *Advances in Computational*

Intelligence Systems : Contributions Presented at the 18th UK Workshop on Computational Intelligence, September 5-7, 2018, Nottingham, UK (pp. 191 - 202). Springer International Publishing.

Krizhevsky, A., Sutskever, I., & Hinton, G. E. (2012). Imagenet classification with deep convolutional neural networks. *Advances in Neural Information Processing Systems*, *25*, 1097-1105.

Lee, H., Grosse, R., Ranganath, R., & Ng, A. Y. (2011). Unsupervised learning of hierarchical representations with convolutional deep belief networks. *Communications of the ACM, 54(10)*, 95-103.

Lin, T. Y., Dollár, P., Girshick, R., He, K., Hariharan, B., & Belongie, S. (2017). *Feature pyramid networks for object detection*. Paper presented at the IEEE conference on computer vision and pattern recognition.

Liu, W., Anguelov, D., Erhan, D., Szegedy, C., Reed, S., Fu, C. Y., & Berg, A. C. (2016. 10). *SSD : Single shot multibox detector*. Paper presented at the European conference on computer vision.

Redmon, J., Divvala, S., Girshick, R., & Farhadi, A. (2016). You only look once : Unified, real-time object detection. In proceedings of the IEEE conference on computer vision and pattern recognition (pp. 779-788).

Redmon, J., & Farhadi, A. (2018). Yolov3 : An incremental improvement. *arXiv preprint arXiv:1804.02767*.

Ren, S., He, K., Girshick, R., & Sun, J. (2015). Faster R-CNN : Towards real-time object detection with region proposal networks. *Advances in Neural Information Processing Systems*, *28*, 91-99.

Simonyan, K., & Zisserman, A. (2014). Very deep convolutional networks for large-scale image recognition. *arXiv preprint arXiv:1409.1556*.

Szegedy, C., Liu, W., Jia, Y., Sermanet, P., Reed, S., Anguelov, D., Erhan, D., Vanhoucke,V., & Rabinovich, A. (2015). *Going deeper with convolutions*. Paper presented at the IEEE conference on computer vision and pattern recognition.

Uijlings, J. R., Van De Sande, K. E., Gevers, T., & Smeulders, A. W. (2013). Selective search for object recognition. *International journal of computer vision*, *104*, 154-171.

Tan, M., Pang, R., & Le, Q. V. (2020). *EfficientDet : Scalable and efficient object detection*. Paper presented at the IEEE/CVF conference on computer vision and pattern recognition.

Wang, C. Y., Yeh, I. H., & Liao, H. Y. M. (2024). YOLOv9 : Learning What You Want to Learn Using Programmable Gradient Information. *arXiv preprint arXiv:2402.13616*.

Wang, Z., Zheng, L., Liu, Y., Li, Y., & Wang, S. (2020. 8). *Towards real-time multi-object tracking. Paper presented at the computer vision-ECCV 2020 : 16th European conference, Glasgow, UK*.

Zhang, Y., Wang, C., Wang, X., Zeng, W., & Liu, W. (2020). A simple baseline for multi-object tracking. *arXiv preprint arXiv:2004.01888*, *3(4)*, 6.

Zhang, Y., Wang, C., Wang, X., Zeng, W., & Liu, W. (2021). FairMOT : On the fairness of detection and re-identification in multiple object tracking. *International Journal of Computer Vision*, *129(11)*,

3069-3087.

6장 생성 모델 : 순환신경망, 적대적 생성신경망, 오토인코더

我妻幸長 (2020). はじめてのディープラーニング 2 : Pythonで実装する再帰型ニューラルネットワークとVAE `GAN. SBクリエイティブ. 최재원·장건희 역(2020). 〈핵심 딥러닝 입문 : RNN, LSTM, GRU, VAE, GAN 구현〉. 안양 : 책만.

Chen, W., & Hays, J. (2018). *Sketchygan : Towards diverse and realistic sketch to image synthesis. Paper presented at the IEEE Conference on Computer Vision and Pattern Recognition.*

Cho, K., Van Merriënboer, B., Gulcehre, C., Bahdanau, D., Bougares, F., Schwenk, H., & Bengio, Y. (2014). Learning phrase representations using RNN encoder-decoder for statistical machine translation. *arXiv preprint arXiv:1406.1078.*

Foster, D. (2022). *Generative deep learning*. 박해선 역(2023). 〈만들면서 배우는 생성 AI〉. 서울 : 한빛미디어.

Goodfellow, I., Bengio, Y., & Courville, A. (2016). *Deep learning*. Cambridge, Massachusetts : The MIT Press.

Goodfellow, I., Pouget-Abadie, J., Mirza, M., Xu, B., Warde-Farley, D., Ozair, S., Courville, A., & Bengio, Y. (2014). Generative adversarial nets. *Advances in Neural Information Processing Systems, 27.*

Gregor, K., Danihelka, I., Graves, A., Rezende, D., & Wierstra, D. (2015. 6). Draw : A recurrent neural network for image generation. In International conference on machine learning (pp. 1462-1471).

PMLR.

Hinton, G. E., & Salakhutdinov, R. R. (2006). Reducing the dimensionality of data with neural networks. *Science, 313(5786)*, 504-507.

Hochreiter, S., & Schmidhuber, J. (1997). Long short-term memory. *Neural Computation, 9(8)*, 1735-1780.

Kingma, D. P., & Welling, M. (2013). Auto-encoding variational bayes. *arXiv preprint arXiv:1312.6114*.

Ng, J., Hausknecht, M., Vijayanarasimhan, S., Vinyals, O., Monga, R., & Toderici, G. (2015). *Beyond short snippets : Deep networks for video classification*. Paper presented at the IEEE conference on computer vision and pattern recognition.

Radford, A., Metz, L., & Chintala, S. (2015). Unsupervised representation learning with deep convolutional generative adversarial networks. *arXiv preprint arXiv:1511.06434*.

Rumelhart, D. E., Hinton, G. E., & Williams, R. J. (1986). Learning representations by back-propagating errors. *Nature, 323(6088)*, 533-536.

Schuster, M., & Paliwal, K. K. (1997). Bidirectional recurrent neural networks. *IEEE Transactions on Signal Processing, 45(11)*, 2673-2681.

Shorten, C., & Khoshgoftaar, T. M. (2019). A survey on image data augmentation for deep learning. *Journal of Big Data, 6(1)*, 1-48.

Thanh-Tung, H., & Tran, T. (2020, July). Catastrophic forgetting and mode collapse in GANs. In *2020 international joint conference on neural networks(JJCNN)* (pp. 1 - 10). IEEE.

Zhu, J. Y., Park, T., Isola, P., & Efros, A. A. (2017). Unpaired image-to-image translation using cycle-consistent adversarial networks. In *Proceedings of the IEEE international conference on computer vision* (pp. 2223-2232).

7장 전이학습, 멀티모달 인공지능

박대민(2014). 하버마스, 루만, 들뢰즈, 가타리의 이론을 통한 일반 대중매체 체계이론의 제안. 〈한국언론정보학보〉, 67호, 119-151.

Bengio, Y. (2012. 6). Deep learning of representations for unsupervised and transfer learning. In Proceedings of ICML workshop on unsupervised and transfer learning (pp. 17-36). *JMLR Workshop and Conference Proceedings*.

Caruana, R., Silver, D. L., Baxter, J., Mitchell, T. M., Pratt, L. Y. & Thrun, S. (1995. 12). *Learning to learn : Knowledge consolidation and transfer in inductive systems*. Paper presented at NIPS-95, Vail, CO.

Dong, R., Chang, Q., & Ikuno, S. (2021). A deep learning framework for realistic robot motion generation. *Neural Computing and Applications*, 1-14.

Foster, D. (2022). *Generative deep learning*. 박해선 역(2023). 〈만들면서 배우는 생성 AI〉. 서울 : 한빛미디어.

Gal, R., Alaluf, Y., Atzmon, Y., Patashnik, O., Bermano, A. H., Chechik, G., & Cohen-Or, D. (2022). An image is worth one word : Personalizing text-to-image generation using textual inversion.

arXiv preprint arXiv:2208.01618.

Ha, D., Dai, A. M., & Le, Q. V. (2017. 4). "Hypernetworks," in 5th International Conference on Learning Representations, ICLR 2017. In Conference Track Proceedings, OpenReview. net (pp. 24-26).

Ho, J., Jain, A., & Abbeel, P. (2020). Denoising diffusion probabilistic models. Advances in neural information processing systems, *33*, 6840-6851.

Hu, E. J., Shen, Y., Wallis, P., Allen-Zhu, Z., Li, Y., Wang, S., Wang, L., & Chen, W. (2021). Lora : Low-rank adaptation of large language models. *arXiv preprint arXiv:2106.09685*.

Huh, M., Agrawal, P., & Efros, A. A. (2016). What makes ImageNet good for transfer learning?. *arXiv preprint arXiv:1608.08614*.

Lee, B. K., Mayhew, E. J., Sanchez-Lengeling, B., Wei, J. N., Qian, W. W., Little, K., Andres, M., Nguyen, B. B., Moloy, T., Parker, J. K., Gerkin, R. C., Mainland, J. D., & Wiltschko, A. B. (2022). A principal odor map unifies diverse tasks in human olfactory perception. BioRxiv, 2022-09.

Luo, S., Tan, Y., Patil, S., Gu, D., von Platen, P., Passos, A., Huang, L.. & Zhao, H. (2023). Lcm-lora : A universal stable-diffusion acceleration module. *arXiv preprint arXiv:2311.05556*.

Nichol, A., Dhariwal, P., Ramesh, A., Shyam, P., Mishkin, P., McGrew, B., Sutskever, I. & Chen, M. (2021). Glide : Towards photorealistic image generation and editing with text-guided diffusion models. *arXiv preprint arXiv:2112.10741*.

Radford, A., Kim, J. W., Hallacy, C., Ramesh, A., Goh, G., Agarwal, S., ...

& Sutskever, I. (2021. 7). Learning transferable visual models from natural language supervision. In International conference on machine learning (pp. 8748–8763). PMLR.

Ramesh, A., Dhariwal, P., Nichol, A., Chu, C., & Chen, M. (2022). Hierarchical text-conditional image generation with clip latents. *arXiv preprint arXiv:2204.06125, 1(2)*, 3.

Ronneberger, O., Fischer, P., & Brox, T. (2015). U-net : Convolutional networks for biomedical image segmentation. In Medical Image Computing and Computer-Assisted Intervention-MICCAI 2015: 18th International Conference, Munich, Germany, October 5-9, 2015, Proceedings, Part III 18 (pp. 234–241). Springer International Publishing.Pan, S. J., & Yang, Q. (2009). A survey on transfer learning. *IEEE transactions on knowledge and data engineering*, *22(10)*, 1345-1359.

Rombach, R., Blattmann, A., Lorenz, D., Esser, P., & Ommer, B. (2022). High-resolution image synthesis with latent diffusion models. In Proceedings of the IEEE/CVF conference on computer vision and pattern recognition (pp. 10684–10695).

Rosenstein, M. T., Marx, Z., Kaelbling, L. P., & Dietterich, T. G. (2005. 12). *To transfer or not to transfer*. Paper presented at NIPS 2005 workshop on transfer learning.

Ruiz, N., Li, Y., Jampani, V., Pritch, Y., Rubinstein, M., & Aberman, K. (2023). Dreambooth : Fine tuning text-to-image diffusion models for subject-driven generation. In *Proceedings of the IEEE/CVF Conference on Computer Vision and Pattern Recognition* (pp.

22500 - 22510).

Sarkar, D., Bali, R., & Ghosh, T. (2018). *Hands-on transfer learning with python : Implement advanced deep learning and neural network models using TensorFlow and Keras*. Mumbai : Packt Publishing Ltd.

Sohl-Dickstein, J., Weiss, E., Maheswaranathan, N., & Ganguli, S. (2015. 6). Deep unsupervised learning using nonequilibrium thermodynamics. In International conference on machine learning (pp. 2256 - 2265). PMLR.

Song, Y., Chang, S., Tian, J., Pan, W., Feng, L., & Ji, H. (2023). A Comprehensive Comparative Analysis of Deep Learning Based Feature Representations for Molecular Taste Prediction. Foods, *12(18)*, 3386.

Song, Y., Sohl-Dickstein, J., Kingma, D. P., Kumar, A., Ermon, S., & Poole, B. (2020). Score-based generative modeling through stochastic differential equations. *arXiv preprint arXiv:2011.13456*.

Song, Y., Dhariwal, P., Chen, M., & Sutskever, I. (2023). Consistency models. *arXiv preprint arXiv:2303.01469*.

Torrey, L., & Shavlik, J. (2010). Transfer learning. In E. S. Olivas, J. D. M. Guerrero, M. Martinez-Sober, J. R. Magdalena-Benedito, & L. Serrano(Eds.), *Handbook of research on machine learning applications and trends : Algorithms, methods, and techniques*, Hershey, PA: IGI global.

Ye, H., Zhang, J., Liu, S., Han, X., & Yang, W. (2023). Ip-adapter : Text compatible image prompt adapter for text-to-image diffusion models. *arXiv preprint arXiv:2308.06721*.

Zhang, L., Rao, A., & Agrawala, M. (2023). Adding conditional control to text-to-image diffusion models. In *Proceedings of the IEEE/CVF International Conference on Computer Vision* (pp. 3836–3847).

8장 인공지능 학습데이터 구축과 모델 개발

KDX한국데이터거래소(2021. 3). 〈영상 콘텐츠 데이터셋 구축 가이드라인 : 분야 2. 대용량 동영상 콘텐츠 AI 데이터〉. 서울 : 한국지능정보사회진흥원.

한국지능정보사회진흥원(2022. 2a). 〈인공지능 학습용 데이터 품질관리 가이드라인 v2.0 : 품질관리 안내서〉. 서울 : 한국지능정보사회진흥원.

한국지능정보사회진흥원(2022. 2b). 〈인공지능 학습용 데이터 품질관리 가이드라인 v2.0 : 데이터 구축 안내서〉. 서울 : 한국지능정보사회진흥원.

9장 인공지능 학습데이터의 품질 평가와 모델의 성능 평가

한국지능정보사회진흥원(2022. 2a). 〈인공지능 학습용 데이터 품질관리 가이드라인 v2.0 : 품질관리 안내서〉. 서울 : 한국지능정보사회진흥원.

한국지능정보사회진흥원(2022. 2b). 〈인공지능 학습용 데이터 품질관리 가이드라인 v2.0 : 데이터 구축 안내서〉. 서울 : 한국지능정보사회진흥원.

한국지능정보사회진흥원(2023). 〈인공지능 학습용 데이터 품질관리 가이드라인 v3.0〉. 서울 : 한국지능정보사회진흥원.

한국정보화진흥원 (2020. 2). 〈빅데이터 플랫폼 및 센터 데이터 품질 관리 가이드〉. 서울 : 한국정보화진흥원.

Bińkowski, M., Sutherland, D. J., Arbel, M., & Gretton, A. (2018). Demystifying mmd gans. *arXiv preprint arXiv:1801.01401*.

Bhatt, J., Hashmi, K. A., Afzal, M. Z., & Stricker, D. (2021). A survey of graphical page object detection with deep neural networks. *Applied Sciences*, *11(12)*, 5344.

Hasan, H. A., Saad, F. H., Ahmed, S., Mohammed, N., Farook, T. H., & Dudley, J. (2023). Experimental validation of computer-vision methods for the successful detection of endodontic treatment obturation and progression from noisy radiographs. *Oral Radiology*, 1-16.

Kynkäänniemi, T., Karras, T., Laine, S., Lehtinen, J., & Aila, T. (2019). Improved precision and recall metric for assessing generative models. *Advances in Neural Information Processing Systems*, *32*.

Redmon, J., & Farhadi, A. (2018). Yolov3 : An incremental improvement. *arXiv preprint arXiv:1804.02767*.

Salimans, T., Goodfellow, I., Zaremba, W., Cheung, V., Radford, A., & Chen, X. (2016). Improved techniques for training gans. *Advances in neural information processing systems*, *29*.

10장 미디어 인공지능의 학습데이터

KDX한국데이터거래소 (2021. 3). 〈영상 콘텐츠 데이테셋 구축 가이드라인 : 분야 2. 대용량 동영상 콘텐츠 AI 데이터〉. 서울 : 한국지능정보사회진흥원.

박대민(2023). 방송 동영상 활용 AI 학습데이터의 표준화 : AI 허브의 데이터셋 관련 문서를 통한 객체, 행동, 상황 클래스 설계 분석을 중심으로. 〈방송과커뮤니케이션〉. 24권 1호. 32-101.

신준호 (2021). 인공지능 학습용 데이터 품질검증 방법. 〈전자공학회지〉. 48권 7호, 28-34.

이재기 · 최석근 · 박경식 · 정성혁 (2013). 〈측량학 1〉. 형설출판사.

줌인터넷(2020. 12a). 〈인공지능 데이터 구축 · 활용 가이드라인 : 영유아 교육 영상콘텐츠 방송 데이터〉. 서울 : 한국지능정보사회진흥원.

줌인터넷(2020. 12b). 〈인공지능 데이터 구축 · 활용 가이드라인 : 영상 이해(맥락)을 위한 방송 영상 콘텐츠 데이터〉. 서울 : 한국지능정보사회진흥원.

줌인터넷(2020. 12c). 〈인공지능 데이터 구축 · 활용 가이드라인 : 장면 인식 · 인물인식을 위한 방송 영상 콘텐츠 데이터〉. 서울 : 한국지능정보사회진흥원.

한국전자기술연구원(2019. 5). 〈데이터 설명서 : 멀티모달〉. 서울 : 한국지능정보사회진흥원.

한국과학기술원(2021. 2). 〈인공지능 데이터 구축 · 활용 가이드라인 : 감성인식 및 요약영상 AI 데이터〉. 서울 : 한국지능정보사회진흥원.

한국과학기술원(2022. 7). 〈구축 · 활용 가이드 : 동영상 콘텐츠 하이라이트 편집 및 설명(요약) 데이터〉. 서울 : 한국지능정보사회진흥원.

한국지능정보사회진흥원(2020. 2). 〈빅데이터 플랫폼 및 센터 데이터 품질 관리 가이드〉. 서울 : 한국정보화진흥원.

한국지능정보사회진흥원(2021. 2). 〈데이터셋 구축안내서 v1.0〉. 서울 : 한국지능정보사회진흥원.

한국지능정보사회진흥원(2022. 2a). 〈인공지능 학습용 데이터 품질관리 가이드라인 v2.0 : 품질관리 안내서〉. 서울 : 한국지능정보사회진흥원.

한국지능정보사회진흥원(2022. 2b). 〈인공지능 학습용 데이터 품질관리 가이드라인 v2.0 : 데이터 구축 안내서〉. 서울 : 한국지능정보사회진흥원.

현대원 · 김균주(2014). 방송프로그램 유통을 위한 메타데이터 표준화에 관한 연구. 〈영상기술연구〉, 20호, 181-201.

홍순기(2021). AI 기반 자동 편집 기술 동향. 〈방송과 미디어〉, 26권 1호, 76-96.

Abu-El-Haija, S., Kothari, N., Lee, J., Natsev, P., Toderici, G., Varadarajan, B., & Vijayanarasimhan, S. (2016). Youtube-8m : A large-scale video classification benchmark. *arXiv preprint arXiv:1609.08675*.

Deng, J., Guo, J., Xue, N., & Zafeiriou, S. (2019). Arcface : Additive angular margin loss for deep face recognition. Paper presented at the IEEE/CVF Conference on Computer Vision and Pattern Recognition.

Fajtl, J., Sokeh, H. S., Argyriou, V., Monekosso, D., & Remagnino, P. (2018. 12). Summarizing videos with attention. In Asian Conference on Computer Vision (pp. 39 – 54). Springer, Cham.

Feichtenhofer, C., Fan, H., Malik, J., & He, K. (2019). Slowfast networks for video recognition. Paper presented at the IEEE/CVF international conference on computer vision.

Hardt, M., & Recht, B. (2021). Patterns, predictions, and actions : A story about machine learning. *arXiv preprint arXiv:2102.05242*.

Kay, W., Carreira, J., Simonyan, K., Zhang, B., Hillier, C., Vijayanarasimhan, S., Viola, F., Green, T., Back, T., Natsev, P., Suleyman, M., & Zisserman, A. (2017). The kinetics human action video dataset. *arXiv preprint arXiv:1705.06950*.

Köpüklü, O., Wei, X., & Rigoll, G. (2019). You only watch once : A unified cnn architecture for real-time spatiotemporal action localization. *arXiv preprint arXiv:1911.06644*.

Redmon, J. & Farhadi, A. (2018). YOLOv3 : An incremental improvement. *arXiv preprint arXiv:1804.02767*.

Tan, M., Pang, R., & Le, Q. V. (2020). EfficientDet : Scalable and efficient object detection. Paper presented at the IEEE/CVF conference on computer vision and pattern recognition.

11장 미디어 인공지능의 모델과 활용

금준경(2018. 10. 25). SBS가 인공지능으로 클립 영상을 만들기 시작했다. 〈미디어오늘〉. URL: http://www.mediatoday.co.kr/news/articleView. html? idxno=145137

김수미(2017). 포스트휴먼 기술 담론과 포스트휴먼 주체 구성의 정치성에 대한 탐구 : 인공지능 기술에 관한 담론 분석을 중심으로. 〈언론과 사회〉 25권 2호. 5-57.

김윤환·길우영·이종혁(2017). 미디어 정서의 의제설정과 점화 효과 연구. 〈사이버커뮤니케이션학보〉, 34권 4호, 53-98.

김재인(2017). 〈인공지능의 시대, 인간을 다시 묻다〉. 서울 : 동아시아.

대전교통공사(2021. 6). 〈인공지능 데이터 구축·활용 가이드라인 : 지하철 역사 내 CCTV 이상행동 영상 소개〉. 서울 : 한국지능정보사회진흥원.

미디어그룹사람과숲(2021. 6). 〈인공지능 데이터 구축·활용 가이드라인 : 화재 발생 예측 영상 소개〉. 서울 : 한국지능정보사회진흥원.

박대민(2016). 장기 시계열 내용 분석을 위한 뉴스 빅데이터 분석의 활용 가능성 : 100만 건 기사의 정보원과 주제로 본 신문 26년. 〈한국언론학보〉, 60권 5호, 353-407.

박대민(2020). 인공지능과 정보통치성 : 인공지능과 자동화 사회에 대한 알고리듬 통치성의 비판적 확장으로서 정보통치성. 〈언론정보연구〉 57권 4호. 55-94.

박대민(2022). 미디어 인공지능 : 컴퓨터 비전 분야 딥러닝 모델의 미디어 동영상 적용 가능성에 관한 연구. 〈커뮤니케이션이론〉. 18권 1호, 111-154.

박대민(2023a). '통과하면 사실로 인정되는 인공지능'을 만들 수 있는가 : 설명가능한 인공지능을 통한 사실성 제도로서 언론의 재구성을 위한 시론. 〈언론과 사회〉 31권 2호. 137-179.

박대민(2023b). 신뢰할 수 있는 인공지능 기반의 저널리즘 인공지능 : 언론 신뢰와 인공지능 신뢰성 간 통약가능성을 바탕으로. 〈언론과 사회〉. 31권 4호. 5-47.

박대민(2023c). 편향의 위상학 : 1650만 건 기사의 뉴스 정보원 연결망 분석과 두터운 꼬리 분포. 〈한국언론학보〉. 67권 6호. 189-222.

박소영 · 이정현(2023). 팩트체킹 인공지능 기술과 사실성의 역학 : 현장 참여자의 심층 인터뷰 분석. 〈한국언론학보〉. 67(4). 238-271.

박대민 · 오세욱(2016). 방송 뉴스 빅데이터 분석의 가능성. 〈방송문화연구〉, 28권 1호, 7-51.

박대민 · 유재연(2021. 10). 한국대중문화아카이브연구원 구축 전략. 한국 대중문화아카이브 구축 : 기술, 제도, 추진 전략. 서울대학교, 시흥.

박대민 · 이중식(2010). 사회적 과학기술 발전을 위한 새로운 시민참여모형 : 온라인과학상점. 〈커뮤니케이션 이론〉, 6권 2호, 6-47.

손승혜(2023). TV 뉴스 속 AI 로봇의 성별 특성은 어떻게 변화해 왔는가? : TV 뉴스에 나타난 AI 로봇의 성별 역할과 핵심 가치에 관한 탐색적 연구. 〈한국방송학보〉. 37권 5호. 98–132.

오세욱 · 송해엽(2023. 11). 〈대규모 언어 모델과 저널리즘〉. 서울 : 한국언론진흥재단

유용민(2022). 인공지능 시대의 새로운 윤리학 모색 : 루치아노 플로리디의 정보윤리학을 중심으로. 〈커뮤니케이션 이론〉. 18권 2호. 5–51.

유혜리 · 민영(2023). 생성형 인공지능 챗봇 챗지피티(ChatGPT) 이용 의도에 대한 연구 : 기술 수용 모델과 어포던스를 중심으로. 〈방송통신연구〉. 124호. 141–169.

윤호영(2021). 사람에서 컴퓨터 자동화로의 연결을 위한 탐색 : 객체 인식(Object Detection) 딥러닝 알고리즘 YOLO4, 자세 인식(Pose Detection) 프레임워크 MediaPipe를 활용한 음악 프로그램의 여성 신체 대상화, 선정적 화면 검출 연구. 〈한국언론학보〉, 65권 6호, 452–481.

이광석(2021). 코로나19 국면 인공지능 자동화와 플랫폼 노동의 위상학. 〈한국언론정보학보〉. 109호. 68–98.

이영현 (2019. 7. 9). 게임과 AI #10 이미지 인식 기술을 이용한 야구 하이라이트 클립 생성. 〈엔씨소프트 블로그〉. URL : https://blog.ncsoft.com/게임과-ai-10-이미지-인식-기술을-이용한-야구-하이라이/

이재원(2021). 포털 사이트의 인공지능 뉴스 큐레이션 도입과 뉴스 생산 관행 변화에 관한 연구 : 네이버 연예뉴스를 중심으로. 〈방송통신연구〉. (113) 93–121.

이재현(2019). 〈인공 지능 기술 비평〉. 서울 : 커뮤니케이션북스.

이정현(2023). 젠더 패턴 : 인공지능 성별 인식 기술에 나타난 '젠더' 개념의 비판적 고찰. 〈한국언론정보학보〉. 121호. 78–105.

이현우 · 이성민 · 이상규(2023). 〈언론산업 인공지능(AI) 활용방안 연구〉. 서울 : 한국언론진흥재단.

이희은(2018). AI는 왜 여성의 목소리인가? : 음성인식장치 테크놀로지와 젠더화된 목소리. 〈한국언론정보학보〉. (90) 126-153.

정지윤(2022). 인공지능을 활용한 AI 예술 창작도구 사례 연구. 〈트랜스〉. 13호. 117-140.

조연하(2020). 인공지능 창작물의 저작권 쟁점-저작물성과 저작자 판단을 중심으로. 〈언론과 법〉. 19권 3호. 71-113.

차배근 · 차경욱(2020). 〈사회과학 연구 방법〉. 서울 : 서울대학교출판문화원.

최윤정 · 정유진 · 윤호영 · 김민정 · 김나영 · 첸루 · 신주연 · 이주희 · 김나영 · 여은 · 강제원(2020). 딥러닝(Deep learning) 기반 동영상 처리 알고리즘을 통한 19대 대선 TV토론 영상분석 : 후보자들의 등장빈도, 표정, 응시방향에 대한 분석. 〈한국언론학보〉, 64권 5호, 319-372.

최종선(2023). 인공지능과 허위조작정보에 관한 연구. 〈미디어와 인격권〉, 9권 2호. 37-82.

한국과학기술원(2021. 2). 인공지능 데이터 구축 · 활용 가이드라인 : 감정인식 및 요약영상 AI 데이터. URL: https://aihub.or.kr/aidata/27717

한국언론진흥재단(2020). 〈2020 뉴스미디어의 신뢰 · 혁신 · 소통〉. 서울 : 한국언론진흥재단.

홍순기(2021). AI 기반 자동 편집 기술 동향. 〈방송과 미디어〉, 26권 1호, 76-96.

Carreira, J., & Zisserman, A. (2017). *Quo vadis, action recognition? A new model and the kinetics dataset*. Paper presented at the IEEE Conference on Computer Vision and Pattern Recognition.

Copeland, J. (1993). *Artificial Intelligence : A Philosophical Introduction*. 박

영대 역(2020). 〈계산하는 기계는 생각하는 기계가 될 수 있을까?〉 서울 : 에디토리얼.

Deng, J., Guo, J., Xue, N., & Zafeiriou, S. (2019a). *Arcface : Additive angular margin loss for deep face recognition*. Paper presented at the IEEE/CVF conference on computer vision and pattern recognition.

Deng, J., Guo, J., Zhou, Y., Yu, J., Kotsia, I., & Zafeiriou, S. (2019b). Retinaface : Single-stage dense face localisation in the wild. *arXiv preprint arXiv:1905.00641*.

Diakopoulos, N. (2019). *Automating the news : How algorithms are rewriting the media*. Harvard University Press.

Fajtl, J., Sokeh, H. S., Argyriou, V., Monekosso, D., & Remagnino, P. (2018. 12). *Summarizing videos with attention*. Paper presented at the Asian conference on computer vision.

Feichtenhofer, C., Fan, H., Malik, J., & He, K. (2019). *Slowfast networks for video recognition*. Paper presented at the IEEE/CVF international conference on computer vision.

Galloway, A. R. (2006). *Gaming : Essays on algorithmic culture*. Minneapolis, MN : University of Minnesota Press.

Goodfellow, I. J., Erhan, D., Carrier, P. L., Courville, A., Mirza, M., Hamner, B., Cukierski, W., Tang, Y., Thaler, D., Lee, D. H., Zhou, Y., Ramaiah, C., Feng, F., Li, R., Wang, X., Athanasakis, D., Shawe-Taylor, J., Milakov, M., Park, J., Ionescu, R., Popescu, M., Grozea, C. Bergstra, J., Xie, J., Romaszko, L., Xu, B., Chuang, Z., & Bengio, Y. (2013. 11). *Challenges in represen-*

tation learning: A report on three machine learning contests. Paper presented at the international conference on neural information processing, Berlin, Heidelberg.

Lin, T. Y., Maire, M., Belongie, S., Hays, J., Perona, P., Ramanan, D., Zitnick, C. L., & Dollár, P. (2014. 9). *Microsoft COCO : Common objects in context*. Paper presented at the European conference on computer vision.

Mao, F., Wu, X., Xue, H., & Zhang, R. (2018). *Hierarchical video frame sequence representation with deep convolutional graph network*. Paper presented at the European conference on computer vision workshops.

Mollahosseini, A., Hasani, B., & Mahoor, M. H. (2017). Affectnet : A database for facial expression, valence, and arousal computing in the wild. *IEEE Transactions on Affective Computing*, *10(1)*, 18-31.

Noh, H., Araujo, A., Sim, J., Weyand, T., & Han, B. (2017). *Large-scale image retrieval with attentive deep local features*. Paper presented at the IEEE international conference on computer vision.

Opdahl, A. L., Tessem, B., Dang-Nguyen, D. T., Motta, E., Setty, V., Throndsen, E., Tverberg, A., & Trattner, C. (2023). Trustworthy journalism through AI. *Data & Knowledge Engineering*, *146*, 102182.

Parisi, L. (2013). *Contagious architecture: Computation, aesthetics, and space*. Cambridge, MA : The MIT Press.

Rouvroy, A. & Berns, T. (2013). Algorithmic governmentality and prospects of emancipation. *Réseaux*, *177(1)*, 163-196.

Russell, S. J., & Norvig, P. (2010). Artificial intelligence : a modern approach. 류광 역(2016). 〈인공지능 : 현대적 접근방식〉. 파주 : 제이펍

Sarkar, D., Bali, R., & Ghosh, T. (2018). *Hands–on transfer learning with python : Implement advanced deep learning and neural network models using TensorFlow and Keras*. Mumbai : Packt Publishing Ltd.

Stiegler, B. (2015). *La Société automatique : 1. L'avenir du travail*. 김지현·박성우·조형준 역(2019). 〈자동화 사회1 : 알고리즘 인문학과 노동의 미래〉. 서울 : 새물결.

Sultani, W., Chen, C., & Shah, M. (2018). *Real–world anomaly detection in surveillance videos. Paper presented at the IEEE conference on computer vision and pattern recognition*.

Tan, M., Pang, R., & Le, Q. V. (2020). *EfficientDet : Scalable and efficient object detection*. Paper presented at the IEEE/CVF conference on computer vision and pattern recognition.

Wang, Z., Zheng, L., Liu, Y., Li, Y., & Wang, S. (2020. 8). *Towards real–time multi–object tracking*. Paper presented at the computer vision-ECCV 2020 : 16th European conference, Glasgow, UK.

Weyand, T., Araujo, A., Cao, B., & Sim, J. (2020). *Google landmarks dataset v2–a large–scale benchmark for instance–level recognition and retrieval*. Paper presented at the IEEE/CVF conference on computer vision and pattern recognition.

고학수 · 박도현 (2021). 인공지능, 왜 설명가능성인가? 고학수 등 편, 〈인공지능 원론〉 (pp. 3 - 19). 서울 : 박영사.

구재령(2022). 알고리즘과 메타포 : 페이스북의 '에코챔버'와 구글 검색의 '필터버블'을 중심으로. 〈과학기술학연구〉, 22권 3호, 33-68.

구정우 · 김나현(2022). 프라이버시를 바라보는 두 개의 시선 : 뉴욕타임스와 중앙일보 토픽 모델링, 2000-2020. 〈사이버커뮤니케이션학보〉, 39권 2호, 5-54.

김대원(2017). 인공지능이 쓴 기사에 대한 소비 선택 의도에 영향을 미치는 요인. 〈한국방송학보〉, 31권 6호, 5-46.

김동환 · 이준환 (2015). 로봇 저널리즘 : 알고리즘을 통한 스포츠 기사 자동 생성에 관한 연구. 〈한국언론학보〉, 59권 5호, 64-95.

김명진(2021). 텔레비전 리얼리티 프로그램의 매체수행성과 메타실재의 구성 〈놀면 뭐하니〉 의 '싹쓰리' 이벤트를 중심으로. 〈한국방송학보〉, 35권 5호, 5-40.

김선일 · 박성욱 · 나형종(2020). 디지털세(Digital Tax) 도입을 위한 논의. 〈조세연구〉, 20권 2호, 41-67.

김시원 · 윤성로 · 김용대(2021). 인공지능의 작동원리와 설명가능성에 대하여. 고학수 등 편, 〈인공지능 원론〉 (pp. 83 - 135). 서울 : 박영사.

김정한(2010). 증거재판주의의 의미와 엄격한 증명, 자유로운 증명. 〈법학논총〉, 17권 1호, 459-481.

김용대 · 윤성로(2021). 인공지능의 작동원리와 설명가능성에 대하여. 고학수 등 편, 〈인공지능 원론〉 (pp. 25 - 66). 서울 : 박영사.

김창숙(2020a). 한국 신문 사실확인 관행 연구 : 주요 일간지 사회부 취재 기자를 중심으로. 〈언론정보연구〉, 57권 3호, 286-335.

김창숙(2020b). 의례적, 방어적, 의도적 : 한국 주요 신문 에디터의 사실확인을 중심으로 한 게이트키핑 관행 연구. 〈한국언론학보〉, 64권 5호, 5-45.

김창숙·최지향(2021). 왜 한국 신문의 문제적 사실확인 관행은 고쳐지지 않는가? : 사회부 취재기자와 에디터의 심층 인터뷰를 통해 나타난 구조적 원인 분석. 〈언론과 사회〉, 29권 2호, 5-57.

김춘식·홍주현(2020). 유튜브 공간에서 '가짜뉴스의 뉴스화' : 〈고성산불〉 관련 정치적 의혹 제기와 청와대 반응 사례 연구. 〈정치정보연구〉, 23권 2호, 403-439.

남재일(2008). 한국 객관주의 관행의 문화적 특수성 : 경찰기자 취재관행의 구조적 성격. 〈언론과학연구〉, 8권 3호, 233-270

박대민(2014). 하버마스, 루만, 들뢰즈, 가타리의 이론을 통한 일반 대중매체 체계이론의 제안. 〈한국언론정보학보〉, 67호, 119-151.

박대민(2015). 사실기사의 직접인용에 대한 이중의 타당성 문제의 검토 : 동아일보와 한겨레신문의 4대강 추진 논란 기사에 대한 뉴스 정보원 연결망 및 인용문 분석. 〈한국언론학보〉, 59권 5호, 121-151.

박대민(2022). 미디어 인공지능 : 컴퓨터 비전 분야 딥러닝 모델의 미디어 동영상 적용 가능성에 관한 연구. 〈커뮤니케이션이론〉. 18권 1호, 111-154.

박대민·김선호·양정애(2014). 〈스마트 미디어 뉴스 생태계의 혁신 전략〉. 서울 : 한국언론진흥재단.

박도현(2021). 인공지능의 투명성과 설명가능성에 대한 법철학적 고찰. 고학수 등 편, 〈인공지능 원론〉 (pp. 143-159). 서울 : 박영사.

박도현(2022). 신뢰할 수 있는 인공지능의 이론적 고찰. 〈법철학연구〉, 25권

2호, 321-364.
박승택 · 성인재 · 서상원 · 황지수 · 노지성 · 김대원(2017). 기계학습 기반의 뉴스 추천 서비스 구조와 그 효과에 대한 고찰 : 카카오의 루빅스를 중심으로. 〈사이버커뮤니케이션학보〉, 34권 1호, 5-48.
박아란 · 이나연 · 정은령(2018). 〈팩트체크 저널리즘의 주요 원칙〉. 서울 : 한국언론진흥재단.
박영흠 · 이정훈(2020). 조국 전 법무부 장관 임명 관련 보도에 나타난 취재 · 보도 관행의 문제점. 〈지역과 커뮤니케이션〉, 24권 1호, 36-69
박재영 · 이완수(2008). 역피라미드 구조의 한계에 대한 이론적 논의. 〈커뮤니케이션 이론〉, 4권 2호, 112-154.
박진우(2020). '가짜뉴스'라는 기호를 다루는 사람들 : 저널리즘, 정보기술, 그리고 대중들의 문화정치. 〈사이버커뮤니케이션학보〉, 37권 4호, 149-195.
백재현 · 임종수(2018). '혁신 없는' 로봇 저널리즘 자동화된 저널리즘의 양식화를 위한 제언을 담아. 〈방송통신연구〉, 통권 103호, 103-136.
신혜선 · 이영주(2021). 오보 문제에 대한 기자 인식 : 심층 인터뷰를 중심으로. 〈한국언론학보〉, 65권 4호, 239-272.
안재현(2020). 〈XAI 설명 가능한 인공지능, 인공지능을 해부하다〉. 서울 : 위키북스.
오세욱(2020). 자동화 결과물이 드러내는 편향에 대한 대응 방안으로서 저널리즘의 역할에 대한 탐색적 연구. 〈커뮤니케이션 이론〉, 16권 3호, 5-50.
오세욱(2017). 자동화된 사실 확인(fact checking) 기술(technology)의 현황과 한계. 〈사이버커뮤니케이션학보〉, 34권 3호, 137-180.
오세욱 · 김수아(2016). 〈디지털 저널리즘 투명성 제고를 위한 기술적 제안〉.

서울 : 한국언론진흥재단.

오세욱·황구현(2018). ‘팩트’의 형식적 구성 요건에 대한 탐색적 연구 : ‘SNU FactCheck’ 메타데이터 분석을 통한 제언. 〈언론정보연구〉, 55권 4호, 54-98.

유선영(1995). 객관주의100년의 형식화 과정. 〈언론과 사회〉, 10권, 86-128.

이나연(2018). 한국 언론의 팩트체크 : 19대 대통령선거에서의 후보자 검증 기사를 중심으로. 〈언론정보연구〉, 55권 4호, 99-138.

이소은·박찬경(2022). 뉴스의 데이터화와 저널리즘 실천 : 충돌 혹은 괴리. 〈언론과 사회〉, 30권 1호, 5-50.

이완수·배재영(2014). 영상보도의 기계적 공정성. 〈커뮤니케이션 이론〉, 10권 4호, 365-403.

이준웅(2010). 한국 언론의 경향성과 이른바 사실과 의견의 분리 문제. 〈한국언론학보〉, 54권 2호, 187-209.

이현경(2017). 제도적 사실로부터 제도적 규범 질서로 : 맥코믹의 제도적 법개념 발전과정과 변천에 관한 고찰. 〈법학논총〉, 30권 2호, 443-518.

전창영·오세욱(2020). 데이터 시대 저널리즘의 쟁점과 실천적 대안. 〈미디어와 인격권〉, 6권 1호, 107-154.

정성욱·이준환(2019). SNS 사용자 특성과 확증 편향을 통한 자동화된 팩트체킹의 가능성 : 정치인 관련 트윗 데이터를 중심으로. 〈방송통신연구〉, 통권 108호, 78-117

정은령(2019). 팩트체크 뉴스와 한국 방송 저널리즘의 신뢰 회복 : 방송 기자들의 팩트체크 뉴스 양식과 뉴스 가치에 대한 인식을 중심으로. 〈방송문화연구〉, 31권 1호, 47-101.

정은령·최지수·박유진(2020). 코로나19 팩트체크 기사와 해설 기사의 차이에 대한 탐색적 연구 : 맥락성과 투명성을 중심으로. 〈사이버커뮤니케이션학보〉, 37권 3호, 139-193.
정일권 · 조윤경 · 유경한(2018). 공공 데이터 활용 보도의 문제점과 개선방안. 〈한국방송학보〉, 32권 4호, 146-183.
정재준(2011). 한국과 미국에서의 "무죄추정의 원칙"에 대한 비교적 고찰. 〈가천법학〉, 4권 1호, 197-222.
조맹기(2011). 〈한국 언론사의 이해〉. 서울 : 서강대학교출판부.
좌희정 · 오동석 · 임희석(2019). 자동화 기반의 가짜 뉴스 탐지를 위한 연구 분석. 〈한국융합학회논문지〉, 10권 7호, 15-21.
차배근(1979). 〈사회과학연구방법〉. 파주 : 나남.
최순욱 · 오세욱 · 이소은(2019). 딥페이크의 이미지 조작 심층적 자동화에 따른 사실의 위기와 푼크툼의 생성. 〈미디어, 젠더 & 문화〉, 34권 3호, 339-380.
최순욱 · 윤석민(2017). 협업형 사실검증 서비스의 의의와 과제의 사례. 〈사이버커뮤니케이션학보〉, 34권 2호, 173-205.
허유선 · 이연희 · 심지원(2020). 왜 윤리인가 : 현대 인공지능 윤리 논의의 조망, 그 특징과 한계. 〈인간.환경.미래〉, 통권 24호, 165-209.
한상기(2021). 〈신뢰할 수 있는 인공지능〉. 서울 : 클라우드나인.
Alvarez Melis, D., & Jaakkola, T. (2018). Towards robust interpretability with self-explaining neural networks. *Advances in neural information processing systems*, *31*.
Beckett, C. (2019). *New powers, new responsibilities : A global survey of journalism and artificial intelligence*. London School of Economics & Political Science.
Becker, H. S. (2017). *Evidence*. 서정아 역(2020). 〈증거의 오류〉. 서울 : 책세상.

Benkler, Y., Faris,R., Roberts,H., & Zuckerman,E. (2017). Study : Breitbart-led right-wing media ecosystem altered broader media agenda. *Columbia Journalism Review, 3(2).*

Bolter, J. D., & Grusin, R. (1999). *Remediation : Understanding new media.* Cambridge, MA : The MIT Press. 이재현 역 (2006). 〈재매개 : 뉴미디어의 계보학〉. 서울 : 커뮤니케이션북스.

Berger, P., & Luckmann, T. (1966). *The social construction of reality.* 하홍규 역(2013). 〈실재의 사회적 구성〉. 서울 : 문학과지성사.

Brown, T., Mann, B., Ryder, N., Subbiah, M., Kaplan, J. D., Dhariwal, P., & Amodei, D. (2020). Language models are few-shot learners. *Advances in neural information processing systems, 33*, 1877-1901.

Callon, M. (Ed.) (1998). *The laws of the markets.* Oxford : Blackwell.

Carlson, M. (2018). The information politics of journalism in a post-truth age. *Journalism Studies, 19(13)*, 1879-1888.

Cinus, F., Minici,M., Monti,C. ,& Bonchi,F. (2022. 5). The effect of people recommenders on echo chambers and polarization. In Proceedings of the International AAAI Conference on Web and Social Media.

Deleuze, G. (1969). *Logique du sens.* 이정우 역(1999). 〈의미의 논리〉. 서울 : 한길사.

Derrida, J. (1967). *De la grammatologie.* 김성도 역(1996). 〈그라마톨로지〉. 서울 : 민음사.

Del Vicario, M., Vivaldo, G., Bessi, A., Zollo, F., Scala, A., Caldarelli, G., & Quattrociocchi, W. (2016). Echo chambers : Emotional contagion and group polarization on facebook. *Scientific reports, 6(1),*

37825.

Dickie, G. (1971). *Aesthetics : An introduction*. 오병남 역(1980). 〈미학 입문〉. 서울 : 서광사.

Dörr, K. N., & Hollnbuchner, K. (2016). Ethical Challenges of Algorithmic Journalism. *Digital Journalism*, 1-16.

Friend, C., & Singer, J. (2007). Online Journalism Ethics : Traditions and Transitions. Routledge.

Foucault, M. (2004). *Sécurité, territoire, population : Cours au Collége de France*, 1977-1978. 오트르망 역(2011). 〈안전, 영토, 인구 : 콜레주드프랑스 강의 1977~78년〉. 서울 : 난장.

Foucault, M. (2004). *Naissance de la biopolitique : Cours au Collége de France*, 1978~1979. 오트르망 역(2012). 〈생명관리정치의 탄생 : 콜레주드프랑스 강의 1978~79년〉. 서울 : 난장.

Gao, C. A., Howard, F. M., Markov, N. S., Dyer, E. C., Ramesh, S., Luo, Y., & Pearson, A. T. (2022). Comparing scientific abstracts generated by ChatGPT to original abstracts using an artificial intelligence output detector, plagiarism detector, and blinded human reviewers. *bioRxiv*, 2022-12.

Ge, M., Delgado-Battenfeld, C., & Jannach, D. (2010. 12). Beyond accuracy : evaluating recommender systems by coverage and serendipity. In Proceedings of the fourth ACM conference on Recommender systems (pp. 257-260).

Graves, L. (2017). Anatomy of a fact check : Objective practice and the contested epistemology of fact checking. Communication, Culture & Critique, *10(3)*, 518-537.

Habermas, W. (1981). *Theorie des Kommunikativen Handelns* (Vol. 2). 장춘익 역(2006). 〈소통행위이론2 : 기능주의적 이성 비판〉. 서울 : 나남출판.

Heuillet, A., Couthouis, F., & Díaz-Rodríguez, N. (2021). Explainability in deep reinforcement learning. Knowledge-Based Systems, 214, 106685.

Huff, D. (1993). *How to lie with statistics*. 박영훈 역(2022). 〈새빨간 거짓말, 통계〉. 파주 : 청년정신.

Humprecht, E. (2020). How Do They Debunk "Fake News"? A Cross-National Comparison of Transparency in Fact Checks. *Digital Journalism, 8(3)*, 310-327.

Ingram, M.(2023. 7. 20). AI, the media, and the lessons of the past. *Columbia Journalism Review*. URL: https://www.cjr.org/the_media_today/openai_deals_ap_ajp.php

Illich, I. (1980). *Shadow-Works*. 노승영 역(2015). 〈그림자 노동〉. 고양 : 사월의책.

Karlsson, M. (2011). The immediacy of online news, the visibility of journalistic process and a restructuring a journalistic authoruty. *Journalism, 12(3)*, 279 - 295.

Kovach, B., & Rosenstiel, T. (2014). *The Elements of Journalism*(3rd ed.). 이재경 역(2014). 〈저널리즘의 기본 원칙〉. 서울 : 한국언론진흥재단.

Lambert, C. (2015). *Shadow work : The unpaid, unseen jobs that fill your day*. 이현주 역(2016). 〈그림자 노동의 역습 : 대가 없이 당신에게 떠넘겨진 보이지 않는 일들〉. 서울 : 민음사.

MacCormick, N. (1974). "Law as Institutional Fact". *Law Quarterly Review*,

90, 102-129.

MacKenzie, D. (2007). Is economics performative? Option theory and the construction of derivatives markets. In Mackenzie, D., Muniesa, F., & Siu, L. (Eds.), *Do economists make markets? On the performativity of economics* (pp. 54 - 86). Princeton University Press.

Madsen, A., Reddy, S., & Chandar, S. (2022). Post-hoc interpretability for neural nlp: A survey. ACM Computing Surveys, *55(8)*, 1-42.

McIntyre, L. (2018). *Post-Truth*. Cambridge, MA : MIT Press.

McNair, B. (2017). *Fake news : Falsehood, fabrication and fantasy in journalism*. Routledge.

McQuail, D. (2010). *McQuail's mass communication theory*(6th ed.). Sage.

Mellon, J., & Prosser, C. (2017). Twitter and Facebook are not representative of the general population : Political attitudes and demographics of British social media users. *Research & Politics*, *4(3)*, 2053168017720008.

Merton, R. (1979). *The sociology of science : theoretical and empirical investigations*. University of Chicago press. 석현호 · 양종회 · 정창수 역(1998). 〈과학사회학〉. 서울 : 대우학술총서.

Montavon, G., Kauffmann, J., Samek, W., & Müller, K. R. (2022. 4). Explaining the predictions of unsupervised learning models. In xx-AI-Beyond Explainable AI : International Workshop, Held in Conjunction with ICML 2020, July 18, 2020, Vienna, Austria, Revised and Extended Papers (pp. 117 - 138). Cham : Springer International Publishing.

Mullin, B. & Grant, N. (2023. 7. 21). Google Tests A.I. Tool That Is Able to Write News Articles. *New York Times*. Retrieved from https://www.nytimes.com/2023/07/19/business/google-artificial-intelligence-news-articles.html

Nguyen, T. T., Hui, P. M., Harper, F. M., Terveen, L., & Konstan, J. A. (2014. 4). Exploring the filter bubble : the effect of using recommender systems on content diversity. In Proceedings of the 23rd international conference on World wide web (pp. 677-686).

Pariser, E. (2011). *The filter bubble : What the Internet is hiding from you*. London, UK : Viking.

Patterson (2013). *Informing the news*. Vintage. 오현경 역(2018). 〈뉴스생태학〉. 서울 : 한울아카데미.

Peters, M. A. (2017). Education in a post-truth world. *Educational Philosophy and Theory*, *49(6)*, 563-566.

Rouvroy, A. & Berns, T. (2013). Algorithmic governmentality and prospects of emancipation. *Réseaux*, *177(1)*, 163-196.

Searle, J. R., & Willis, Y. S. (1995). *The construction of social reality*. Simon and Schuster.

Shoemaker, P. J., & Reese, S. D. (1996). *Mediating the message : Theories of influences on massmedia content*. 김원용 역 (1997). 〈매스미디어 사회학〉. 서울 : 나남.

Shoemaker, P. J., & Vos, T. (2009). *Gatekeeping theory*. Routledge.

Silverman, C. (2007). *Regret the Error : How Media Mistakes Pollute the Press and Imperil Free Speech*. New York : Union Square Press

Slings, S.R. (2003). *Politeia*(Platonis Respublica). Oxford University Press. 박종현 역(2005). 〈플라톤 : 국가 · 정체〉. 서울 : 서광사.

Stephens, M. (2007). *The history of news*. Oxford University Press. 이광재·이인희 역(2010). 〈뉴스의 역사〉. 서울 : 커뮤니케이션북스.

Stiegler, B. (2015). *La Société automatique : 1. L'avenir du travail. Fayard.* 김지현·박성우·조형준 역(2019). 〈자동화 사회1 : 알고리즘 인문학과 노동의 미래〉. 서울 : 새물결.

Thiebes, S., Lins, S., & Sunyaev, A. (2021). Trustworthy artificial intelligence. *Electronic Markets*, *31*, 447-464.

Thorp, H. H. (2023). ChatGPT is fun, but not an author. *Science*, *379(6630)*, 313-313.

Van Dijk, Teun A. (1988). *News as discourse*. NJ : Lawrence Erlbaum.

Van Doorn, N. (2017). Platform labor : On the gendered and racialized exploitation of low-income service work in the 'on-demand'economy. *Information, communication & society*, *20(6)*, 898-914.

Weber, M.(1919). *Wissenschaft als Beruf*. 전성우 역(2017). 〈직업으로서의 학문〉. 나남.

Zhang, Q., Wu, Y. N., & Zhu, S. C. (2018). Interpretable convolutional neural networks. In Proceedings of the IEEE conference on computer vision and pattern recognition (pp. 8827 - 8836).

13장 신뢰할 수 있는 인공지능과 미디어 인공지능의 다양성

고학수·김용대·윤성로·김정훈·이선구·박도현·김시원(2021). 〈인공지능 원론〉. 서울 : 박영사.

과학기술정보통신부(2021). 〈신뢰할 수 있는 인공지능 실현 전략〉. 과학기술

정보통신부.

곽준호(2022). 데이터의 품질과 인공 지능 시스템의 신뢰성. 〈TTA 저널〉. 201권. 59-63.

김길수(2020). 인공지능의 신뢰에 관한 연구. 〈한국자치행정학보〉, 34권 3호, 21-41.

김동환·이준환 (2015). 로봇 저널리즘 : 알고리즘을 통한 스포츠 기사 자동 생성에 관한 연구. 〈한국언론학보〉, 59권 5호, 64-95.

김은희(2021). 인공적 도덕행위자와 도덕적 책임의 문제. 〈철학논집〉, 66호, 103-132.

민영(2016). 신뢰의 조건 : 저널리즘 전문성과 정파적 편향성이 언론 신뢰와 정치 신뢰에 미치는 영향. 〈한국언론학보〉, 60권 6호, 127-156.

박대민(2023a). 통과하면 사실로 인정되는 인공지능을 만들 수 있는가 : 설명 가능한 인공지능을 통한 사실성 제도로서 언론의 재구성. 〈언론과사회〉. 31권 2호. 139-181.

박대민(2023b). 방송 동영상 활용 AI 학습데이터의 표준화 : AI 허브의 데이터 세트 관련 문서를 통한 객체, 행동, 상황 클래스 설계. 〈방송과 커뮤니케이션〉, 24권 1호, 31-100.

박대민(2022). 미디어 인공지능 : 컴퓨터 비전 분야 딥러닝 모델의 미디어 동영상 적용 가능성에 관한 연구. 〈커뮤니케이션이론〉. 18권 1호, 111-154.

박대민(2019). 시장 자유주의 통치성으로서 정보통치성. 〈한국언론학보〉, 63권 2호, 179-209.

박도현(2022). 신뢰할 수 있는 인공지능의 이론적 고찰. 〈법철학연구〉, 25권 2호, 321-364.

박도현(2021). 〈인공지능과 해악〉. 서울대학교 법학대학원 박사학위논문.

백영민 · 안수찬 · 김위근(2019). 언론수용자의 언론인 접촉경험과 언론신뢰 : 언론인접촉-언론신뢰 가설에 대한 실증 테스트. 〈한국언론학보〉, 63권 5호, 119-151.

4차산업혁명위원회(2021). 〈사람이 중심이 되는 인공지능을 위한 신뢰할 수 있는 인공지능 실현 전략(안)〉. 4차산업혁명위원회.

손영화(2023). AI 공정성에 관한 연구 : 차별 없는 AI 사회의 실현. 〈한양법학〉, 34권 3호. 275-304.

신예진(2022). 신뢰할 수 있는 인공지능 개발 안내서. 〈TTA 저널〉. 201권. 21-28.

오현경(2022). 언론 신뢰도의 개념적 고찰. 〈언론과 사회〉, 30권 1호, 99-132.

이상형(2016). 윤리적 인공지능은 가능한가? 인공지능의 도덕적, 법적 책임 문제. 〈법과정책연구〉, 16권 4호, 283-303.

이소은 · 박찬경(2022). 뉴스의 데이터화와 저널리즘 실천 : 충돌 혹은 괴리. 〈언론과 사회〉, 30권 1호, 5-50.

전창영 · 오세욱(2020). 데이터 시대 저널리즘의 쟁점과 실천적 대안. 〈미디어와 인격권〉, 6권 1호, 107-154.

정성욱 · 윤석민(2021). 팩트체크 뉴스가 매체 신뢰도에 미치는 영향. 〈한국언론학보〉, 65권 4호, 5-69.

한국언론진흥재단(2020). 〈2020 뉴스미디어의 신뢰 · 혁신 · 소통〉. 서울 : 한국언론진흥재단.

한국정보통신기술협회(2023). 〈신뢰할 수 있는 인공지능 개발 안내서〉. 성남 : 한국정보통신기술협회.

한상기(2021). 〈신뢰할 수 있는 인공지능〉. 서울 : 클라우드나인.

허유선 · 이연희 · 심지원(2020). 왜 윤리인가 : 현대 인공지능 윤리 논의의 조망, 그 특징과 한계. 〈인간. 환경. 미래〉, 24권, 165-209.

Beckett, C. (2019). *New powers, new responsibilities : A global survey of journalism and artificial intelligence*. London School of Economics & Political Science.

Beutel, G., Geerits, E., & Kielstein, J. T. (2023). Artificial hallucination : GPT on LSD?. *Critical Care*, *27(1)*, 148.

Broussard, M. (2014). Artificial intelligence for investigative reporting : Using an expert system to enhance journalists' ability to discover original public affairs stories. *Digital Journalism*, *3(6)*, 814-831.

Caswell, D. (2019). Structured journalism and the semantic units of news. *Digital Journalism*, *7(8)*, 1134-1156.

Cognilytica (2020). Cognilytica white paper : AI data engineering lifecycle checklist. Retrieved from https://www.cloudera.com/content/dam/www/marketing/resources/whitepapers/ai-data-lifecycle-checklist-cloudera-whitepaper.pdf?daqp=true%20

Coleman, J. S. (1990). *Foundations of social theory*. Cambridge, MA : Belknap Press.

Diakopoulos, N. (2019). *Automating the news : How algorithms are rewriting the media*. Harvard University Press.

Dhiman, D. B. (2023). Does Artificial Intelligence help Journalists : A Boon or Bane?. Available at SSRN 4401194.

Edelman (2023). 2023 Edelman trust barometer(Global Report). Retrieved from https://www.edelman.com/trust/2023/trust-barometer

Edge, A. (2014. 12. 2). Ophan : Key metrics informing editorial at the Guardian. Journalism.co.uk. Retrieved from https://www.journalism.co.uk/news/how-ophan-offers-bespoke-data-to-inform-content-at-the-guardian/s2/a563349/

European Commission (2019. 5). Ethics guidelines for trustworthy AI. Retrieved from https://digital-strategy.ec.europa.eu/en/library/ethics-guidelines-trustworthy-ai

Fukuyama, F. (1995). *Trust : The social virtues and the creation of prosperity*. New York : Free Press.

Gambetta, D. (1988). *Trust : Making and breaking cooperative relations*. New York : Basil Blackwell.

Gaozhao, D. (2021). Flagging fake news on social media : An experimental study of media consumers' identification of fake news. *Government Information Quarterly, 38(3)*, 101591.

Gutierrez-Lopez, M., Missaoui, S., Makri, S., Porlezza, C., Cooper, G., & MacFarlane, A. (2019. 2). Journalists as design partners for AI. In Workshop for accurate, impartial and transparent journalism : challenges and solutions. CHI 2019.

Hanitzsch, T., Van Dalen, A., & Steindl, N. (2018). Caught in the nexus : A comparative and longitudinal analysis of public trust in the press. *The International Journal of Press/politics, 23(1)*, 3-23.

Ingram, M.(2023. 7. 20). AI, the media, and the lessons of the past. Columbia Journalism Review. URL: https://www.cjr.org/the_media_today/openai_deals_ap_ajp.php

Jarvenpaa, S. L., & Leidner, D. E. (1999). Communication and trust in global virtual teams. *Organization Science, 10(6)*, 791-815.

Jones, B., Jones, R., & Luger, E. (2022). AI 'Everywhere and Nowhere' :

Addressing the AI Intelligibility Problem in Public Service Journalism. *Digital Journalism, 10(10)*, 1731-1755.

Knapp, J., Zeratsky, J., & Kowitz, B. (2016). *Sprint : How to solve big problems and test new ideas in just five days*. New York : Simon and Schuster.

Kohring, M., & Matthes, J. (2007). Trust in news media : Development and validation of a multidimensional scale. *Communication Research, 34(2)*, 231-252.

Krishnan, A. (2016). *Killer robots : legality and ethicality of autonomous weapons*. Routledge.

Lin, B., & Lewis, S. C. (2022). The one thing journalistic AI just might do for democracy. *Digital journalism, 10(10)*, 1627-1649.

Luhmann, N. (1988). Familiarity, confidence, trust : Problems and alternatives. In D. Gambetta(Ed.), *Trust : Making and breaking cooperative relations* (pp. 94-107). New York, NY : Blackwell Publishing.

Marconi, F., & Siegman, A. (2017). The future of augmented journalism : A guide for newsrooms in the age of smart machines. AP Report. Retrieved from https://www.ap.org/assets/files/2017_ai_guide.pdf

Mcknight, D. H., Carter, M., Thatcher, J. B., & Clay, P. F. (2011). Trust in a specific technology : An investigation of its components and measures. ACM Transactions on management information systems (TMIS), *2(2)*, 1-25.

McKnight, D. H., Choudhury, V., & Kacmar, C. (2002). Developing and validating trust measures for e-commerce : An integrative typology. *Information systems research, 13(3)*, 334-359.

Mayer, R. C., James H., Davis and F. David Schoorman. (1995). An Integrative Model of Organizational Trust. *Academy of Management Review, 20(3)*. 709-734.

Meyerson, D., Weick, K. E., & Kramer, R. M. (1996). Swift trust and temporary groups. In R. M. Kramer & T. R. Tyler (Eds.), *Trust in organizations : Frontiers of theory and research* : 166-195. Thousand Oaks, CA : Sage.

Meta (2020. 11. 19). Here's how we're using AI to help detect misinformation. Retrieved from https://ai.meta.com/blog/heres-how-were-using-ai-to-help-detect-misinformation/

Noain-Sánchez, A. (2022). Addressing the Impact of Artificial Intelligence on Journalism : the perception of experts, journalists and academics. *Communication & Society, 35(3)*, 105-121.

Nooteboom, B., Berger, H., & Noorderhaven, N. G. (1997). Effects of trust and governance on relational risk. *Academy of management journal, 40(2)*, 308-338.

Newman, N., Fletcher, R., Kirsten, E., Robertson, C. T., & Nielsen, R. K. (2023). Reuters Institute digital news report 2023. *Reuters Institute for the study of Journalism*. Retrieved from https://reutersinstitute.politics.ox.ac.uk/digital-news-report/2023

OECD (2019. 5). Recommendation of the Council on OECD Legal Instruments Artificial Intelligence. Retrieved from https://legalinstruments.oecd.org/en/instruments/oecd-legal-0449

Opdahl, A. L., Tessem, B., Dang-Nguyen, D. T., Motta, E., Setty, V., Throndsen, E., Tverberg, A., & Trattner, C. (2023). Trustworthy journalism through AI. *Data & Knowledge Engineering*, *146*, 102182.

Park, S., Fisher, C., Flew, T., & Dulleck, U. (2020). Global mistrust in news : The impact of social media on trust. *International Journal on Media Management*, *22(2)*, 83-96.

Porlezza, C. (2023). Promoting responsible AI : A European perspective on the governance of artificial intelligence in media and journalism. *Communications*, *48(3)*, 370-394.

Rahwan, I. (2018). Society-in-the-loop: programming the algorithmic social contract. *Ethics and information technology*, *20(1)*, 5-14.

Reis, E. (2011). *The Lean Startup : How Today's Entrepreneurs Use Continuous Innovation to Create Radially successful Businesses*. New York : Crown Business.

Rousseau, D. M., Sitkin S. B., Burt R. S and Camerer C. (1998). Not so Different after a Cross-discipline View of Trust. *Academy of Management Review*, *23(1)*, 393-404.

Shapiro, D., Sheppard, B. H., & Cheraskin, L. (1992). Business on a handshake. *Negotiation Journal*, 8 : 365-377.

Sitkin, S. B., & Bies, R. J. (1993). Social accounts in conflict situations : Using explanations to manage conflict. *Human relations*, *46(3)*, 349-370.

Stray, J. (2021). Making artificial intelligence work for investigative journalism. In Thurman, N., Lewis, S., & Kunert, J.(Eds.), *Algorithms,*

Automation, and News (pp. 97 – 118). London : Routledge.

Thiebes, S., Lins, S., & Sunyaev, A. (2021). Trustworthy artificial intelligence. *Electronic Markets*, *31*, 447–464.

The White House Office of Science and Technology Policy (2020. 2). American Artificial Intelligence Initiative : Year One Annual Report. Retrieved from https://www.nitrd.gov/nitrdgroups/images/c/c1/American-AI-Initiative-One-Year-Annual-Report.pdf

You, J.Y., Park, D.M., Song, J.Y., & Suh, B.W. (2022). A Labeling Task Design for Supporting Recent Algorithmic Needs. The 2022 IEEE International Conference on Big Data Workshop MIDP-2022. Osaka, Japan, December.

14장 생성 인공지능과 미디어 인공지능의 심미적 경험

김재인(2023). 〈AI 빅뱅 : 생성 인공지능과 인문학 르네상스〉. 서울 : 동아시아.

김진엽(2020a). 〈다원주의 미학〉. 서울 : 책세상.

김진엽(2020b). 〈예술에 대한 여덟가지 답변의 역사〉. 서울 : 우리학교.

박대민(2023a). 통과하면 사실로 인정되는 인공지능을 만들 수 있는가 : 설명가능한 인공지능을 통한 사실성 제도로서 언론의 재구성. 〈언론과사회〉. 31권 2호. 139-181.

박대민(2023b). 신뢰할 수 있는 인공지능 기반의 저널리즘 인공지능 : 언론 신뢰와 인공지능 신뢰성의 통약가능성을 바탕으로. 〈언론과사회〉. 31권 4호.

Dewey, J.(1934). *Art as experience*. 박철홍 역(2016). 〈경험으로서 예술 1, 2〉. 파주 : 나남.

Dickie, G.(1971). *Aesthetics : An introduction*. 오병남 등 역(1980). 〈미학 입문〉. 서울 : 서광사.

Dickie, G.(1997). *The art circle : A theory of art*. 김혜련 역(1998). 〈예술 사회〉. 서울 : 문학과지성사.

Elgammal, A., Liu, B., Elhoseiny, M., & Mazzone, M. (2017). CAN : Creative adversarial networks, generating "art" by learning about styles and deviating from style norms. *arXiv preprint arXiv:1706.07068*.

Mazzone, M., & Elgammal, A. (2019. 2). Art, creativity, and the potential of artificial intelligence. In Arts (Vol. 8, No. 1, p. 26). MDPI.

Shusterman, R. (2000). *Pragmatist aesthetics : Living beauty, rethinking art*. 김진엽 역(2020). 〈프라그마티즘 미학 : 힙합하는 예술, 살아있는 아름다움〉. 서울 : 북코리아.

15장 나가며 : 일반 인공지능과 미디어 인공지능

de Vries, A. (2023). The growing energy footprint of artificial intelligence. Joule, *7(10)*, 2191-2194.

LeCun, Y. (2023). Do large language models need sensory grounding for meaning and understanding? URL: https://drive.google.com/file/d/1BU5bV3X5w65DwSMapKcsr0ZvrMRU_Nbi/vie

| 찾아보기 |

ㄱ

ㄴ

ㄷ

ㄹ

ㅁ

ㅂ

ㅅ

ㅈ

ㅊ

ㅍ

ㅎ

A

B

C

J

K

L

M

N

O

P

R

S

지은이에 대하여

박대민

박대민은 선문대학교 미디어커뮤니케이션학부 디지털 영상 미디어 전공 조교수다. 미디어 인공지능, 빅데이터 스토리텔링, 데이터 저널리즘, 미디어 스타트업 등을 가르치고 있다. 질적 접근과 양적 접근, 인문사회과학과 컴퓨터공학, 실무와 이론의 융합을 통해 저널리즘과 미디어의 인공지능 전환과 정보통치성의 변화를 연구한다. 서울대학교 언론정보학과를 졸업하고 동대학원에서 뉴스 빅데이터 분석을 활용한 금융통치성 연구로 박사 학위를 받았다. 매일경제신문 취재기자, 한국언론진흥재단 선임연구위원, KDX한국데이터거래소 최고기술책임자를 역임했다. 〈미디어 혁신과 뉴스스토리텔링〉(공저) 등의 도서와 〈블록체인 기반 신문사 비즈니스 모델〉(공저), 〈뉴스 미디어 스타트업〉(공저), 〈뉴스 빅데이터 분석 시스템 연구〉(공저) 등의 미디어 혁신 관련 연구서를 다수 출간했으며, 국내외 저명학술지에 35편의 논문을 발표했다. 현재 한국언론학보, 방송통신연구, 지역과커뮤니케이션, 헬스커뮤니케이션연구 등 학술 저널의 편집위원과 한국언론정보학회 연구이사를 맡고 있다. 한국언론학회 미디어 블록체인 & 스타트업 연구회를 창설했으며, 한국언론학회 컴퓨테이셔널 방법론 연구회에서 활동 중이다.

미디어 인공지능

영상 분야의 딥러닝 활용을 중심으로

초판 1쇄 인쇄 2024년 5월 7일
초판 1쇄 발행 2024년 5월 13일

지은이 박대민
펴낸이 박기남
기획 · 영업 박정헌
책임편집 박세린
펴낸곳 **율곡출판사**

08590 서울시 금천구 가산디지털1로 84(에이스하이엔드 8차), 803호
전화 (代) 02) 718-9872/3
팩스 02) 718-9874
홈페이지 http://www.yulgokbooks.co.kr
이메일 yulgokbook@naver.com
등록 1989.11.10. 제2014-000031호
ISBN 979-11-91812-69-5 93070

정가 22,000원